Général DERRÉCAGAIX

Le Maréchal de France
COMTE HARISPE
— 1768 - 1855 —

Avec un portrait en héliogravure et une carte

PARIS
LIBRAIRIE CHAPELOT
MARC IMHAUS ET RENÉ CHAPELOT, ÉDITEURS
30, Rue Dauphine, VI° — (Même Maison à Nancy)
1916

Le Maréchal de France
COMTE HARISPE
1768 - 1855

LE MARÉCHAL DE FRANCE
COMTE HARISPE
1768 - 1855.

Général DERRÉCAGAIX

Le Maréchal de France
COMTE HARISPE

— 1768 - 1855 —

Avec un portrait en héliogravure et une carte.

PARIS
LIBRAIRIE CHAPELOT
MARC IMHAUS ET RENÉ CHAPELOT, ÉDITEURS
30, Rue Dauphine, VIe — (Même Maison à Nancy)
1916

Copyright by Marc Imhaus et René Chapelot 1916

AVANT-PROPOS

Ce livre est le dernier ouvrage historique du regretté général Derrécagaix. Il continue la série des belles études que celui-ci consacra à quelques-uns de ses anciens chefs : Yusuf, sous les ordres duquel il débuta en Algérie, et le maréchal Pélissier; puis à certains chefs d'état-major éminents, qui semblèrent réaliser le type de la fonction : les généraux Belliard et de Martimprey et le maréchal Alexandre Berthier, le précieux auxiliaire de Napoléon.

On retrouvera dans ce livre la clarté d'exposition et le charme de style qui firent de Derrécagaix l'un de nos meilleurs écrivains militaires.

C'est seulement en 1913, deux ans avant sa mort, que le général eut l'idée d'étudier la carrière de son compatriote le maréchal Harispe. Il s'ouvrit à moi de ce désir, me demandant si, en dehors de certains documents qu'il me disait connaître, j'aurais des correspondances, des pièces officielles pouvant lui permettre de reconstituer la physionomie morale et d'exposer les principaux faits de guerre de celui qu'on a parfois qualifié de héros des Basques.

Je répondis que je possédais de nombreux papiers, mais qu'ils présentaient bien des lacunes résultant des incidents même de la carrière aventureuse d'un homme qui débuta comme Chasseur basque sur nos frontières pyrénéennes, gagna ses épaulettes de général en Allemagne, à la Grande Armée, puis fut dirigé sur l'Espagne où il combattit pendant plusieurs années, passant de la Castille à l'Aragon, au royaume de Valence, à la Catalogne, pour finir à l'armée des Pyrénées en 1814. J'ajoutai que toutes ces pièces, telles quelles, je serais heureux de les confier au général Derrécagaix, bien assuré que, avec sa vaste érudition militaire et sa grande expérience des archives, l'ancien professeur d'histoire, de stratégie et de tactique à l'Ecole supérieure de guerre saurait retrouver le fil conducteur du récit et combler les lacunes du dossier.

Le résultat des travaux du général dépassa ce que j'en espérais. Il s'adonna à cette étude dans le calme de sa villa d'Anglet, et le goût qu'il y prit lui procura ses dernières joies d'historien. Il m'écrivait à ce sujet : « Les documents que vous avez bien voulu me confier sont d'un intérêt qui me passionne. De plus, ils font valoir d'une façon saisissante la personnalité du maréchal et sa haute valeur militaire ».

La Providence a permis que, malgré son âge avancé et une santé quelque peu ébranlée, le général ait pu achever son œuvre. Il avait même adressé le manuscrit à son éditeur à Nancy avant que la guerre actuelle éclatât. La désorganisation des ateliers qu'entraîna la mobilisation générale, la menace même des taubes allemands ont contribué à retarder jusqu'à ce jour la publication du livre.

Je dois les plus chaleureux remerciements à l'homme très distingué qui a bien voulu aider à la correction des épreuves, M. Alfred Dumaine, ancien ambassadeur de France près la cour d'Autriche-Hongrie. En qualité d'ami et de voisin du général dans le bel hôtel de Croÿ, rue du Regard, il s'est prêté à ce travail ingrat et a ainsi contribué à l'achèvement de l'œuvre d'un soldat et d'un patriote.

Paris, le 2 février 1916.

A. Dutey-Harispe.

PRÉFACE

La part prise par les Basques, en 1792, à l'élan national qui souleva les Français contre l'étranger, est généralement peu connue. Elle fut pourtant assez glorieuse pour que le souvenir en soit toujours conservé.

Elle se personnifie dans les brillants exploits des chasseurs basques et dans la vaillante conduite d'un de leurs jeunes chefs, le capitaine Harispe.

Après s'être distingué à leur tête, sur notre frontière du Sud-Ouest, celui-ci, promu commandant et colonel, fit, en 1800, la campagne des Grisons, passa ensuite à l'armée d'Italie, puis à celle des côtes de l'Océan, sous Augereau. Il concourut alors à ce travail de réorganisation qui forma la grande armée et fut le prélude des éclatants succès de l'Empire.

A dater de cette époque on le voit lancé, comme les soldats de Napoléon, dans cette célèbre épopée qui devait laisser à notre patrie des traditions incomparables de gloire et d'honneur. Il va d'abord guerroyer dans le Tyrol, à côté de Ney, contre les troupes autrichiennes. Il parcourt ensuite une partie de l'Allemagne en se rapprochant des frontières de Prusse, et se fait remarquer à Iéna où il tombe frappé si grièvement par une balle prussienne, qu'il est porté pour mort et inscrit comme tel au Journal officiel. Ses compatriotes basques désolés font célébrer en son honneur un service funèbre auquel ils assistent en masse. Il revient cependant à la vie, gagne les épaulettes de général et se retrouve quelques mois après, sous les ordres du maréchal Lannes, assez bien rétabli pour faire la meurtrière campagne de Pologne et combattre les Russes à Friedland.

Après la paix de Tilsitt, les affaires d'Espagne attirent les regards de l'Empereur. Il se souvient de la popularité pyrénéenne acquise par Harispe dans nos départements du Sud-Ouest, et le désigne pour faire partie du corps d'observation de la Gironde, puis de celui des côtes de l'Océan.

Ce général basque que tout le monde a cru jusqu'alors n'être qu'un courageux soldat, se révèle tout à coup comme un remarquable officier d'état-major. Ses qualités, sous ce rapport, sont assez brillantes pour qu'il reste le chef d'état-major du 3e corps d'armée sous le maréchal Moncey, pendant une partie de la guerre d'Espagne. A Madrid, dans la terrible insurrection du 2 mai, devant Valence, quelques semaines plus tard, dans la retraite sur l'Ebre et enfin au fameux siège de Saragosse, il est toujours le directeur des opérations de son corps d'armée, sous les ordres successifs de Moncey, de Junot et de Suchet.

Il passe ensuite à l'armée d'Aragon avec ce dernier, conquiert, l'épée à la main, son grade de général de division et le titre de Comte. Il est encore en Catalogne en 1813, au moment où nos affaires compromises forcent l'armée d'Espagne à la retraite. Soult vient la commander comme Lieutenant de l'Empereur. Cette fois, les Basques eux-mêmes réclament la présence de leur illustre compatriote. Ils font valoir leur confiance en ses talents, sa connaissance du pays et son énergie. Napoléon qui pense comme eux, l'envoie lutter avec Soult contre l'armée anglo-espagnole qui envahit notre territoire. Dès son arrivée, il joue un rôle important à l'extrême gauche, puis aux batailles d'Orthez et de Toulouse. Dans cette dernière journée, grièvement blessé, il tombe entre les mains des Anglais qui lui témoignent les plus grands égards.

On est alors en 1814. L'Empereur succombe et, avec lui, finit la vie de campagne du futur maréchal. On l'oublie plus ou moins pendant quinze ans ; on le rappelle à l'activité sous Louis-Philippe, et il rend encore de grands services à son pays, jusqu'au jour où le Second Empire, trop heureux d'honorer ce glorieux débris des armées impériales, en fait un maréchal de France.

Une si belle existence méritait d'autant plus d'être rappelée qu'on ne saurait se rendre compte aujourd'hui de la popularité dont jouissait Harispe dans le Sud-Ouest. Ce récit retracera aux yeux des contemporains tout ce qu'il y avait de vaillance et de dévouement dans ce noble fils du pays basque et leur laissera des traditions de bravoure qui serviront d'exemple à leurs enfants.

Si jamais la patrie est encore menacée, le souvenir des exploits de Harispe restera suffisamment vivant dans la mémoire de nos soldats pour leur montrer de nouveau le chemin du devoir et de l'honneur.

Ce travail offrait quelques difficultés. Les documents relatifs à la vie du maréchal Harispe, remontant pour une partie jusqu'au dix-huitième siècle, étaient dispersés. Parmi les papiers qu'il avait recueillis, un certain nombre ont été perdus pendant la retraite d'Espagne en 1814. Pour rassembler les principaux faits de sa glorieuse existence, il me fallait l'aide de M. Albert Dutey-Harispe, son petit neveu et l'héritier de son nom, qui a bien voulu à cette occasion se charger de beaucoup de recherches. Il les a faites au Ministère de la guerre et dans diverses publications, avec la patience d'un bénédictin et la compétence d'un véritable officier d'état-major. Et ce travail assidu qu'il a poursuivi pendant de longs mois, il l'a mis à ma disposition avec tous ses papiers de famille. Sa confiance m'a vivement touché. Je serai heureux si j'ai pu ainsi rendre à son illustre grand-oncle l'hommage dû à la mémoire d'un des plus remarquables soldats de la Révolution et de l'Empire, et je lui en exprime ici toute ma gratitude.

Général DERRÉCAGAIX

CHAPITRE I

ORIGINE DU MARÉCHAL HARISPE

Sa famille. — Son enfance. — Son éducation. — Les événements de 1792.

A l'extrémité Sud-Ouest de la France, les Pyrénées forment un riche et pittoresque pays, la Navarre, province basque connue aujourd'hui du monde entier pour la beauté de ses sites, la pureté de son atmosphère et la douceur de son climat. Du sommet des montagnes descendent de riantes vallées, parsemées de nombreux villages et peuplées par des Basques qui ont conservé, avec le costume et la langue de leurs aïeux, les qualités traditionnelles de courage, d'indépendance et de fierté qui en font un peuple à part, quoique fondu aujourd'hui dans la patrie française.

Parmi ces vallées, celles de Baïgorry et des Aldudes se distinguent par leurs caractères topographiques, la hauteur de leurs montagnes et leur situation avancée au milieu du territoire espagnol. Enclavées entre deux chaînons des Pyrénées, d'une altitude moyenne de 1200 mètres, elles sont arrosées par une petite rivière, la Nive des Aldudes que forment à son sommet deux ruisseaux torrentueux, le Sabiondo et le Hayra. Après un cours rapide et tortueux de 25 à 30 kilomètres, elle se jette dans la Nive à Eyharce, après avoir traversé les villages des Aldudes, de Banca, et le chef-lieu de canton de Saint-Etienne de Baïgorry, bourg important de 3000 habitants.

C'est là que naquit le héros du pays basque, Jean-Isidore Harispe, le 7 décembre 1768, huit mois avant le grand homme de guerre qui devait imprimer à son époque le cachet de sa puissante personnalité (1).

Le père du maréchal, Jean Harispe, né le 27 mars 1737, est qualifié, dans les actes de l'état-civil de Baïgorry, de marchand drapier, maître (2) d'Elizabeheria, et, après la mort de son père, maître d'Elizaldia.

Il épousa, le 21 janvier 1768, Marie Harismendy, née le 24 septembre 1751, fille de Charles Harismendy, négociant, et de Jeanne d'Oxalde, héritière de la maison Ainciart, de Saint-Etienne de Baïgorry.

Marie Harismendy était une personne de grande intelligence et de rare énergie. Elle était, de la part de ses enfants, l'objet d'un véritable culte. Tous les gens du pays l'entouraient d'estime et de respect.

De son mariage avec Jean Harispe naquirent huit enfants, dont trois filles et cinq fils, lesquels prirent tous les armes, de 1792 à 1800, pour la défense de la patrie.

Ce furent par ordre de naissance :

1º Jean-Isidore, le futur maréchal de France.

2º Charles, né le 21 décembre 1770. Il devint capitaine aux chasseurs basques, puis au 16e léger ; mais un accident à la jambe l'ayant rendu infirme, il quitta le service en 1808 et fut nommé percepteur à Baïgorry, où il passa le reste de sa vie. Un de ses fils, bénéficiant plus tard de la grande réputation de son oncle, fut élu député des Basses-Pyrénées.

---

(1) Comme tous les noms basques, celui de Harispe a sa signification propre : *Sous-le-chêne*. Cette expression vient de *Haritz*, chêne en dialecte navarrais et *pe*, abréviation de *pean*, au pied de.

On en a tiré cette comparaison que Harispe était le chêne robuste à l'ombre duquel le Cantabre cherchait un abri quand l'Espagnol menaçait sa frontière.

(2) Propriétaire.

3° Rose, née le 26 octobre 1775, morte en bas âge.
4° Plaisance, dite Placide, née le 26 novembre 1776. Elle épousa Jean Dutey, chef de la famille actuelle des Dutey-Harispe.
5° Jean, dit Cadet, né en 1778. Il s'engagea dans les chasseurs basques, s'y distingua par sa bravoure et parvint au grade de sous-lieutenant. La paix faite, il quitta l'armée et partit pour l'Amérique. On n'en entendit plus parler.
6° Jean Timothée, né le 26 mai 1779. Engagé aux chasseurs basques, il parvint au grade de lieutenant, suivit la destinée de sa demi-brigade et plus tard de la 16e légère, commandée par son frère Jean-Isidore. Il devint capitaine et mourut au champ d'honneur, tué à l'ennemi, à Espinosa, en 1808.
7° Pierre, dit Jean-Pierre, né le 15 mai 1781, débuta comme tambour aux chasseurs basques, s'y distingua, obtint un sabre d'honneur pour une action d'éclat, devint capitaine, puis aide-de-camp de son frère aîné et mourut de maladie, dans la campagne d'Espagne, à Alcoy, en 1812.
8° Placide, dite Marie-Placide, née le 5 avril 1783, mourut célibataire en 1820.

Le père de Harispe, voulant faire un négociant de son fils aîné, lui fit donner une instruction en rapport avec l'avenir auquel il le réservait.

Il le confia à un prêtre de sa famille qui lui donna une éducation religieuse, lui apprit le français, l'espagnol, des éléments d'histoire, de littérature et les principes de la comptabilité.

Dès son jeune âge, Jean-Isidore se montra, comme bon nombre de Basques, silencieux, réfléchi, maître de lui-même. Parvenu à l'adolescence, il eut une véritable passion pour la chasse et les courses dans les montagnes, dont il connut bientôt tous les sentiers. Cette existence contribua à lui faire une constitution robuste et à lui donner les qualités de vigueur, d'agilité et d'audace qui distinguent les contrebandiers basques. Il semble que la destinée, prévoyant l'avenir, voulut le préparer au rude métier de partisan en pays de montagne et aux expéditions qu'il allait bientôt entreprendre.

Harispe avait 21 ans quand la révolution éclata.

Les troubles de la capitale, malgré leur éloignement, n'en causèrent pas moins, parmi les habitants des Pyrénées, une agitation profonde. La jeunesse surtout, séduite par les idées de liberté et par les espérances qu'on faisait luire à ses yeux, était prête, là comme ailleurs, à accepter les réformes et les transformations qu'on lui promettait.

Tel était l'état d'esprit des jeunes basques de Baïgorry, quand survinrent les événements de 1792.

CHAPITRE II

CAMPAGNE DES PYRÉNÉES-OCCIDENTALES

Hostilités des Espagnols. — Déclaration de guerre. — Soulèvement des Basques. — Création des chasseurs basques. — Harispe capitaine. — Sa nomination d'adjudant général, chef de bataillon. — Il est fait chef de brigade sur le champ de bataille. — Sa citation.

La révolution de 1789, en troublant les Bourbons d'Espagne, avait éveillé parmi les membres de leur gouvernement plus d'inquiétudes que de sympathies. La liberté était pour eux une menace, et leur premier sentiment avait été de se mettre en garde contre les influences des théories nouvelles qui agitaient notre patrie.

Ces dispositions devaient bientôt faire place à une hostilité marquée. En 1792, elle se manifesta par une première agression.

Au mois de février, l'alcade de Roncevaux, village espagnol situé à deux kilomètres de notre frontière, envahit la vallée des Aldudes, à la tête d'une troupe en armes, enleva trois cents moutons et emmena trois habitants prisonniers.

Nous étions en pleine paix et aucune déclaration officielle n'avait encore rompu nos relations avec nos voisins.

Aussi leur agression produisit dans les Basses-Pyrénées une émotion considérable, suivie bientôt d'un mouvement de colère et d'un désir de vengeance. La défense du territoire devenait un devoir. Le procureur syndic de la province s'adressa au ministre de la guerre pour obtenir des troupes. Quelques jours auparavant, déjà la question avait été soumise au gouvernement qui avait fait espérer l'envoi d'une force régulière de 22.000 hommes. Mais rien n'était venu et maintenant, il n'était plus temps de différer; il fallait agir.

On en fut convaincu à Paris, et deux mois après l'attaque si inattendue des Espagnols, l'Assemblée nationale décréta la formation d'une armée du Midi qui avait pour mission de surveiller et de défendre nos frontières méridionales, depuis les Alpes jusqu'à l'Océan.

On nomma des officiers inspecteurs qui furent chargés de visiter les places fortes, de rendre compte de leur situation et de prendre les mesures nécessaires pour améliorer leurs fortifications. Ils trouvèrent partout un état de délabrement que justifiait la sécurité dont la France avait joui depuis bien des années. Bayonne elle-même, place frontière de premier ordre, sur une route d'invasion, avait ses ouvrages en partie ruinés. Des ordres furent donnés pour remédier à cet état de choses. On se mit à l'œuvre avec activité et en peu de temps, dans le Sud-Ouest, les deux forteresses de Saint-Jean-Pied-de-Port et de Bayonne furent mises à l'abri d'une attaque de vive force.

Néanmoins de tels travaux ne suffisaient pas. Pour défendre ces villes, il fallait des troupes et, par suite des derniers incidents, à la fin de l'été de 1792, leur présence était devenue urgente.

A Madrid, le gouvernement irrité des mesures prises en France contre le roi Louis XVI, et notamment de sa suspension, s'était décidé à faire partie de la première coalition et se préparait à entrer en campagne. Une armée était rassemblée dans le Guipuzcoa, province basque dont Saint-Sébastien est le chef-lieu.

C'était la guerre. Il n'y avait pas à hésiter.

A Paris et dans le Sud-Ouest, on prit immédiatement les mesures les plus énergiques. L'armée du Midi fut partagée en deux : une armée des Alpes et une des Pyrénées-Occidentales. Le général Servan fut nommé commandant en chef de cette dernière.

En même temps, un enthousiasme patriotique souleva les populations. On se mit à l'œuvre pour seconder l'armée et organiser la défense nationale. A Bayonne, on vit les habitants s'offrir aux officiers comme simples volontaires pour concourir, sans rétribution, aux travaux de défense. Une généreuse émulation gagnait tous les cœurs et partout l'on demandait la guerre contre l'Espagne.

Le grand élan national qui caractérisa cette époque, entrainait les populations basques et béarnaises. Des volontaires se présentaient en foule pour prendre les armes et servir la patrie. Des bandes nombreuses arrivèrent à Pau, sans ressources pour s'équiper ou se nourrir. Un commissaire des guerres actif et intelligent, Eury, parvint, avec l'aide des populations, à satisfaire tous les besoins, à trouver des vivres, des armes, des effets, des chaussures. Bientôt, « la contrée tout entière fut convertie en un vaste atelier. A Orthez, on fondait des canons; à Pau on fabriquait du salpêtre, des objets d'équipement et de harnachement, des affûts et des voitures d'artillerie; un grand nombre de couturières travaillaient sans relâche à confectionner du linge et des habits. Dans les bâtiments du collège, on installa une manufacture d'armes et de poudre. Les anciens édifices religieux devinrent des magasins et des lieux de dépôt où s'amoncelèrent d'immenses quantités de paille, de foin et d'approvisionnements de toute sorte, etc. » (1).

(1) Rivarès. *Pau et les Basses-Pyrénées pendant la Révolution.*

Au commencement du mois d'octobre 1792, une nouvelle menace des Espagnols vint augmenter l'émoi des habitants. Une troupe de 1,500 hommes armés s'était avancée jusqu'à la frontière, entre Irun et Fontarabie, prête à entrer en France par la grande route de Saint-Jean-de-Luz. Immédiatement, les jeunes Basques du pays se réunirent pour organiser la défense, sans attendre les forces régulières qui leur étaient annoncées. Leur but était d'occuper les débouchés des montagnes et d'en interdire l'accès aux Espagnols, pendant que l'armée des Pyrénées se concentrerait en arrière. Instinctivement, ils voulaient former un corps de couverture qui nous mit momentanément à l'abri d'une invasion. Harispe, alors âgé de 24 ans, fut un des premiers à offrir ses services à la municipalité de Baïgorry, et son exemple entraîna un grand nombre de ses jeunes compatriotes. A la fin de novembre, sous cette généreuse impulsion, les Basques du pays avaient constitué à Saint-Jean-Pied-de-Port quatre compagnies de chasseurs dont les cadres comprenaient un capitaine chef de compagnie, un capitaine en second, deux ou trois lieutenants ou sous-lieutenants, un sergent-major, quatre sergents, un caporal fourrier, et six à douze caporaux, suivant le nombre des escouades (1).

Les officiers furent nommés à l'élection et le 8 mars 1793 le jeune Harispe, dont l'énergie avait frappé ses camarades, fut désigné pour le commandement d'une compagnie. Ses collègues étaient les capitaines Iriart, Lassalle et Berindoague.

Quand on établit la situation de ces troupes improvisées, la compagnie de Harispe comptait 125 chasseurs. L'effectif des autres compagnies variait de 110 à 117 hommes.

(1) Capitaine Labouche. *Le chef de brigade Harispe et les chasseurs Basques.*

Ces créations servirent de modèle, et d'autres compagnies ne tardèrent pas à se constituer.

Pendant que les chasseurs basques s'organisaient, les événements avaient marché. La Convention avait fait demander au gouvernement espagnol de cesser ses rassemblements de troupes près de la frontière. Sur son refus, notre ambassadeur avait rompu les relations et quitté Madrid, le 23 février 1793.

Aussitôt après, le 7 mars, la Convention avait déclaré la guerre à l'Espagne et envoyé dans les Pyrénées des commissaires chargés d'exciter l'enthousiasme des populations, de lever des bataillons de volontaires, et de rassembler les forces nécessaires pour soutenir la lutte.

Les troupes tirées des divisions militaires voisines, appuyées par des corps de volontaires, permirent bientôt d'organiser à Saint-Jean-Pied-de-Port, une division forte de six bataillons et demi d'infanterie et de neuf compagnies franches, dont huit de chasseurs basques et une, venue de Paris, sous le nom de compagnie du Louvre.

A la fin d'avril, ce noyau d'armée était réparti sur les principaux débouchés des montagnes, prêt à repousser une agression qui ne semblait pas d'ailleurs pressée de se produire.

Le théâtre des opérations semblait alors fort limité. Il s'étendait sur les derniers contreforts des Pyrénées Occidentales, ayant Bayonne pour base principale et Saint-Jean-Pied-de-Port comme poste avancé. Il comprenait le Labourd et une partie de la Basse-Navarre avec Saint-Palais comme chef-lieu. Ce territoire, assez restreint et généralement montagneux, est traversé du Sud au Nord par de petites vallées encaissées, dont le thalweg est arrosé par des rivières torrentueuses. La Nive qui arrose Saint-Jean-Pied-de-Port, puis la Bidouze qui passe à Saint-Palais sont les plus importantes. Mais elles n'opposaient qu'un faible obstacle à une invasion ennemie.

Trois routes traversaient ce territoire. Elles conduisaient de Bayonne à Saint-Sébastien par Saint-Jean-de-Luz; de Bayonne et de Saint-Jean-Pied-de-Port à Pampelune par Ainhoa et le Val Carlos. En outre, des chemins de piétons, praticables seulement pour l'infanterie, reliaient entre eux divers points de la frontière. Ils servaient surtout aux contrebandiers et aux montagnards.

La Bidassoa, rivière espagnole, servait de frontière depuis les dernières pentes du mont Haya jusqu'à l'Océan. Ailleurs, la limite entre la France et l'Espagne était généralement tracée sur des sommets montagneux. Il en résultait deux trouées naturelles, l'une à St-Jean-de-Luz, l'autre à Ainhoa, au point où la Nivelle, venue des monts espagnols Atchiola et Alcorrunz, pénètre en France.

Une particularité distingue cette partie de la frontière. La vallée française des Aldudes qui pénètre profondément en Espagne, est entourée de trois côtés par le territoire de cette contrée qui forme autour d'elle la vallée de Baztan à l'Ouest et celle du Val Carlos, à l'Est. Elle offrait ainsi à un ennemi qui voulait envahir notre pays une direction tout indiquée.

En revanche, elle nous permettait de menacer directement les deux vallées espagnoles qui l'avoisinait. On pouvait ainsi pénétrer directement de Saint-Jean-Pied-de-Port dans le Val Carlos et de Baïgorry dans la vallée de Baztan par le col d'Ispéguy, point le plus bas de la chaîne qui domine cette vallée.

Au mois d'avril 1793, le gouvernement espagnol résolut que ses soldats entreraient en France par Perpignan et se tiendraient sur la défensive en Navarre et dans le Guipuzcoa.

Le général Caro fut chargé des opérations sur les Pyrénées, avec 8.000 hommes de troupes régulières et 10.000 de milices provinciales.

Il répartit ses forces dans la vallée de Baztan et le Val Carlos, ne songeant d'abord qu'à couvrir son territoire. Il établit son camp principal dans cette dernière vallée, au pied du mont Altobiscar, sur la route de Saint-Jean-Pied-de-Port à Pampelune.

La division française, commandée par le général La Genetière, occupait Saint-Jean-Pied-de-Port et Baïgorry. Des postes avancés confiés à des chasseurs basques, tenaient les cols principaux qui séparaient la vallée des Aldudes de celle de Baztan, notamment ceux de Berdaritz et d'Ispéguy.

« Cette jeunesse brillante, distinguée par sa taille, son agilité et son indomptable courage, s'était rangée avec enthousiasme sous les drapeaux, autant par humeur belliqueuse que par une haine contre les Espagnols, que des discussions journalières d'intérêt avaient nourrie parmi eux. Imposants par la fierté de leur démarche, redoutables par l'impétuosité de leurs attaques, vigoureux, infatigables, d'autant plus dangereux qu'ils connaissaient les moindres sinuosités et passages, ces braves montagnards avaient pénétré l'ennemi de respect et de terreur » (1).

D'autres postes étaient installées au sud de Saint-Jean-Pied-de-Port, au hameau d'Ondarole et dans le petit camp du Château-Pignon, sur le revers sud du mont Orisson et sur l'une des deux routes qui conduisaient de Saint-Jean-Pied-de-Port au col d'Ibañeta, près du camp espagnol d'Altobiscar.

Les hostilités commencèrent le 20 avril 1793, par une tentative que firent les Espagnols pour s'emparer de la

---

(1) Jomini. *Histoire des guerres de la Révolution.*

vallée des Aldudes. Au début il y eut des engagements sans importance, qui eurent toutefois l'avantage d'aguerrir nos jeunes soldats et d'offrir au capitaine Harispe l'occasion de se distinguer.

Le 20 avril, un régiment de 1.500 Espagnols enleva le col d'Ispéguy à 50 chasseurs basques et s'y fortifia, en faisant occuper un rocher escarpé qui dominait le col. Cette surprise rendit l'ennemi maître du chemin qui débouche sur Baïgorry, d'où partait alors vers Saint-Jean-Pied-de-Port une route praticable et fréquentée.

Dans le Val Carlos, eurent lieu à la même époque des combats de détachements isolés, dans lesquels l'avantage se partageait entre les belligérants, mais qui démontraient déjà notre activité et notre initiative.

L'affaire la plus sérieuse eut Hendaye pour théâtre. Le 23 avril, ce village fut bombardé et son petit fort détruit par les boulets du général Caro. Les habitants s'enfuirent; mais l'ennemi, assailli à son tour par le 7ᵉ régiment d'infanterie, fut forcé de repasser la Bidassoa.

Néanmoins les chefs de l'armée espagnole, comprenant que nos troupes, alors en formation, n'étaient pas capables de lutter contre elle avec avantage, portèrent leurs efforts, le 30 avril, sur notre camp de Sare. Vigoureusement attaqués par des troupes aguerries, nos volontaires ne tinrent pas, prirent la fuite et reculèrent jusqu'à Ustaritz. Cette espèce de déroute répandit l'alarme dans le pays. Bayonne même crut sa sécurité compromise, et l'émoi gagna ses habitants.

Heureusement le général Servan qui venait d'arriver, ranima les courages, rallia ses jeunes bataillons, forma un camp à Bidart, rassura tout le monde et prit les mesures les plus propres à une vigoureuse défensive.

La France faisait alors à ses dépens l'apprentissage de cet art difficile de la guerre dans lequel elle ne devait bientôt plus rencontrer de rivale. Ses forces étaient peu nombreuses, disséminées, étrangères même à la discipline, sans laquelle toute victoire est impossible, tandis que l'ennemi lui opposait des forces compactes, instruites et dociles à la voix de leurs chefs (1).

Un mois après, le 20 mai, les Espagnols attaquèrent avec 1.800 hommes, les deux compagnies qui défendaient le col de Berdaritz. Celles-ci un instant débordées, résistèrent néanmoins avec assez d'énergie pour permettre à des renforts de venir à leur aide. L'ennemi fut repoussé et forcé de battre en retraite.

Dans ce combat, Harispe entraîna ses chasseurs et contribua puissamment au succès. Il fut cité dans le rapport du commandant de la colonne de soutien, qui vanta la bravoure de ces « alertes et décidés chasseurs basques auxquels Harispe inspire la confiance. Ils ont, avec quelques-uns de nos volontaires, débusqué, malgré le feu le plus vif et le plus soutenu, l'ennemi des hauteurs ».

A partir de ce moment, la lutte entre Espagnols et Français prit un caractère d'énergie qu'elle n'avait pas encore eu. Le 23, dans le Val Carlos, à la suite d'un combat acharné, nos troupes reprirent à l'ennemi le quartier d'Ondarole.

Malgré ces avantages, le petit nombre de nos combattants et leur épuisement obligèrent le général La Genetière à ordonner l'évacuation des villages des Aldudes et de Luzaïde. Nos postes avancés durent se replier sur Baïgorry et sur Arnégny.

Ce mouvement de recul enhardit l'ennemi qui prit l'offensive, menaça notre camp de Château-Pignon et nous força à dégarnir Baïgorry au profit de nos positions du Val Carlos. Appréciant dès lors l'infériorité de nos forces, il se lança, le 3 juin, sur notre poste d'Aroca, dans les Aldudes, l'enleva et rejeta les chasseurs basques sur les positions de la montagne d'Anhaux.

(1) Fastes de la Légion d'honneur.

Le commandant Mauco qui dirigeait ce combat, engagea alors sa réserve, dont faisait partie la compagnie de Harispe. Celle-ci fut spécialement chargée de la prise des rochers d'Arrola qui commandaient la route entre Baïgorry et Saint-Jean-Pied-de-Port. Les chasseurs basques guidés par leur chef, se rendirent promptement maîtres de cette position dont la situation dominante facilita la reprise du camp d'Iraméhaca.

Mais les Espagnols ne voulurent pas rester sous le poids de leur défaite. Le lendemain, 4 juin, 3.000 d'entre eux firent plusieurs retours offensifs et assaillirent Harispe sur son poste d'Arrola. Ils furent reçus par des feux nourris, arrêtés dans leur élan, puis mis en déroute et poursuivis par le vainqueur qui leur fit 500 prisonniers.

Cette affaire, qui mit en relief la bravoure du capitaine Harispe et établit sa réputation dans le pays, fut racontée plus tard dans les Fastes de la Légion d'honneur.

« Le jeune Harispe se distinguait le 3 juin 1793 sous les yeux de sa famille à l'affaire de Baïgorry, où le commandant Mauco, frappé d'une balle qui lui sillonnait le front, s'écriait en tombant : « Ce n'est rien, mes amis, mais songez à me venger ». A ces mots, le courage des troupes se change en fureur. Harispe est bientôt maître du rocher d'Arrola qui s'élève entre Baïgorry et Saint-Jean-Pied-de-Port... Le lendemain, 3.000 Espagnols gravissent au point du jour la montagne et cernent, en poussant des cris de fureur, ce nid d'aigles où pas un homme n'apparaît. Mais dès qu'essoufflés par leur ascension rapide, ils en atteignent le couronnement, une grêle de balles pleut sur eux. A toutes les crêtes se dressent des Baïgorriens qui triomphent aisément d'un ennemi exténué de fatigue.

Au milieu du jour, les Espagnols retournent à la charge; mais ils arrivent en désordre et viennent encore épuiser leur fureur contre ces pierres d'où part un feu terrible. Une troisième fois, ils essayent l'attaque, et elle ne réussit pas mieux que les deux premières. Culbutés de rechef et poursuivis jusqu'au bord de la montagne par les Baïgorriens, ils virent avec douleur ceux-ci ramener prisonniers 500 hommes, c'est-à-dire plus que leur effectif. Sur ces entrefaites, un convoi espagnol arrivait à Baïgorry où, cerné de toutes parts par les femmes, les vieillards et les enfants, munis de fusils de chasse et de faux, il était forcé de mettre bas les armes et de livrer les munitions que ceux-ci allaient porter en triomphe aux défenseurs du rocher d'Arrola...

« Tel fut l'un des premiers exploits de Harispe et de ses braves montagnards, exploit qui vit dans la mémoire des habitants du pays à côté des souvenirs traditionnels de Charlemagne, de Roland, de Charles Martel et d'Abdérame, exploit qui a identifié pour toujours ces hommes de fer à leur chef intrépide »...

Trois jours après, le 6 juin, Harispe se distingua de nouveau à l'affaire du col d'Ispéguy qui était défendu par cinq compagnies, dont deux de chasseurs basques. Les Espagnols comptaient ce jour là porter leur principal effort sur notre camp de Château-Pignon qui ne leur permettait pas de s'avancer dans le Val Carlos. L'attaque du col d'Ispéguy n'était d'une diversion. Ils l'exécutèrent avec des forces supérieures dans l'espoir de refouler notre faible détachement; mais à leur grande surprise, ils se heurtèrent à une résistance énergique, qu'ils ne purent surmonter. Ils se virent même sur le point d'être tournés par les chasseurs basques que Harispe entrainait avec son ardeur habituelle. Ce mouvement décida leur retraite. L'officier supérieur qui dirigeait le combat, ne put s'empêcher d'adresser aux chasseurs et à leur chef les éloges qu'ils méritaient.

Pendant ce temps, le camp de Château-Pignon était assailli par un corps important d'Espagnols que commandait le général Caro. Malgré le courage de Moncey, alors capitaine et à la tête de compagnies de chasseurs, malgré les efforts du général La Genetière qui accourut de Saint-Jean-Pied-de-Port, fut blessé et fait prisonnier, la position tomba au pouvoir de l'ennemi. Il fallut se résigner à l'abandon du Val Carlos et se réfugier sous les murs de Saint-Jean-Pied-de-Port.

Cet échec était dû à l'indiscipline de notre corps de volontaires et dans la situation où nous nous trouvions, il avait une réelle importance. Il fallut procéder à une réorganisation et dresser de nouveau à l'observation de la discipline les troupes qui s'étaient débandées aux premiers coups de canons. Pour couvrir la frontière pendant ce temps, on confia la garde des différents passages aux chasseurs basques. Ceux-ci remplirent leur mission avec un zèle et une intelligence qui garantirent la sûreté des autres corps de la division et permirent d'achever la reconstitution des bataillons de volontaires.

Pendant que cette réorganisation s'achevait, le général en chef Servan, dénoncé à Paris par des ennemis qui voulaient sa perte, était arrêté et transféré dans la capitale. Mais avant son départ, il eut la satisfaction d'apprendre que les Espagnols avaient abondonné la position de Château-Pignon. Quoique la cause de ce mouvement de retraite ne fut pas connue, on résolut d'en profiter et de prendre l'offensive.

L'ordre fut d'abord donné de s'emparer du col d'Ispeguy, débouché avantageux sur la vallée de Baztan dont les chefs de l'armée des Pyrénées-Occidentales rêvaient la possession.

L'attaque eut lieu le 1er juillet 1793, sous la direction du général Dubouquet. Harispe fut affecté avec sa compagnie à la colonne du centre et spécialement chargé de couvrir ses flancs « à travers des rochers, par des sentiers presque impraticables. » (1) L'ennemi avait fortifié

(1) Capitaine Labouche. *Histoire d'une demi-brigade*.

les abords du col et pris ses dispositions pour les défendre avec énergie. Mais il fut abordé avec une vigueur que redoublait encore le désir de se venger des derniers échecs.

Lorsque Harispe fut arrivé à une courte distance des Espagnols qui l'attendaient rangés en bataille, il défendit à ses chasseurs de tirer, et malgré le feu de ses adversaires, il lança ses hommes contre eux à la baïonnette. Devant cet élan, les Espagnols plièrent et abandonnèrent leur camp qui tomba entre nos mains.

Malheureusement un retour offensif exécuté par des forces supérieures, nous obligea à reculer à notre tour et à céder la position conquise. On revint en combattant sur Baïgorry, où l'arrivée d'un renfort parti d'Anhaux permit de se maintenir jusqu'à la nuit. Le lendemain, heureusement des troupes fraîches envoyées de Saint-Jean de-Luz, assurèrent notre succès et nous donnèrent la possession définitive du col d'Ispéguy.

Mais ce n'était là qu'une faible partie du but à atteindre. Le haut de la vallée des Aldudes restait occupé par les Espagnols qui tenaient le village du même nom, où ils avaient trouvé des partisans et des amis. C'était une localité française; il fallait la leur enlever. L'attaque fut résolue et préparée pour le 7 août. Une diversion devait être opérée du côté de Château-Pignon.

Le général Delalain qui dirigeait ce mouvement forma trois colonnes. Celle du centre devait marcher sur le village des Aldudes par la route de la vallée. Harispe fut affecté avec sa compagnie à la colonne de droite. En rendant compte de ces dispositions le général s'exprima en ces termes :

« Je confiai la colonne de droite à l'officier Mauco, commandant le 4ᵉ bataillon des Basses-Pyrénées et déjà très connu par son intelligence et son courage. Il avait sous ses ordres l'intrépide Harispe sur lequel la République peut fonder de grandes espérances. Elle était composée de grenadiers, de chasseurs du 1er et de l'infatigable et vaillante compagnie Harispe formant l'avant-garde » (1).

La colonne de droite avait pour mission d'empêcher l'envoi d'un secours du Baztan aux Aldudes, de repousser toute tentative des Espagnols de ce côté, d'enlever leurs postes, notamment celui du col de Berdaritz et de détruire leurs ouvrages.

Le général et le représentant du peuple Féraud marchaient en tête de la colonne de droite.

L'attaque se dessina dans le courant de l'après-midi et fut menée avec vigueur. A la colonne, où se trouvait Harispe, le commandant Mauco ayant été blessé, le général prit le commandement. Partout le succès couronna nos efforts et à mesure que l'ennemi s'arrêtait pour reprendre position, la prompte arrivée de nos troupes le forçait à reculer.

Il venait d'exécuter cette manœuvre pour la quatrième fois, quand Harispe se lança sur lui à la baïonnette et le mit de nouveau en déroute. Le général Delalain en rendit compte dans les termes suivants :

« L'Espagnol a gagné la cîme des monts, où il s'est reformé une quatrième fois. La compagnie Harispe, ayant à sa tête son brave capitaine et suivi du jeune Harispe son frère, que déjà la République a honoré d'une armure et d'un équipement militaire à titre de récompense, lui a donné la chasse et l'Espagnol a enfin disparu du territoire de la République et a été poussé à plus de deux lieues sur son territoire....

« En finissant, je dois rendre le meilleur témoignage de toutes les troupes ; parmi les officiers, on doit distinguer, s'il est possible de distinguer personne, le capitaine Harispe et son jeune frère, etc... »

(1) Capitaine Labouche. *Histoire d'une demi-brigade.*

En quelques mois, au milieu des engagements continuels qui avaient lieu avec les Espagnols, la réputation du jeune capitaine basque avait pris dans le pays un éclat exceptionnel. C'était déjà un chef admiré et un brillant officier d'avant-garde.

Pendant le mois d'août, cantonné aux abords de Baïgorry, son village natal, il eut encore plus d'une fois l'occasion d'assaillir l'ennemi et de le rejeter au delà de la frontière, notamment le 17 août, où il ramassa un certain nombre de prisonniers.

Malgré ces petits succès, l'armée des Pyrénées n'était pas encore assez forte pour prendre l'offensive et envahir le territoire espagnol. Il en résulta pendant l'été et le commencement de l'automne de 1793, une sorte d'accalmie dans les hostilités qui encouragea l'audace des ennemis.

Ils réoccupèrent le village des Aldudes et rassemblèrent des troupes dans la vallée de Baztan. Le 14 octobre, ils firent sur Baïgorry une première tentative qui fut repoussée. Harispe et ses chasseurs reçurent l'ordre de garder le col d'Ispéguy. Mais le 21, l'ennemi lança de ce côté un corps de 1.200 hommes devant lesquels nos chasseurs basques, trop inférieurs en nombre, durent reculer en combattant. Heureusement leur attitude avait donné au général Arnaudat le temps de prendre à Baïgorry ses dispositions de défense. A l'arrivée des chasseurs basques, il en forma une réserve qu'il mit sous les ordres de Harispe. Les efforts de l'ennemi vinrent se briser contre la résistance de nos troupes, et ses colonnes furent forcées de battre en retraite. La réserve fut alors lancée à leur poursuite et Harispe les mena tambour battant, la baïonnette dans les reins, jusque dans le Val Carlos.

De l'échec des Espagnols résulta, dans les opérations, un répit de quelques semaines. Le commandant au chef de l'armée des Pyrénées-Occidentales, qui était alors le général Muller, en profita pour compléter l'organisation de ses forces.

L'augmentation des corps de volontaires et l'arrivée de nouvelles troupes permirent de former trois divisions d'infanterie dont les quartiers généraux furent Bayonne, Saint-Pée et Saint-Jean-Pied-de-Port. Ce fut cette dernière division, stationnée en plein pays basque, qu'on affecta la plus grande partie des compagnies de chasseurs basques et notamment celle de Harispe.

Pendant ce temps des coups de feu continuels s'échangeaient aux avant-postes entre Espagnols et Français. On sentait que les hostilités allaient recommencer et, pour ne pas être surpris, on résolut d'occuper de nouveau le col d'Ispéguy. Cette affaire eut lieu le 15 décembre 1793.

Sur le sommet des montagnes qui forment ce col, les Espagnols avaient construit des ouvrages en pierre sèche. Des rochers, fortifiés par la nature et l'art, s'élevaient comme autant de citadelles dominant tous les sentiers qui descendent dans la vallée du côté d'Elhoriéta, de Bustancelhay et de Baïgorry. En outre, une seconde ligne de redoutes en terre protégeait les derrières vers Errazu. Aucun de ces retranchements n'avait de canons; mais ils étaient abondamment pourvus d'espingoles et de fusils de rempart.

Nos troupes attaquèrent le col de front et sur les deux flancs. La colonne qui pénétra par la gorge d'Elhorieta emporta promptement le rocher d'Oratès et le sommet fortifié de la montagne. On éprouva plus de résistance du côté de Bustancelhay. Mais le rocher ayant été enlevé par les chasseurs basques, l'ennemi évacua avec précipitation tous les autres ouvrages et se jeta en désordre du côté d'Errazu, au delà de la deuxième ligne de redoutes.

Le commandant espagnol, brisé dans une chûte, y fut porté presque mourant. Le nombre des tués et des prisonniers montait à une centaine.

Harispe avait reçu au commencement de l'affaire, un coup de feu à la jambe gauche. Néanmoins le combat s'était terminé par un brillant succès, tout à son honneur (1). C'était sa première blessure.

L'ennemi ne voulut pas rester sous le coup de cet échec et recommença, au mois de janvier 1794, des mouvements offensifs qui semblaient avoir pour but la prise de Baïgorry. Il fallut aviser de nouveau.

Harispe reçut l'ordre d'aller reconnaître le col d'Arrieta. Il partit de nuit, avec un détachement de choix. Arrivé au col, il en chassa les Espagnols et les poursuivit jusqu'à la redoute de Mortal qui leur servait de réduit. Il l'enleva, ainsi que la maison où s'étaient réfugiés les derniers défenseurs, et les rejeta sur leur territoire. Il revint ensuite à Baïgorry avec une cinquantaine de prisonniers, des armes, des munitions, etc.

Cette affaire du col d'Arrieta qui ouvrit la campagne de 1794 par une action d'éclat, donna lieu au rapport ci-après :

« De fortes patrouilles espagnoles se montraient souvent depuis quelque temps sur les hauteurs, et incommodaient journellement nos postes avancés. Le chef de brigade commandant cette avant-garde, le citoyen Lefranc, donne ordre au citoyen Harispe, commandant du bataillon de chasseurs basques de Baïgorry, d'envoyer en patrouille la compagnie de grenadiers et l'élite des chasseurs pour reconnaître le col d'Arietta...

Ayant fait 500 pas en avant, il rencontre une patrouille espagnole assez forte qui, lui criant : *quien viva!* lui lacha une fusillade bien fournie. Nos braves Basques au commandement

(1) Fastes de la Légion d'honneur.

de leur chef, fondent sur elle baïonnette en avant, la poursuivent jusqu'à la redoute, située auprès de la borde (1) dite de Mortal. Le détachement fait halte. Les soldats, étant animés et acharnés, demandent à marcher sur la redoute. Les chefs s'étant consultés, et vu l'ardeur des soldats, partagent leurs troupes en trois pelotons; le mot de ralliement est donné et tout marche ensemble. L'ennemi, à 40 pas, lâche une fusillade terrible et une grêle de grenades; rien ne rebute les Basques qui marchent sur le fossé. Les grenadiers tombent sur la herse, l'enfoncent, entrent dedans et crient à leurs camarades le mot de ralliement donné : *Baïgorry* ! Pour lors, le fossé de la redoute, d'environ 6 à 7 mètres de profondeur, étant couvert de chasseurs et quelques grenadiers s'entr'aidant, grimpent sur la redoute; l'ennemi entre dans la borde qui se trouve au milieu de la redoute, et en ferme les deux portes. Nos soldats victorieux jusque-là enfoncent les portes à coup de crosses et d'épaules, sont reçus par une fusillade qui nous blesse deux hommes. Le reste entre précipitamment et enfonce la baïonnette aux premiers des sept ou huit Espagnols qui défendaient l'entrée. Pour lors l'ennemi demande à grands cris la vie, que nos braves Basques lui accordent généreusement. Nous y avons fait 47 prisonniers, parmi lesquels 6 blessés, pris une soixantaine de fusils, etc.

Le chef de brigade,
LEFRANC.

Depuis quelque temps déjà, le général en chef songeait à grouper les compagnies basques en bataillons et plus tard peut-être à en faire une demi-brigade. Elles étaient alors au nombre de dix, dont une de Saint-Palais dite compagnie franche. On décida d'en former trois bataillons, en rassemblant les compagnies d'après le pays d'origine de leurs chasseurs. Au 1er bataillon, on affecta les compagnies de Baïgorry et de la Fonderie; au 2e, celles de Saint-Jean-Pied-de-Port; au 3e, celles de

---

(1) Grange.

Saint-Palais. Leurs effectifs devaient être complétés au besoin par de nouveaux contingents basques.

Suivant l'usage défectueux admis à cette époque pour les corps de volontaires, on décida que la désignation des chefs de bataillon serait faite à l'élection. Harispe fut choisi par ses camarades pour commander le 2⁰. Il comptait un de ses frères parmi les capitaines sous ses ordres.

Le 29 janvier, le général en chef, ayant reçu le compte rendu de ces nominations, les confirma par des lettres personnelles. Celle qu'il adressa au citoyen Harispe, chef de bataillon aux chasseurs basques, à Baïgorry, lui disait... « Je ne doute nullement que tu ne sois pénétré des devoirs que cette nouvelle place t'impose; tu as rempli celle que tu avais jusqu'à présent avec trop de zèle et d'intelligence, pour que je ne sois pas tranquille pour l'avenir... »

Ces nominations furent rendues définitives par des brevets d'adjudants-généraux chefs de bataillon, que le gouvernement envoya à chacun des officiers promus. Harispe reçut le sien des mains de son ancien commandant Mauco, que sa bravoure et ses blessures avaient rapidement porté au grade de général. Ce grade d'adjudant-général, qui l'élevait au rang d'officier supérieur, ne lui causa pas cependant une joie immodérée. Craignant de se voir désigné pour un autre corps et guidé par un sentiment de modestie, il demanda l'annulation de son grade. Il écrivit à ce sujet à son général en chef.

Général.

Le général Mauco vient de me remettre le brevet d'adjudant-général chef de bataillon, auquel j'ai été promu. Mon devoir exige que je t'observe que je ne suis pas dans le cas de pouvoir remplir ce poste utilement. Je n'ai nulle connaissance dans la partie de l'administration ; je n'en ai guère dans la partie militaire. Je ne te parle point ici un langage interprétatif ; c'est en franc patriote que je te parle de mon insuffisance. Aussi je te prie, général, d'appuyer auprès du Comité du Salut public, la réclamation que je vais lui faire à cet égard. Je crois pouvoir être utile au poste que j'occupe et rendre encore des services à ma patrie ; c'est pourquoi je souhaite d'y rester, d'autant plus que j'en suis vivement sollicité par le bataillon.

J'espère que ma réclamation, étayée de ton suffrage, réussira ; je vais cependant me rendre, conséquemment à tes ordres, auprès du général Mauco où j'attendrai la décision du Comité du Salut public.

Signé : Harispe (1).

Les relations qui existaient à cette époque entre les soldats et les officiers avaient parfois un caractère de dévouement et d'affection des plus touchants. Les Basques soumis à l'autorité de Harispe en donnèrent alors un exemple qu'on ne saurait passer sous silence. Ils écrivirent au général commandant la division pour obtenir le maintien de leur compatriote à leur tête. Ils craignaient que le brevet d'adjudant-général n'eut pour effet son envoi dans un autre corps.

Leur missive était ainsi conçue :

Le bataillon des chasseurs basques de Baïgorry au citoyen Mauco, général de division.

Général.

Notre commandant vient de nous apprendre le grade auquel le Comité du Salut public l'a promu. Ses services ont mérité cette récompense, mais le bien du service y gagnera-t-il ? Nous allons te soumettre, général, nos observations là-dessus. Pèse-les et si tu les trouves justes, appuie-les.

(1) Capitaine Labouche. *Histoire d'une demi-brigade.*

C'est au citoyen Harispe que nous devons en grande partie d'avoir pu être utiles à notre patrie. Il inocula l'énergie de son patriotisme à toute la jeunesse de ce canton qui, spontanément, se leva tout entière pour défendre sa patrie et ses foyers; il nous a, depuis lors, toujours conduits par le sentier de l'honneur à la victoire.

Le Basque qui, jusqu'alors n'avait point l'idée du métier des armes, devint soldat à l'imitation de son chef. Il avait plus de connaissances que nous tous; ses moments de loisirs étaient consacrés à nous les communiquer. Il s'est fait aimer de nous; nous le regardons tous plutôt comme notre frère que comme notre chef; et nous le perdrions?

Oui, nous ferions le sacrifice sans nulle réclamation, s'il pouvait être remplacé. Mais tu connais aussi bien que nous, général, qu'il ne peut guère l'être. Il a des talents; il connaît les localités; il est du pays. Le Basque, naturellement méfiant, donne difficilement sa confiance. Il a la nôtre; il l'a tout entière. Tu nous a vus marcher sur ses pas; nous ne doutions de rien et cependant à l'ouverture d'une campagne, nous sommes menacés de ne l'avoir plus à notre tête.

Jaloux de son devoir, notre commandant n'a pu écouter nos très justes réclamations. Il est prêt à aller à son nouveau poste. Il a néanmoins cédé à nos instances lorsque nous lui avons dit que nous allions implorer appui auprès du général en chef et auprès des représentants du peuple pour qu'il soit maintenu commandant de notre bataillon. Nous t'implorons donc par tous les motifs et toutes les raisons que tu connais aussi bien que nous-mêmes.

Nous avons de tout temps connu, général, ton attachement pour nous. Nous espérons que tu nous le continueras dans une circonstance aussi essentielle.

(Suivent les signatures.)

Rien ne pouvait donner une plus haute idée de la brillante réputation que Harispe avait acquise en deux ans parmi ses compatriotes, et du dévouement qu'il avait su inspirer à ses hommes. Ceux qui le connaissaient pouvaient déjà lui prédire de hautes destinées.

Ce document, curieux à plus d'un titre, fut transmis avec avis favorable, au général en chef qui l'envoya au Comité de Salut Public. Ce tout-puissant directeur des affaires militaires ne tint aucun compte des objections de Harispe et apprécia au contraire favorablement la démarche de ses Basques. Le jeune officier fut maintenu à la tête de sa troupe avec le grade d'adjudant-général chef de bataillon.

Ces incidents de carrière, malgré l'intérêt qu'ils présentaient, n'avaient pas détourné un instant Harispe des événements militaires auxquels son bataillon était constamment mêlé. Justement à cette époque, les Espagnols, ennuyés de leurs faibles progrès sur la frontière, résolurent de pénétrer définitivement sur notre territoire en s'emparant de Saint-Jean-Pied-de-Port et de Baïgorry.

Le 26 avril, une vigoureuse attaque déboucha du Val Carlos entre Arnéguy et Saint-Jean-Pied-de-Port. Heureusement la division Mauco qui occupait cette dernière ville était sur ses gardes.

Elle comptait parmi ses troupes les 4 bataillons de chasseurs basques, parmi lesquels se trouvait celui de Harispe à l'effectif de 1.004 hommes et 27 officiers. Il était cantonné à Saint-Michel à 3 kilomètres au Sud de la ville. Prévenu par ses avant-postes, le général reçut l'ennemi avec vigueur et l'obligea à battre en retraite. Pendant ce temps, une colonne espagnole se portait sur Arnéguy, s'en emparait et l'incendiait, tandis qu'une autre colonne marchait sur Baïgorry, en chassait les défenseurs, les obligeait à se retirer sur le rocher d'Arrola et les y poursuivait sans leur laisser un instant de répit. Leur situation était critique lorsque l'adjudant-général Harispe, envoyé à leur secours, arriva au pas de course avec 400 hommes. Il les conduisit par des sentiers peu connus, tourna les Espagnols et les prit à revers au moment où ils s'y attendaient le moins. Ceux-ci voyant leur ligne de retraite menacée, renoncèrent à leur offensive et reculèrent en désordre, après avoir éprouvé de grandes pertes.

En rendant compte de ces combats au comité d'organisation des armées, le général en chef, parlant du concours que les habitants du pays avaient donné à Harispe, dit que la conduite des Baïgorriens dans cette journée avait été admirable.

Le succès, cette fois, avait été si remarquable qu'il avait laissé à nos troupes une profonde impression de confiance. Elles ne pensaient plus qu'à prendre à leur tour l'offensive et à pénétrer sur le territoire espagnol. Une première tentative eut lieu le 18 mai, contre un poste ennemi installé dans la forêt d'Iraty. Ses défenseurs furent refoulés et leur installation fut détruite. Mais le manque d'artillerie ne permit pas de démolir les murailles du fortin.

Cette expédition avait néanmoins encouragé les généraux à persister dans leur projet d'offensive. L'étude faite à ce sujet démontra la nécessité de s'emparer d'abord des passages de montagnes par lesquels il fallait déboucher sur les vallées espagnoles. C'étaient les cols d'Ispéguy et de Berdaritz à l'Ouest de la vallée des Aldudes, et le col de Maya qui ouvrait un accès direct dans la vallée de Baztan.

Les préparatifs de l'expédition, poussés avec ardeur, furent terminés au commencement de juin 1794. Quatre colonnes furent formées. La première, commandée par le général La Victoire, un ancien tailleur d'habits parvenu à ce grade par sa bravoure, comprenait 2.300 hommes. Le bataillon du commandant Harispe en faisait partie. Elle était chargée de reprendre aux Espagnols le village des Aldudes et de s'emparer du col de Berdaritz. Deux autres colonnes avaient chacune pour objectif les cols d'Ispéguy et de Maya. Enfin une quatrième colonne devait exécuter une diversion dans le Val Carlos et menacer Roncevaux.

Le village des Aldudes et le col de Berdaritz, reliés entre eux par un chemin praticable, formaient une position défendue au Nord par un ouvrage construit sur le mont Ourisca. Cet ouvrage comprenait une forte redoute armée d'artillerie et couverte, du côté des Aldudes, par deux redans réunis par une levée de terre. L'ensemble avait une grande force défensive.

L'opération s'effectua le 3 juin. L'attaque eut lieu à la fois à Berdaritz, à Ispéguy et à Maya.

« Les Français, qui viennent de faire quatorze heures de marche pénible à travers les rochers, commencent le mouvement, sans vouloir prendre un instant de repos, tant leur impatience est grande. Nos volontaires et chasseurs basques menacent les Aldudes par la vallée et 700 chasseurs basques, suivant un étroit et rude sentier, marchent sur les redoutes d'Ourisca. Les représentants du peuple, Pinet et Cavaignac, encouragent ces derniers par leur présence... Nos Basques se précipitent au pas de charge sur les premiers retranchements du versant de la montagne; un feu terrible de mousqueterie les arrête un moment. Le général La Victoire... est renversé dès les premières fusillades « (1).

Le brave Harispe est désigné par les représentants du peuple pour le remplacer dans le commandement de la colonne.

« Il rétablit un peu l'ordre, rassemble une compagnie de ses hommes et l'entraîne à travers la mêlée. Il lui fait franchir les retranchements et, escaladant la montagne, il atteint la redoute qui la surmonte. Couverte de défenseurs et armée de deux pièces qui tirent à mitraille, cette redoute ressemble

---

(1) Capitaine Labouche. *Histoire d'une demi-brigade.*

à un volcan par le feu qu'elle vomit de tous côtés. Les chasseurs basques se jettent à plat ventre, attendant le moment propice pour se lancer à l'assaut. L'occasion s'offre bientôt : un baril de poudre saute dans la redoute.

« Au milieu du désordre produit par cette explosion, nos Basques se relèvent ; la charge est de nouveau battue et la redoute est emportée. Tous les Espagnols, chargés de la défense du col, se précipitent alors dans un réduit appelé *la casa fuerte*, prêts à y opposer une énergique résistance » (1).

Dans leur rapport au Comité de Salut public, les représentants racontent ainsi la suite de l'action :

« Les Espagnols qui étaient enfermés dans la maison crénelée tiraient sur nous sans crainte d'être atteints ; le pas de charge n'y pouvait rien. Nous n'avions que des fusils et des baïonnettes, et les canons de la première redoute avaient été encloués...

« Les canonniers qui étaient attachés à la colonne ont enfin réussi à déclouer une pièce ; alors protégés par la canonnade, nos soldats ont entouré la redoute, y ont fondu avec impétuosité, en ont franchi les fossés défendus par plusieurs rangs de palissades et ont terminé par cette action, l'une des plus belles journées...

« Le général de brigade La Victoire a été grièvement blessé au premier feu qu'a fait sur nous la première redoute. Le jeune Harispe l'ayant remplacé dans le commandement, s'est conduit avec beaucoup d'intelligence et de sang froid. Aidé du courage de ses soldats, il n'est pas douteux que c'est à la manière dont il a dirigé l'attaque et à la confiance qu'il inspirait à l'armée que nous devons le succès. Nous avons cru devoir le mettre à même de rendre de plus grands services à la République en l'élevant à un grade supérieur ; c'est dans la première redoute de Berdaritz que nous l'avons nommé adjudant-général chef de brigade. Nous espérons que la Convention nationale nous approuvera. »

(1) Capitaine Labouche. *Archives de la guerre*.

Les Espagnols avaient laissé un certain nombre de prisonniers entre nos mains.

Pendant ce temps, les attaques exécutées sur le village des Aldudes et sur le col d'Ispéguy avaient pleinement réussi. L'ennemi, forcé d'abandonner ces deux positions, s'était retiré sur son territoire. Le col de Maya avait été occupé sans résistance et, comme conséquence de ces succès, le col d'Arrieta et la redoute de Mortal avaient été aussi abandonnées.

Les combats du 3 juin assuraient à l'armée des Pyrénées-Occidentales des avantages considérables. Désormais nous étions maîtres des débouchés qui conduisaient dans la vallée de Baztan et de là sur les parties avoisinantes des provinces basques espagnoles.

Pour le commandant Harispe, sa situation était aussi avantageusement modifiée. Sa réputation de bravoure et ses talents militaires, qui l'avaient déjà rendu si populaire, étaient maintenant consacrés d'une façon éclatante. Les délégués de la Convention l'avaient nommé chef de brigade (colonel) sur le champ de bataille à la suite d'une action d'éclat et l'avaient cité dans leur rapport. Dès lors, il était hors de pair, et le plus bel avenir s'ouvrait devant lui. Sa nomination fut approuvée à Paris et accompagnée des éloges les plus flatteurs. Carnot écrivit à cette occasion aux représentants du peuple : « Nous avons vu avec grande satisfaction l'éloge mérité que vous donnez à la brave armée des Pyrénées-Occidentales et en particulier au jeune Harispe et au général de brigade La Victoire. La Convention nationale applaudira sans doute avec nous à la justice que vous avez rendue à leur belle conduite et confirmera vos mesures. » (1)

A la suite de cette réponse, les représentants Pinet et Cavaignac résolurent de former une demi-brigade de

---

(1) Capitaine Labouche. *Archives de la guerre.*

chasseurs basques et de mettre Harispe a sa tête. Ils rendirent à cet effet un décret qui justifiait leur décision et lui donnait un caractère définitif.

Les éloges qu'ils décernèrent à Harispe, étaient remarquables.

Considérant que le citoyen Harispe, commandant d'un des trois bataillons de chasseurs basques, a donné dans différentes occasions où il a fallu payer de sa personne à la tête de son corps, des preuves d'un courage, d'une intelligence et d'un sang-froid peu communs; que c'est surtout dans la journée du 15 de ce mois (prairial) à l'attaque des Aldudes, qu'il a montré combien il était digne d'être à la tête des soldats de la patrie;

Considérant que dans cette journée glorieuse, Harispe, par la blessure du général de brigade la Victoire, s'est trouvé seul à la tête de la colonne chargée de l'attaque des hauteurs des Aldudes et de la forteresse de Berdaritz, qu'il a montré dans cette attaque autant de talents que de bravoure et que c'est aux bonnes dispositions qu'il fit et au courage inconcevable des braves soldats qui étaient sous ses ordres que nous dûmes l'heureux succès de cette belle journée;

Considérant que la conduite du citoyen Harispe, dans cette journée, avait déterminé les représentants du peuple à le nommer adjudant-général chef de brigade, sur le champ de bataille, mais que pour l'intérêt de la chose publique il convient de donner une autre disposition au témoignage de reconnaissance que mérite ce brave officier;

Arrêtent que les trois premiers bataillons de chasseurs basques formeront la demi-brigade de chasseurs basques et que le citoyen Harispe est nommé chef de cette demi-brigade » (1).

Cette nomination donnait un éclat extraordinaire à la carrière et à la personnalité de Harispe. Il avait alors

(1) Capitaine Labouche. *Le chef de brigade Harispe et les chasseurs basques.*

26 ans et devenait pour ses compatriotes, comme pour ses soldats, le héros du pays.

Chose étrange et qui montre la bizarrerie des chances de la carrière militaire, après un si brillant début, à une époque si remplie par les guerres et les combats, Harispe allait rester pendant douze ans, dans ce grade de colonel qu'il avait si brillamment conquis.

CHAPITRE III

CONQUÊTE DES PROVINCES BASQUES ESPAGNOLES

Invasion de l'Espagne. — Occupation de la vallée de Baztan. — Rôle de Harispe. — Passage de la Bidassoa — Prise de Fontarabie, de Passages, de Renteria, de Saint-Sébastien. — Fautes commises dans le Guipuzcoa. — Moncey, général en chef. — Attaque d'Euguy par Harispe. — La colonne infernale. — Combat d'Ostiz. — L'hiver de 1794. — Epidémie. — Mariage de Harispe. — Reprise des opérations. — Occupation de Bilbao et de la Biscaye. — Combats livrés par Harispe à Irurzun et à Aizcorbe. — Traité de Bâle. — Fin de la guerre.

Nos derniers succès n'avaient pas découragé les Espagnols. Ils avaient changé leurs généraux et pris de nouvelles dispositions pour s'opposer à nos efforts. Comprenant que désormais la vallée de Baztan était menacée, ils avaient établi en face du col de Berdaritz un camp dit des Emigrés, destiné à repousser une nouvelle agression.

Moncey, qui venait, en deux ans, de gravir tous les échelons de la hiérarchie militaire, commandait depuis quelque jours la division de Saint-Jean Pied-de-Port; résolu à prendre l'offensive, il voulut d'abord enlever le camp ennemi. Le 10 juillet, formant trois colonnes, il marcha contre cette position, qui s'appuyait au mont d'Arguinzu. Les deux premières colonnes, placées sous les ordres du général Digonet, étaient chargées d'attaquer de front. Le chef de brigade Harispe en ferait partie avec deux de ses bataillons.

Une troisième colonne était confiée au célèbre la Tour d'Auvergne, alors chef de brigade, qui était venu combattre dans les Pyrénées depuis le début de la campagne. Il avait sous ses ordres un corps de grenadiers et devait concourir à l'attaque de front, par un mouvement tournant.

Le général Digonet donna le signal de l'attaque sans attendre que les grenadiers de la Tour d'Auvergne eussent dessiné leur mouvement.

Aussitôt Harispe gravit la montagne avec ses chasseurs basques et, malgré les feux meurtriers de l'ennemi, arrive au sommet de la position. Les Espagnols, surpris par cette brusque apparition, se défendent mal et bientôt, menacés sur leurs derrières par une nouvelle colonne, ils cèdent le terrain et se retirent en désordre. Le but de l'expédition était atteint. Harispe, qui avait eu une part glorieuse dans cette lutte et que Moncey connaissait depuis le début de la guerre, fut cité par lui dans son rapport. « Harispe, dit-il, par ses connaissances locales, sa bravoure et son intelligence, nous a parfaitement servis dans ces dispositions et dans l'exécution » (1).

Malheureusement la colonne de la Tour d'Auvergne, arrêtée par les obstacles du terrain, arriva un peu tard, ce qui permit aux émigrés de la légion espagnole de Saint-Simon d'éviter d'être cernés et pris.

Ce rapprochement de Harispe et de la Tour d'Auvergne fournit à tous deux l'occasion de se connaître, de s'apprécier et de se lier d'amitié.

Désormais, il n'y avait plus qu'à envahir la vallée de Baztan et les provinces voisines ; on s'en occupa tout de suite et peu de jours après, un projet d'opérations fut arrêté.

(1) Capitaine Labouche. Le *chef de brigade Harispe et les chasseurs basques.*

Les troupes étaient pleines d'entrain ; on les remit en mouvement le 24 juillet. Moncey, à gauche, devait avec sa division s'avancer dans les vallons de Baztan, occuper les principales localités et pousser, si c'était possible, jusqu'à San Esteban, au confluent du ruisseau de Baztan et de la Bidassóa. La division Delaborde marchait au centre sur Vera et, à droite, celle du général Frégeville, franchissant la frontière à Béhobie, devait se porter sur Fontarabie. Ces trois colonnes avaient l'ordre de se relier entre elles dès que les évènements le permettraient.

Harispe, qui faisait partie de la colonne de gauche, partit de Berdaritz avec deux de ses bataillons et soutenu par son collègue Lefranc, se porta sur Arizcun. La marche, commencée dans la nuit du 24, s'effectua sans difficultés. On ne rencontra que de petits postes espagnols qui ne tinrent pas et cédèrent facilement le terrain. Harispe fit de nombreux prisonniers et s'empara d'une forte quantité d'armes et de munitions.

Les autres colonnes eurent un égal succès.

La division du centre, après avoir gravi les pentes du mont Atchiola, refoula les Espagnols et prit position sur les hauteurs qui dominaient Echalar. Le même jour, la liaison fut établie avec la division de gauche. Quant à celle de droite, elle chassa l'ennemi d'Irun et l'obligea à se retirer dans les ouvrages construits sur le mont Haya.

En résumé, ce début des opérations était heureux : la vallée de Baztan était entre nos mains, et partout l'ennemi avait montré des indices de découragement. Nous avions pris, dans le fort de Maya, 4 pièces de canon et 6000 fusils. Des approvisionnements considérables, évalués à 1500 quintaux de blé et 1200 de maïs, étaient tombés dans nos mains.

Le rapport des Représentants délégués à l'armée se terminait par la citation suivante : « Les chefs de brigade Lefranc, Harispe et la Tour d'Auvergne ont donné des preuves de cette intelligence, de ce sang-froid, de ce courage qui assurent aujourd'hui nos succès » (1).

Dans l'armée l'enthousiasme était général et le soldat ne demandait qu'à marcher.

On résolut de continuer sans arrêt l'invasion du Guipuzcoa.

La division du centre, général Delaborde, reprenant l'offensive, se porta sur les redoutes qui défendaient le mont Commissary et s'en empara, menaçant ainsi de prendre à revers les ouvrages élevés par les Espagnols à Fontarabie et à Saint-Martial. Biriatou et Vera furent occupés par ses troupes.

Le 27 juillet, la division de gauche de Moncey, s'avançant de son côté, franchit la Bidassoa. Le 1er août, elle concourt, avec la division du centre, à l'attaque du mont Haya et de Saint-Martial. Harispe en fait partie avec ses 2e et 3e bataillons.

Au signal donné, nos troupes escaladèrent le mont Haya et en chassèrent les Espagnols. Harispe, chargé de les poursuivre, atteignit Oyarzun et l'occupa. Pendant ce temps, la division de droite bombardait Fontarabie et forçait la place à se rendre, le 1er août. Cette prise complétait dignement cette première série d'opérations qui rapportèrent à l'armée des Pyrénées-Occidentales, 200 bouches à feu, 11000 fusils, 1500 tentes et de nombreux approvisionnements. A ces trophées s'ajoutaient 4000 projectiles, 35 chaloupes de pêche, 3 bricks, 1 chaloupe canonnière armée de deux bouches à feu et 5 drapeaux (2).

A la suite de ces échecs, l'armée espagnole ramena sur Ernani, dans le plus grand désordre, ses soldats démoralisés.

(1) Ducéré. *L'armée des Pyrénées-Occidentales.*
(2) Capitaine Labouche.

Le chef de brigade Harispe, toujours dans la division de Moncey, concourait, avec ses Basques, à la prise de Passages, de Renteria, de Lezo et arrivait sous les murs de Saint-Sébastien, qui se rendit sans combat le 3 août.

En fait, les Guipuzcoans n'avaient pas résisté à notre invasion. Dans plusieurs localités, ils avaient même fait un bon accueil à nos troupes qui avaient observé une exacte discipline.

A Saint-Sébastien, dès le lendemain de notre arrivée, les habitants rouvrirent leurs maisons, reprirent leurs habitudes et témoignèrent de leurs sympathies à nos généraux. Les délégués de la Convention avaient cependant laissé entrevoir dans leurs proclamations leur intention d'annexer le Guipuzcoa à la France. L'attitude du peuple permettait d'admettre que cette solution, loin de l'effrayer, serait facilement acceptée.

Malheureusement les maladresses des représentants ne tardèrent pas à modifier cet état de choses. Harispe fut alors témoin de faits qui compromirent notre conquête en altérant profondément les bonnes dispositions que les Basques espagnols nous avaient montrées jusque-là.

Les membres de la Junte de Guipuzcoa, réunis à Guétaria, demandèrent aux délégués de la Convention d'être momentanément neutralisés, sous la condition de ne fournir aucun secours aux belligérants. Au lieu d'admettre cette offre comme base de négociation, les délégués s'en irritèrent et traitant les membres de la Junte en vaincus, les firent arrêter et conduire en France comme prisonniers de guerre. Cette mesure injuste et contraire au droit des gens, souleva le pays, et indigna les habitants dont la colère bientôt ne connut plus de bornes. Quand ils virent ensuite les délégués faire arrêter les prêtres, les nobles, fermer les églises, les piller à l'occasion, et installer même la guillotine sur l'une des places de Saint-Sébastien, ils prirent tous les armes.

Nos troupes se trouvèrent bientôt dans une situation difficile. Elles durent abandonner un convoi près de Tolosa, et leurs chefs songèrent un moment à se reporter en arrière des positions qu'ils avaient récemment conquises. L'un des représentants, Garrau s'y opposa formellement.

Les choses en étaient là quand un décret de la Convention, du 21 août, changea le commandement de l'armée, mit à la retraite le général en chef Muller qui n'aspirait qu'au repos et le remplaça par Moncey. Cette nomination fut bien accueillie.

Le nouveau général en chef était très connu dans l'armée des Pyrénées Occidentales où il s'était maintes fois distingué.

Capitaine aux chasseurs cantabres en 1792, il avait été nommé chef de bataillon le 26 juin 1793, général de brigade le 18 février 1794, général de division, le 9 juin suivant et général en chef, le 21 août. Ses talents militaires, son courage et son ardeur semblaient justifier cet avancement exceptionnel.

Cette désignation ne pouvait que combler de joie le chef de brigade Harispe. Moncey, était pour lui un ami, et les relations qui existaient entre eux depuis deux ans devaient avoir un jour une heureuse influence sur les destinées du commandant des chasseurs basques. Moncey l'avait remarqué depuis son arrivée dans les Pyrénées, et sa réputation de bravoure, fondée sur des services éclatants, l'avait attiré vers lui. L'amitié qui les unissait devait être encore renforcée par les évènements auxquels tous deux allaient se trouver mêlés.

Le 25 juillet, dans l'attaque des postes fortifiés de la vallée de Baztan, Moncey avait cité Harispe dans les termes suivants :

« Les colonnes parties de Berdaritz et commandées par les chefs de brigade Harispe et Lefranc, ont emporté tous les camps retranchés qui étaient devant elles, avec la plus grande vivacité. Elles y ont fait un grand nombre de prisonniers etc »...

Tous deux allaient continuer cette campagne de 1794 qui avait été si brillamment commencée.

A ce moment, fin d'août, la situation se résumait ainsi : La province de Guipuzcoa était en grande partie dans nos mains. L'armée des Pyrénées Occidentales, forte de quatre divisions d'infanterie, avait sa droite à Saint-Sébastien et sa gauche vers Saint-Jean-Pied-de-Port. Elle tenait Tolosa sur l'Oria par un poste avancé, et comptait utiliser une division de 6.000 hommes, cantonnée à Tardets, trop loin malheureusement du reste des troupes.

Les forces espagnoles s'étaient repliées sur les principales localités de la vallée de Roncevaux, couvrant la route de Saint-Jean-Pied-de-Port à Pampelune.

Moncey, d'accord avec les représentants du peuple, résolut de marcher contre elles, de dégager la vallée de Roncevaux, de rallier la division de Tardets et de se porter ensuite sur Pampelune, passant ainsi du Guipuzcoa dans la Navarre espagnole.

Le 16 octobre, tout étant prêt pour ces nouvelles opérations, les divisions se mirent en mouvement.

Les Espagnols occupaient en forces le col de Velate, les hauteurs voisines et celles qui dominent le village de Lanz, sur la route d'Elizondo à Pampelune. La division du centre, général Delaborde, fut chargée de l'attaque de ces positions. Elle attendit les troupes qu'elle devait recevoir de San Esteban et, dès que celles-ci furent arrivées, elle se mit en route, précédée par la demi-brigade de chasseurs basques, forte de trois bataillons, que commandait Harispe et qui formait son avant-garde. Marchant avec un entrain remarquable, elle se heurta à 4.000 Espagnols au village d'Eugui, leur enleva ce poste et les mit en fuite. Cet heureux début inspira à tous une grande confiance.

Le général Cambray dirigeait l'attaque; il en fit un compte rendu qui donne aux combats du 17 octobre leur physionomie exacte.

« L'avant-garde s'empara de suite des hauteurs. Les chasseurs basques et les grenadiers eurent ordre de débusquer l'ennemi qui se trouvait sur les sommités, tandis que les carabiniers l'attaquaient en front pour l'amuser; ils marchèrent sur deux colonnes. Ce mouvement fut exécuté avec une intrépidité dont il n'y a pas d'exemples. Les chasseurs et les grenadiers le poursuivirent jusqu'au bord de la montagne d'Eugui. Ils lui firent 150 prisonniers, tuèrent 60 hommes, lui prirent trois pièces de canon... La colonne, qui avait ordre de rester en station à Eugui, eut, à une heure, celui de se mettre en marche pour se porter à Viscarret (sur la route de Saint-Jean-Pied-de-Port à Pampelune) où l'ennemi occupait les hauteurs. Les chasseurs de la 5ᵉ demi-brigade légère et le 2ᵉ bataillon de chasseurs basques aux ordres du chef de brigade Harispe, allèrent l'attaquer. Il était au nombre de 3.500 hommes ».

Les Espagnols assaillis par les Basques de Harispe avec leur impétuosité ordinaire, ne purent leur résister, furent mis en déroute et allèrent prendre position en deçà de Viscarret.

« Après nous être concertés avec le général Digonet, il fut arrêté que je me porterais de suite sur les hauteurs et que la colonne de grenadiers aux ordres du citoyen la Tour d'Auvergne se porterait sur le village de Viscarret; le général Digonet la dirigeait. L'ennemi qui faisait une longue résistance, ne tint pas au pas de charge que je commandais, lorsque je vis le mouvement qu'avaient fait les grenadiers. Il se mit en déroute. Les chasseurs basques le poursuivirent la baïonnette aux reins, les grenadiers le tournèrent et le représentant Garrau les chargea vigoureusement avec la cavalerie. 5 à 600 morts; 1200 prisonniers; 2000 fusils, etc... » (1)

Dans cette affaire, le combat avait été conduit avec une telle vigueur que l'armée, témoin de la lutte, donna à l'avant-garde commandée par Harispe, le surnom de Colonne infernale.

Ce dernier, jugeant à la déroute de l'ennemi qu'il fallait profiter sans retard de sa désorganisation, insista de la façon la plus vive auprès du général Delaborde, pour le décider à poursuivre les Espagnols sans leur laisser un instant de répit.

Malheureusement, le général, retenu par des considérations personnelles, redoutant la responsabilité qui lui incomberait s'il arrivait sous les murs de Pampelune, s'arrêta à Viscarret et réunit le lendemain un conseil de guerre qui dura plus de six heures. L'armée ennemie en profita, et loin de déposer les armes, comme Moncey l'espérait (2), put s'échapper et trouver un abri derrière les murs de Pampelune.

Le temps perdu à Viscarret ne fut pas le seul incident défavorable à nos armes. La division de Tardets, aux ordres du général Marbot, partie deux jours plus tôt que les autres, rencontra dans les montagnes de telles difficultés qu'elle ne put arriver à temps sur les points où elle devait barrer le chemin à l'ennemi. Le général espagnol, devinant les projets de Moncey, se dirigea par l'espace laissé libre entre la colonne infernale venue de Lanz et la division de Marbot. La première, d'après le rapport de Moncey, « avait marché 43 heures sur 48,

---

(1) Capitaine Labouche.
(2) Voir aux pièces justificatives.

pour arriver à sa destination, qu'elle aurait atteint sans la maladresse des guides et le mauvais temps, etc... »

Par suite, le résultat de cette opération ne répondit pas aux espérances du général en chef. Néanmoins les Espagnols avaient perdu deux à trois mille hommes, 50 canons et deux drapeaux. La vallée de Roncevaux était occupée par nos troupes, qui y détruisirent la pyramide élevée jadis par les Basques navarrais pour commémorer la défaite des soldats de Charlemagne.

La place de Pampelune, qui aurait pu être enlevée de vive force si nous avions marché sur les talons des Espagnols, était désormais à l'abri d'une surprise. Pour s'en emparer, il fallait maintenant un investissement régulier et un matériel de siège qui nous manquait.

Moncey dut y renoncer et se contenter d'établir ses troupes dans le pays. La division de droite, général Frégeville, occupa Lecumberri, sur la route de Tolosa à Pampelune, celles des généraux Marbot, Delaborde et Mauco se placèrent sur les routes conduisant d'Elizondo et de Saint-Jean-Pied-de-Port à Pampelune.

Les représentants du peuple voulaient tenter le siège de cette place et pour répondre à leurs injonctions, un équipage de siège fut commandé à Bayonne.

Pendant ce temps, le général en chef Moncey, éprouvant des difficultés à nourrir son armée dans un pays ruiné, redoutait de plus en plus pour ses soldats fatigués l'approche de la mauvaise saison. En outre, les dispositions des représentants immobilisaient les divisions et les décourageaient par une inaction prolongée. Au mois d'octobre cependant, une occasion s'étant présentée de reprendre les hostilités, Moncey remit ses soldats en mouvement.

Un général espagnol qui occupait d'importantes positions sur la route de Vittoria à Pampelune, les abandonna pour se retirer sur cette dernière place. Il fut aussitôt suivi par nos troupes jusqu'à Irurzun, dans la vallée d'Araquil. Arrivés sur cette position, les Espagnols, sûrs d'être soutenus, engagèrent, le 24 novembre, un combat meurtrier et prirent une offensive vigoureuse dès que les renforts qu'ils attendaient les eurent rejoints. La division Marbot, accablée par le nombre, fut forcée de battre en retraite dans la direction d'Ostiz, sur la route de Pampelune à Elizondo. Aux abords de cette localité, ayant trouvé un terrain propre à la défensive, elle se maintint jusqu'à la nuit après avoir épuisé ses dernières cartouches.

Attaquée de nouveau le lendemain, elle était dans une position critique, quand elle fut dégagée par un renfort inattendu. Le chef de brigade Harispe, parti la veille de Zubiri avec deux bataillons de chasseurs basques, avait marché presque toute la nuit pour arriver à son secours. Parvenu sur les hauteurs d'Ostiz et jugeant la situation, il lança ses chasseurs sur les derrières des Espagnols après avoir prévenu le général Marbot. Retrouvant leur courage à la vue de leurs camarades, les soldats de ce dernier reprirent l'offensive et fondirent sur l'ennemi à la baïonnette. Cette journée qui était sur le point d'aboutir à un désastre, finit ainsi par une victoire. L'ennemi fut forcé de se retirer après avoir subi de nombreuses pertes.

Suivant la volonté barbare de la Convention qui avait ordonné une guerre à mort et le massacre des prisonniers, les généraux voulurent procéder à l'exécution des malheureux Espagnols tombés dans leurs mains. Harispe, animé de sentiments d'humanité, réussit cependant à sauver la vie du plus grand nombre.

Malgré ce brillant succès, l'état de nos troupes était misérable ; les transports et les vivres manquaient : les souffrances du soldat étaient vives et engendraient des maladies. Moncey, qui venait d'être autorisé à prendre des décisions sans tenir compte des représentants, résolut de battre en retraite. Il eut d'abord un fort engagement les 26 et 28 novembre, prit à l'ennemi un canon, quatre drapeaux, de nombreux trophées et le chassa de Vergara. Nous y trouvâmes de grandes quantités de munitions, de nombreux approvisionnements et plus de 5000 fusils. Après ce succès, l'armée alla occuper en arrière une série de positions qui s'étendaient de Saint-Sébastien à Saint-Jean-Pied-de-Port.

Harispe reçut son ordre de mouvement le 27 novembre. Il était alors aux avant-postes, à Urdaniz, et dût en partir vers minuit pour revenir à Zubiri, où le général de brigade Castelvert l'attendait. De là ils marchèrent ensemble sur les fonderies d'Eugui et d'Irurita. Harispe continua ensuite sa route vers les vallées des Aldudes et de Baïgorry où il arriva le 20 décembre. Son général de division y constitua une brigade d'avant-garde dont il lui confia le commandement. Pendant l'exécution de ces marches, les Espagnols reprirent Vergara et se rapprochèrent de notre front, sans toutefois oser l'attaquer.

L'hiver de 1794 à 1795 imposa à notre armée une cruelle épreuve. Une épidémie terrible, causée par le manque de soins, les fatigues, un climat rigoureux et l'insuffisance des vivres, sévit dans ses rangs avec une intensité redoutable. Elle lui enleva en peu de jours plus de 10.000 hommes et atteignit tant de soldats que les hôpitaux, au nombre de 55, ne suffirent plus à contenir les malades. On dut en évacuer jusqu'à Toulouse. En même temps, le moral des troupes fut très ébranlé. Cette situation condamna l'armée à un repos absolu. On en profita pour détruire les murailles de Fontarabie et fortifier Saint-Sébastien.

Rentré dans sa commune, Harispe put y jouir de la popularité que lui avaient acquise ses actions d'éclat.

Parti simple volontaire trois ans auparavant, il y revenait chef de brigade, ayant délivré sa vallée de la domination espagnole, entouré d'une auréole de gloire et exerçant, tout jeune encore, à 27 ans, les fonctions de général de brigade. On peut se faire une idée de l'enthousiasme que son nom excitait alors parmi ses concitoyens, si fiers et si ardents pour tout ce qui touche à l'indépendance et à l'honneur de leur pays natal.

Harispe, avec cela, était aimable, très sympathique, de taille moyenne, mais bien prise et de visage agréable. Adoré de tous les siens, il fut à Baïgorry le héros d'une aventure qui devait avoir pour lui des conséquences inattendues.

Un de ses ascendants, syndic de la vallée, avait intenté et soutenu un long procès contre les seigneurs d'Echaux, qui revendiquaient le titre de Vicomtes de Baïgorry. Cette prétention offensait les Baïgorriens qui ne voulaient être les vassaux de personne. Ils aidèrent leur syndic à continuer le procès qui se termina en sa faveur. Il en résulta une animosité profonde entre les deux familles.

Les choses en étaient là, quand le bruit se répandit que le brillant chef de brigade basque avait inspiré à Marguerite, fille aînée du chatelain du village, une vive passion et que lui-même répondait à ces sentiments. Et en effet, malgré la résistance de Madame Harispe qui détestait les d'Echaux, malgré la ruine complète de la famille de la jeune fille, des entrevues eurent lieu, des serments furent échangés et bientôt un mariage fut décidé. On était toujours en état de guerre. Il fallait se hâter.

Le 4 pluviose an III (23 janvier 1795), Jean-Isidore épousa Marguerite d'Echaux, âgée de 22 ans, fille de Bernard de Caupenne d'Echaux et de Françoise Olympe de Siry, son épouse.

C'était une belle personne, blonde, jolie femme, qui passait pour être un peu originale. Elle aimait le jeune et brave chef de brigade, et les débuts de cette union furent marqués par des jours de bonheur. Un garçon naquit de ce mariage; mais il mourut en bas âge.

Les événements du reste ne devaient pas laisser aux jeunes époux le temps de s'attarder aux douceurs de leur nouvelle existence.

Au mois de janvier, le général Mauco, qui commandait la division de Saint-Jean-Pied-de-Port, voulut se rendre compte de la situation exacte des corps sous ses ordres. Lié avec Harispe depuis le début de la campagne, il lui confia le soin de les inspecter. Ce dernier put constater tout d'abord que les chasseurs basques, habitués aux durs hivers de la montagne, avaient été moins éprouvés que les autres troupes. Comme il devait leur faire donner l'uniforme de l'infanterie légère, il profita de ce changement de tenue pour renouveler leur habillement, et essaya de rétablir parmi eux des habitudes de discipline qui avaient été un peu relâchées par suite de la dispersion de ses bataillons dans les autres divisions. Ce fut le moment où il constitua un conseil d'administration pour sa demi-brigade (1).

Il inspecta également les postes avancés, confiés presque tous à ses chasseurs et réorganisa la compagnie franche des guides, commandée par le basque Harismendy qui avait rendu à l'armée des services éminents depuis le début de la campagne.

Cependant, la misère de ses hommes était si grande qu'il insista dans les termes les plus énergiques auprès des généraux Moncey et Mauco pour obtenir des distributions régulières et tout au moins des rations de pain suffisantes.

(1) Capitaine Labouche.

De tous côtés du reste, on s'efforçait d'assurer les distributions et de rendre aux troupes un bien-être qui leur manquait. A la fin de l'hiver, grâce aux efforts des chefs de l'armée, à l'arrivée des convois et au retour du printemps, l'épidémie disparut en partie et la santé se raffermit.

Moncey résolut alors d'entrer de nouveau en campagne et de s'emparer de la Biscaye, province voisine du Guipuscoa. Au mois de mars, il tenta quelques mouvements sur la Deva et aux environs de Tolosa. Mais la faiblesse numérique de ses corps ne lui permettait guère de soutenir la lutte avec avantage. Ses premières opérations furent à peu près sans résultats.

Harispe pendant ce temps était resté avec sa division dans les cantonnements où il avait passé l'hiver. Il sentait d'ailleurs que sa demi-brigade n'était pas encore suffisamment renforcée et qu'il fallait, avant tout, reconstituer ses effectifs.

Le général en chef était du même avis. Le printemps de 1795 fut employé à cette tâche. On demanda des hommes et on pressa leur arrivée. Bientôt l'armée se refit et à la fin de mai elle se trouvait en situation de livrer de nouveaux combats.

Elle comptait alors six divisions, sous les ordres des généraux Willot, Merle, Castelvert, Grandjean, Mauco et Robert, groupées par deux pour former, au besoin, une aile droite, un centre et une aile gauche.

En juin, le moment parut favorable pour commencer les opérations. Le général en chef prescrivit à la division Mauco de faire une reconnaissance offensive du côté d'Eugui, dans la direction de Pampelune. Harispe en fut chargé avec sa demi-brigade renforcée d'un bataillon de grenadiers et de trois compagnies de carabiniers basques, compagnies d'élite récemment créées.

Il se mit en marche le 16 juin. Sa réputation et celle

de ses chasseurs le précédaient. L'ennemi ne tint pas. Il abandonna ses positions, le village d'Eugui, la fonderie et s'éloigna vers le sud. Harispe revint alors à ses cantonnements, prêt à repartir au premier signal.

A la fin du même mois, Moncey entreprit de se porter sur la Biscaye et la Navarre. Les colonnes partirent le 28. La droite de l'armée effectua d'abord le passage de la Deva, aborda ensuite les ouvrages qui défendaient le camp du général espagnol Crespo, les enleva, le poursuivit au-delà d'Elosua, le chassa de Vergara et l'obligea à battre en retraite sur la Navarre et Pampelune. Ces succès mirent la Biscaye à sa disposition.

Moncey dirigea alors le gros de ses forces vers cette dernière place, en occupant successivement Lecumberry et Irurzun sur la route de Tolosa à Pampelune. L'armée espagnole commandée par le général Filanghiery, voulut s'opposer à sa marche. Mais les nombreuses colonnes dirigées contre lui, arrivant de plusieurs côtés à la fois, le débordèrent le 6 juillet, en menaçant sa ligne de retraite.

L'une d'elles forte de deux bataillons de chasseurs basques et de trois compagnies de carabiniers, placés sous les ordres de Harispe, traversa la montagne au nord d'Irurzun et déboucha entre cette localité et Pampelune. Les Espagnols, se voyant tournés, quittèrent leurs postes et reculèrent. Harispe marcha alors sur Aizcorbe, enleva un bataillon de Catalans et continua vivement la poursuite. Arrêté un moment par une charge de cavalerie, il déploya ses chasseurs dans un bois qui bordait la route. A ce moment, son général, Digonet, craignant de le voir compromis, lui ordonna de battre en retraite. Mais les chasseurs basques, entraînés par leur ardeur, continuèrent le combat et criblant l'ennemi de projectiles, l'obligèrent à reculer. Harispe établit sa colonne à Aizcorbe, couvrant la gauche de l'armée qui occupa Irurzun et Olharreguy.

Les jours suivants furent employés à isoler définitivement Crespo des troupes réfugiées à Pampelune. Il fut refoulé en Castille et ces manœuvres permirent à notre armée de faire son entrée à Bilbao, capitale de la Biscaye, le 19 juillet. Cette occupation compléta brillamment la conquête du Guipuzcoa et donna aux opérations de Moncey un éclat remarquable.

La réputation des hommes de guerre qui avaient fait ces campagnes, parmi lesquels le chef de brigade des chasseurs basques brillait au premier rang, en fut agrandie et s'étendit au loin.

On ne se contenta pas de la prise de Bilbao. Nos succès en Biscaye en faisaient espérer d'autres. Moncey n'hésita pas à pousser une colonne jusqu'en Castille. Miranda de Ebro fut occupé; mais l'infériorité de nos forces ne permit pas d'aller au-delà. On se contenta de tenir Miranda et les hauteurs de la Puebla.

Le général en chef reporta alors ses vues sur Pampelune. Son équipage de siège était prêt; il pouvait désormais attaquer cette place. Il mit en mouvement les troupes qui tenaient Irurzun et dont deux bataillons de chasseurs basques faisaient partie. Le général Digonet qui les commandait, eut une première affaire, le 20 juillet, avec les Espagnols qu'il délogea du col d'Olharreguy.

Ce début promettait d'autres succès. Malheureusement l'opération fut subitement arrêtée par la nouvelle de la paix conclue à Bâle, le 1er août 1795, entre la France et l'Espagne.

Elle arrivait au moment où Moncey, maitre du Guipuzcoa, de la Biscaye et de l'Alava, entré en Navarre, était sur le point d'assiéger Pampelune. Ces résultats obtenus avec une faible armée de six divisions, comportant à peine 30.000 hommes, dont l'organisation avait été si laborieuse, méritaient une autre solution. Il fallut pourtant s'y soumettre et renoncer à tous ces avantages.

Cette paix d'ailleurs était difficile à comprendre. Notre armée victorieuse occupait les provinces basques espagnoles dont les habitants avaient maintes fois fraternisé avec nos soldats, surtout avec nos chasseurs basques qui parlaient leur langue et avaient eu, de longue date, des relations d'amitié fondées sur une commune origine. Si nos représentants avaient su ménager les populations, ils les auraient amenées à accepter le gouvernement de la République.

Celle-ci n'aurait pas eu de difficultés à conserver sa récente conquête. Les pays occupés par nos troupes étaient riches et suffisamment peuplés. Des ports fréquentés, Passages, Saint-Sébastien et Bilbao les reliaient à nos ports du Sud-Ouest. L'Espagne était épuisée d'hommes et d'argent. Ces possessions pouvaient être garanties à la France. Au lieu de cela, le traité de Bâle les restituait à l'Espagne, en échange de la partie espagnole de l'île de Saint-Domingue, territoire lointain, d'un climat meurtrier, peuplé de nègres et soumis aux aléas d'une suprématie maritime que nous ne possédions pas. En outre, par suite d'une clause à laquelle le Directoire parut attacher une grande importance, le Roi d'Espagne promit sa médiation pour aplanir les difficultés qui existaient entre la République française et les Rois de Portugal, de Naples, de Sardaigne, le duc de Parme et autres petits états italiens. Or, le Roi d'Espagne Charles IV ne jouissait d'aucun crédit et son influence européenne était nulle.

Moncey dut néanmoins subir les conditions du traité, et, quinze jours après l'échange des ratifications, nos troupes évacuèrent toutes les provinces et les places dont elles s'étaient emparées depuis 1792. Dans le courant de septembre, elles étaient rentrées en France et avaient repris leurs anciens cantonnements.

Telle fut la fin de cette première campagne d'Espagne.

Elle est restée peu connue pour diverses raisons. D'abord elle fut éclipsée par l'éclat des campagnes qui eurent lieu à la même époque au Nord-Est de la France et sur le Rhin; ensuite les mouvements et les forces de nos adversaires ne furent pas assez puissants pour mettre en péril la sécurité de la patrie; enfin nos troupes étaient isolées à une extrémité du territoire national.

L'armée des Pyrénées Occidentales n'en eut pas moins le mérite de se constituer solidement, malgré des difficultés de toutes sortes, de chasser l'ennemi de nos vallées, de le vaincre en plusieurs rencontres et de conquérir trois de ses provinces. Elle mit enfin en relief d'une façon éclatante les talents militaires de plusieurs chefs qui devaient bientôt prendre une place importante dans les rangs de la grande armée napoléonienne. Parmi eux, on citait déjà, en 1795, le général en chef Moncey et le brillant commandant de la demi-brigade de chasseurs basques, Harispe.

CHAPITRE IV

RENTRÉE DE HARISPE EN FRANCE (1795-1800)

Situation de la demi-brigade de chasseurs basques. — Son maintien dans les Pyrénées.— Occasion perdue d'aller à l'armée d'Italie. — Désertions. — Réduction à un bataillon. — Certificat de Moncey. — Démarches de Harispe pour son brevet de chef de brigade. — Espérances éveillées par le retour de Bonaparte. — Envoi des chasseurs basques à Dijon. — Destination du 1er bataillon. — Départ de Harispe avec le 2e bataillon.

Dans les premiers jours de septembre 1795, Harispe se retrouva avec ses chasseurs basques dans les localités qu'il occupait trois ans auparavant, au moment de la déclaration de guerre à l'Espagne. Seulement sa position avait singulièrement grandi et sa destinée était désormais toute tracée. Il n'avait qu'à la suivre. Il était devenu le véritable chef des volontaires basques et jouissait d'une renommée qui s'étendait jusqu'aux Pyrénées centrales. Quand on songeait à la défense de la frontière, c'était à lui qu'on pensait tout d'abord et à la vaillante légion de chasseurs basques toujours prête à le suivre.

Le sort de celle-ci n'était plus cependant aussi bien fixé qu'on aurait pu le croire après les grands services qu'elle avait rendus. Dans les premiers jours de septembre, Harispe réussit, il est vrai, à rassembler ses trois premiers bataillons à Saint-Jean-Pied-de-Port, tandis que le quatrième était cantonné à Tardets. Mais ce qui était grave pour lui et pour ses chasseurs, c'était l'annonce d'une dissolution prochaine de l'armée des Pyrénées Occidentales. Vers le milieu de septembre en effet, il fut prévenu officiellement qu'elle était réduite à trois demi-brigades d'infanterie et un régiment de cavalerie.

Quant à sa demi-brigade, elle était affectée à l'armée de l'Ouest, dont le général Moncey avait été un moment nommé général en chef, à la place du général Canclaux. Toutefois ces mesures, qui avaient produit une grande émotion parmi les Basques, ne tardèrent pas à être modifiées, sur les représentations et les instances du général Moncey. Ce dernier ayant besoin de repos, déclina l'honneur que le Gouvernement voulait lui faire et demanda instamment le simple commandement de la 11e division militaire, à Bayonne, et le maintien dans leur pays natal des Basques du colonel Harispe.

Ils continuèrent ainsi à tenir garnison à Saint-Jean Pied-de-Port et aux environs. Harispe s'empressa alors de compléter sa demi-brigade dont l'organisation, entravée par les opérations de la dernière campagne, n'avait jamais pu être achevée. Le Directoire en fixa la composition par un décret du 8 janvier 1796 ; son chef combla les vacances et les vides qui existaient dans les rangs de sa troupe. Il eut ainsi ses trois premiers bataillons sous la main et son quatrième à Navarrenx.

Ce fut le moment où sa demi-brigade fut le plus sérieusement constituée. Elle comptait officiellement trois bataillons à neuf compagnies, dont une d'élite. Les chasseurs de cette compagnie étaient qualifiés de *carabiniers*. Les cadres étaient ceux de l'infanterie de ligne ou légère.

L'uniforme, qui aurait eu tant de cachet si on avait conservé aux soldats leur costume national, était celui de l'infanterie légère, à fond bleu foncé avec des pattes et des parements rouges. Le béret qu'ils portaient si crânement, fut remplacé d'abord par un casque en cuir verni, puis par le shako. Des demi-guêtres noires conservaient encore à leur allure cet air dégagé qui les caractérisait.

Ils portaient les buffleteries en croix comme le reste de l'infanterie, dont ils avaient l'armement. Chaque bataillon avait son fanion et la demi-brigade son drapeau, de forme réglementaire, portant sur l'une de ses faces, le titre de : *demi-brigade des chasseurs basques*.

Cette troupe d'élite, docile à la voix de son chef, était devenue en 1796, une des plus manœuvrières et des plus remarquables de l'armée.

Ce résultat était l'œuvre de Harispe. Il était fier de ses hommes comme ceux-ci étaient fiers de leur chef; et tout marchait à souhait dans cette vaillante légion, lorsqu'un ordre du ministère de la guerre apporta dans ses rangs un trouble profond.

Le Directoire décréta, le 23 janvier 1796, que toutes les troupes disponibles des 9e, 10e, 11e, divisions militaires passeraient à l'armée d'Italie sous les ordres du général Schérer.

Cette nouvelle fit palpiter d'espoir Harispe et ses officiers; un nouveau rêve de gloire brillait à leurs yeux et l'ardeur des combats allait réveiller dans leurs âmes les ambitions récemment éteintes. Mais leur sort était lié à celui de leurs chasseurs et, parmi ces derniers, les aspirations n'étaient plus les mêmes. Ils voulaient bien défendre leur petite patrie; mais ils étaient attachés à leurs foyers et la perspective d'aller guerroyer en Italie ne leur souriait pas. Déjà, au mois de septembre, on avait voulu les fondre avec les demi-brigades de la ligne et les soumettre aux mêmes éventualités. Ces dispositions, contraires aux antiques coutumes de leur pays, semblaient ne tenir aucun compte des services qu'ils venaient de rendre, ni du dévouement qu'ils avaient montré. Dès lors, les idées de désertion germèrent dans leurs cerveaux. Harispe toutefois put encore les calmer pendant quelque temps et les empêcher de marquer leur mécontentement. Il leur promettait d'obtenir leur maintien dans les Pyrénées. Il en parla au général Moncey qui se fit leur défenseur. Il insista auprès du Directoire pour les conserver près de lui, déclarant que leur éloignement était contraire à l'intérêt de la République et à celui du pays qu'il commandait.

« Le Basque, écrivait-il au ministre à la fin de janvier 1796, fier, indépendant, a des mœurs, un caractère et une façon de vivre tout-à-fait différents des peuples qui l'avoisinent. Son idiome, qui n'a aucun rapport avec le leur, semble s'opposer à toute communication étrangère et l'obliger de ne vivre qu'avec lui; sans luxe, sans commerce, il laboure le champ qui l'a vu naître, qui le nourrit et qui le verra terminer sa carrière; l'amour de son pays est, chez lui, un fanatisme; dès qu'il a perdu de vue les vallées qu'il habite, les montagnes qui les couronnent, il languit, perd son énergie, ou bien l'emploie tout entière, mettant de côté toute crainte, toute discipline, à revoler vers ses foyers..... Je ne vous parlerai pas, citoyen ministre, des services importants qu'ont rendus les Basques dans les dernières guerres; toujours aux avant-postes, poursuivant, harcelant l'ennemi, accoutumés à gravir à la course les montagnes, plusieurs fois ils l'ont tourné, lui ont coupé toute retraite et décidé la victoire incertaine, etc... » (1).

Ce plaidoyer, qui faisait du Basque une peinture si vraie, obtint gain de cause à Paris. La demi-brigade de Harispe fut encore maintenue dans la 11e division militaire et répartie entre Bayonne, Saint-Jean-de-Luz et Saint-Jean-Pied-de-Port, avec son 4e bataillon à

(1) Capitaine Labouche.

Navarrenx. Son chef, particulièrement lié avec Moncey, fut attaché à son état-major, tout en conservant le commandement de ses chasseurs. Moncey l'employa à des inspections dans les places de la division et dans les postes-frontières.

Ce fut ainsi que la destinée priva Harispe et sa demi-brigade de l'heureuse chance de faire, sous les ordres de Bonaparte, la mémorable campagne d'Italie, en 1796. Qui sait ce qu'il serait devenu si, avec sa jeunesse, son audace, sa bravoure, sa précoce expérience de la guerre et ses remarquables soldats déjà fanatisés par lui, il eut été remarqué par le futur Empereur dans les glorieuses journées de Lodi, d'Arcole et de Rivoli, où se fondèrent la plupart des grandes réputations militaires de l'époque? Mais il était écrit dans les pages du destin que les chasseurs basques et leur chef resteraient dans les Pyrénées.

Cependant, ce ne fut pas la seule occasion qui s'offrit à Harispe de se rendre à l'armée d'Italie. Bonaparte, frappé de la faiblesse de ses divisions en présence des masses autrichiennes qui se renouvelaient sans cesse, et voulant des soldats aguerris, s'adressa directement, à la fin du printemps de 1796, au général commandant la 11e division militaire, pour obtenir 3000 hommes d'infanterie et un régiment de dragons. Mais ce faible renfort ne put lui être fourni.

D'abord la récente décision du Directoire s'y opposait. Ensuite, les désertions avaient commencé; les moyens de coërcition restaient sans effet sur le caractère ardent et décidé des Basques. Au mois d'août surtout, les diminutions d'effectifs devinrent très sensibles.

Le général Mauco qui commandait la 11e division militaire, ne put s'empêcher d'en rendre compte à l'autorité supérieure dans des termes qui peignaient toute l'étendue du mal.

« C'est avec peine, disait-il au ministre, que je me vois obligé de vous annoncer que depuis plusieurs jours, la demi-brigade de chasseurs basques, qui fait le service de la citadelle et des places de Bayonne, Saint-Jean-Pied-de-Port et Saint-Jean-de-Luz, est en pleine désertion. Elle n'a présents sous les armes qu'environ 600 hommes, tandis qu'elle devrait en avoir 3.300, sans compter les réquisitionnaires qui n'ont pas rejoint leurs drapeaux... Les exemples de sévérité, que les Basques voient se renouveler sans cesse autour d'eux, ne les corrigent pas de leurs idées de désertion. Les jugements des conseils de guerre, soit contradictoires, soit par contumace, rien ne les effraye et ne les détourne de la désertion, etc. »...

Harispe était le premier désolé de cet état de choses. La situation s'aggravait et son commandement s'effondrait peu à peu, par la disparition de ses soldats.

A la fin de septembre, il reçut l'ordre d'envoyer cent chasseurs à Blaye, pour tenir garnison et remplacer les troupes qu'on avait dirigées sur l'Italie. Il écrivit à ce sujet à son général de division, le 4 octobre.

... « Le Gouvernement est instruit depuis longtemps qu'il est impossible d'éloigner les Basques de leur pays pour aller dans l'intérieur; que leur caractère, leurs habitudes et leur langue s'y opposent avec une telle force que ce serait compromettre l'autorité que de vouloir en user pour les faire marcher... Dans le temps, la proclamation du général Moncey contenait la promesse formelle de ne jamais éloigner les Basques de leurs foyers. Depuis cette époque, l'esprit de la discipline a dégénéré. La désorganisation presque totale du corps a été opérée; vous en connaissez les causes. Les soldats sont presque tous en désertion. Le nombre de ceux qui restent à Bayonne n'excède guère celui que vous demandez pour Blaye... Je vous l'avoue avec douleur : je regarderais comme dangereux l'ordre de départ qui m'a été annoncé; ses suites seraient désastreuses, en ce que d'un côté, on ne parviendrait pas à conduire un seul chasseur à Blaye, on en doit être certain, et que de l'autre, l'autorité une fois méconnue, l'exécution de toutes les mesures ultérieures serait douteuse...

... Vous le savez, citoyen général, s'il eut été possible de surmonter la répugnance invincible des Basques pour aller dans l'intérieur de la République, j'aurais demandé ainsi que mes camarades, l'honneur de marcher à l'armée d'Italie. Mais il fallut renoncer à un espoir si flatteur par l'impossibilité qui nous était bien démontrée de faire marcher les Basques vers ce pays-là, etc. »...

Cette lettre fut envoyée au Directoire par le général commandant la division. Mais elle resta sans effet; il fallut obéir. On prit un détachement de cent chasseurs dans le 4ᵉ bataillon à Navarrenx, et on le fit partir pour Bordeaux et Blaye, compris alors dans la 11ᵉ division militaire. Bientôt cette faible troupe fut insuffisante, et le 1ᵉʳ bataillon tout entier dut se rendre à Bordeaux. Harispe l'y conduisit et arriva dans cette ville, le 20 décembre.

Les chasseurs s'y montrèrent dociles et bien disposés. Au mois de juillet suivant, ils eurent à réprimer des troubles assez graves, et leur bonne conduite réussit à prévenir l'effusion du sang. Pendant ce temps, leurs camarades restés au pays se distinguaient à Pau, à Orthez et à Cambo dans des circonstances analogues.

Le général Moncey fit valoir les services qu'ils venaient de rendre et rappela Harispe près de lui dès le mois d'août. Il y eut alors pour les chasseurs un moment de calme apparent, qui n'empêcha pas cependant les désertions.

Le Directoir ennuyé résolut d'en finir et donna l'ordre, à la fin de 1797, de réduire les quatre bataillons basques à un seul. Le travail fut préparé par le chef de brigade. Mais diverses circonstances en retardèrent l'exécution et, l'année suivante, la situation était toujours la même.

La demi-brigade comptait bien quatre bataillons, mais leurs effectifs étaient très réduits par le départ volontaire d'une quantité de Basques rentrés dans leurs foyers.

Moncey, témoin de la désorganisation de cette vaillante troupe, de l'inquiétude qui en résultait dans les Basses-Pyrénées et de la peine qu'en ressentait leur chef de brigade, se rendit à Pau, afin d'atténuer par sa présence le mal causé par les désertions.

Il vit tout de suite que des bruits inquiétants avaient agi sur les têtes inflammables des Basques. On leur avait raconté qu'on voulait les embarquer et les employer dans des contrées lointaines. Il leur assura le contraire et se porta garant des promesses qu'on leur avait faites de les maintenir dans leur pays. Sa douceur et ses exhortations réussirent un moment à les ramener à leurs devoirs. Mais ce ne fut qu'une amélioration passagère. L'habitude de la désertion, la passion du foyer, l'indépendance et la fierté du caractère basque travaillaient sans cesse les chasseurs de Harispe. Ce fut pour lui une cause perpétuelle d'inquiétudes et de chagrin. Elle portait même atteinte à sa carrière, en mettant obstacle à son désir de faire campagne.

Le Gouvernement n'était pas moins préoccupé de l'attitude des chasseurs basques, et, voyant qu'il ne pouvait la changer, il confirma au général Moncey, à la fin de l'été de 1798, l'ordre de réduire leur demi-brigade à un bataillon.

En septembre, le décret reçut un commencement d'exécution. Le nouveau bataillon fut bientôt formé à l'effectif d'un millier d'hommes répartis en huit compagnies. On le dirigea alors sur Bordeaux en recommandant d'employer à son égard « la prudence, les précautions nécessaires et les voies de la persuasion ».

Cette nouvelle troupe avait toujours à sa tête son chef de brigade, secondé par le chef de bataillon Harriet. Les officiers, au nombre de trois par compagnie, avaient été classés par ancienneté, et la chance avait voulu que trois frères de Harispe en fissent partie. C'étaient : Charles Harispe, capitaine au 2ᵉ bataillon, devenu capitaine de la 3ᵉ compagnie, Timothée, lieutenant de la 3ᵉ, et Cadet Harispe, sous-lieutenant à la 4ᵉ, sous les ordres du capitaine Mendiry. Il restait 61 officiers à la suite, dont deux commandants et un autre frère du chef de brigade, Jean Harispe, sous-lieutenant du 2ᵉ bataillon.

Ces changements, qui navraient le cœur du colonel, lui firent comprendre que le rôle de ses chasseurs serait bientôt fini, qu'ils disparaîtraient un jour et qu'il lui faudrait alors se préoccuper de son avenir, sans lier sa destinée à une troupe si difficile à maintenir sous les drapeaux. Il aimait passionnément sa carrière et tenait à la suivre, au milieu des chances de guerre que les événements pouvaient faire surgir.

Il voulut d'abord obtenir la constatation officielle des services qu'il avait rendus et pria le général Moncey de lui donner à cet égard une pièce d'un caractère officiel et authentique. Il fit cette démarche au moment où il s'occupait de la formation de son bataillon. Moncey lui envoya un certificat détaillé et aussi élogieux que possible (1). Il y déclarait avoir reconnu « dans ce jeune militaire, valeureux et intelligent, les qualités les plus essentielles et les plus honorables,... qu'il avait eu la plus grande part aux succès de la guerre des Pyrénées occidentales », etc...

Il terminait en disant qu'il donnait avec plaisir ce certificat « à un officier supérieur que ses vertus sociales et civiques, son aménité et sa candeur faisaient autant

(1) Voir aux pièces annexes.

chérir que ses services, ses talents et sa modestie commandaient l'estime et la reconnaissance nationale ». Il y joignit une lettre particulière qui augmentait encore la valeur de ce document.

Camiade, 23 thermidor an 6 de la République.

Je m'empresse de vous envoyer, mon cher Harispe, le certificat que d'Antel m'a demandé de votre part; vous le trouverez ci-joint. Soyez assuré que je suis moi-même très flatté que vous teniez à ce souvenir.

J'aurais voulu être plus bref en disant davantage; car je ne dis pas tout, surtout en ayant si bien servi la République, dans les services particuliers que vous m'avez rendus lorsque je commandais la division de gauche, et ensuite l'armée que vous m'avez tant aidé à guider l'une et l'autre à la victoire.

Peu habitué à rédiger avec netteté et précision, je me suis borné à parler des faits les plus présents à ma mémoire, et c'est vous donner, je le sais, un bien faible témoignage des services que vous avez rendus, comparativement à vos brillantes actions pendant la guerre; mais vous connaissez assez mon cœur pour savoir que les expressions et la mémoire sont seuls en défaut.

Moncey

Harispe fit en même temps des démarches à Paris pour obtenir un brevet qui lui garantit son grade dans l'armée. Jusque là en effet, il n'était que le chef de brigade des chasseurs basques, et il avait à craindre de se trouver sans position le jour où ce corps spécial serait dissous.

Sa demande était chaudement appuyée par son ami Fargues, membre du conseil des Anciens, qui donna à cette occasion au ministère de la guerre les explications nécessaires. Il n'obtint cependant que des promesses vagues; et, à la fin de 1798, ce fameux brevet ne lui était pas encore parvenu.

En l'attendant, Harispe s'efforça, avec l'aide du général commandant la 11ᵉ division militaire, de reconstituer sa demi-brigade de chasseurs. Il obtint d'abord qu'on lui affectât les conscrits basques de 1799, qui vinrent au mois de mars grossir un peu ses effectifs. Cette mesure fut des plus heureuses ; car, dans le courant de cette année, il y eut dans le Sud-Ouest, une agitation royaliste qui produisit des troubles à Bordeaux, aux environs de Toulouse, à Pau, à Montréjeau, dans les campagnes d'Aire, et même dans le pays basque, du côté de Mendionde et de Macaye. Harispe prit à temps les dispositions nécessaires ; ses chasseurs firent leur service avec leur sérieux habituel, sans y mettre de passion et surent mériter les éloges de leurs chefs, comme ceux des populations. En rendant compte de leurs divers mouvements, le général Mauco, commandant provisoirement la 11ᵉ division, déclara « qu'ils s'étaient conduits avec un courage que rien n'égalait, si ce n'est leur patience, et que malgré les provocations les plus insultantes et les plus intolérables, ils s'étaient montrés avares du sang des citoyens ».

Au mois de novembre 1798, Harispe fut en mesure de former avec les conscrits de l'année, six nouvelles compagnies qui devaient lui servir à constituer un second bataillon. Il se rendit à Bordeaux pour l'organiser avec les officiers à la suite du 1ᵉʳ bataillon. L'année 1799 fut employée à cette réorganisation et à donner à ces deux unités l'homogénéité et la cohésion nécessaires. En 1800, on pouvait affirmer que la demi-brigade de chasseurs basques, forte de deux bataillons, existait encore et qu'elle présentait l'aspect d'une troupe d'infanterie des plus solides. Harispe devait être satisfait du résultat. A ce moment du reste, les évènements qui se passaient en France étaient de nature à lui inspirer confiance dans l'avenir. Nos armées venaient de remporter des victoires en Suisse et aux Pays-Bas, ou, pour parler le langage de l'époque, en Helvétie et en Batavie. De plus, dès la fin d'octobre 1799, la nouvelle du retour presque miraculeux de Bonaparte à Paris comblait tout le monde de joie.

Le Directoire n'avait pas réussi à réparer les fautes du Gouvernement qui l'avait précédé. Les bonnes intentions des hommes modérés qui le composaient n'avaient pas suffi pour rétablir l'ordre, et les esprits sages souffraient de l'anarchie qui régnait dans tous les services. La faiblesse du Gouvernement n'avait d'égale que son incapacité, et la France se sentait entraînée vers une ruine complète. L'apparition du vainqueur des Autrichiens et de l'Egypte allait bientôt tout changer.

Le 18 octobre, le représentant Fargues traduisait cette pensée à son ami Harispe, en lui écrivant : « comme vous et moi sommes de la faction des triomphes républicains, nous nous permettrons d'ouvrir nos cœurs à l'espérance de voir la république heureuse ».

Un mois après, la révolution du 18 brumaire était faite, et une ère nouvelle s'ouvrait pour la France.

Harispe continuait la réorganisation de ses chasseurs. Au mois de décembre il avait formé à Pau une septième compagnie destinée à compléter son second bataillon.

Il croyait alors toucher au but et se voyait, avant peu, à la tête d'une belle demi-brigade de trois bataillons, fiers de l'avoir pour chef et dociles à sa voix comme jadis.

A ce moment, un ordre de Bonaparte, devenu premier Consul, vint de nouveau raviver ses craintes. Le chef de l'Etat voulait réorganiser l'armée et donner à chaque arme une cohésion qu'il sentait nécessaire. Les corps spéciaux rompaient l'uniformité et nuisaient à l'homogénéité de la troupe.

Par son ordre, le nouveau ministre de la guerre,

le général Berthier, prescrit, au mois d'avril 1800, d'incorporer les deux bataillons basques dans l'infanterie de ligne ou légère. La 11ᵉ division à Bordeaux n'avait plus à sa tête Moncey, parti pour l'armée du Rhin. Il était remplacé par le général Dufour, qui ne songeait qu'à obéir aux ordres du ministre.

Dans cette circonstance, Harispe s'adressa à son ami Fargues, qui partageait sa manière de voir et désirait vivement le maintien des chasseurs basques. Ce dernier en parla d'abord au ministre de la guerre et au conseiller d'Etat Lacuée qui le remplaçait momentanément. Il fut renseigné de suite. Bonaparte connaissait la question, et avait résolu d'incorporer les Basques dans la ligne. On ne pouvait songer à le faire revenir sur une décision prise. Le sénateur Fargues écrivit alors au général Moncey dont il connaissait l'amitié pour Harispe. On était au mois de juin 1800 ; la célèbre bataille de Marengo venait d'être gagnée ; Moncey avait rendu à Bonaparte, dans cette campagne, des services signalés que le premier Consul ne devait jamais oublier. M. Fargues lui demanda d'obtenir l'envoi des bataillons basques à l'armée d'Italie, motivant sa démarche sur leur admiration pour Bonaparte. Il eut même une audience de ce dernier, à Paris, le 11 juillet, à son retour de cette glorieuse campagne. Il fut éloquent et écouté. Il obtint, non sans peine, que l'exécution du premier arrêté fut suspendue, et que le corps des chasseurs basques, provisoirement maintenu, fut dirigé sur Dijon, pour faire partie de la seconde armée de réserve. Harispe, prévenu aussitôt, en ressentit une joie inespérée. Le commandant de la 11ᵉ division, ayant reçu les ordres du ministre, adressa, le 23 juillet 1800, aux chasseurs basques, une proclamation dans laquelle il s'attribua tout le mérite de la mesure. Il avait été en effet consulté sur son opportunité et avait fait une réponse favorable. Il leur annonça que toutes les poursuites contre les déserteurs cesseraient et qu'ils partiraient incessamment de Bordeaux pour Dijon.

Ce résultat inattendu n'était pas dû seulement aux démarches du sénateur Fargues, mais aussi à la réputation de bravoure que les Basques s'étaient acquise et aux actions d'éclat de leur vaillant chef.

Harispe se rendit à Bordeaux pour veiller lui-même à la mise en route de ses hommes. Le 1er bataillon commandé par le chef de bataillon Iriart (aîné) partit le 28 juillet, à l'effectif très réduit de 346 hommes, officiers compris.

Pendant sa marche, Harispe mit toute son activité à compléter le second bataillon. Il y réussit et fut heureux, peu de temps après, de constater que cette troupe était forte de 800 hommes, sans compter les officiers. Une lettre du ministre de la guerre vint mettre le comble à sa satisfaction.

Paris, le 29 fructidor an 8 (16 septembre 1800).

Le Premier Consul, citoyen, appelle aux armées le deuxième bataillon de chasseurs basques dont le commandement vous est confié.

L'opinion favorable que le Gouvernement a conçue de sa bravoure et du dévouement des militaires qui le composent, l'ont engagé à décider que ce bataillon combattra sous ses propres drapeaux, qu'il ne serait point incorporé, qu'il conservera son nom, afin de distinguer les braves habitants des Pyrénées et de faire connaître au peuple français les services qu'ils rendront à la République.

Faites connaître ces dispositions à ce bataillon et annoncez lui que toutes les mesures nécessaires seront prises pour qu'il soit pourvu à son armement, à son habillement et à son équipement.

Je vous salue.

Signé CARNOT

Le chef de brigade Harispe s'occupa aussitôt de rassembler à Bordeaux les détachements disponibles de son premier bataillon, et le mit en route sur Dijon.

Il s'apprêta à le suivre, heureux de penser qu'il allait bientôt reprendre la vie active qui convenait à ses goûts.

CHAPITRE V

CAMPAGNE DES GRISONS

Création de la 2ᵉ armée de réserve. — Arrivée de Harispe à Dijon. — Armée des Grisons. — Harispe part pour Berne et l'Italie. — Envoi de troupes dans l'Engadine. — Passage du Simplon en décembre. — Réduction du 2ᵉ bataillon. — Misères des chasseurs basques. — Envoi aux avant-postes. — Marche sur Glurns et Bolzen, en Tyrol. — Attaque de Bolzen. — Armistice. — Fin des hostilités. — Envoi à Lyon. — Passage du Mont Cenis. — Incorporation des chasseurs basques dans l'infanterie légère. — Revues finales. — Douleur de Harispe. — Sa mise en réforme.

Le 2 fructidor an 8 (20 août 1800), un arrêté des consuls créa une deuxième armée de réserve, destinée sous les ordres de Macdonald, à servir de liaison entre les armées du Rhin et d'Italie. Elle devait opérer en Suisse, contenir les Autrichiens dans le Tyrol, couvrir les flancs des deux armées voisines et, au besoin, concourir à leurs mouvements.

Les deux bataillons de chasseurs basques, désignés pour en faire partie, avaient été appelés dans ce but à Dijon.

Le 1ᵉʳ bataillon fut d'abord installé dans le camp de Remilly, puis envoyé le 30 août à Auxonne, d'où il fut dirigé sur la 2ᵉ division de l'armée de réserve, commandée par le général de Grouchy. Elle devait quitter le camp de Remilly, le 3 septembre, gagner Berne par Pontarlier et se rendre ensuite à St-Gall, Appenzell et Bulher.

Harispe, prévenu de ces ordres, entrevit tout d'abord

un nouvel avenir de gloire et de combats. Il suivit avec un vif intérêt les mouvements de son premier bataillon.

Celui-ci, parti d'Auxonne à l'effectif de trois cents hommes à peine, se trouva, à la fin de septembre, cantonné à Appenzell. Les étapes qu'il avait faites avaient fatigué ses hommes et leur avaient occasionné les privations les plus pénibles. En route, les troupes de l'armée de réserve « manquaient de tout : approvisionnements, denrées, selleries, manteaux, capotes et argent » (1).

Pendant ce temps, un événement imprévu modifia leur situation. Moreau, commandant en chef de l'armée du Rhin, avait signé l'armistice de Hohenlinden. Macdonald n'eut plus qu'à cantonner son armée pour lui procurer du repos et quelques ressources.

L'armistice pourtant n'était que provisoire, et il fallait s'attendre à une rupture des négociations. Par suite, les belligérants restèrent sur leurs positions. La deuxième armée de réserve changea seulement de dénomination et s'appela : *Armée des Grisons*. Le canton suisse de ce nom était resté occupé par les Autrichiens et, dans le cas d'une reprise d'hostilités, les troupes de Macdonald devaient être chargées de le leur reprendre.

Tandis que ces événements se déroulaient, Harispe était parti de Bordeaux pour Dijon, avec son 2º bataillon, dans le milieu d'octobre. Il n'avait pu emmener que 472 hommes, officiers compris. Le reste, composé de détachements dispersés, devait le rejoindre dès que ce serait possible.

Il s'était mis en route comptant que, malgré l'armistice, il aurait bientôt l'occasion de faire campagne. Malheureusement, dès son passage à Libourne, les nombreuses désertions qui éclaircirent ses rangs chan-

---

(1) Rapport de Macdonald au Ministre de la Guerre.

gèrent le cours de ses idées et assombrirent ses espérances.

Il arriva à Dijon le 5 novembre, avec un effectif très réduit, et ce fut avec une tristesse voisine du découragement qu'il écrivit au général commandant la 11e division militaire :

« J'ai à vous rendre compte, citoyen général, de la marche de ma troupe depuis son départ de Bordeaux jusqu'ici. C'est avec le cœur navré de douleur que je vous annonce que presque tous les conscrits des départements des Landes et de la Gironde ont déserté dans la nuit du 22 au 23 octobre, à Libourne.

« Je vous transmets ci-joint l'état de situation du bataillon. Vous verrez qu'il est réduit à presque moitié de ce qu'il était au départ et que ceux présents sont presque tous Basques.

« J'ai lieu d'espérer que la désertion cessera dès aujourd'hui. Je fais prendre les mesures les plus sévères à cet effet ».

Ce fut dans ce triste état d'esprit qu'il attendit de nouveaux ordres. Ceux-ci ne pouvaient tarder.

Le 10 novembre, en effet, par décision du Premier Consul, Macdonald et les autres généraux rompirent l'armistice conclu par l'armée du Rhin avec les Autrichiens. Le même jour, le ministre de la guerre prescrivait au général commandant à Dijon de faire partir le 2e bataillon basque, le 15 novembre, pour Berne, où le commandant en chef de l'armée des Grisons lui donnerait une destination.

A Berne, Harispe fut dirigé sur Zurich où il arriva le 3 décembre pour repartir dans la direction de Coire.

Tandis qu'il rejoignait péniblement sa destination, de nouveaux événements transformaient le rôle de l'armée des Grisons.

Une insurrection avait éclaté en Toscane et forcé le général Brune, commandant en chef de l'armée d'Italie, à faire passer dans ce pays une partie de son aile droite. Le premier Consul ordonna alors au général Macdonald d'envoyer dans la Valteline la division du général Baraguey d'Hilliers et, chez les Grisons, celle du général Morlot, dans laquelle se trouvait maintenant le 1er bataillon de chasseurs basques. Cette division devait occuper la Haute Engadine, reprendre à l'ennemi les villages de Zurt et de Scampfs, se maintenir sur les deux rives du haut Inn, et enlever Zernest. Macdonald, dégagé ainsi de toute inquiétude sur son flanc gauche, devait franchir le Splugen, malgré la saison avancée, et déboucher dans la haute Italie par le Val San-Giacomo.

Ces nouvelles dispositions eurent pour résultat d'envoyer Harispe dans le Valais, où il devait trouver les renforts destinés à l'armée de Macdonald. Il arriva ainsi à Vevey, où il fut un instant retenu pour aider à la répression de désordres locaux. De cette ville, il fut mis en route sur le Simplon, servant d'avant-garde à une colonne de deux mille grenadiers partis de Besançon avec quelques canons sous les ordres du général Sarrazin, pour rejoindre les troupes de Macdonald.

Ce fut ainsi qu'il atteignit Brieg le 2 décembre, avec des hommes fatigués, mal habillés, ayant supporté les plus dures privations. Telles étaient les conditions dans lesquelles il allait, le lendemain, affronter la montée du col du Simplon, au milieu d'une tourmente de neige, sur des sentiers couverts de glace.

« Le bataillon, précédant la colonne et lui ouvrant le chemin encombré par la neige qui ne cesse de tomber, fait l'ascension du col, le 3 décembre, pour aller coucher à l'hospice ». Malgré la rigueur de la température et l'épuisement qu'ils éprouvent après six semaines de marche, Harispe et ses Basques, tous montagnards, n'hésitent pas à entreprendre l'effort pénible qui leur est ordonné. « Au milieu de la tourmente, par un froid glacial, ils gravissent les pentes couvertes de verglas, à travers les neiges qui cachent la direction à suivre, indiquée seulement par les poteaux.

« Le chef de brigade est à pied, à la tête de ses hommes, montrant la piste à suivre, les passages à éviter, les fondrières à côtoyer. Il cherche, au risque de s'exposer lui-même, à garantir la marche de ses soldats et ne s'épargne aucune fatigue. La chute des avalanches a fait disparaître le sentier sur plusieurs points, et l'on ne peut avancer qu'en sondant le sol avec des perches. Plusieurs hommes, emportés par leur zèle à tâter les passages ou glissant sur les pentes couvertes de glace, sont engloutis dans les abîmes. Mais rien n'arrête nos chasseurs, fiers d'être mis à l'avant-garde de la colonne. La mort de leurs compagnons ne ralentit pas leur ardeur, et c'est avec le plus grand entrain qu'ils atteignent, le soir, l'hospice » (1).

La nuit qu'ils y passèrent les réconforta, et leur permit de gagner le lendemain Domo d'Ossola, après une marche aussi périlleuse que celle de la veille. Dix hommes malheureusement manquaient à l'appel, perdus dans les précipices. Harispe n'avait plus à ses côtés que 205 chasseurs.

Un nouvel ordre qui l'attendait dans cette localité, l'obligea à repartir le 5, sans prendre un instant de repos, pour atteindre Locarno, Bellinzona, le lac de Côme et enfin Tirano, sur l'Adda.

Cette série de marches, exécutées dans les conditions les plus pénibles, n'avait d'autre résultat que d'épuiser les chasseurs basques, sans profit apparent pour aucune opération. Ce qui les soutenait, c'était l'espoir de marcher à l'ennemi. Et cependant, ils arrivèrent à Tirano dans un tel dénuement que le général en chef

(1) Capitaine Labouche.

donna l'ordre de leur réserver le premier envoi de capotes et de souliers. Ils étaient alors minés par les fièvres et la dyssenterie, à peine vêtus et dans la plus profonde misère. Harispe n'avait plus que 160 hommes, l'effectif d'une compagnie. Mais c'étaient tous des soldats aguerris, disciplinés et d'une trempe exceptionnelle. En arrivant à Tirano, il fit à l'autorité supérieure la seule demande d'être employé aux avant-postes avec ses hommes.

On ne put qu'admirer leur courage; et, pour répondre à leur vaillance, Macdonald les envoya, le 25 décembre, à Peschiavo pour y remplacer la 80ᵉ demi-brigade, s'y établir militairement et garder les débouchés de l'Engadine.

Harispe était prévenu que tout en faisant partie de la 3ᵉ division (Morlot) comme le 1ᵉʳ bataillon de chasseurs basques, il serait provisoirement à la disposition du général Baraguey-d'Hilliers, commandant la 1ʳᵉ division.

Le chef d'état-major général de l'armée des Grisons, général Mathieu Dumas, terminait son ordre par l'avis que le 2ᵉ bataillon de chasseurs basques serait compris dans la prochaine répartition extraordinaire de capotes et de souliers. Puis, il ajoutait : « Enfin, citoyen commandant, croyez qu'il ne dépendra pas de moi que votre troupe ne reçoive tout le secours dont elle a besoin, surtout après des marches si pénibles et si difficiles. »

Le 27 décembre, Harispe, encouragé par les témoignages de sympathie que ses chefs lui avaient prodigués, quitta Tirano pour se rendre à Peschiavo, où il arriva dans la soirée, et pût enfin donner quelques jours de repos à ses chasseurs.

Pendant ce temps, l'aile gauche de l'armée des Grisons avait battu les Autrichiens dans trois rencontres successives, et la brigade Mallet dans laquelle se trouvait le 1ᵉʳ bataillon basque avait été dirigée par Coire,

Zernetz, Sutz et Glurns sur le haut Adige où elle arrivait le 4 janvier 1801. Ce 1er bataillon était suivi à un jour de marche par un détachement d'hommes du 2e qui rejoignaient leurs camarades. La proximité de cette troupe fit donner l'ordre à Harispe de partir le 4 janvier pour Glurns où il rejoignit son 1er bataillon et en prit le commandement. Macdonald avait dirigé les divisions Morlot et Baraguey-d'Hilliers sur Méran et Botzen, afin de s'emparer de cette dernière ville sur laquelle marchaient aussi, venant du Sud, les divisions Fully et Vandamme. Il s'agissait de cerner le général autrichien Auffenberg et de l'obliger à rendre les armes.

Ces mouvements furent exécutés à marches forcées, et, par suite, Harispe, en arrivant à Glurns, n'y trouva plus son 1er bataillon, qui avait suivi sa division en route pour Méran. Force lui fut de prendre le même chemin, heureusement très praticable, dans une belle vallée. Il atteignit ainsi Méran le 8 janvier et eut enfin la joie de revoir le reste de sa demi-brigade commandé par le chef de bataillon Harriet.

On peut se faire une idée du bonheur qu'eurent les Basques des deux bataillons, séparés depuis le commencement d'octobre, à se trouver enfin réunis sous les ordres de leur célèbre chef, Harispe, dans une ville où malgré les fréquents passages de troupes, ils pouvaient découvrir quelques ressources et dans un climat dont la douceur leur faisait oublier un moment les neiges et les glaciers des hautes montagnes.

Un autre sentiment animait aussi leurs âmes et réveillait leur entrain. On marchait à l'ennemi et bientôt on prendrait part à quelque glorieux combat. Les deux bataillons, renforcés par les retardataires et les détachements qui les avaient rejoints, composés d'hommes aguerris, capables de résister aux plus dures épreuves, formaient désormais une troupe d'élite que le général

Morlot était fier d'avoir sous sa main. Le 1er bataillon basque comptait 512 hommes, officiers compris, et le 2e, 455. C'était un effectif total de 967 hommes, dont malheureusement la moitié environ était encore détachée aux hôpitaux. Néanmoins, leur chef Harispe reçut à Méran l'ordre de partir avec sa division pour Botzen (1), où le général Baraguey-d'Hilliers, commandant désormais les 1re et 3e divisions, réclamait leur présence.

Arrivé devant Botzen le 11 janvier 1801, Harispe prit ses cantonnements à Mezzotedesco et aux environs.

Ce fut là seulement que son nouveau chef, le général Morlot, lui témoigna sa satisfaction de compter les vaillants chasseurs parmi ses soldats et lui donna, dans un compte rendu de son passage à travers les Alpes, des éloges qui valaient une citation. Il s'exprimait ainsi :

« Des soldats traversant des montagnes à peine praticables en été, faisant plusieurs jours, au milieu des neiges et des frimas, dans des chemins à moitié tracés, des marches longues et pénibles, portant avec eux leur armure et des provisions pour cinq jours, seraient un prodige pour toute autre nation que la nôtre. Pas un murmure, pas une plainte n'ont été entendus; tous marchaient gaiement, parce qu'ils croyaient marcher à l'ennemi. Pendant plusieurs jours, ils ont fait, sans être découragés, dix ou douze lieues dans des chemins bien difficiles, mais sans qu'il soit arrivé d'accident; toujours prêts à recommencer le lendemain une course nouvelle pour aller par quelque succès partager les lauriers des armées du Rhin et d'Italie. Le bon ordre et la discipline n'ont pas été un instant troublés » (2).

Dès que le général Baraguey-d'Hilliers eut ses troupes sous la main, il donna l'ordre d'enlever Botzen, le

---

(1) Botzen, ville du Tyrol, sur l'Eisack.
(2) *Archives de la Guerre*. Papiers de M. Dutey-Harispe.

12 janvier. Harispe, avec ses chasseurs, fut chargé de l'avant-garde.

Au point du jour, l'attaque commença. Mais dès le début, les Autrichiens firent savoir au général Baraguey-d'Hilliers qu'un armistice, récemment conclu à Stayer entre leur armée et celle du Rhin, suspendait les hostilités. On connaissait la duplicité de l'adversaire; on savait en outre qu'on ne doit ajouter foi à de semblables nouvelles que si elles sont données par le chef de l'armée dont on dépend; on refusa de les croire, et le feu continua.

Le succès semblait déjà se dessiner pour nous, quand un adjudant général, envoyé par le général Moreau, vint confirmer le dire de l'ennemi. Après de longs pourparlers, il fallut rompre le combat et renoncer à une lutte qui tournait en notre faveur.

Pour Harispe et ses Basques, c'était vraiment jouer de malheur. Se donner tant de mal pour marcher à l'ennemi, l'atteindre enfin plein d'espoir, pressentir sa défaite et se voir arrêté dès les premières heures d'un combat victorieux! Il y avait de quoi décourager les soldats les mieux trempés. Mais les chasseurs basques, toujours confiants dans leur chef, se résignèrent et reprirent leurs cantonnements.

Peu de jours après, un nouvel armistice entre l'armée d'Italie et l'ennemi, confirma celui de Stayer et fit pressentir une paix prochaine. Les cantonnements furent étendus pour faciliter à la troupe les moyens d'existence. On occupa le Trentin, pays alors épuisé; mais Harispe resta avec ses chasseurs dans les villages de Mezzotedesco et de Richolz pour réprimer les soulèvements que la misère engendrait de divers côtés.

A cette époque, l'épuisement des ressources dans le Trentin et le désespoir des habitants firent décider l'évacuation de ce pays. Les divisions de Macdonald furent envoyées en Suisse, et une mesure spéciale fut prise pour Harispe et les chasseurs. Il reçut l'ordre de franchir le Mont Cenis et de se rendre à Lyon où l'attendaient de nouvelles instructions. Il devait y être le 31 mars avec les 450 chasseurs qui lui restaient. Cet ordre ne semblait pas d'un bon augure pour l'avenir. On savait que le Premier Consul, guidé par des motifs d'organisation, ne voulait pas de corps spéciaux, on pouvait déjà prévoir que la rentrée en France des chasseurs basques était le prélude de quelque disposition nouvelle, peu favorable à la prolongation de leur existence.

Les craintes de Harispe sur ce sujet ne tardèrent pas en effet à être justifiées. Avant même qu'il eut quitté l'Italie, il fut atteint par un ordre parti de Trente, en vertu duquel les chasseurs devaient arrêter leur marche et se joindre à une réserve d'infanterie qui allait arriver à Brescia, le 13 mars, et à Milan, le 18. Ils devaient ensuite être incorporés, 350 hommes dans la 15e demi-brigade légère et les 100 hommes restant dans la 17e.

L'influence de leur chef fut pourtant assez forte pour obtenir qu'on attendît la fin de leur marche, avant de procéder à leur incorporation.

Leur passage dans le département du Léman fut signalé du 5 au 11 avril. Les 2 bataillons comptaient alors 783 chasseurs.

Harispe arriva avec eux à Berne où commandait le général Canclaux.

Il y fut passé en revue le 21 avril et cantonné ensuite à Langenau, où ses hommes goûtèrent quelque repos. Mais déjà personne ne doutait de la prochaine dissolution de leur corps.

Le 17 mai, en effet, Harispe reçut du général Canclaux l'avis officiel et définitif de l'incorporation de son 1er bataillon dans la 15e demi-brigade légère et du 2e dans la 17e.

Leur sort était décidé ; leur glorieux passé n'était plus qu'un souvenir, et cette dernière campagne des Grisons, dans laquelle ils avaient rêvé de nouvelles victoires, ne leur avait procuré que des marches interminables, deux terribles passages des Alpes dans la saison la plus rigoureuse, une misère profonde et finalement la destruction de leur chère demi-brigade.

Il faut être soldat et avoir longtemps vécu dans les rangs de l'armée, pour comprendre le déchirement qui se fait dans l'âme d'un officier le jour où un simple décret détruit à tout jamais le régiment qui était devenu sa famille. Et quant au chef qui le commande depuis plusieurs années, dont les soldats sont pour lui des frères d'armes, des compagnons de gloire et de misère, qui pourra dépeindre sa profonde douleur ?

Harispe et ses Basques combattaient ensemble depuis neuf ans. Les chasseurs qui lui restaient l'auraient suivi partout. Il était leur idole; il les aimait comme ses enfants ; et si certains régiments étaient des modèles de discipline et d'union, la demi-brigade de chasseurs basques était mieux encore. Chacun de ses hommes incarnait l'image de la chère patrie des monts pyrénéens. Une affection profonde, une estime commune, le culte de leur petit pays formaient entre ces vaillants un lien qu'ils avaient pu croire éternel. Et maintenant, un mot du premier Consul, de ce héros qu'ils admiraient, avait tout brisé.

Il fallait se résigner. L'incorporation devait s'effectuer le jour où les 15ᵉ et 17ᵉ demi-brigades en route pour Limoges et Genève, passeraient à Berne. La 15ᵉ devait arriver le 21 mai, la 17ᵉ, le 29. Les officiers et les chasseurs qui avaient des motifs de réforme devaient être congédiés avant l'incorporation.

Le général Canclaux, comprenant la douleur qu'éprouvait Harispe, termina sa lettre par ces mots : « Agréez, citoyen chef, mes regrets de vous voir vous éloigner de nous et les sentiments de mon estime et de mon entier dévouement ».

Harispe eut à régler, la mort dans l'âme, tous les détails relatifs à la dispersion de ses campagnons d'armes. « Quelques jours avant, passant une dernière revue de ses compagnies, il encouragea ses hommes à obéir aux décisions du Gouvernement et à se montrer à cette occasion, comme au milieu des plus grandes épreuves de la guerre, les soldats dévoués et soumis qu'ils avaient toujours été. Aux uns, qui allaient continuer sous un nouveau numéro à servir la patrie, il recommanda de faire toujours preuve des vertus guerrières qui leur étaient familières et qui avaient fait d'eux des soldats d'élite; aux autres, qui regagnaient le pays basque, il leur dit de raconter dans les loisirs de la paix, les combats où les chasseurs basques s'étaient distingués et de concourir ainsi à former de nouvelles générations de défenseurs pour la patrie » (1).

L'incorporation eut lieu aux dates indiquées, et les chasseurs basques, navrés de leur séparation, se quittèrent en laissant derrière eux, leur chef désolé.

On peut imaginer la douleur de Harispe lorsque son dernier soldat fut parti et qu'il resta seul, loin des siens, en présence de l'infortune qui l'accablait. Et pourtant, le malheur n'était pas fini pour lui!

Il reçut au même moment un avis officiel daté du 23 mai 1801, qui lui donnait un congé, le plaçait dans la position de réforme et l'autorisait à se retirer à Baïgorry, son pays natal. Malgré ses beaux services, il était simplement rayé des cadres de l'armée.

Harispe, heureusement, n'était pas homme à céder au

---

(1) Capitaine Labouche. *Le chef de brigade Harispe et les chasseurs basques.*

découragement. Colonel depuis sept ans, à peine âgé de 33 ans, comptant de glorieuses campagnes, des blessures, connu de ses chefs comme un soldat d'élite, passionné pour sa carrière, il ne pouvait considérer sa mise à la réforme que comme une formalité administrative d'une durée passagère.

Il se mit aussitôt en mesure de résister à ce coup du destin et de trouver un moyen de réagir contre la mesure qui venait de l'atteindre.

Son ancien chef et ami, le général Moncey n'était pas loin. Il passait pour disposer d'une certaine influence. Harispe résolut d'avoir recours à lui.

CHAPITRE VI

ÉTAT-MAJOR DE L'ARMÉE D'ITALIE.
MISSION A ROME

Situation du général Moncey, commandant en chef de l'armée d'Italie. — Ses démarches en faveur de Harispe. — Nomination à l'état-major de l'armée d'Italie. — Fonctions spéciales de Harispe. — Sa mission auprès du Pape. — Il est pris par des brigands. — Son retour près de Moncey. — Intrigues qui entourent le général en chef. — Disgrâce imméritée de Moncey. — Mission de Harispe à Florence. — Service rendu à Moncey. — Rentrée en France. — Nomination de chef de la 16e demi-brigade légère.

Depuis le jour où la destinée l'avait séparé de son ami et frère d'armes Harispe, le général Moncey était devenu une personnalité militaire très en vue. Tombé momentanément en disgrâce par suite des intrigues d'ennemis jaloux de son rapide avancement, il était rentré en faveur quand Bonaparte avait été nommé Premier Consul; celui-ci avait promptement apprécié son caractère, ses beaux services et lui avait donné, le 29 décembre 1799, le commandement militaire de Lyon, dans un moment difficile.

Dès le 1er vendémiaire (22 septembre 1799) le sénateur Fargues, des Basses-Pyrénées, avait annoncé à un compatriote la mise en activité du général Moncey. « L'arrêté qui renferme cet acte de justice, lui disait-il, a été signé hier. Sa destination n'est pas encore connue... Vous partagerez toute ma satisfaction parce que vous joignez à beaucoup d'amitié pour l'individu, beaucoup d'attachement aux principes d'honneur et de probité qu'il professe »...

Moncey s'acquitta de sa mission avec succès et, pour lui témoigner sa satisfaction, Bonaparte le nomma trois mois après, le 23 mars 1800, lieutenant du général en chef de l'armée du Rhin, Moreau.

Ce dernier le chargea de la défense de l'Helvétie pendant ses opérations contre les Autrichiens, et lui laissa à cet effet des forces insuffisantes.

Bonaparte préparait alors sa célèbre campagne de Marengo. Il avait besoin d'être couvert, sur son flanc gauche, par un corps détaché. Il désigna Moncey pour cette délicate mission, le fit distraire de l'armée de Moreau et lui donna le titre de lieutenant du général en chef de l'armée de réserve, commandant l'aile gauche. Moncey répondit à ses vues d'une façon remarquable. Après un hardi passage du Saint-Gothard avec son corps d'armée, il s'était porté sur Bellinzona, Locarno, Lugano et enfin sur Milan, assurant ainsi une sécurité entière aux opérations du général en chef.

Bonaparte, reconnaissant, ne devait jamais l'oublier. Moncey, resté lieutenant du général en chef de l'armée d'Italie, avait servi sous les ordres du général Brune jusqu'au mois de février 1801 et lui avait provisoirement succédé à cette époque. Toujours dans les meilleurs termes avec le Premier Consul et avec Berthier, il occupait ce poste élevé, lorsque au mois de mai 1801, Harispe, récemment mis en réforme, s'adressa à lui pour obtenir sa réintégration dans l'armée active avec le grade qu'il avait si vaillamment gagné.

Moncey lui était tout dévoué. Il s'empressa d'agir en sa faveur. Ayant eu l'occasion de se rendre à Paris à cette époque, il parla chaudement de lui au général Berthier, alors ministre de la guerre et tout-puissant auprès de Bonaparte. Quelques jours après, trouvant l'occasion favorable, il adressa au ministre la lettre suivante :

Au général Alexandre Berthier, Ministre de la guerre.

Citoyen Ministre,

J'ai l'honneur et la confiance de recommander à votre attention bien particulière la demande du chef de brigade Harispe pour être remis en activité.

Sous tous les rapports militaires, je vous garantis cet officier, à qui je suis personnellement et étroitement attaché, et je vous assure qu'il serait fâcheux d'avoir à se priver d'un chef de corps aussi méritant et aussi distingué.

C'est le même officier dont j'eus l'occasion de vous entretenir dernièrement et pour lequel vous voulûtes bien me promettre votre bienveillance.

J'ai l'honneur, Citoyen Ministre, de vous saluer.

MONCEY.

La réponse à cette lettre ne se fit pas attendre. Moins de deux mois après sa mise en réforme, le 19 juillet, Harispe était remis en activité et affecté, avec son grade, à l'état-major du général en chef de l'armée d'Italie.

Ce fut pour lui une grande joie de se retrouver auprès de Moncey, qu'il seconda de tout son zèle. Ses fonctions d'officier d'état-major étaient nouvelles pour lui; mais son intelligence, son passé, son expérience des affaires militaires, son dévouement pour son chef lui facilitèrent sa tâche et lui permirent de répondre pleinement à la confiance de son général.

Du reste, à cette époque, les services d'état-major étaient assez variés pour utiliser les aptitudes les plus diverses. Moncey venait d'être nommé général en chef de l'armée d'Italie, à titre définitif, quand Harispe arriva près de lui.

Il l'attacha tout de suite à sa personne et lui réserva des fonctions analogues à celles de premier aide de camp. De divers côtés, il avait alors à entretenir des relations délicates qui exigeaient une grande maturité, un esprit délié, la connaissance des hommes et des situations. Avec Rome, la Cisalpine, les généraux en chef voisins, les Autrichiens et surtout le Gouvernement du Premier Consul, il échangeait des correspondances confidentielles et souvent difficiles. Il lui fallait un officier supérieur spécialement affecté à cette partie du service. Harispe devint à cet égard, l'alter ego de Moncey et fut, dès le début, chargé d'une mission particulièrement délicate.

Le Premier Consul négociait alors avec le Pape pour l'établissement du Concordat, et les relations entre Rome et Paris étaient assez actives. Moncey, ayant à faire parvenir au Saint-Père des dépêches importantes, ne crut pas pouvoir les remettre entre des mains plus sûres que celles de Harispe, qui partit aussitôt pour Rome. Il fut parfaitement reçu et accueilli comme le représentant du Premier Consul, qui était alors l'espoir de l'Eglise catholique. D'après des indications dignes de foi, il aurait porté au Pape une lettre de Bonaparte, relative à l'arrivée à Paris du cardinal Consalvi et aux premiers entretiens qu'avait eus le général avec ce prélat sur les articles du Concordat.

Le Pape, heureux des nouvelles qu'il recevait, voulut remettre à Harispe un témoignage de sa gratitude. Il lui offrit un magnifique chapelet en lapis lazzuli monté en or, et ajouta : « Vous ne le direz peut-être pas souvent, colonel ; aussi je vous autorise à le donner à la personne de votre famille qui vous est le plus chère ». Harispe nomma aussitôt sa mère qu'il aimait tendrement.

Il partit le soir même. Au milieu de la nuit, n'ayant pas d'escorte, il fut arrêté par des brigands. Toute résistance était impossible. Il descendit de voiture et attendit, cherchant par quel moyen il pourrait se tirer de ce mauvais pas. Il en était là, regardant machinalement dévaliser ses effets, lorsqu'un bandit, poussé par sa haine contre les Français, lui cracha au visage. Bondissant sous l'outrage, Harispe répondit par un coup de poing en pleine figure, porté avec une vigueur telle que le misérable roula par terre.

Ce geste de colère exaspéra les brigands, et Harispe allait le payer de sa vie quand l'un d'eux, ancien moine, aperçut le chapelet aux armes pontificales. Il intervint aussitôt, et prévint ses compagnons que la mort d'un homme placé sous la protection du Saint-Père leur porterait sûrement malheur. Les voyant hésiter, il les menaça des colères du ciel s'ils commettaient ce meurtre et finit par les persuader qu'il fallait laisser leur prisonnier en vie et garder le chapelet comme un talisman.

Harispe fut ainsi délivré, mais il perdit tous ses effets et dût gagner à pied la ville voisine, n'ayant pour tout vêtement que son caleçon.

Ce qui le contraria le plus, ce fut la pensée du regret qu'éprouverait sa mère en se voyant privée du beau chapelet donné par le Pape à son intention. Il put ensuite rejoindre sans encombre l'état-major du général Moncey, heureux malgré tout d'avoir rempli sa mission suivant le désir de son chef.

Cette aventure ne fut pas la seule qui marqua son passage à l'armée d'Italie. Il était arrivé dans un moment critique. Le commandement en chef était naguère encore entre les mains d'un homme peu considéré, le général Brune. Et lorsque ce dernier s'était rendu à Paris au mois de mars, la question de son remplacement s'était déjà posée. Dès le 9 mai, Davout confiait à Moncey que Brune ne reviendrait pas en Italie. Bonaparte était prévenu que l'Italie et l'armée étaient perdues s'il y retournait. Le 4 juin, Davout, sortant d'une réunion à la Malmaison, avait annoncé à Moncey qu'il succédait à son chef, et il ajoutait : « Ce misérable Brune ne pourra donc plus être nuisible ni à la France, ni à l'Italie ».

Attaché à la personne même de son général, Harispe fut témoin des intrigues qui l'entouraient. Il le trouva aux prises avec des difficultés telles que la faveur même du Premier Consul basée, suivant l'expression du ministre, sur ses talents et sa probité, ne semblait pas assez puissante pour le soutenir.

C'est ainsi qu'à la fin de juillet, Harispe apprit par Moncey lui-même que Murat était nommé commandant en chef des troupes qui occupaient la Cisalpine, une partie des Etats du Pape et du roi de Naples. On ne laissait à Moncey que la division des troupes cantonnées à Ancône, dans les Etats du Pape et en Toscane; on le plaçait en outre sous les ordres de Murat. De général en chef, il devenait simple commandant de division.

Moncey ne dissimula pas à Harispe l'irritation extrême qu'il ressentait de cette disgrâce, dont il ne pouvait expliquer la cause après les marques réitérées de confiance et d'amitié que le Premier Consul lui avait récemment prodiguées. Il lui avoua qu'il ne supporterait pas cette déchéance, mais que, suivant l'ordre du ministre, il attendrait l'arrivée de Murat.

A partir de ce moment, Moncey tint Harispe au courant des divers incidents qui survinrent. Celui-ci vit d'abord quel mauvais effet avait produit, dans l'armée et dans la partie saine de la population de la Cisalpine, l'injustice commise contre son général en chef. Il fut ensuite témoin des efforts tentés par Murat et Berthier pour atténuer les conséquences d'une mesure imputable à eux seuls et dont la gravité leur apparaissait après son exécution. Toutefois leurs démarches et les lettres affectueuses qu'ils adressèrent à Moncey ne pouvaient en expliquer ni la cause, ni l'origine.

Moncey du reste ne perdait pas son temps en plaintes inutiles, et, le 2 août, il montra à Harispe la lettre qu'il écrivait au Premier Consul. La réponse ne tarda pas; mais elle laissa le général en chef de l'armée d'Italie dans la même perplexité. Harispe ne fut pas moins surpris que lui quand il lut, à la date du 14, la lettre de Bonaparte écrivant à Moncey : « Vous savez tout le cas que je fais de votre probité et de vos talents. Les petites altercations qui se sont élevées dans la Cisalpine n'ont pu produire aucune espèce de changement dans mon estime, et je saisirai la première occasion pour vous en donner une preuve publique. »

Le mystère se compliquait. Le Premier Consul semblait préparer pour Moncey une revanche de sa disgrâce, tandis que Berthier et Murat, après l'avoir combinée, s'efforçaient d'en atténuer la portée. Pendant ce temps, Moncey, résolu à refuser sa nouvelle position, demanda à partir pour les eaux de Luxeuil, obtint cette autorisation, le 8 septembre, et s'éloigna sur le champ. Harispe restait dans son ancien état-major, affecté aux services qui convenaient à son grade, attendant la réparation que Bonaparte avait promise à Moncey. Au commencement d'octobre, celui-ci le prévint qu'une lettre de Berthier lui notifiait sa nomination de commandant en chef du corps d'observation de la Gironde. Il disait à Harispe qu'il reviendrait prochainement à Milan pour préparer son départ.

Il reparut en effet dans le courant du même mois d'octobre, revit Harispe, causa avec lui de l'avenir, des dispositions à prendre pour chacun d'eux, et lui demanda de se rendre à Florence pour remettre une lettre confidentielle au général Clarke qui venait d'y arriver.

Cette mission devait donner au colonel Harispe la clé des derniers événements et des modifications qui avaient si brusquement changé les destinées de Moncey.

Harispe, très bien reçu à Florence, put causer librement avec le général Clarke des incidents qui l'intéressaient. Ce dernier lui exprima son regret, dans l'intérêt de la Toscane, de voir que Moncey n'avait pu y exercer son commandement. Il lui déclara « qu'il ressentait plus fortement que personne le plaisir que tous les hommes de bien éprouvaient de la nouvelle destination du général Moncey et de l'empressement que le Premier Consul avait mis à le réhabiliter dans un commandement en chef » (1).

Le 25 octobre 1801, Harispe, invité à dîner par le général Clarke, se trouva à table avec une vingtaine de convives qui professaient une grande estime pour Moncey. Devant eux, Clarke fit son apologie; sa femme porta même un toast « au général qui réunissait l'estime et l'affection des bons Français ». Tous les invités se levèrent et portèrent cette santé.

Mais le fait le plus curieux fut un récit de Clarke sur la façon dont Berthier avait enlevé à Moncey le commandement de la Cisalpine.

Le gouvernement de ce pays, composé en grande partie de politiciens, avait présenté le général en chef de l'armée d'Italie à Berthier comme un homme d'un caractère difficile, gênant pour traiter les affaires et entravant journellement l'action des autorités par une sévérité excessive. En réalité, c'était sa probité seule et la fermeté de son caractère qui les gênaient.

Berthier avait saisi un moment où Bonaparte, plongé dans un travail absorbant, était un peu distrait, pour l'entretenir des plaintes réitérées du gouvernement cisalpin. Le Premier Consul, ennuyé, l'avait interrompu

---

(1) *Le Maréchal Moncey*, par le Duc de Conegliano.

brusquement, en lui disant : « Arrangez cette affaire et laissez-moi seul ».

Berthier, croyant que cette mauvaise humeur s'adressait à Moncey, s'était alors empressé de confier à Murat le commandement de la Cisalpine et lui avait expédié un courrier.

Le lendemain, Bonaparte avait rappelé Berthier, l'avait prévenu qu'il annulait sa réponse de la veille relative à Moncey et aux gouvernants cisalpins, et qu'il voulait maintenant prendre connaissance de l'affaire dans tous les détails.

Berthier déconcerté, fut forcé de lui avouer qu'il avait donné le commandement de la Cisalpine à Murat et envoyé Moncey en Toscane. Le Premier Consul, entrant alors dans une colère terrible, l'avait traité de la façon la plus dure et s'était écrié : « Monsieur, vous êtes toujours pressé pour faire le mal; vous galopez pour l'atteindre, tandis que vous marchez à pas de tortue vers le but de mes désirs, qui est le bien et la justice. » Il lui avait déclaré « qu'il venait de commettre une injustice et qu'elle atteignait un des hommes qu'il estimait et affectionnait le plus » (1).

Cinq jours après, Clarke qui n'aimait pas Berthier, avait trouvé l'occasion, dans un entretien avec le Premier Consul, de lui parler du mauvais effet produit par cette décision. Bonaparte lui avait fait connaître alors les détails qui précèdent, son vif mécontentement, et son intention de saisir la première occasion pour donner au général Moncey une preuve éclatante de son estime.

Désormais tout s'expliquait, et la disgrâce imméritée et la récente nomination de commandant en chef.

Harispe s'empressa de transmettre ces détails à son ancien chef qui fut heureux de les connaître. Se trou-

(1) *Le Maréchal Moncey.*

vant dès lors fixé sur sa situation, Moncey activa ses préparatifs de départ et rentra en France, emmenant avec lui Harispe. Ils étaient à Paris à la fin de novembre.

La faveur du Premier Consul se manifesta de nouveau au général Moncey, peu de jours après son arrivée. Bonaparte cherchait alors à rétablir l'ordre dans toutes les parties de l'administration. La gendarmerie, préposée à la police générale, était, à cet égard, un puissant moyen d'action. Mais il fallait d'abord la réorganiser et la mettre en mesure de rendre à la société les services que lui imposait la nature de ses fonctions.

Le Premier Consul créa, dans ce but, un inspecteur général de la Gendarmerie et désigna Moncey pour ce poste important, à la date du 9 décembre 1801. Harispe vint en aide à son général pour les premiers travaux relatifs à l'installation de son service. A ce moment, Moncey, désireux de le conserver près de lui, offrit de le prendre comme chef d'état-major. Mais Harispe était trop jeune et trop épris de sa carrière pour ne pas désirer, avant tout, un emploi plus actif qui semblait lui revenir de droit, celui de chef d'une demi-brigade. Il s'en exprima librement avec Moncey qui l'approuva. Dès que ses occupations lui en laissèrent le loisir, celui-ci s'empressa de faire des démarches dans ce sens. Désormais, du reste, aux yeux de Berthier et de beaucoup d'autres, l'amitié du Premier Consul pour Moncey était de notoriété publique, et sa demande ne pouvait manquer d'être bien accueillie.

C'est ce qui arriva pour Harispe.

Le 28 floréal an X (18 mai 1802), celui-ci reçut la lettre ci-après du Ministre de la guerre :

ÉTAT-MAJOR DE L'ARMÉE D'ITALIE — MISSION A ROME

Paris 28 floréal an X (18 mai 1802).

Le Ministre de la guerre au citoyen Harispe, chef de brigade réformé des chasseurs basques,

Je vous préviens, citoyen, que par arrêté du 11 floréal an X, le Premier Consul vous a nommé à l'emploi de chef de la 16e demi-brigade en remplacement du citoyen Pinot décédé.

En informant de votre nomination le commandant par intérim, je lui prescris de vous faire recevoir et reconnaître en cette qualité ; vous voudrez bien faire les plus promptes dispositions pour joindre ce corps à Angoulême, département de la Charente, où il est en ce moment.

Le Ministre de la guerre.
Alex. BERTHIER.

CHAPITRE VII

COMMANDEMENT DE LA 16ᵉ LÉGÈRE

Esprit de corps de la 16ᵉ légère. — Ses campagnes. — Réception de Harispe. — Son envoi à Angoulême, à la Rochelle, à Pontivy, à Lorient, à Belle-Ile. — Hostilités des Anglais sur les côtes. — Le 16ᵉ léger. — Incorporation de la 29ᵉ demi-brigade. — Camp de Brest. — L'armée des Côtes sous Augereau. — Dévouement du 16ᵉ pour son colonel. — Avènement de l'Empire. — Distribution des aigles d'or et d'argent. — Projet de débarquement en Irlande. — Couronnement de l'Empereur. — Harispe, chevalier de la Légion d'honneur. — Formation de la Grande armée. — Départ du 16ᵉ léger pour le sud de l'Allemagne.

La nomination du chef de brigade Harispe au commandement de la 16ᵉ légère changeait complètement sa situation. Restée précaire jusqu'à cette époque, elle devenait enfin officielle et définitive. Désormais, il faisait partie intégrante des forces nationales permanentes, il appartenait à cette armée de Bonaparte qui devait, avant peu, devenir la Grande armée et l'instrument glorieux de l'épopée impériale. Sans prévoir l'avenir qui apparaissait cependant plein d'espérance, Harispe était sûr maintenant de suivre sa carrière qui s'annonçait très belle et de voir compter ses brillants services passés.

Et cependant, il y avait alors tant de fonctions à reconstituer que, malgré l'influence de Moncey et la protection du sénateur Fargues, devenu trésorier du Sénat, Harispe ne put obtenir son brevet que plus d'un an après, le 17 juin 1803.

Dès sa nomination à la tête de la 16ᵉ légère, il sentit dans sa main cette force remarquable qu'on nomme *l'esprit de corps* et qui conférait alors à nos troupes une puissance invincible.

Six jours à peine après sa désignation, il recevait de sa demi-brigade une lettre où le dévouement de son corps d'officiers et les sentiments qui les animaient, donnaient à la fois leur mesure.

Le chef de bataillon Laborey au citoyen Harispe, chef de la 10ᵉ demi-brigade légère.

Angoulême, le 4 prairial an X.

Organe de la demi-brigade dont le commandement vous est donné, citoyen chef, je m'empresse de vous assurer de son zèle et de son activité à remplir ses devoirs et à répondre à vos intentions dans les ordres que vous lui donnerez. La bonne discipline qu'elle a toujours eue et la patience qu'elle a montrée en supportant, sans se plaindre, les fatigues et les privations de tous genres pendant les campagnes de la Révolution, doivent vous en être un sûr garant.

Nos camarades à qui j'ai fait part de vos offres obligeantes (démarches pour obtenir ce qui était dû et nécessaire au corps) profiteront de vos bontés avec confiance. Pour moi, en particulier, recevez l'assurance de ma sincère reconnaissance de celles que vous me faites et comptez toujours sur mon dévouement.

J'ai l'honneur, etc.

LABOREY.

De nos jours, quand un colonel est nommé, on attend son arrivée au régiment, on ne lui fait guère de démonstrations de bienvenue ou de dévouement, on obéit avec ponctualité à ses premiers ordres; on suit ses actes avec intérêt, pour savoir si l'on a un bon ou un mauvais chef, et, de tout cela, il résulte à la longue une confiance méritée, ou simplement une crainte respectueuse, voisine quelquefois de l'aversion.

La différence entre les deux esprits de corps, celui de 1802 et celui d'aujourd'hui, c'est qu'avec le premier on gagne des batailles, avec le second on risque de les perdre.

Le commandement de la 16ᵉ légère par Harispe nous fournira maintes occasions de juger à quel point il sut développer l'affection de ses soldats et faire de sa demi-brigade un des beaux régiments de Napoléon.

A ce moment, elle avait déjà un brillant passé militaire et formait une troupe aguerrie, fière de nombreux faits d'armes.

Elle avait été formée le 1ᵉʳ ventose an IV (20 février 1796) avec des éléments tirés de l'ancienne 12ᵉ légère, de la 23ᵉ légère et du 3ᵉ bataillon de la 204ᵉ de bataille. Depuis 1798, elle avait comme les autres demi-brigades, trois bataillons à huit compagnies de fusiliers et une de carabiniers. Son cadre comprenait, avec le chef de brigade, trois chefs de bataillon, trois adjudant-majors et deux quartiers-maîtres.

Cette organisation, éprouvée par les guerres de l'Empire, devait devenir la base de nos formations régimentaires d'infanterie.

Les campagnes faites par la 16ᵉ légère depuis sa formation, étaient toutes à son honneur. Envoyée d'abord à l'armée de Rhin et Moselle, elle avait fait partie, en l'an VI (1798), des armées d'Allemagne, du Rhin, d'Helvétie et d'Italie; en l'an VII des armées de Rome, de Naples et d'Italie; en l'an VIII (1800) des armées de réserve et d'Italie. Depuis l'an IX, elle comptait dans le corps d'observation de la Gironde.

Plusieurs faits de guerre avaient illustré ses drapeaux. Tels étaient :

Le 24 juin 1796, le passage du Rhin au-dessus de Kehl et la prise des retranchements de Kehl ;

le 28 juin, le combat sur la Rechen ;

les 4 et 5 juillet, le combat de Freudenstadt et la bataille de Rastadt ;

le 12 juillet, l'attaque de Malsch ;

le 11 août, le combat de Neresheim ;

les 22 et 24 août, le passage du Lech et la bataille de Friedberg ;

le 1er septembre, le combat de Pfaffenhoffen ;

les 2 et 24 octobre 1797, la bataille de Biberach et le combat de Schliegen ;

les 20 et 21 avril 1798, le passage du Rhin à Gambsheim et le combat de Diersheim, où la 16ᵉ légère s'était distinguée et avait été citée dans le rapport du général Vandamme ;

le 30 avril 1799, le combat de Neumarkt ;

le 24 juin 1800, la bataille de Marengo ;

les 14 et 15 décembre 1800, le combat et la prise de Monte Facio (1).

Harispe, on le voit, pouvait être fier de commander un corps aussi illustre. Ses subordonnés, de leur côté, savaient qu'il en était digne et, à leur tour, ils étaient heureux d'avoir un chef qui avait gagné son grade sur le champ de bataille. Il y avait là un concours de circonstances qui, sous l'impulsion de son nouveau colonel, ne devaient pas tarder à faire remarquer la 16ᵉ légère.

Conformément aux ordres du Ministre, Harispe se rendit à Angoulême dans les derniers jours de mai 1802. Il avait alors pour général de division, le général Delaborde. Le corps d'observation de la Gironde, formé dans le Sud-Ouest pour une destination qu'on ne soup-

---

(1) Notes de M. Dutey-Harispe.

çonnait pas encore et placé maintenant sous l'autorité supérieure d'Augereau, venait de recevoir des ordres de déplacement. Ses demi-brigades étaient dirigées vers la Bretagne; et les bataillons actifs de la 16ᵉ légère étaient arrivés depuis peu à Angoulême, tandis que son dépôt, précédemment à St-Jean-de-Luz, était envoyé à Dax.

Harispe fut reçu et reconnu comme le chef de brigade par l'officier supérieur qui remplaçait le colonel Pinot, et prit immédiatement son commandement. Sa première pensée fut de se mettre au courant de son personnel et des besoins de la troupe. Il n'eut pas de peine à constater que, si l'esprit des officiers et des hommes était excellent, il y avait, dans les questions d'habillement, de solde et en général dans ce qui concernait le matériel et l'administration, des lacunes regrettables.

Ses bonnes intentions, du reste, devaient se heurter à quelques difficultés. La première venait de l'instabilité de ses résidences, et la seconde, de la dispersion de ses bataillons. On savait déjà qu'on ne resterait pas à Angoulême.

Au mois de juin, en effet, Harispe fut dirigé avec sa demi-brigade sur la Rochelle qui dépendait de la 12ᵉ division militaire. Il avait à fournir des détachements dans les îles de Ré et d'Oléron. Une surprise désagréable l'attendait dans sa nouvelle garnison : il n'y avait pas de logement pour ses hommes. Seule, une partie du 2ᵉ bataillon put être installée dans une caserne. Harispe dût se remettre en route avec son 1ᵉʳ bataillon et l'état-major, pour gagner l'île d'Oléron. Ce qui restait du 2ᵉ bataillon alla occuper l'île de Ré. Ces détachements ne devaient être relevés que tous les six mois.

Mais on ne lui accorda pas un séjour d'aussi longue durée. Peu de jours après, un nouvel avis ministériel fit partir la 16ᵉ légère pour Rennes, le 14 juillet. Elle destinée à résider en Bretagne et à défendre les côtes menacées par les Anglais.

Harispe dût laisser sa demi-brigade exécuter cette marche sous la direction d'un chef de bataillon. Il avait reçu en même temps l'ordre de se rendre à Paris, à la tête d'une députation composée des plus anciens officiers de chaque grade, du porte-drapeau, etc., pour recevoir, à la grande parade du 14 juillet, le nouveau drapeau qui lui était destiné, et que la 16e légère devait couvrir de gloire dans les célèbres campagnes de 1806 et de 1807.

A son retour de cette grande cérémonie, Harispe rejoignit sa troupe au camp de Brest et y trouva une lettre du ministre qui lui confiait une mission de police, toujours peu agréable à remplir pour des officiers.

Le 21 juillet, le ministre de la police avait écrit à son collègue de la guerre : « Il y a lieu d'établir des garnisons dans les départements de l'Ouest, à Saint-Brieuc, Pontivy et Vannes. C'est là que les chefs de bande Georges, Guillemot et Dujardin exercent encore par eux ou leurs agents, des actes répétés de brigandage » (1).

Sur cette indication, le Ministre de la guerre avait fait partir pour l'Ouest un courrier extraordinaire qui avait apporté à la 16e légère l'ordre de se rendre à Pontivy, dans le Morbihan, et d'occuper les principaux chefs-lieux de justice de paix, Pontivy, Ploërmel, etc. Les troupes devaient être placées de manière à pouvoir soutenir la gendarmerie et délivrer ce pays des brigands qui l'infestaient.

Au mois d'août, les bataillons de la 16e légère étaient déjà dispersés à la recherche des individus signalés par l'autorité supérieure. (2)

---

(1) Notes de M. Duley-Harispe.
(2) L'état-major et le 1er bataillon étaient à Hennebon ; le 2e bataillon à Ploërmel. L'effectif ne dépassait pas 1.350 hommes.

Harispe s'occupa d'abord d'une question urgente : l'habillement de ses hommes. Celui-ci était d'autant plus défectueux que la 16ᵉ légère était en route et en déplacements depuis plus de deux mois. Heureusement, les armes étaient en bon état, les soldats vigoureux et les officiers très zélés.

Sous les ordres d'un chef qui était lui-même épris de son métier et plein d'ardeur, les imperfections ne tardèrent pas à disparaître, et le service se fit avec une ponctualité remarquable. Les actes de brigandage devinrent plus rares; à la fin d'octobre 1802, Harispe put envoyer à son général de division un rapport qui donnait une note exacte sur la situation. « Malgré, disait-il, les recherches les plus actives soit dans la forêt de la Nouée, soit dans celle de Quénégan et aux environs de Saint-Aignan, il a été jusqu'à ce jour impossible de découvrir les traces des 24 brigands qui, dit-on, infestent ces deux arrondissements. » On prétendait que dans la nuit du 16 au 17 vendémiaire (7 au 8 octobre), une voiture de munitions avait été conduite et escortée par 4 hommes à Saint-Aignan ou aux environs; que peu de jours après, 60 fusils y avaient été portés; que 24 hommes revenus d'Angleterre devaient s'y être rendus pour forcer la jeunesse à marcher avec eux, etc. (1).

Le commandant de la division transmit au Gouvernement une note analogue avec l'assurance que « le pays était en état de calme et que tous les moyens étaient employés pour le faire régner de plus en plus (2) ».

A Paris, on jugea que la Bretagne était à peu près débarrassée des troubles qui l'agitaient et que le moment était venu de s'occuper plus particulièrement de tout ce qui pouvait contribuer à fortifier l'armée. Au mois de novembre, Harispe reçut une circulaire ministérielle

(1 et 2) Notes de M. Dulcy-Harispe.

qui lui disait : « L'intention du Gouvernement est de profiter du repos que la paix procure pour perfectionner la discipline, la tenue et l'administration des troupes. La discipline doit être forte, mais sans cesser jamais d'être juste et paternelle... Engagez les officiers à profiter des loisirs de la paix pour travailler avec ardeur à leur instruction. » (1)

L'année 1803 trouva ainsi la 16e légère dans de meilleures conditions qu'à son arrivée en Bretagne. Harispe était alors à Lorient, avec son premier bataillon. Son service était très chargé et ses soldats, n'ayant pas assez de nuits de repos, étaient souvent trop fatigués pour suivre avec fruit les exercices tactiques auxquels ils étaient soumis. Pour un chef de corps ardent et zélé, cet état de choses n'était pas tolérable. Harispe se décida à écrire au Ministre le 10 février.

« J'ai déjà eu l'honneur de vous faire connaître par ma lettre du 6 frimaire dernier (26 novembre 1802) que, malgré mes pressantes sollicitations, je n'avais pu encore obtenir que l'arrêté des Consuls et vos décisions relatifs au nombre de jours de repos que doit avoir le soldat, aient leur exécution pour la garnison de Lorient.

La troupe que je commande, répartie et faisant seule le service dans la place et le port de Lorient, au port Liberté et dans l'arrondissement de Pontivy, n'a eu jusqu'à ce jour que trois nuits de repos (par semaine) et cependant le départ de la 37e demi-brigade va encore augmenter mon service... Ne puis-je donc pas, pour me conformer à l'arrêté des Consuls et à vos décisions, me refuser à fournir aux commandants d'armes un nombre d'hommes de service au delà de ce qui peut assurer cinq nuits de repos à chaque soldat? En m'éclairant de votre décision, veuillez, dans tous les cas, me mettre à même de procurer à la troupe que je commande les moyens

---

(1) Notes de M. Dutey. Harispe.

de se livrer au travail dont elle a besoin et dont elle est privée depuis longtemps » (1).

Le ministre s'empressa de donner raison au chef de corps. A cette époque, le Premier Consul, au courant des inimitiés qui menaçaient la France, pressentait les luttes à venir, et toutes les mesures susceptibles d'améliorer l'état du soldat avaient d'avance son approbation. Berthier, son ministre de la guerre, s'efforçait de seconder ses vues.

Déjà, les dispositions des Anglais obligeaient le Gouvernement à tenir les côtes en état de défense ; et cette situation allait bientôt imposer à la 16e légère de nouveaux déplacements.

Le 13 mars, Berthier écrivait au général commandant la 13e division : « Belle-Ile, en temps de paix comme en temps de guerre, doit être dans le meilleur état de défense ; les magasins de vivres et d'artillerie doivent être approvisionnés, » etc... Un mois après, l'ordre arrivait de Paris de procéder à l'armement des côtes de la 13e division, et de le faire avec activité, mais sans exciter d'alarmes.

Enfin, le 10 mai, pressentant la rupture du traité d'Amiens par les Anglais, Berthier envoyait la 16e légère et un bataillon de la 65e occuper Belle-Ile. Harispe dût s'y rendre avec l'état-major et ses deux bataillons, formant un effectif de 1.451 hommes. Son général de brigade, qui était alors Morand, le futur divisionnaire de Davout, restait à Lorient. Mais à Belle-Ile même, au point de vue du service, Harispe était sous les ordres du général Roulland qui y commandait et qui fut heureux d'avoir sous la main de bonnes troupes, avec un excellent chef de corps.

En quittant Pontivy, la 16e légère reçut l'expression

(1) Archives de la guerre.

des regrets du sous-préfet et des félicitations sur la bonne conduite de ses soldats.

La situation s'aggravait chaque jour, et le 21 mai, les Anglais commencèrent les hostilités, avant même la déclaration de guerre qui ne fut notifiée que le lendemain. Au début du mois suivant, on signala à Lorient, l'arrivée de chefs chouans, puis de convois d'armes et de munitions, qui furent heureusement saisis. A partir de ce moment, malgré l'état de paix à l'intérieur, Harispe fut en état de guerre sur les côtes, ce qui développa dans les rangs de sa troupe les qualités de courage, d'endurance, et surtout la confiance dans son chef.

Au mois de juin, il reçut l'inspecteur général Suchet qui venait constater l'état de sa demi-brigade et juger l'exécution du service.

Le corps fut trouvé transformé, et Harispe recueillit des éloges qui le comblèrent de joie. Il ne put s'empêcher de faire connaître le résultat au général Moncey qui lui écrivit à ce sujet :

Vous ne pouviez, mon cher Harispe, me procurer une plus vive satisfaction que de me faire participer à l'agrément que vous éprouvez d'avoir restauré le corps que vous commandez dans son administration et dans sa discipline, et d'avoir reçu de l'inspecteur général, qui en a passé la revue, la confirmation de toutes vos mesures et les éloges dûs à votre zèle, à votre dévouement, et aux efforts de talent, d'honneur et de fermeté auxquels vous devez ces succès.

Amitiés,

MONCEY.

Cette année 1803 n'allait pas tarder à soumettre un certain nombre de demi-brigades à une organisation nouvelle, destinée à augmenter leur cohésion et leur force offensive. Le 27 septembre, un arrêté du Gouvernement, provoqué par Bonaparte, fit prendre aux demi-brigades le nom de *régiments* et aux chefs de brigade, celui de *colonels*. Les demi-brigades à deux bataillons furent réunies deux à deux. La 16ᵉ fut désignée pour recevoir la 29ᵉ. Trois régiments furent formés à quatre bataillons et 24 à trois bataillons. Il y eut 27 régiments d'infanterie légère et 90 régiments de ligne. On créa dans chaque régiment un major, dont le grade était intermédiaire entre les colonels et les chefs de bataillon. Il suppléait le colonel en son absence (1).

Les régiments à quatre bataillons comptèrent désormais 2.730 hommes sur le pied de paix et 4.320 sur le pied de guerre.

La 16ᵉ légère eut l'avantage d'être formée à quatre bataillons, de neuf compagnies.

On la trouve, à la date du 8 octobre, ayant son état-major et ses deux premiers bataillons à Belle-Ile, et son troisième bataillon à Lorient. Elle attendait à Belle-Ile son 4ᵉ bataillon, qui arriva de la 29ᵉ, alors à St-Brieuc, le 23 octobre.

La 29ᵉ demi-brigade comptait, comme la 16ᵉ, d'éclatants services. Elle avait fait en Italie, les campagnes de 1796, 1797, 1798 et 1799. De 1800 à 1801 elle avait fait partie de l'armée Gallo-Batave et, en 1803, de celle des côtes de l'Océan.

Elle s'était distinguée en 1796 au pont de Lodi, à la bataille de Rivoli et au siège de Vérone.

Au mois de novembre 1803, la nouvelle incorporation fut terminée, et le colonel Harispe se trouva à la tête d'un superbe régiment, dont les garnisons furent changées en décembre.

Il n'y eut plus alors à Belle-Ile que les deux premiers bataillons avec le colonel, tandis que le 3ᵉ était

(1) Ce fut l'origine du grade de lieutenant-colonel.

à l'île de Croix et le 4ᵉ à Port Liberté, appelé plus tard Port-Louis.

L'effectif comprenait 32 officiers et 3.240 hommes (1).

A ce moment, l'attitude des Anglais et leurs menaces sur les côtes firent modifier les emplacements et l'organisation de nos troupes. Déjà, au mois d'octobre, un faible détachement de leurs marins avait débarqué près de Vannes. Nos navires étaient partout bloqués ou poursuivis; à Plymouth, nos ennemis avaient rassemblé quatre-vingts chaloupes canonnières. La Bretagne semblait l'objectif visé par la marine anglaise. Des mesures défensives s'imposaient.

On proposa d'abord la formation d'un camp de 4.000 hommes à Saint-Roman et le renforcement des lignes de Quélern.

Puis, le Premier Consul, nourrissant déjà contre l'Angleterre un projet d'invasion qu'il ne devait pas tarder à faire connaître, résolut à la fin de décembre, de former à Brest un camp d'une certaine importance.

L'armée qui avait été rassemblée près de Bayonne, fut dissoute. Augereau, au lieu de ce commandement fut placé à la tête des troupes du camp de Brest qui formèrent bientôt l'armée des Côtes de l'Océan. Le régiment de Harispe était désigné pour en faire partie, tout en conservant ses emplacements.

L'année 1804 commença pour lui au milieu des dispositions qu'entraînaient les décisions du Gouvernement.

Le 7 janvier, en effet, Augereau arrivait à Brest, prenait connaissance de l'organisation de son armée et repartait bientôt, laissant le soin d'expédier les affaires à son chef d'état-major, le général Donzelot. A cette date, Harispe avait de nouveaux chefs. Le général Carra

---

(1) Notes de M. Dutey-Harispe.

Saint-Cyr commandait sa division, la 2e de l'armée, et le général Lapisse, sa brigade. Ce dernier, qui devait rester pendant plus de deux ans son supérieur immédiat, n'eut pas le talent de se concilier l'affection de ses régiments.

A la fin du même mois, Harispe vint tenir garnison à Lorient, avec ses deux premiers bataillons. Cette ville était devenue le centre des différents ports dans lesquels étaient mouillées les sections de la flottille, alors étroitement bloquée par les Anglais. Toutes ces mesures préoccupaient le 16e léger qui se demandait, comme les autres régiments, quelle était la destination de ces rassemblements de troupes. On n'allait plus attendre longtemps avant de le savoir.

A la fin de février, le ministère fit connaître que le Premier Consul voulait tenter un débarquement sur les côtes anglaises et que les forces réunies dans le Finistère contribueraient à former l'armée d'Irlande, sous le commandement d'Augereau. Harispe inspirait alors à son régiment la confiance indispensable à un corps de troupe pour affronter, avec chance de succès, les rudes épreuves de la guerre. Il en eut la certitude au début de l'année 1804, par un mot d'un de ses officiers, le commandant Lecouturier qui venait de quitter le 16e léger et d'être affecté au 79e, alors à la Rochelle. Il écrivait le 17 février à son ancien colonel :

Mon colonel,

Je sais que vous avez quelquefois la bonté de vous informer de moi, et que vous prenez quelque intérêt à un officier qui a eu le bonheur de vous connaître. C'est ce qui m'autorise à vous écrire, et en le faisant, je ne suis, je vous le jure, que l'impulsion de mon cœur justement reconnaissant. Je me donnerais plus souvent ce plaisir, mais je dois craindre de vous fatiguer et de vous faire perdre un temps que vous employez toujours à assurer le bien-être de vos subordonnés. Je corresponds avec plusieurs officiers de votre régiment, et dans toutes les lettres, dans toutes les réponses, le nom de notre cher colonel est toujours cité.

Ce fut à la même époque que le commandant de la division fut remplacé par le général Desjardins qui établit son quartier général à Quimper. Ses troupes commencèrent à quitter leurs résidences habituelles pour aller s'établir à Brest et aux environs. Le 31 mars, le régiment de Harispe, dispersé de nouveau, occupait Châteaulin, Crozon, le Faoût, Audierne, Pont l'Abbé et Concarneau.

Le mois de mai fut pour lui, comme pour les autres troupes, une époque de grande activité et de préoccupations. L'armée apprit d'abord avec une joie non dissimulée que le Premier Consul était proclamé Empereur et qu'il créait douze maréchaux d'Empire, parmi lesquels figurait son chef, le général Augereau. Peu de temps après, Harispe fut informé que ses bataillons devaient tous être portés à l'effectif de 800 hommes et que les sections de flottille allaient se rassembler dans la baie d'Audierne. Dans les derniers jours du même mois, les troupes de l'armée des Côtes furent appelées à prêter serment de fidélité à l'Empereur.

Le 16e léger se signala par son enthousiasme. Il exprima ses sentiments dans des termes qui furent assez remarqués pour que le sénateur Fargues put écrire à son ami Harispe :

J'ai lu avec intérêt l'adresse de votre régiment à l'Empereur. Un corps que vous commandez ne peut être animé que d'excellents sentiments et en fournira la preuve chaque fois qu'il sera mis à portée de le manifester, les armes ou la plume à la main. Aussi ai-je lu avec un grand plaisir, mais sans étonnement, ce que MM. les officiers du brave 16e disent au chef de l'Etat.   FARGUES.

Le colonel Harispe fut, comme on le pense, profondément ému par tous ces événements. Un changement complet s'était produit dans le Gouvernement. La République avait disparu et désormais, c'était le chef de l'armée, le grand homme dont les victoires avaient déjà donné tant d'éclat à nos armes, qui devenait le maître incontesté de la France. Un magnifique avenir militaire s'ouvrait devant nos officiers et justifiait toutes les espérances. En même temps l'ardeur des combats se réveillait dans leurs âmes, la confiance dans le chef suprême dépassait toutes les bornes, et au cœur de ses soldats il n'y avait plus qu'une pensée : se signaler par une action d'éclat. Le fanatisme militaire, l'amour de la patrie et le culte du drapeau confondus dans une même pensée, dépassaient toute idée et ne pouvaient plus maintenant qu'enfanter des prodiges.

Chaque régiment était alors une grande famille dont chaque membre n'avait d'autre volonté que celle de son chef, d'autre rêve que de se distinguer sous ses yeux. L'armée entière, animée du même esprit, n'avait dans ses rangs que des éléments de victoires.

Les moindres faits démontraient ces dispositions. Maintes fois déjà le colonel Harispe avait pu les constater, et c'était pour lui une juste récompense de ses efforts. Au mois de juin 1804, l'occasion s'en présenta dans des circonstances assez touchantes.

Le 5 messidor an XII (22 juin 1804), on était à la veille de la St-Jean. C'était la fête du colonel. Les officiers lui offrirent un banquet, et, à la fin du repas, le chef de bataillon Jouardet, le plus ancien des officiers supérieurs, d'accord avec ses camarades, se leva et porta le toast suivant :

A la santé du colonel Harispe du 16e régiment d'infanterie légère, et à la réalisation des vœux que nous tous, officiers du régiment, devons faire pour conserver longtemps parmi nous un chef aussi distingué et aussi digne de nous commander.

Un autre officier, le capitaine Guy, levant son verre à son tour, s'exprima en ces termes :

A la santé de Mmes Harispe, mère et épouse de notre colonel.

Puisse la première jouir encore longtemps, et dans la plus heureuse vieillesse, du bonheur d'avoir mis au monde un fils si digne de sa tendresse.

Puisse la seconde, par ses soins et son amour pour son époux, le dédommager des peines qu'il se donne journellement pour l'avantage de son régiment.

Puissent enfin ces deux dames ne pas dédaigner de participer aux sentiments de reconnaissance et de respect que nous lui portons.

Puissent nos régiments s'inspirer, à l'occasion, de pareils exemples!

A la fin du mois de juillet, Harispe dût se rendre à Paris. Pendant son court séjour dans la capitale, il fut prévenu qu'il était alors d'usage que les généraux et chefs de corps de passage à Paris fussent présentés à l'Empereur. C'était son plus cher désir. Il fit sa demande d'audience et reçut, le 28 juillet, une lettre officielle du général Duroc, Gouverneur du Palais, lui annonçant qu'il serait reçu le 1er août.

Il eut ainsi l'occasion de voir de près le chef illustre dont la gloire attirait alors tous les regards, et sortit de sa courte entrevue, plus enthousiaste que jamais du héros qui gouvernait la France. Il rejoignit son régiment, réconforté par le souvenir de sa réception, et reprit son commandement avec plus d'ardeur encore que par le passé.

Le temps s'écoulait alors dans l'attente d'événements

qu'on soupçonnait sans les connaître. Harispe partageait ces préoccupations comme ses officiers. Il en fut bientôt distrait par l'annonce du couronnement de l'Empereur, cérémonie à laquelle étaient conviées des députations de tous les corps de troupes.

Elle fut précédée par l'envoi à l'armée des Côtes de l'Océan, de 43 aigles d'or et de 130 aigles d'argent (croix de la Légion d'honneur). On annonça que ces insignes seraient distribués dans une grande revue qui devait avoir lieu le 23 septembre. Ce jour-là, en effet, toutes les troupes du camp de Brest furent rassemblées et formèrent un vaste carré au centre duquel furent placés les élus désignés pour recevoir les aigles. Le général prononça une allocution patriotique, fit prêter serment aux Légionnaires et distribua les aigles au bruit des salves d'artillerie. Une parade solennelle et un défilé terminèrent cette cérémonie qui laissa à tous les assistants un souvenir inoubliable.

Le colonel Harispe n'était pas encore au nombre des heureux. Mais, de l'avis de tous, il ne pouvait tarder à recevoir, lui aussi, l'étoile des braves.

Les incidents de cette belle journée occupaient encore sa pensée, quand il fut attristé par une douloureuse nouvelle venue de Paris. Un officier qui lui était attaché lui annonça, le 24 septembre, que le sénateur Fargues venait de mourir. C'était une grande perte. Il était pour Harispe, un compatriote, un ami et un protecteur dévoué. Il fut profondément regretté.

Harispe ne tarda pas cependant à être distrait de son chagrin par d'autres nouvelles qui arrivèrent de Paris dans les premiers jours d'octobre. D'après l'avis transmis par le ministre de la guerre au maréchal Augereau, l'Empereur était décidé à effectuer l'expédition d'Irlande. L'armée des Côtes de l'Océan devait en être chargée avec le corps d'armée du général Marmont, fort de

25.000 hommes. Des moyens d'embarquement pour 18.000 hommes étaient réunis à Brest, sous les ordres de l'amiral Gantheaume. Les navires destinés au corps de Marmont se rassemblaient au Texel où aurait lieu son embarquement. Il devait se rendre en Irlande et passer sous les ordres d'Augereau. Pendant ce temps, la grande armée des camps de Boulogne, Montreuil et Ostende devait aussi s'embarquer et tenter de pénétrer dans le comté de Kent.

Harispe avait ordre de s'embarquer à Brest vers le 23 octobre, avec ses trois premiers bataillons portés chacun à l'effectif de 800 hommes. Le 4e, maintenu à Belle-Ile, devait recevoir les malingres et les hommes dont on pouvait craindre la désertion.

Augereau se rendit à Brest pour activer les préparatifs.

L'expédition d'Irlande n'était pas du reste le seul sujet de préoccupation des troupes du camp de Brest. On parlait, depuis quelque temps, d'une cérémonie qui allait bientôt avoir lieu dans la capitale et qui empruntait aux circonstances un caractère de grandeur exceptionnel. C'était le couronnement de l'Empereur.

Au 16e léger, la députation envoyée à Paris comprenait le colonel Harispe, un capitaine, et six sous-officiers. Elle quitta Chateaulin le 12 octobre, et ne rentra dans ses cantonnements que le 7 janvier, rapportant les nouveaux drapeaux qui lui avait été solennellement remis par l'Empereur.

Le colonel revenait aussi avec une récompense personnelle qui éveilla parmi ses officiers et ses soldats un légitime orgueil. L'étoile des braves brillait sur sa poitrine. A la suite de la dernière inspection générale, Harispe qui avait mis son régiment sur un pied remarquable, avait été l'objet d'un rapport spécial qui concluait à sa nomination de chevalier de la Légion d'honneur. Les motifs qui justifiaient la proposition avaient été remarqués, et par décret du 3 décembre 1804, il avait reçu sa première décoration.

Ce fut un des plus beaux moments de son existence. Son régiment, restauré par ses soins, animé pour lui d'une affection et d'un dévouement sans bornes, lui donnait toute sorte de satisfactions.

On voit à quel point l'année 1804 avait surexcité dans les régiments l'ardeur guerrière des soldats et leur culte pour Napoléon. L'élévation du chef de l'armée à la position suprême, son titre d'Empereur, la réorganisation militaire, les créations de Maréchaux d'Empire et de la Légion d'honneur, les distributions de drapeaux et de croix, le couronnement du souverain, les formations de camps en face de l'Angleterre, les projets de descente dans ce pays alors si détesté, tous ces faits avaient exalté l'âme du soldat et créé en lui des dispositions nouvelles qui le préparaient à entrer en campagne dans des conditions de bravoure et d'énergie extraordinaires. L'année 1805 allait, sous ce rapport, combler bientôt tous les vœux de l'armée, satisfaire ses plus secrètes aspirations et lui offrir l'occasion d'accomplir de grandes choses.

Quand Harispe fut de retour au camp de Brest, le 7 janvier 1805, il trouva ses généraux occupés à préparer une grande solennité militaire pour la réception des nouveaux drapeaux. Ils savaient qu'en agissant ainsi, ils répondaient aux désirs de l'Empereur. Les troupes furent réunies sur le champ de Mars. Un détachement de chasseurs à cheval et une colonne formée par les compagnies de grenadiers ou de carabiniers de chaque corps, furent placés sous les ordres d'un général de brigade qui se porta au devant des drapeaux. Des salves d'artillerie annoncèrent le commencement de la cérémonie, et aussitôt après, les drapeaux furent distribués par un général. Il y eut ensuite une grande revue, une parade solennelle et enfin le défilé. Ce fut un très beau spectacle qui impressionna vivement tous les assistants.

Peu de temps après, en février, on commença à parler du départ de l'armée pour l'Irlande, et bon nombre d'officiers crurent sérieusement que l'expédition allait commencer. 4.400 hommes s'embarquèrent sur la flotte; un général fut désigné pour les commander. Le reste de l'armée des Côtes ne devait pas tarder à partir à son tour.

La belle ardeur qui animait les soldats du 16e léger devait cependant être déçue. L'amiral Gantheaume qui ne demandait qu'à prendre la mer, fit de vaines tentatives pour sortir de la rade de Brest. Les vents étaient contraires; il fallut attendre. Harispe était toujours au camp avec ses trois premiers bataillons, prêts à s'embarquer.

Mais le temps s'écoulait. On traîna ainsi pendant des semaines et des mois, sans que l'ardeur guerrière des soldats fût lassée. On s'en rendit compte au mois de mai, dans une cérémonie nouvelle qui provoqua encore l'enthousiasme. Le 23 mai, Napoléon avait été couronné roi d'Italie. Par toute la France, on célébra cet événement. A Brest, des salves d'artillerie l'annoncèrent aux populations; un *Te Deum* solennel fut chanté à la cathédrale. Harispe y assista avec ses généraux et les autres chefs de corps. L'armée fut passée en revue. Il y eut une grande parade et même un banquet qui se termina par des toasts. Ils se résumaient tous en un seul : « Puisse Augereau nous conduire bientôt à la victoire! ». Le soir, la ville entière illumina.

L'excitation guerrière des troupes était au comble. Une lettre du colonel Harispe suffira à en donner une idée.

Un Basque, le capitaine Bérindoague, proche parent

du sénateur Fargues, venait de quitter le 16ᵉ léger pour faire partie d'un corps en garnison dans les Pyrénées ; se trouvant à Saint-Jean-Peid-de-Port, il avait donné à son ancien chef des nouvelles de sa famille. Celui-ci lui répondit peu de jours après.

Brest, le 23 prairial an XIII (9 juin 1805).

Depuis l'interruption de notre correspondance, mon cher Bérindoague, vous avez éprouvé, ainsi que moi, bien des chagrins ; vous, dans la perte d'un parent que vous chérissiez, moi, dans celle d'un ami pour lequel j'avais le plus tendre attachement et la plus grande vénération. Je parle du sénateur Fargues.

Rien de nouveau dans ces parages. Nous attendons à chaque instant de nouveaux ordres pour sortir de l'inaction dans laquelle l'armée languit depuis près de deux ans.

Je viens de former, d'après les ordres du ministre de la guerre, qui ont été portés par un courrier extraordinaire, mon 3ᵉ bataillon de campagne. J'ai, dans ce moment, près de moi 2.700 hommes qui ne laissent rien à désirer pour la tenue, l'instruction et la discipline, et j'éprouve que rien n'est aussi flatteur que l'heureuse position dans laquelle je me trouve...

HARISPE

La confiance régnait dans tous les rangs et l'impatience de combattre animait tous les cœurs. Pourtant on commençait à se lasser d'une attente aussi prolongée ; l'entrain diminuait, et bientôt, pour divers motifs, les effectifs s'affaiblirent.

En juillet, les trois bataillons de guerre du 16ᵉ léger ne comptaient plus que 2.240 hommes présents sous les armes. Cependant de nouveaux bruits d'expédition commençaient à circuler. Le 23 août, un ordre inattendu réveilla l'attention. Le général Desjardins, commandant la division, fut invité à se rendre à Alençon avec ses deux généraux de brigade, Lapisse et Lamarque, à la tête de trois régiments, le 16ᵉ léger, le 105ᵉ et le 7ᵉ chasseurs. Là, de nouvelles instructions lui indiqueraient sa destination ultérieure. C'était un changement complet de direction; on quittait l'Océan pour marcher vers l'intérieur. Que se passait-il et qu'allait-on devenir? On apprit alors que si les escadres française et espagnole ne pouvaient passer, l'Empereur était décidé à ajourner l'expédition d'Angleterre. Evidemment une situation nouvelle avait surgi et provoqué ces dispositions. On ne la connaissait pas encore; mais on ne pouvait tarder à être fixé. Trois jours après avoir reçu ce premier ordre, on annonça en effet que les camps de Boulogne, Saint-Omer, etc., étaient levés et leurs troupes dirigées vers le Sud de l'Allemagne. La Grande armée était constituée; elle comprenait 7 corps d'armée et une puissante réserve de cavalerie. Les armées d'Italie, de Naples et les alliés allemands devaient la compléter. C'était une masse de 250.000 hommes commandée par l'Empereur. Le corps d'Augereau, le 7ᵉ, étant le plus éloigné, devait former réserve.

La 1ʳᵉ division commandée par le général Desjardins comprenait 2 brigades : la 1ʳᵉ, général Lapisse, 16ᵉ léger à quatre bataillons et le 44ᵉ de ligne; la 2ᵉ, général Lamarque, 105ᵉ de ligne et 7ᵉ chasseurs.

La 2ᵉ division avait pour chef le général Mathieu. Le 28 août, Augereau fut prévenu que l'armée de Brest allait faire un mouvement de conversion vers le Rhin. La nouvelle, communiquée aux troupes, causa, dans tous les rangs, une grande joie. Enfin, après une si longue attente, on allait partir et combattre.

CHAPITRE VIII

CAMPAGNE DE 1805.

Marche du 16e léger de Brest à Fribourg en Brisgau. — Arrivée sur le lac de Constance, — Mission du 7e corps d'armée. — Situation des forces ennemies. — Relations avec le corps d'armée de Ney. — Positions de Jellachich et de Rohan. — Marche sur Wangen et Bregenz. — Mouvements contre Jellachich. — Capitulation de l'ennemi. — Harispe à la poursuite de Rohan. — Retour à Bregenz. — Envoi à Ulm. — Résultats obtenus par le 7e corps.

Harispe quitta Brest à la tête de son beau régiment le 2 septembre 1805. Il faisait partie de la première colonne du corps d'armée qui prit la route d'Alençon, et comptait sous ses ordres près de 2.500 hommes. Arrivé dans cette ville, il y fut passé en revue par le maréchal. Puis on acheva de s'organiser, et on se mit en route pour gagner le théâtre d'opérations sur lequel la Grande armée allait se couvrir de gloire.

La première division du 7e corps avait ordre de se rendre à Fribourg en Brisgau. Harispe arriva ainsi avec son régiment à Langres le 13 octobre, à Vesoul le 17 et le 20, à Belfort, où une journée de repos fut accordée aux hommes. Le 22, après avoir traversé l'Alsace, il était à Huningue. Il y franchit le Rhin sur un pont de bateaux, et entra dans le pays de Bade. Il alla ensuite cantonner aux environs de Fribourg où son général de division attendit son parc d'artillerie qui ne put passer le Rhin que le 9 novembre. Le lendemain, le corps d'armée reprit son mouvement.

Harispe se remit en marche, traversa le Val d'Enfer et alla prendre position à Löffingen. Puis, il se porta sur Engen et y cantonna en arrière du ruisseau qui traverse cette ville. Il gagna ensuite Stockach, près de la pointe nord du lac de Constance où se trouvait le quartier général du corps d'armée.

En cours de route, on avait appris quelle était la destination des troupes d'Augereau.

Pour la comprendre et mieux saisir la part prise par le 16e léger aux futurs événements, il faut se reporter aux débuts de la campagne de 1805.

Ulm, ayant capitulé le 17 octobre, l'Empereur avait résolu de marcher sur Vienne. Pour cela, il avait besoin de couvrir son flanc droit contre les entreprises de l'archiduc Jean qui occupait le Tyrol, soutenu par les belliqueux montagnards de cette contrée. Il confia cette mission au maréchal Ney et lui donna ses ordres le 25. Il le fit partir le lendemain avec deux divisions pour Landsberg, au sud d'Augsbourg, sur le Lech. Ney disposait d'environ 12.500 hommes; son adversaire avait sur lui une supériorité numérique considérable. Mais l'ardeur des soldats de Napoléon, leur bravoure et la rapidité de leurs marches devaient y suppléer.

Les forces autrichiennes commandées par l'archiduc Jean, frère cadet de l'Empereur François, étaient réparties en plusieurs détachements. A l'Est de la vallée de l'Inn, se trouvait le feld-maréchal-lieutenant Saint-Julien, avec 10 bataillons et 8 escadrons, environ 5.000 hommes.

Les routes que suivait le corps de Ney, étaient défendues par le feld-maréchal-lieutenant marquis de Chasteler, avec 4 bataillons et demi et un escadron, environ 2.600 hommes, appuyés par une réserve de 4.800 hommes à Innsbruck.

A l'Ouest, vers Reute, le général prince de Rohan

gardait la vallée du Lech avec un détachement de 2.500 hommes.

Au Nord-Ouest du Tyrol, le feld-maréchal-lieutenant Jellachich, échappé d'Ulm, occupait le Vorarlberg avec 6.500 hommes. Il était au pied des montagnes entre Feldkirch sur l'Ill et Bregenz sur le lac de Constance.

Enfin un corps d'armée, sous les ordres du feld-maréchal lieutenant Hiller, était cantonné dans le Tyrol méridional.

L'archiduc Jean tenait ainsi cette contrée avec une armée de 25 à 30.000 hommes.

Les milices tyroliennes, mobilisées pour la campagne, devaient soutenir les troupes de ligne. Leur effectif, fort de 20.000 hommes, était réparti en quatre bans de 5.000 hommes. Les deux premiers bans avaient été appelés sous les armes à l'approche du maréchal Ney; les autres devaient être convoqués suivant les circonstances.

Ces troupes, réparties sur un espace étendu, étaient divisées en petits détachements trop éloignés les uns des autres pour se soutenir; c'était une disposition vicieuse qui ne pouvait manquer de favoriser la marche de Ney.

Napoléon, du reste, ne s'en était pas tenu là. Deux autres corps d'armée, celui de Bernadotte à l'Est, et celui d'Augereau, 7ᵉ corps, à l'Ouest, devaient seconder le 6ᵉ. Le corps d'armée dont faisait partie Harispe, avait pour objectif le Vorarlberg et les forces ennemies qui le défendaient.

Toutefois, sous la pression des circonstances que précipitait la marche rapide de l'Empereur, la situation respective des partis engagés tendait chaque jour à se modifier.

Tandis que l'archiduc Jean voulait conserver le Tyrol, son frère, l'archiduc Charles, était forcé d'abandonner l'Italie et de se replier sur l'armée principale au nord de

Vienne. Les vallées du Danube et du Pô étaient ainsi évacuées par les Autrichiens. L'archiduc Charles, investi de la direction supérieure des opérations, jugea alors que la défense du Tyrol septentrional devenait inutile. Il donna des ordres en conséquence à son frère Jean, prescrivit à Jellachich de relever le prince de Rohan à Reute et, s'il était attaqué, de se diriger sur la vallée de l'Inn. Rohan devait en faire autant et se rendre à Innsbruck.

Mais les événements ne permirent pas à ces deux généraux de se conformer à ces décisions.

Le maréchal Ney avait pris Leutasch le 4 novembre, le fort de Scharnitz le 5 et occupé Innsbruck le 7. Cette rapidité de manœuvres avait mis un terme aux hésitations de l'archiduc Jean, qui s'était hâté de franchir le col du Brenner, de rallier le détachement de Nauders, puis le corps de Hiller, et de battre en retraite par la vallée de la Drave.

Ney envahit aussitôt le centre du Tyrol.

Pendant ce temps, Augereau, qui n'avait pas encore ses services auxiliaires au complet, s'était arrêté à Stockach, près du lac de Constance et s'efforçait de les organiser. Ney, de son côté, ne voulant pas s'avancer dans le Tyrol sans avoir ses flancs couverts, se préoccupait du 7ᵉ corps et envoyait un officier vers l'Ouest le 31 octobre, afin d'avoir de ses nouvelles. Celui-ci trouva le maréchal Augereau à Stockach et lui fit part des préoccupations de son général en chef, en lui remettant une lettre dont il était chargé.

Augereau y répondit aussitôt, le 5 novembre. Après l'avoir félicité sur ses succès, il ajouta :

« J'ai passé le Rhin dès le 3 brumaire (25 octobre), quoique mon petit corps d'armée fût bien fatigué après une route de 300 lieues par de mauvais temps; j'aurais marché droit à

Kempten, ainsi que j'en avais reçu l'ordre de M. le Major énéral; mais j'étais sans artillerie, sans ambulance, sans aucun service et il m'a fallu tout organiser avant de m'enfoncer dans le pays; j'ai donc le chagrin de n'avoir pu rien faire encore. »

Augereau comptait être à Kempten le 6 novembre, promettait à Ney de le renseigner chaque jour et demandait des communications analogues. Ils pourraient ainsi agir de concert.

Peu de jours après, le 13 brumaire (4 novembre), le 7e corps se mettait en mouvement.

La brigade Lapisse dont faisait partie le régiment du colonel Harispe, partait de Ravensbourg et se portait à Wangen.

En apprenant la marche des troupes d'Augereau, le général Jellachich et le prince de Rohan partirent en hâte pour le Tyrol, afin de rejoindre l'archiduc Jean et de battre en retraite avec lui. Mais à peine le premier était-il en route, qu'il apprit le départ de l'archiduc par la vallée de la Drave et les progrès du maréchal Ney sur la route du Brenner. Il était prévenu en même temps de la marche sur Trente de l'armée française d'Italie. Il n'y avait plus aucun moyen d'échapper à nos coups. Il revint alors précipitamment aux environs de Feldkirch, résolu à soulever le pays et à tenter encore une fois le sort des armes.

Quant au prince de Rohan, il était resté à Imst, dans la vallée de l'Inn, cherchant une combinaison pour s'échapper.

Malheureusement pour Jellachich, l'appel fait aux paysans du Vorarlberg, pour une levée en masse, resta sans écho. La capitulation d'Ulm avait été si rapide et d'un effet si foudroyant qu'en voyant, peu de jours après, Salzbourg, le Tyrol et le Vorarlberg envahis par trois corps d'armée français, les habitants n'osèrent bouger. Ensuite l'armée de l'archiduc Jean qui aurait pu les défendre, était partie. Livrés à eux-mêmes, ils se sentaient impuissants. Quant aux corps de Jellachich et du prince de Rohan, c'étaient pour eux des détachements isolés, déjà battus, démoralisés, très compromis et soutenus d'ailleurs par plusieurs milliers de Tyroliens, organisés en compagnies de milices. Ils avaient jugé que c'était suffisant et n'avaient pas pris les armes.

Jellachich comprit qu'il ne pouvait compter sur aucun renfort et que l'espoir d'une levée en masse s'était évanoui. Feldkirch était une forte position. Il y fit exécuter des ouvrages de campagne qu'il garnit d'une nombreuse artillerie. Il envoya un détachement de cavalerie à Rheineck pour surveiller l'approche du corps d'Augereau, et attendit les incidents qui allaient se produire.

La 1re division du 7e corps, général Desjardins, avait quitté ses positions le 14 brumaire (5 novembre), pour se porter en arrière de l'Otrach, et avait étendu sa droite du côté de Blumberg, Achdorf et Fuzen, tandis que sa gauche allait jusqu'au Danube.

Le 12 novembre, Harispe arriva à la tête du 16e léger, aux environs de Ravensbourg, tandis que la 2e division se portait sur Buchborn, où elle prenait, pour la première fois, contact avec l'ennemi. Celui-ci occupait la rive gauche de l'Argen, affluent de droite du lac de Constance, et avait poussé ses avant-postes sur la route qui conduit de Buchborn à Lindau. A la vue de nos soldats, obéissant aux ordres qu'ils avaient reçus, les Autrichiens se retirèrent sans combattre, et laissèrent au pont sur l'Argen un poste d'une vingtaine d'hommes qui fut repoussé.

La campagne était commencée. Le lendemain,

Harispe, se dirigea avec sa division sur Wangen. L'avant-garde avait ordre de pousser jusqu'à Weiler, au pied du Vorarlberg, pour s'emparer des routes qui conduisaient à Bregenz, à l'extrémité sud du lac. Ce fut à Wangen, que le 16ᵉ léger se trouva en présence de l'ennemi. Un corps de cavalerie d'environ 2.000 chevaux y avait été rassemblé avec de l'artillerie légère, pour s'opposer à notre marche. Mais en voyant notre infanterie, ce corps se retira précipitamment par la route de Leutkirch. La 1ʳᵉ division le fit harceler, sans pouvoir l'atteindre, n'ayant à sa disposition qu'un faible escadron de cavalerie.

Harispe prit alors la route de Bregenz où sa brigade devait se réunir, tandis que la 2ᵉ brigade de la division gagnait la route d'Isni pour tenter de tourner l'ennemi. Le lendemain, celui-ci fut attaqué par la 2ᵉ division qui le chassa de Lindau, et le poursuivit vers Bregenz dont elle s'empara le 13 novembre. Le corps d'armée y cantonna presque en entier et se porta au delà de la Bregenz pour attaquer les Autrichiens en retraite sur Embs.

Là, le Rhin se rapproche de rochers escarpés. Pour y arriver, il n'y avait qu'une route, et il fallait traverser un marais impraticable pour l'artillerie et la cavalerie. C'était sur cette position d'un abord difficile que Jellachich avait rassemblé ses moyens de défense. Il avait couvert son front de retranchements garnis d'une forte artillerie et s'apprêtait à soutenir une lutte énergique.

Augereau donna l'ordre à la 1ʳᵉ division, général Desjardins, de marcher sur Embs en longeant le Rhin et d'attaquer de front, pendant que la 2ᵉ, général Mathieu, longeait les montagnes pour tourner l'adversaire. Ces mouvements se firent rapidement, et Jellachich s'aperçut qu'il était enveloppé quand il n'avait plus le temps de prendre des dispositions pour se dégager. N'ayant plus de retraite possible dans le Tyrol, voyant ses troupes découragées et sans espoir de se dérober il prit le parti de capituler. Il n'avait plus qu'une idée, c'était de conserver ses soldats pour les luttes qui pourraient avoir lieu sur un autre théâtre. Il envoya un parlementaire au maréchal Augereau en vue d'obtenir une convention honorable.

Le maréchal entrevit la possibilité de désarmer 12 bataillons de troupes régulières, puis 12 000 hommes de milices tyroliennes, de s'emparer peut-être du détachement du prince de Rohan et de remettre ensuite son corps d'armée tout entier à la disposition de l'Empereur qui l'emploierait peut-être aux opérations principales.

Il s'empressa d'accueillir les propositions du général Jellachich et de lui accorder une capitulation, qui fut signée le 14 novembre, à Dornburen.

D'après cette convention, le corps d'armée autrichien était prisonnier de guerre sur parole. Il devait défiler devant les soldats d'Augereau avec les honneurs de la guerre; mettre bas les armes et être conduit en Bohême aux avant-postes de l'armée autrichienne.

Les officiers gardaient leurs armes, leurs chevaux et leurs bagages.

Les chevaux de troupe, les armes, toute l'artillerie, les munitions, les magasins militaires et tout ce qui n'était pas une propriété particulière, étaient remis à l'armée française.

Celle-ci prenait possession du Vorarlberg entier, de Lindau, de Bregenz, de Feldkirch, de Bludenz et de leurs territoires.

Les officiers et les troupes donnaient leur parole de ne pas servir pendant un an contre les soldats de Napoléon et de ses alliés.

En faisant signer une capitulation aussi avantageuse à un ennemi battu qui allait être bientôt réduit à la dernière extrémité, Augereau n'était pas sûr d'être approuvé par l'Empereur. Il lui écrivit en lui donnant les explications nécessaires. Il fit valoir la force de la position défensive occupée par Jellachich, l'avantage de désarmer, pendant un an, 12 bataillons de troupes régulières et 12.000 miliciens, enfin la chance pour le 7e corps de recouvrer sa liberté d'action et d'être de nouveau à la disposition de Napoléon. Ce dernier, préoccupé par des opérations d'une bien autre importance, approuva et parut satisfait.

Dans tous ces événements, nos pertes étaient insignifiantes.

Le 15 novembre, les troupes autrichiennes défilèrent devant le 7e corps, à dix heures du matin, et déposèrent leurs armes aux pieds des vainqueurs.

Ce fut pour Harispe et pour son 16e léger, une de ces joies guerrières qui inondent le cœur de fierté, d'enthousiasme et d'une ardeur qui n'a plus de bornes. Il faut être soldat pour comprendre une pareille ivresse. C'était un splendide début, dont les effets devaient se faire sentir à la première bataille.

Il restait à s'emparer du corps de Rohan.

La division Desjardins fut désignée pour le poursuivre. Harispe commença son mouvement le jour même et partit pour Landeck, en passant l'Arlenberg. Sa marche avait pour but de couper la retraite au corps autrichien qui occupait Imst et d'autres localités de la vallée supérieure de l'Inn. La 1re division devait en outre établir la communication avec les troupes du maréchal Ney qui s'avançaient dans l'intérieur du Tyrol.

Cette manœuvre s'exécuta avec rapidité. Ney, de son côté, avait dirigé la division Malher sur Landek. Mais dès que le Prince de Rohan avait eu connaissance du sort de Jellachich, il avait remonté l'Inn, était passé dans le Wintschgau et avait pris la direction de Méran, espérant trouver un chemin libre et gagner l'intérieur de la monarchie.

La division Desjardins ne put arriver à Landeck que le 18 novembre et s'y trouva en communication avec la division Malher du corps de Ney. Mais le prince de Rohan s'était dérobé. Dans sa retraite précipitée, il avait abandonné 9 pièces de canons, 33 pontons, 24 haquets et une forge de campagne qui tombèrent au pouvoir du 16e léger.

Quant au corps autrichien qui était passé sur le théâtre d'opérations du maréchal Ney, il fallut renoncer à la poursuite. La division Desjardins reprit le chemin du retour pour rejoindre le 7e corps. Malgré la rigueur de la saison, dans ce pays de hautes montagnes couvertes de neige, la marche s'accomplit sans encombre. Harispe arriva avec son régiment au pied de l'Arlenberg le 19 novembre, repassa cette montagne et alla reprendre son cantonnement près de Bregenz, le 23 novembre. Mais ce n'était pas pour y jouir d'un repos qu'il avait pourtant bien mérité.

Sa brigade fut désignée pour observer un corps de cavalerie autrichienne posté à Wangen dès l'arrivée du 7e corps, et le forcer à battre en retraite. Harispe dut repartir pour cette localité qu'il trouva abandonnée; il se porta ensuite sur Leutkirch et Memmingen, poussa des reconnaissances vers Biberach, envoya même un détachement jusqu'au Danube, et finit par se cantonner aux environs de Memmingen. La brigade Lapisse y resta jusqu'au jour où le 7e corps reçut l'ordre de se rendre à Ulm.

Harispe arriva devant cette place le 29 novembre, et fut cantonné entre la Mindel et la Roth, où le 16e léger put enfin se refaire des longues fatigues qu'il venait d'endurer. A cette date, c'était encore de tous les régiments d'infanterie de l'armée, celui qui avait le plus bel effectif. Ses situations portaient, pour ses trois bataillons, 2.256 hommes.

Pour lui, comme pour les autres troupes du corps d'Augereau, la campagne de 1805 pouvait être considérée comme finie.

Malgré les services qu'elles avaient rendus en faisant capituler un corps d'armée autrichien, malgré l'appui efficace qu'elles avaient donné au maréchal Ney, elles sentaient que leur rôle avait été secondaire. Et, au récit des éclatantes victoires de l'Empereur, notamment à Ulm et à Austerlitz, combien d'officiers tressaillaient d'envie comme le colonel Harispe, et rongeaient leur frein en se demandant s'ils ne pourraient pas un jour cueillir aussi quelques lauriers et prendre leur part des gloires de l'armée. Ils comprenaient que, si la guerre contre l'Autriche était finie, la période d'hostilités ouverte par la coalition ne faisait que commencer et qu'avant peu elle donnerait lieu à de nouvelles luttes. Cet espoir soutenait leur ardeur pendant la période de pérégrinations qui précéda pour le 16e léger la campagne de 1806.

Il était d'ailleurs évident que si le rôle des troupes d'Augereau avait été moins brillant que celui des autres corps d'armée, il avait eu aussi une importance indéniable. Au début, les forces commandées par les archiducs Jean et Ferdinand, maîtresses de cette forteresse naturelle que le Tyrol constituait sur le flanc de la Grande armée, pouvaient arrêter la marche de Napoléon sur Vienne. Deux corps d'armée français, les 6e et 7e, sous les ordres de Ney et d'Augereau, avaient conjuré ce danger : le 6e en occupant le Tyrol, le 7e en se rendant maître du Vorarlberg et de la Souabe. En outre, le 7e avait pu, par ses manœuvres, annuler pour le reste de la campagne un corps important échappé à la capitulation d'Ulm. N'était-ce pas des succès suffisants pour enthousiasmer le soldat et le préparer à de nouveaux exploits ?

CHAPITRE IX

CAMPAGNE DE PRUSSE. — IÉNA.

Cantonnement du 16° léger. — Misères de la troupe. — Dispositions hostiles de la Prusse et de la Russie. — Concentration de la Grande armée. — Composition du 7° corps. — Marche du 16° léger sur Cobourg et Saalfeld, puis sur Iéna. — Rôle de Harispe et de son régiment sur le champ de bataille. — Blessures du colonel et de ses frères. — Son transport à Weimar et à Erfurt. — Le 5° bulletin annonce sa mort. — Affection de son régiment. — Lettres de ses officiers. — L'Empereur s'inquiète du colonel Harispe. — Sa convalescence. — Rôle du 16° léger à la fin de la campagne.

Harispe était resté aux environs d'Ulm avec son régiment depuis le 29 novembre 1805. A la même date, le corps d'Augereau avait établi son quartier général dans cette place, et ses troupes y passèrent quelque temps dans l'attente de nouveaux ordres.

Le 17 décembre, il y eut des modifications dans les emplacements, et quatre jours après, le 16° léger alla cantonner à Sinzeinheim, le front couvert par le Neckar.

Le 9 janvier 1806, la 1re division se mit en marche pour se rendre à Francfort et, de là, à Friedberg, où elle resta jusqu'au 8 mars. Il y eut alors de nouveaux changements dans le but d'étendre les cantonnements et d'installer les troupes le plus largement possible. A la fin de mars, Harispe est à Nidda, avec son état-major, détachant deux compagnies au quartier général du corps d'armée à Francfort. Son 1er bataillon est réparti dans 16 villages ou hameaux ; son deuxième, dans quatre ; son troisième, dans quatre également.

On ne parlait pas encore de rentrer en France, et l'Empereur tenait à occuper l'Allemagne. Chacun s'installa de son mieux et jusqu'au mois de septembre, le 7ᵉ corps resta cantonné près de Francfort.

On pourrait croire que cette période de séjour en Allemagne fut, pour nos troupes, une époque d'abondance et de bien-être. Ce serait une erreur.

L'Empereur avait bien décidé que pendant l'exécution du traité de Presbourg, la solde et la nourriture de ses soldats seraient fournies par le vaincu. Mais cette convention ne rencontrait que du mauvais vouloir. Les plaintes à ce sujet affluaient presque journellement au grand quartier général. Les misères du vainqueur se firent d'abord sentir sur la solde. Tout alla bien jusqu'au 1ᵉʳ janvier 1806. Mais dans le courant de ce même mois, la solde cessa d'arriver. Elle était due partout, plus ou moins, suivant les corps. Et, dans la Grande armée de Napoléon, ces soldats victorieux qui venaient d'accomplir de si hauts faits d'armes, en étaient réduits à supporter des privations qu'ils enduraient d'ailleurs sans se plaindre. L'Empereur l'avait voulu ainsi. Cela suffisait, et chacun se résignait.

Bientôt cependant d'autres embarras surgirent. La présence de nos troupes épuisait les pays occupés. La pauvreté des cantonnements imposait à nos soldats de véritables souffrances. Il n'y eut à cela qu'un remède : les déplacements. Chez nos voisins, on a reproché à nos officiers et à nos soldats des pillages et des désordres commis par eux, à cette époque. Ce furent des inventions créées par la haine et la malveillance. En réalité, l'esprit d'équité et de justice envers les populations vaincues ou alliées fut seule la base de notre administration.

Au 7ᵉ corps, par suite des marches incessantes que

les troupes avaient accomplies, les chaussures surtout faisaient défaut. Le chef d'état-major en fit prendre un jour plus de cinq mille paires dans un magasin du 3ᵉ corps qui fut vidé. Il fut vivement réprimandé pour ce fait qui priva momentanément les soldats de Davout des souliers dont ils avaient un pressant besoin.

Dans plusieurs localités, les vivres manquaient de temps à autre; les effets usés n'étaient pas renouvelés. Cet état de choses engendra des maladies et, parmi elles, la gale qui se répandit partout.

En même temps, vers la fin de janvier 1806, le bruit de l'attitude hostile de la Prusse se répandit dans les cantonnements. On ne se fit pas d'illusions sur l'avenir, et Harispe fut des premiers à pressentir qu'avant peu une nouvelle campagne s'ouvrirait.

Cette impression fut confirmée par des avis officiels transmis aux troupes en février et qui leur recommandaient de se tenir sur leurs gardes.

Le mois suivant, l'horizon parut s'éclaircir, et les changements de cantonnements semblèrent vouloir rapprocher certains corps du Rhin et de la France. Mais ces espérances de paix ne durèrent qu'un instant. L'Autriche différait constamment l'exécution des clauses du traité de Presbourg, et nos alliés eux-mêmes, le roi de Wurtemberg surtout, montraient des dispositions malveillantes.

En juillet, les rapports avec les Puissances furent très tendus, et la probabilité d'hostilités prochaines s'affirma; on parla même d'une nouvelle campagne contre l'Autriche. Puis, les esprits furent distraits par la création de la Confédération du Rhin, dont Napoléon devint le Protecteur.

Le 15 août approchait; c'était la grande fête nationale. Pendant quelques jours, le 16ᵉ léger fut absorbé par les dispositions à prendre pour la célébrer avec un éclat digne du glorieux vainqueur d'Austerlitz. Ce fut une occasion pour Harispe de stimuler de nouveau l'enthousiasme de ses soldats.

Peu de jours après, on apprit que la Prusse armait, avec l'appui du tsar, de l'Angleterre et même de l'Autriche.

Partout on pressentit la guerre.

Au commencement de septembre, il y eut dans la Grande armée une activité et des mouvements qui étaient le prélude d'une prochaine concentration. Les reconnaissances commencèrent dans les directions de la Saxe et du Nord. On sut alors que la Prusse mobilisait, et que des ordres partis du quartier général, avaient prescrit à nos alliés d'en faire autant. Enfin l'arrivée de l'Empereur fut annoncée.

Ces nouvelles, répandues dans les corps, surexcitèrent le courage des soldats et l'ardeur des officiers. Au 7ᵉ corps, rien pourtant ne bougeait. Mais les colonels, prévoyant une entrée en campagne, avaient fait leurs préparatifs. Vivres, effets, chaussures, équipements, munitions, tout était prêt; on n'attendait plus que l'ordre de mouvement.

Il fut envoyé de Munich, par le major général, le 24 septembre 1806: et six jours après, de nouvelles instructions fixèrent la première ligne de concentration. Le 7ᵉ corps devait se rendre de Francfort à Würtzbourg et y former la gauche de l'armée, dont le centre (3ᵉ corps), était à Bamberg, et la droite (4ᵉ corps) à Amberg. L'avant-garde, formée par le 1ᵉʳ corps (Bernadotte), était entre Lichtenfelz et Cronach.

Le corps d'armée d'Augereau reçut de son chef l'ordre de quitter ses cantonnements et de se rassembler autour de Francfort, pour se disposer à se mettre en route sur Würtzbourg.

Il comprenait alors deux divisions d'infanterie et une

de cavalerie. La 1re division (général Desjardins) était forte de 4 régiments groupés en deux brigades : la 1re (général Lapisse), était formée par le 16e léger (colonel Harispe) et le 14e de ligne (colonel Savary).

Le 16e léger, fort de 4 bataillons dont un, le 4e, plus faible, était composé de carabiniers et de voltigeurs, avait un effectif de 2.569 hommes de troupe et 94 officiers.

Le général Lefranc commandait la 2e brigade, composée des 44e et 105e de ligne.

L'effectif total de la 1re division s'élevait à 8.000 hommes (1).

La 2e division, sous les ordres du général Heudelet, n'avait que 3 régiments répartis en 2 brigades. Mais elle était renforcée par une brigade de Hesse-Darmsdadt, ce qui portait son effectif à 10.558 hommes.

Chaque division comptait deux batteries, soit douze pièces d'artillerie.

Une brigade de cavalerie légère, commandée par le général Durosnel, complétait le corps d'armée, dont l'effectif atteignait, le 1er octobre, le chiffre de 17.536 hommes. C'était, comme l'avait écrit Augereau, un petit corps, mais composé de bonnes troupes et de régiments aguerris, parmi lesquels celui du colonel Harispe brillait au premier rang par sa force, sa discipline et l'affection doublée de fanatisme que tous, officiers et soldats, ressentaient pour leur chef.

Le 1er octobre, le 16e léger quitta les cantonnements et se rapprocha de Francfort, où le corps d'armée se concentrait pour se mettre en marche au premier ordre. Celui-ci était déjà arrivé. On partit le lendemain.

Harispe, marchant avec sa division, arriva, le 2, à Aschaffenbourg, le 3 à Esselbach et le 4, en avant de

(1) Effectifs du 1er octobre 1806.

Würtzbourg où l'on prit position. Le 16ᵉ léger, formant tête de-colonne, fut porté à Dettelbach.

Le 5, le régiment s'avança jusqu'à Eberach où il s'arrêta pour faire séjour.

Le 7, il était à Bamberg, où la 2ᵉ division vint rejoindre la 1ʳᵉ. Le corps d'armée s'y trouva réuni près de la frontière prussienne.

La période d'hostilités approchait, et la plus grande ardeur régnait dans tous les rangs. L'Empereur, arrivé le 20 octobre à Würtzbourg, était, depuis le 6, à Bamberg. Sa présence au milieu des troupes inspirait à tous une confiance qui était le plus sûr garant de la victoire. Dans tous les corps on déployait une activité remarquable.

Harispe fut informé à ce moment de la destination assignée au corps d'armée. Il devait appuyer le 5ᵉ (maréchal Lannes) et marcher sur Cobourg. Dans sa division, le général Couroux vint remplacer le général Lefranc à la tête de la 2ᵉ brigade.

Le 8 octobre, l'avant-garde du corps d'armée franchit le Mein à Oberndorf et alla prendre position sur la rive droite de cette rivière, sur la route de Cobourg.

Harispe suivit ce mouvement et s'établit dans la soirée en avant d'Oberndorf.

A cette date, pour se rendre compte de la position du 16ᵉ léger, il importe de savoir que le 7ᵉ corps (Augereau) placé à une demi-journée du 5ᵉ (Lannes), formait avec lui la gauche de la Grande Armée. Les 1ᵉʳ (Bernadotte) et 3ᵉ (Davout) étaient au centre; le 4ᵉ (Soult) et le 6ᵉ (Ney) composaient la droite.

Harispe entra à Cobourg le 9 et occupa la ville. Le lendemain, il continua sa marche vers Saalfeld.

L'Empereur avait prévenu le maréchal Lannes qu'il trouverait sur ce point les premières forces de l'ennemi. Il lui avait recommandé d'appeler à lui, suivant les circonstances, des troupes du 7ᵉ corps. Augereau était avisé; mais n'ayant pas d'ordres à ce sujet, il se contenta d'envoyer des patrouilles de cavalerie sur les traces d'un parti de hussards prussiens qui se retiraient vers Hildburghausen. Dans l'après-midi, ayant appris que Lannes avait attaqué l'ennemi à Saalfeld, il se porta sur ce point avec son corps d'armée pour être en mesure de le soutenir au besoin. L'avant-garde, composée de la brigade Lapisse, s'avança sur les hauteurs en arrière de Saalfeld pour être prête à répondre au premier appel. Ce fut sur cette position que le colonel Harispe assista, sans y prendre part, à notre premier combat contre l'armée prussienne.

Saalfeld était en Saxe, dans une plaine d'une demi-lieue de largeur, sur les bords de la Saale que l'on franchissait sur un pont de pierre. Entourée de murs et de fossés, la ville dominait la rive droite, et commandait le passage du pont. La rive gauche, couverte de hauteurs boisées, donnait un caractère particulier à cette vallée dont Saalfeld barrait l'entrée. Elle était occupée, le 10 octobre 1806, par plusieurs régiments de l'armée du prince de Hohenlohe qui se trouvaient ainsi à l'aile gauche de la ligne prussienne.

Le prince Louis Ferdinand de Prusse commandait ce détachement, fort de 9.000 hommes d'infanterie et 3.000 cavaliers. Attaqué par l'avant-garde de Lannes, il se défendit de son mieux. Mais rapidement tourné par nos tirailleurs et nos hussards, il fut battu et forcé de reculer en désordre sur des gués que nous occupions. Il voulut alors charger notre cavalerie, fut repoussé et tué. Lannes lui prit un millier d'hommes, 36 canons et alla bivouaquer sur la route de Géra. Ni le 16ᵉ léger, ni la brigade Lapisse n'avaient eu à intervenir dans cette brillante affaire que les troupes du 5ᵉ corps avaient menée avec entrain.

A la suite de ce combat, Lannes marcha sur Neustadt et Augereau le suivit.

En conséquence, le lendemain, le 7ᵉ corps occupa la la ville conquise et poussa sa 1ʳᵉ division au delà, sur la route de Neustadt. Harispe, avec son régiment, se tint prêt à soutenir la cavalerie légère du 7ᵉ corps qui était aux prises avec l'ennemi. Mais celui-ci ne résista pas et se retira précipitamment. L'infanterie ne fut pas engagée.

Le 12, Harispe marchait sur Neustadt et n'en était plus qu'à deux lieues, lorsque de nouveaux ordres le firent rétrograder.

La 1ʳᵉ division se dirigea sur Kahla et y prit position en avant de la ville, sur la route d'Iéna. Le jour suivant, tout le corps d'armée exécuta une marche en échelons sur Iéna. Harispe établit son bivouac sur les hauteurs en arrière de la ville. C'était la veille de la bataille et tout le monde s'y préparait. La troupe, pleine d'ardeur, n'aspirait qu'à se battre et à vaincre.

L'ordre reçu par le commandant en chef du 7ᵉ corps d'armée, pour la bataille du 14 octobre, portait :

« Le maréchal Augereau commandera la gauche. Il placera sa première division en colonne sur la route de Weimar, jusqu'à une hauteur par où le général Gazan (5ᵉ corps) a fait monter son artillerie sur le plateau d'Iéna. Il tiendra les forces nécessaires sur le plateau de gauche, à la hauteur de la tête de sa colonne : il aura des tirailleurs sur toute la ligne ennemie aux différents débouchés des montagnes.

« Quand le général Gazan aura marché en avant, le maréchal Augereau débouchera sur le plateau avec tout son corps d'armée et marchera ensuite suivant les circonstances, pour prendre la gauche de l'armée ».

Français et Prussiens bivouaquèrent à petite portée de canon. Les sentinelles se touchaient presque. Des deux côtés une grande activité régna toute la nuit. Dès que le jour parut, le 7ᵉ corps et l'armée toute entière prirent les armes.

L'attaque commença par la gauche; un brouillard épais cacha nos mouvements à l'ennemi jusqu'à dix heures du matin, et permit au maréchal Lannes de déployer ses troupes sur le plateau, sans être vu par les Prussiens.

Vers 10 heures, le 7ᵉ corps, qui suivait le 5ᵉ, débouchait à son tour sur le champ de bataille. Le régiment du colonel Harispe était en tête.

Après avoir franchi un ravin escarpé à la sortie d'Iéna, il arrivait sur le plateau quand il aperçut l'Empereur qui suivait des yeux la manœuvre de Lannes. A la vue du 16ᵉ léger, il ordonna au colonel de chasser les tirailleurs prussiens d'un bois qu'il indiqua et d'enlever la ligne ennemie déployée à droite du même bois. (1)

La 1ʳᵉ division acheva alors de se former sur deux lignes. Quand ce mouvement fut terminé, son chef, le général Desjardins, fit exécuter à la brigade Lapisse un changement de front oblique, l'aile droite en avant. La seconde brigade, général Couroux, suivit ce mouvement en débordant la 1ʳᵉ, de deux bataillons, sur son flanc gauche.

La brigade Lapisse rompit par pelotons à gauche et marcha, à travers les vignes, à l'attaque du bois d'Isselstadt qu'occupaient l'infanterie prussienne et une forte batterie de vingt bouches à feu.

Le 3ᵉ bataillon du 16ᵉ léger, déployé en tirailleurs, pénétra le premier dans le bois, tandis que les deux autres,

---

(1) D'après divers récits, au moment où l'Empereur aperçut le 16ᵉ léger débouchant sur le plateau, il se serait approché du colonel et lui aurait dit, en lui montrant les bois d'Isselstadt : « Colonel, vous allez attaquer ces hauteurs. Si vous les enlevez, vous aurez bien fait votre devoir. » Ces paroles suffisaient pour entraîner tout le régiment.

formés en colonnes, se portaient en avant et à droite du bois. Là, ils se déployèrent en face de la ligne de bataille ennemie.

Malgré le feu meurtrier des pièces prussiennes tirant à mitraille, cette manœuvre s'exécuta dans le plus grand ordre. Le régiment cependant éprouva alors des pertes cruelles. Le colonel Harispe et un grand nombre d'officiers tombèrent plus ou moins grièvement blessés.

Le rapport adressé le surlendemain au général de brigade, relate la suite du mouvement : « Une fois cette ligne formée, elle commença un feu vif et bien dirigé; puis elle marcha sur l'ennemi, serrant les rangs que la mitraille emportait. Elle s'approcha jusqu'à portée de pistolet; puis, tout d'un coup, se précipitant en tirailleurs, elle enleva pied à pied et de vive force onze pièces de canon et obligea l'ennemi à quitter le plateau, jonché de ses morts et de ses blessés.

« Pendant ce temps, le 3e bataillon, auquel s'était réunie une partie de la première compagnie de carabiniers, s'avançait dans le bois, malgré le feu supérieur de l'ennemi et celui de son artillerie placée sur le plateau dominant le bois, chassait les Prussiens et s'emparait du village qui se trouve dans la vallée. » (1) Quand le 3e bataillon du 16e léger fut maître d'Isselstadt, le général Lapisse le maintint dans ce village jusqu'à l'arrivée du 14e de ligne. Dès que cette jonction fut effectuée, le 3e bataillon, résistant à trois charges de cavalerie, monta sur le plateau, enleva encore six bouches à feu prussiennes et poussa l'infanterie ennemie devant lui jusqu'à ce que celle-ci coupée par un corps de cavalerie, fut forcée de mettre bas les armes.

(1) Village d'Isselstadt. — Récit tiré du rapport écrit le 16, au bivouac près de Weimar, par le chef de bataillon qui commandait le 16e léger depuis la bataille d'Iéna.

C'était une glorieuse part prise à cette éclatante journée qui devait anéantir l'armée prussienne. Mais le succès était chèrement payé.

Le régiment comptait 23 officiers et 553 sous-officiers et soldats, tués ou blessés.

Harispe était tombé au champ d'honneur avec ses deux frères, Jean-Pierre et Timothée, l'un lieutenant, l'autre capitaine dans son régiment.

Il fut porté comme mort, et ses frères furent signalés comme blessés. En réalité, Harispe, comme ses frères, était simplement blessé.

Il serait difficile aujourd'hui d'expliquer la série de circonstances qui amena cette erreur. Toujours est-il que le 5ᵉ bulletin de la Grande armée, daté d'Iéna, le 15 octobre, annonça textuellement : « Parmi les colonels tués, le colonel Harispe du 16ᵉ d'infanterie légère. »

Et cependant le rapport du chef de bataillon chargé provisoirement du commandement du régiment, daté du bivouac près de Weimar, le 16 octobre, s'exprime en ces termes :

« Cette manœuvre (le déploiement des 1ᵉʳ et 2ᵉ bataillons) malgré le feu de plus de vingt pièces de canon, tirant à mitraille, se fit dans le plus grand ordre, quoique ces deux bataillons éprouvassent dans ce moment, les pertes les plus sensibles ; car ce fut dans cette circonstance que le colonel eut la jambe traversée d'une balle et que plusieurs officiers distingués et chéris du régiment furent tués ou blessés ».

Au bivouac, près de Weimar
le 17 octobre 1806.

Le soir même de cette mémorable bataille, un certain désordre devait régner dans les compagnies et les bataillons. Il est probable qu'un premier rapport, envoyé à la hâte, signala le colonel comme ayant été tué. On l'avait vu tomber à la tête du régiment sous un feu meurtrier. Le terrain sur lequel il fut laissé, avait été fortement dépassé par le 16ᵉ léger, qui eut à combattre tout le reste du jour, en poussant les vaincus sur Weimar. On croyait Harispe mort. Quelqu'un l'affirma; on le porta comme tel, et le compte rendu, hâtivement rédigé, parvint sans doute au grand quartier général dans la nuit même qui suivit la bataille. Il en résulta l'erreur commise par le 5ᵉ bulletin et par le Journal Officiel, erreur regrettable sans doute, mais qui devait être assez fréquente dans les grandes batailles de cette époque.

D'après une autre version, Murat, traversant le terrain du combat pendant qu'on relevait les blessés, aurait aperçu, porté sur une civière et pâle comme un mort, le colonel du 16ᵉ léger, et n'aurait pu s'empêcher de s'écrier : « Pauvre Harispe ! » Le soir, au quartier général de l'Empereur, il aurait affirmé sa mort et dit qu'il avait vu rapporter son corps par ses soldats. (1)

Les sentiments qui éclatèrent dans les rangs du 16ᵉ léger, à la nouvelle de la mort, puis de la blessure du colonel Harispe, sont tellement touchants qu'on ne saurait les passer sous silence. Il faut les connaître pour

---

(1) Le récit fait par le commandant du régiment en l'absence de Harispe fait connaître, dans une certaine mesure, le secret des victoires de l'Empereur. Pour obéir à ses ordres et pour se distinguer, les régiments d'infanterie ne connaissaient qu'une manœuvre tactique : l'attaque à la baïonnette. Ils se déployaient sous le feu de l'ennemi, s'approchaient à bonne portée et fonçaient dessus. L'expérience a démontré qu'un adversaire ne tient jamais devant la menace de mort que comporte un pareil assaut. En le faisant, nos bataillons voyaient leurs rangs fauchés, mais ne s'en inquiétaient pas. On laissait les camarades tombés, on commandait : *serrez les rangs*, et l'on continuait. A l'approche de pareils soldats, l'ennemi lâchait tout, sa position et ses canons. La victoire était acquise, et l'ascendant, pris sur l'adversaire terrifié, assurait la suite des succès. Ce procédé, si conforme au caractère français, ne coûtait guère plus d'hommes qu'un combat prolongé. D'ailleurs, officiers et soldats n'avaient qu'une idée : être classé parmi les braves et gagner la croix d'honneur, qui consacrait leur courage.

Aujourd'hui, avec le progrès des armes, cette tactique ne réussirait plus. Mais les qualités de la race étant restées les mêmes, il sera encore possible, sous des chefs habiles, d'en tirer parti pour obtenir de grands résultats.

se rendre compte, non seulement de l'affection enthousiaste qu'il avait inspirée à ses subordonnés, mais aussi du fanatisme et du dévouement qui doivent régner dans un régiment pour le rendre capable de se battre vaillamment et de vaincre l'ennemi.

Le 14 octobre au soir, quand la bataille fut finie, le 16e léger s'arrêta dans les champs près de Weimar, et chaque combattant, épuisé par cette rude journée, ne songea plus qu'à prendre un peu de nourriture, pour s'étendre ensuite sur le sol et goûter à la belle étoile un repos hardiment gagné. On ne chercha pas à remettre de l'ordre dans les unités; on établit le bivouac là où le sort des combats avait poussé les bataillons; on devisa sans doute sur les camarades qu'on avait perdus; puis les hommes s'endormirent du plus profond sommeil. Les soldats tombés n'étaient pourtant pas oubliés; des ambulanciers parcouraient le champ de bataille, comptant les morts et relevant les blessés.

Harispe avait à son service un Basque qui l'aimait comme un frère et ne l'avait jamais quitté. Manech Laxague, de Baïgorry comme lui, s'était engagé aux chasseurs basques en 1792, s'était attaché à son chef et le servait comme ordonnance, avec un dévouement sans pareil, depuis quatorze ans. Il dût être le premier à le retrouver, ainsi que ses frères, à le panser et à prendre ses ordres. Ce fut lui sans doute qui alla chercher son officier de confiance, le lieutenant Péridon.

Celui-ci sut alors que son colonel était assez grièvement blessé par une balle qui lui avait traversé la jambe, que le capitaine Timothée Harispe était aussi fortement atteint, tandis que le plus jeune frère, Jean-Pierre, avait une blessure moins grave. Il prévint tout suite le régiment et le chirurgien-major qui put ainsi faire assez promptement les pansements nécessaires. Celui-ci annonça ensuite aux officiers que le colonel n'était pas en danger et que son rétablissement serait une simple affaire de temps.

Le lendemain, 15 octobre, Harispe, transporté sans doute à l'ambulance, envoya le lieutenant Péridon s'enquérir du régiment et voir s'il pourrait s'installer à Weimar pour y recevoir les soins nécessaires. Cet officier le renseigna le 17, par la lettre ci-après.

Au bivouac, près de Weimar, le 17 octobre 1806.

Mon colonel,

J'ai trouvé le régiment bivouaqué à une portée de fusil sur la droite de Weimar. Cette ville, sans être très jolie ni très grande, vous conviendra plus que Iéna. A la vérité presque toutes ses maisons ont été pillées; mais vous en trouverez quelques-unes d'intactes parmi celles qu'occupent aujourd'hui MM. les maréchaux et généraux et les officiers de la maison de Sa Majesté. Weimar me paraît devoir devenir un des entrepôts de la Grande armée.

L'Empereur est toujours ici, et le 7ᵉ corps n'a encore aucun ordre de départ.

Tout le monde m'a demandé de vos nouvelles avec les marques d'un grand intérêt; notamment MM. les généraux et les officiers du régiment; les soldats quittaient leur bivouac pour accourir à celui où je suis descendu. Leur affection pour vous se peignait dans leurs yeux, curieux de me voir parler de votre blessure...

J'ai l'honneur, mon colonel, de vous saluer avec respect.

Péridon.

Weimar, cependant, ne convint pas au colonel. Erfurt ayant capitulé le 16 au matin, devint, par ordre de l'Empereur, un grand dépôt de vivres et le siège d'un vaste hôpital militaire. Harispe s'y fit transporter. Il pouvait y être constamment sous les yeux des chirurgiens et y trouver une bonne installation en rapport avec son grade. Il y fut bien soigné. Tout porte à croire qu'il y amena son frère Timothée, tandis que Jean-Pierre fut promptement en état de reprendre son service.

Pendant ce temps, le bruit de sa mort se répandait en France. Il arriva dans son village natal, à Baïgorry, peu de jours avant celui où la vérité fut connue.

L'impression produite par cet événement fut rapportée à Harispe, le 13 novembre, par un frère de sa mère, M. Harismendy, en réponse à la lettre par laquelle le colonel avait annoncé à sa femme et à sa famille, sa blessure et son espoir d'être promptement guéri.

A une heure après minuit, j'ai eu, mon cher neveu et ami, communication de votre lettre d'octobre, de la bouche même de Mme Harispe. Après vous avoir cru mort,... après vous avoir cru mutilé, quelle joie pour nous d'apprendre que, dans un mois, vous espérez être guéri et que vous ne serez pas estropié! ô Providence! tu veilles sur nous et sur les nôtres! Il est tout simple que nous ayons cru aussi vos frères morts. Que votre mère, que votre épouse, vos frères et sœurs, que vos parents, vos amis, vos voisins, aient été affligés, c'est tout naturel. Mais qu'à Baïgorry, dans tout le pays basque, dans le Béarn, à Pau, à Bayonne, on ait été dans la désolation, que des enfants de quatre ans aient répété et pleuré votre nom, c'est ce qui vous touchera et vous attendrira...

HARISMENDY

Baïgorry à deux heures après minuit, le 13 novembre 1806.

L'effet produit dans le pays basque et dans toute la contrée par la nouvelle de la mort du colonel Harispe avait été extraordinaire. Pour ses compatriotes, il était déjà un héros, un des glorieux soldats de Napoléon. Et, en apprenant, qu'il était tombé au champ d'honneur avec ses frères, le jour de cette mémorable bataille d'Iéna, dans la charge audacieuse des deux bataillons du 16e léger, marchant déployés sans tirer, sous la mitraille de vingt bouches à feu, s'emparant à la baïonnette du bois d'Isselstadt et des canons prussiens, chacun restait dans l'admiration, et partout on se répétait les détails de cet acte héroïque. Puis, quand on sut que ce chef si vaillant qu'on avait cru mort, était toujours en vie, les transports de joie éclatèrent de tous côtés. La réputation du colonel dans son pays en fut accrue à un point qu'on ne saurait dire.

Peu de jours après, un ami de sa famille, M. Hiriart, lui fit connaître d'une façon plus précise encore, l'impression causée à ses parents et à Baïgorry par la lecture du 5e bulletin de la Grande armée, puis par la bonne nouvelle qu'il en était quitte avec une blessure.

Saint-Jean-Pied-de-Port, le 4 décembre 1806.

Au colonel Harispe, à l'hôpital des blessés à Erfurt,

Quel terrible bulletin, mon cher commandant, que le 5e de la Grande armée ! Le pressentiment que le courrier nous apporterait quelque chose nous avait fait veiller jusqu'à 11 heures; (nous étions chez la bonne Mme Borda). Le claquement du fouet de notre messager se fit entendre, mon âme tressaillit de crainte...

On nous porte les feuilles, nous lisons avec anxiété les effroyables faits d'armes de nos braves phalanges, quand, parmi les colonels morts, je trouvai votre nom ! Ma bouche ne le prononça point; mais mes yeux le virent et mes mains laissèrent tomber la fatale feuille... Comment vous peindre toute la douleur que cette famille et moi éprouvâmes en ce moment là ?...

Le lendemain, je sortis de bonne heure, et je vis avec une émotion indicible que tout le public était moins occupé des merveilles de la Grande armée que de votre mort...

Tous vos anciens officiers des chasseurs basques vous ont pleuré. Deux jours plus tard, ceux de Saint-Jean vous donnaient une preuve de leur amitié, en faisant célébrer un service pour le repos de votre belle âme. Je ne vous dis pas cela, cher colonel, pour que vous leur ayez de la reconnaissance, mais pour que vous ne doutiez jamais de l'estime et de la tendre amitié qu'ils vous ont vouées pour la vie.

Je ne parlerai point de la sensation qu'a produite ici la nouvelle de votre résurrection. Vous pourrez en juger par celle causée par votre mort. Et votre pauvre d'Etchats! Ah! mon cher commandant, il faudrait une autre plume que la mienne pour vous donner seulement une faible idée des peines et du plaisir qu'il a éprouvés à la réception des deux nouvelles si différentes. Et votre pauvre mère, que je ne vis qu'après que vous eûtes écrit vous-même! Dans quel état elle était malgré cela! Je n'en fus pas étonné; elle avait deux autres fils sur le compte desquels elle ne pouvait pas encore être rassurée, malgré que vous en donnassiez des nouvelles. J'apprends avec plaisir qu'elle commence à se rassurer...

Hiriart cadet.

Ce furent surtout les officiers du 16º léger qui adressèrent à leur colonel les lettres les plus touchantes. Une des premières fut écrite par un de ses capitaines, M. Faget, et montre à quel degré ses subordonnés professaient pour leur chef un culte qui tenait de l'adoration.

Au bivouac en avant de Haal, le 20 octobre 1806.

A. M. le colonel Harispe, blessé, à Erfurt.

Mon colonel,

Je profite du moment de halte que nous avons aujourd'hui pour vous dire combien a été poignante la douleur que votre régiment a ressentie et ressentira jusqu'à l'heureux moment de votre retour. Vous êtes le père de votre régiment, mon cher colonel; c'est vous qui l'avez fait ce qu'il est. Votre absence nous fait sentir que nous sommes trop jeunes pour nous passer de guide. Je vous exprime ici mes sentiments; je suis sûr que ce sont aussi ceux de tous vos subordonnés. Puisse votre esprit présider encore à nos nouvelles opérations! Puissions-nous, lorsque nous aurons le bonheur de vous revoir à notre tête, être dignes de vous ! Parmi tant de sollicitudes, et dans votre cruelle position, ce qui diminuera un peu notre malheur, c'est l'assurance que nous a donnée le chirurgien-major que vous étiez hors de danger, et qu'il ne fallait que du temps pour votre rétablissement.

Enfin, mon très cher colonel, je fais des vœux bien ardents pour que ce moment arrive promptement, et le bonheur le plus grand de ma vie sera, je le pense, celui de vous embrasser.

FAGET (Capitaine).

Tandis qu'on lui adressait de tous côtés ces témoignages d'affection, Harispe se préoccupait surtout de son régiment et des nouvelles opérations auxquelles il allait prendre part. Ses officiers, partis des environs de Weimar le 16 octobre et mis en route sur Naumbourg, ne surent bientôt plus où il était. Mais le lieutenant Péridon, voulant à tout prix le renseigner sur une revue de l'Empereur qui l'intéressait, imagina un expédient qui réussit, et lui fit parvenir, au commencement de novembre, la lettre la plus précieuse de celles qu'il reçut à cette époque.

Fredericsdorf, sur la route de Berlin à Küstrin, le 3 Novembre 1806

Mon respectable colonel,

Je prends le parti de vous expédier un brave carabinier de la première compagnie, qui se charge de parcourir toutes les villes où il est à présumer que vous pouvez être... Puisse-t-il bientôt vous rencontrer, et vous porter les vœux et les sollicitudes de tous les militaires du régiment !

Si vous les entendiez, mon colonel, parler de vous et exprimer leur attachement à votre personne ! Vous n'en seriez pas surpris ; le bien que vous leur avez fait a dû rendre ce sentiment tout naturel dans leur cœur ; mais votre état en serait adouci, votre inquiétude calmée, vos ennuis et vos souffrances rendus plus supportables. Oui, mon colonel, vous êtes estimé de votre régiment; votre conduite, votre caractère vous ont donné le droit de l'être; mais vous êtes affectionné, vous êtes chéri; ce sentiment ne se commande pas, vous l'avez inspiré...

Le 7ᵉ corps formant la réserve avec la garde impériale, est arrivé de *Weimar* à *Berlin* du 17 au 26 octobre en passant par *Naüenburg, Rosbach, Meseburg, Halle, Dessau, Wittemberg, Tuenbretchen* et *Sarmund*. Je vous ai parlé dans une de mes précédentes, de notre passage à Berlin et de l'effet de la belle tenue de votre régiment; depuis lors, nous avons opéré divers mouvements dans les environs de la ville, et enfin un ordre de l'Empereur nous cantonne, savoir : le 3ᵉ bataillon à *Bernau*, sur la route de Berlin à Stettin; le 2ᵉ, à *Alt-Lansberg*; le 1ᵉʳ, dans les villages sur la route de Berlin à Küstrin, à 6 ou 7 lieues de Francfort-sur-l'Oder, dont le cours qui forme le front de l'armée, est occupé par les premiers corps.

Sa Majesté a passé la revue du régiment le 29 octobre. La division était formée en bataille dans la plaine au delà de Berlin. L'Empereur a d'abord parcouru la ligne à cheval; il a ensuite fait former les régiments par colonnes, par bataillon, et s'est présenté, à pied, accompagné seulement de Son Altesse le prince Berthier à la tête du premier bataillon.

Il s'est informé de vous avec l'intérêt le plus marqué, a demandé si la balle avait été extraite de votre jambe, si elle avait attaqué l'os. Sur les réponses qu'on lui fit, il parut être content que votre blessure ne le privât pas de vos bons services. Il se fit ensuite donner un état des places vacantes, etc... Il fit appeler devant lui 6 lieutenants, 8 sous-lieutenants et 12 sous-officiers, et les promut à des grades supérieurs.

J'ai été, mon colonel, du nombre des heureux; c'est à votre recommandation sans doute que je dois ce nouveau bienfait qui ne peut plus augmenter ma reconnaissance, car depuis longtemps vos bontés pour moi l'ont portée à son comble.

Le 7ᵉ corps a manœuvré devant lui, et malgré la pluie, il est resté presque jusqu'au soir dans la plaine et a vu défiler tous les corps de toutes les armes...

Ignorant où vous êtes placé, je ne cesserai de vous écrire

jusqu'à ce que j'aie reçu de vos nouvelles. Il serait bien à désirer, pour les personnes qui vous sont plus particulièrement affectionnées et pour les intérêts du régiment, que votre convalescence se passât dans un lieu où la correspondance de l'armée pût nous procurer le plaisir de recevoir de vos nouvelles et de vous en donner du régiment...

J'ai l'honneur de me dire

Votre dévoué
Péridon

Quand on pense qu'à cette époque, un simple regard, un mot de l'Empereur suffisait à soulever l'enthousiasme de ses soldats, on peut imaginer la joie qu'une pareille lettre causa au colonel Harispe. Napoléon, qui le connaissait déjà par tout ce que lui avait dit naguère le sénateur Fargues, l'avait remarqué maintenant pour sa conduite à la bataille d'Iéna; il s'était intéressé à sa blessure; il ne pouvait manquer de se souvenir de lui à l'occasion. Cette pensée dut contribuer à hâter la guérison et faire naître des espérances que l'Empereur ne devait pas tarder à réaliser.

Son rétablissement, du reste, et celui de son frère Timothée s'annonçaient favorablement. Sa pensée se reportait sans cesse sur le 16e léger, et déjà en novembre il songeait au jour où il pourrait reprendre son commandement. Aussi demandait-il des nouvelles à ses officiers et surtout au capitaine Péridon qui lui était tout dévoué. A la fin du même mois, ce dernier lui adressa une lettre qui répondait à ses désirs, et lui donnait tous les renseignements qu'il pouvait souhaiter.

Au hameau de *Langenau*, sur les bords de *la Vistule*, à l'embouchure de *la Brahe*, le 23 novembre 1806, en avant et à 3 lieues de Brünberg.

Mon respectable colonel,

Mon inquiétude s'augmentait chaque jour; les bruits les plus fâcheux couraient sur les officiers restés en arrière, dans les villes ouvertes, lorsque vos deux lettres des 3 et 11 novembre m'ont tranquillisé, en m'apprenant que votre blessure est en très bon état et que vous êtes en sûreté à Erfurt.

M. Jouardet a annoncé cette nouvelle par l'ordre du régiment; elle a été reçue avec la joie que causera toujours à vos soldats tout ce qui vous arrivera d'agréable.

L'Empereur a nommé 5 capitaines, 9 lieutenants et 15 sous-lieutenants.

Jean-Pierre est arrivé le 16; il lui reste encore quelques débilités qui demanderaient un peu de repos, et nous avons toujours marché, cependant, depuis qu'il a appris que vous et Timothée étiez hors de danger. Avec des ménagements et le séjour que nous devrons faire sur les bords de la Vistule, il retrouvera sa bonne santé. Il m'a promis de vous écrire.

Vous désirez, mon colonel, quelques détails sur les opérations militaires du 7ᵉ corps; ces détails se réduisent à un itinéraire de voyage; nous n'avons pas vu l'ennemi depuis Weimar, quoique nous ayons constamment marché du matin au soir. Pourtant nous avons fait trois opérations : la première au delà de Berlin : la deuxième près de *Zirka* en Pologne, sur la route de *Posen*, et la troisième ici.

Maintenant la 1ʳᵉ division du 7ᵉ corps est à cheval sur la petite rivière la *Brahe*, formant une ligne militaire sur la Vistule; notre droite appuyant sur la gauche du 5ᵉ corps vis-à-vis *Thorn*. Nous sommes en présence de ce qui reste de l'armée prussienne qui, aux mouvements qu'on lui voit faire, ne se croit pas très en sûreté au delà du fleuve. Tout le monde assure qu'aucun corps *russe* n'a encore franchi les frontières de l'Empire de ce nom.....

PÉRIDON, capitaine.

Vers la même époque, Harispe reçut d'un de ses chefs de bataillon une lettre qui complétait les indications du capitaine Péridon et peignait d'une façon saisissante les sentiments qui animaient le 16ᵉ léger.

Près Bromberg, bords de la Vistule, le 26 novembre 1806.

Avec quel plaisir, mon cher colonel, je viens de recevoir votre aimable du 3 courant. Ne vous hâtez pas, nous ne sommes pas trop bien sur la Vistule. La raison me fait vous tenir ce langage, car je vous réclame d'amitié et la famille aussi, par l'attachement bien mérité qu'elle vous porte; on murmure quelquefois dans les rangs, et cela finit toujours par : « Pauvre colonel! où es-tu? » et soudainement je me range de cet avis. Le général Lapisse, plus insouciant, plus égoïste que jamais; le pauvre Jouardet (1) danse à sa fantaisie, malgré l'envie de n'en rien faire, de manière que souvent nous sommes des heures entières dans la boue, en attendant que ce cher général ait choisi quatre maisons sur vingt pour se loger et son énorme suite. Oh! le vilain homme! comme il gagne à être connu pour ses mauvaises qualités! — Il est probable que nous ne resterons que quelque temps ici. L'ennemi paraît faire bonne contenance sur la rive droite. Je ne connais point sa force. On dit qu'il n'y a point de Russes, et malgré cela, il n'y a pas de notre côté de préparatifs qui annoncent le prochain passage du fleuve, aussi fort que le Rhin. Le maréchal Duroc est passé ici il y a trois jours, envoyé près du roi de Prusse. On augure de bonnes choses de ce voyage.

Sa Majesté nous a traités avec beaucoup de bonté. Je regrette, oh! comme je regrette que vous n'ayez point été présent; Elle s'est informée de vous, de l'état de votre blessure avec infiniment d'intérêt. Elle a accordé au régiment vingt et une croix de la Légion d'honneur pour les officiers et quatorze pour les sous-officiers et chasseurs. Nous nous sommes concertés pour les partager aux plus méritants.

Votre frère Jean-Pierre est de retour depuis cinq ou six jours et se porte bien. Donnez-moi des nouvelles du pauvre et malheureux Timothée; je ne suis pas rassuré sur son compte.

Adieu, mon cher et bien-aimé colonel; ménagez-vous bien.

(1) Chef de bataillon, commandant le régiment.

Je fais des vœux, nous en faisons tous pour votre bonne guérison et votre prochain retour. Je vous embrasse de cœur et d'âme, et suis à vous pour la vie.

Obert, chef de bataillon.

A partir du jour où les officiers du 16ᵉ léger surent que leur colonel était à l'hôpital militaire d'Erfurt, celui-ci fut toujours tenu au courant de la situation de son cher régiment. Il apprit ainsi que le 11 décembre ses soldats n'étaient plus qu'à six lieues de Varsovie, couvrant le confluent du Bug et de la Vistule, tandis que les troupes des corps d'armée bivouaqués sur la rive droite de ce fleuve faisaient chaque jour le coup de feu avec les Russes et les Prussiens. Le 16ᵉ léger attendait à tout instant l'ordre de passer le fleuve et, pour le moment, se distinguait toujours par son « bon esprit, sa patience et sa résignation. Les officiers que vous avez formés à la fermeté, lui écrivait-on, sont-là, toujours imbus de vos principes; vous pouvez être sans inquiétude ...»

Quel admirable esprit de corps et comme il montre la force morale et la cohésion nécessaires aux officiers d'un régiment pour faire la guerre avec succès!

Au milieu de décembre, Jean-Pierre Harispe, le plus jeune des trois frères blessés à Iéna, était entièrement rétabli et faisait son service aux avant-postes. Peu de jours après, on annonça dans les compagnies que le colonel serait bientôt sur pied. Le 23, le 16ᵉ léger se trouvait engagé de nouveau ; le froid devenait rigoureux ; les ressources se faisaient rares ; les maladies commençaient à sévir, et le 7ᵉ corps s'avançait vers l'ennemi avec le reste de l'armée, espérant, dans un délai prochain, une bataille décisive qui mettrait fin à la campagne.

La principale occupation du colonel Harispe était de suivre les marches et les faits de guerre de son régiment, auquel il avait voué toute son affection et dans lequel officiers et soldats n'aspiraient qu'à son retour.

Bien renseigné par les uns ou par les autres, surtout par le capitaine Péridon, il sut que dans la première quinzaine de décembre, le 16ᵉ léger, arrivé devant la Vistule, à Zakroczyn, s'occupait du passage du fleuve. Le 19, on n'avait pas encore réussi à jeter un pont; et, en fin de compte, sur l'ordre du maréchal Augereau, le 16ᵉ avait franchi ce large cours d'eau sur des bateaux.

Aussitôt après, le 22 décembre, le régiment dirigé sur Plousk, avait porté ses avant-postes sur l'Ukra. L'Empereur voulait alors chasser les Russes des positions qu'ils occupaient près de cette rivière. Dans ce but il avait concentré six corps d'armée et sa cavalerie près de Plousk. Il était arrivé lui-même au milieu de ses troupes le 23 et avait dirigé le 7ᵉ corps sur Novemiasto, avec mission d'appuyer l'aile gauche.

L'ennemi, attaqué le 24 décembre à Czarnowo, avait été rejeté sur Nasielk. Le 16ᵉ léger avait combattu dans cette journée et brillamment contribué au succès. Un second engagement avait eu lieu sur l'Ukra, à Kolozomb, où le 14ᵉ de ligne, soutenu par le 16ᵉ léger, avait forcé le passage et culbuté les Russes. Le régiment avait ensuite été dirigé de Novemiasto sur Golymin.

Le 26, pendant que l'ennemi se faisait battre à Pultusk, le 16ᵉ, entraîné par le général Lapisse, avait pris en flanc un corps russe près de Golymin et enlevé à la baïonnette un village qui lui servait de point d'appui.

Après ces combats victorieux, l'Empereur avait fait prendre des cantonnements d'hiver. Le 7ᵉ corps avait occupé la ville et l'arrondissement de Wyszogrod jusqu'à la rive droite de l'Ukra. Le 6 janvier 1807, tout le monde était au repos, et le 16ᵉ léger n'avait plus qu'à se remettre de ses fatigues prolongées. Pendant ce temps, Harispe, entré en convalescence, s'apprêtait à reprendre avant peu son service.

CHAPITRE X

CAMPAGNE DE POLOGNE : EYLAU-FRIEDLAND

Harispe, général de brigade. — Son aide de camp. — Commandement d'une brigade dans le corps d'armée de Lannes. — Combats de Guttstadt et d'Heilsberg. — Bataille de Friedland. — Rôle de la brigade Harispe. — Citation de la division Verdier. — Paix de Tilsit. — Dissolution du corps de réserve. — Harispe sous le commandement de Soult.

La campagne de Pologne commença pour le colonel Harispe de la façon la plus heureuse. Au mois de janvier 1807, dès que l'amélioration de sa santé eut été constatée, l'Empereur lui ménagea une de ces surprises qui souvent, pour les blessés, deviennent un baume souverain.

Il le nomma général de brigade, le 29 du même mois. Harispe avait sans doute, à cet égard, quelque espérance; car, ayant à cette époque douze ans de grade, il était un des plus anciens colonels de l'armée, et sa récente blessure, résultat de sa brillante conduite dans la journée d'Iéna, lui donnait un surcroît de titres à cet avancement mérité depuis longtemps.

Il n'en fut pas moins comblé de joie par sa promotion, que son régiment accueillit avec un enthousiasme mélangé de bien vifs regrets. A Baïgorry et dans le pays basque, ce furent des transports d'allégresse. Le grade de colonel, sous l'Empire, avait une importance exceptionnelle; mais celui de général vous élevait tout de suite dans une sphère supérieure. Être un des généraux de Napoléon était une position si haute qu'on n'osait la rêver. Et quand on pensait, dans la patrie pyrénéenne, que désormais les Basques comptaient un des leurs dans ces rangs glorieux, l'orgueil des contemporains ne connaissait plus de bornes.

Le général Harispe avait alors 38 ans, et était officier de la Légion d'honneur depuis 1804. Sa nomination effaçait le retard qu'il avait subi dans le grade précédent et ouvrait à ses yeux de nouvelles perspectives d'un brillant avenir.

Il fut néanmoins maintenu en état de blessé convalescent, ce qui lui permit d'achever complètement sa guérison, sans pouvoir suivre, à la tête d'une troupe, les opérations du début de 1807. Il dut se contenter d'y assister à distance et de se tenir au courant des événements.

Deux jours après sa nomination, le repos accordé à l'armée se terminait et, le 1er février, à Willenborg, l'Empereur prenait l'offensive. La manœuvre avait pour but de tourner l'ennemi par la gauche, puis d'en couper la ligne d'opérations. Malheureusement, son adversaire Benningsen, prévenu par une lettre interceptée, évita le danger qui le menaçait et opéra sa retraite sur Eylau, où il prit position, le 7 février. Il ne pouvait plus reculer sans s'exposer à un désastre. Il concentra donc ses forces et se prépara à combattre.

L'Empereur le fit attaquer le même jour par Soult, le refoula au delà de la ville, lui enleva l'ouvrage défensif du cimetière, appela à lui ses corps d'armée, et installa son quartier général en vue d'une affaire décisive.

La célèbre bataille du 8 février 1807 s'engagea à Eylau, dès le point du jour. Notre infériorité numérique au début diminua peu à peu par l'arrivée des divers corps d'armée. La lutte prit rapidement le caractère d'un combat acharné sur un terrain couvert d'une neige épaisse, puis d'un brouillard intense qui empêchait la vue de s'étendre.

Notre gauche, accablée un moment par des forces supérieures, fut dégagée par le 7e corps dans lequel les soldats du 16e léger, formés par Harispe, se distinguèrent. Mais, dans le cours du combat, les troupes d'Augereau écrasées par les masses ennemies, allaient être compromises, quand l'Empereur les fit dégager par sa cavalerie. La bataille continua, furieuse et meurtrière, jusqu'à la nuit.

Benningsen profita de l'obscurité pour se retirer vers Königsberg.

Ce fut une terrible journée qui coûta à l'ennemi 28.000 tués ou blessés, et à nous près de 7.000. Malgré la gloire acquise, elle fit sur l'armée une pénible impression. On avait vu Napoléon aux prises avec des difficultés inattendues, et sa fortune avait paru faiblir un instant. Le succès, longtemps indécis, avait été payé plus chèrement que jamais. Après la victoire, l'ennemi s'était dérobé; le contact avait été perdu, et on avait dû chercher ses traces sur les directions qu'il avait suivies.

Un des corps d'armée, le 5e, n'avait pu empêcher un corps russe de venir prendre part à la lutte. Enfin, ce qui intéressa le plus Harispe, ce fut le sort de ses anciens frères d'armes. Augereau, blessé à Eylau, se plaignit hautement de n'avoir pas été soutenu à temps, d'avoir supporté le plus grand effort de la bataille, d'avoir eu par suite ses troupes décimées et sur le point d'éprouver un échec. Il était mécontent et voulait s'en aller. L'Empereur dut lui accorder un congé, et se trouva en présence d'une situation telle qu'il dut dissoudre son corps d'armée. Quant au 16e léger, réduit à 1.800 hommes, il passa, avec le général Lapisse, au 1er corps d'armée sous le commandement du maréchal Bernadotte.

Ces événements furent pour le général Harispe des sujets de tristesse. Mais il n'eut guère le temps de s'apitoyer sur le sort de son ancien chef ou de ses soldats du 16e. La guerre, un instant ralentie par le repos que Napoléon avait donné à ses troupes, reprit avec une nouvelle vigueur, dès la fin de février. Le 20, à la suite de renseignements recueillis sur les mouvements des Russes, l'armée changea ses cantonnements. Osterode devint le centre des rassemblements. Benningsen faisait tâter nos positions sur tout le front de l'armée; et, nous voyant sur nos gardes, il se retirait sur Heilsberg. Le 3 mars, on lui reprit Guttstadt, et tout ce mois se passa en reconnaissances et en escarmouches.

Le mois suivant, Harispe ayant terminé sa convalescence, espéra qu'une occasion s'offrirait bientôt à lui de prendre un commandement. Il ne se trompait pas. Au mois d'avril, un avis du major général lui en donna l'assurance. En même temps, il fut attaché au quartier général à Riesenbourg, jusqu'au moment où une nouvelle destination lui serait attribuée.

Il s'empressa alors de faire choix d'un aide de camp et demanda au ministre, pour cet emploi, le jeune capitaine Péridon qui lui avait déjà montré tant de dévouement. On le lui accorda sans difficulté. Il en fut informé dans les premiers jours de mai par une lettre d'un de ses anciens chefs de bataillon, qui lui causa une réelle joie.

Finkenstein, le 30 avril 1807

C'est avec le plus vif plaisir, mon cher général, que j'ai reçu votre aimable lettre du 24 courant; j'y aurais aussitôt répondu; mais François est parti le lendemain, si matin, que je n'ai pas eu le temps de le voir. Vous n'avez donc pas pu obtenir de S. A. S, le ministre de la guerre, de vous rapprocher de la douce famille, de celle qui vous aime si sincérement... Elle osait presque se flatter de servir encore sous vos ordres; mais enfin, elle se trouve consolée et dit avec orgueil que le beau commandement que vous avez dans les grenadiers réunis est plus digne de vous...

... Nous avons passé hier la revue de S. A. le prince de Ponte-Corvo, près du village de Deutschendorf; le régiment était beau, autant que possible; on avait, bien entendu, fait tous ses efforts pour y réussir; son Altesse témoignait son contentement, etc...

... Que n'étiez-vous présent, mon cher général Harispe! c'est à vous seul qu'appartiennent tous les éloges ou compliments que le régiment peut mériter. Le général Lapisse aime toujours beaucoup le régiment; mais, vous m'entendez? Sa manière d'aimer n'est pas celle de bien d'autres. J'ai été à portée d'entendre faire notre éloge au prince qui ne voulait pas que nous fussions débris, (1) disant que nous étions au contraire un des beaux régiments de son corps d'armée...

... Quand recevrai-je de vos nouvelles, mon cher général? Je n'ai plus d'autre consolation que de parler de vous avec mes bons voisins, qui me chargent de vous dire les choses les plus honnêtes de leur part et qui ne peuvent pas plus vous oublier que moi, etc...

Votre dévoué de cœur et d'âme.

OBERT, chef de bataillon.

P. S. — Vos frères se portent bien. Péridon a reçu sa nomination du Ministre; il vous rejoindra incessamment; qu'il est heureux!

Après la bataille d'Eylau, pendant que ses troupes se remettaient dans leurs cantonnements des fatigues d'une rude campagne d'hiver, Napoléon s'occupa de réparer ses pertes et de préparer de nouveaux succès.

Depuis peu de temps, le maréchal Lannes, tombé malade à Varsovie, avait dû céder le commandement

---

(1) Débris de la bataille d'Eylau

du 5ᵉ corps à Masséna. Au mois de mars 1807, il commençait à se remettre. L'Empereur conçut alors le projet, une fois le siège de Dantzig fini, de former, avec une partie des troupes qui y étaient employées et avec de nouveaux régiments amenés de France, un corps de réserve qu'il se proposait de donner à Lannes et d'attacher à l'armée active.

Il comptait aussi utiliser le 8ᵉ corps, commandé par Mortier, et le placer, avec celui de Lannes, entre la Vistule et l'Oder, pour lier l'armée de première ligne à une seconde armée qu'il voulait organiser en Allemagne. Les événements modifièrent ses premiers projets; et, en avril, quand le maréchal Lannes fut complètement rétabli, l'Empereur lui constitua un corps d'armée sous le nom de corps de réserve de la Grande armée.

Il y affecta deux divisions : la 1ʳᵉ composée de grenadiers et de voltigeurs, troupe d'élite, comptait 8 régiments dont l'effectif variait de 1.494 à 1.717 hommes. Quatre généraux de brigade les commandaient. Cette division, forte de 11.444 hommes, était sous les ordres du général Oudinot.

La 2ᵉ, beaucoup plus faible, était commmandée par le général Verdier et ne comptait que trois régiments dont un, le 2ᵉ léger, ne devait rejoindre qu'après le siège de Dantzig. Elle n'avait donc au mois de mai 1807, que deux régiments : le 3ᵉ de ligne à trois bataillons, et le 72ᵉ, colonel Ficatier, à 2 bataillons, placés sous les ordres du général Harispe. Son effectif était de 2.058 hommes. Le corps d'armée de réserve s'élevait à 16.405 hommes.

La désignation du général Harispe, datée du 5 mai, était ainsi conçue.

CAMPAGNE DE POLOGNE : EYLAU-FRIEDLAND

Finkenstein, le 5 mai 1807.

A Monsieur le général Harispe,

Je vous préviens, général, que l'Empereur vous a désigné pour commander une brigade de la division Verdier du corps de réserve de la Grande armée, aux ordres de M. le maréchal Lannes.

Partez en conséquence, à la réception du présent ordre, et rendez vous auprès de M. le maréchal Lannes à Marienbourg, pour prendre ses ordres. Il vous remettra votre lettre de service.

> Le Prince de Neuchâtel
> Ministre de la guerre,
> Alexandre BERTHIER.

En faisant venir le général Harispe au quartier général, le mois précédent, l'Empereur avait déjà sa pensée arrêtée à son sujet. Quoiqu'il n'eut pour le moment qu'un régiment à commander, le général fut néanmoins heureux d'être sous les ordres d'un chef aussi illustre que le maréchal Lannes. Il se hâta de partir avec son aide-de-camp Péridon et son fidèle Manech, pour se présenter à son nouveau chef, à Marienbourg. L'accueil fut des plus bienveillants. Harispe rendit ensuite visite à son général de division et prit aussitôt son commandement.

A cette date, le corps de réserve était définitivement constitué; mais un certain nombre de régiments lui manquaient encore. On avait annoncé en outre qu'une 3e division, composée de Saxons, en ferait partie. Ces régiments étaient en route pour la Pologne.

Le corps de réserve devait rester, comme la Garde impériale, à la disposition particulière de l'Empereur.

Le 72e était un corps aguerri, commandé par un colonel ancien, vaillant et très estimé, le colonel Ficatier. Il devait recevoir incessamment des détachements des 8e, 12e et 16e régiments provisoires.

C'était en somme un commandement de choix que l'Empereur avait réservé au général Harispe.

Au moment où il prit ses nouvelles fonctions, la place de Dantzig, assiégée par le maréchal Lefebvre depuis le mois de février, était aux abois. Les Russes voulurent essayer de la secourir, et firent, dans ce but, quelques mouvements du côté de Pillau, port situé en face de l'extrémité orientale de la langue de terre appelée Frische-Nehrung.

Le corps de réserve reçut alors de l'Empereur l'ordre de jeter un pont à Fürstenwerden et d'y élever un ouvrage de fortification qui permettrait de déboucher sur les derrières de l'ennemi, s'il s'avançait sur Dantzig. Il en résulta, le 15 mai, un combat près de Weichselsmünde, dans lequel une partie du corps de réserve fut engagée. Les Russes, battus, y firent de grandes pertes. Mais la division Verdier, chargée d'un rôle de soutien, n'eut pas à entrer en action.

Les 27 et 29 mai, Dantzig capitula. Les troupes assiégeantes devinrent ainsi disponibles. Un régiment de la garde de Paris et le 2ᵉ d'infanterie légère rejoignirent alors le corps de réserve du maréchal Lannes.

L'armée impériale allait bientôt reprendre ses opérations. L'approche de la belle saison les favorisait. Les premières attaques vinrent du côté des Russes. L'Empereur mit aussitôt ses troupes en mouvement et, voyant l'ennemi repoussé de divers côtés, résolut de prendre l'offensive à son tour, le 8 juin.

A cette date, le général Harispe venait de quitter Deppen sur la Passarge et se trouvait à Altkirch comme le reste du corps d'armée. Le lendemain, Napoléon dirigea ses forces sur Guttstadt. Murat commandait l'avant-garde de l'armée, et Harispe avait été désigné pour servir de soutien à sa cavalerie.

Il y eut dans cette journée un violent combat à Guttstadt. Murat chassa les Russes de toutes leurs positions, leur enleva la ville de vive force, les délogea de la rive gauche de l'Alle et les força de se retirer sur Heilsberg par la rive droite. Le 72ᵉ régiment prit une part très honorable aux divers engagements qui amenèrent ce résultat. Le général Harispe, complètement rétabli, supporta sans difficulté les fatigues de la journée et fut même en état de recommencer le lendemain.

Le 10 juin, en effet, l'Empereur avait résolu d'attaquer les Russes dans la forte position retranchée qu'ils occupaient à Heilsberg. Cette ville était située sur la rive droite de l'Alle, sur une falaise haute et escarpée. Celle de gauche, par laquelle nous arrivions, est plus basse et couverte de mamelons qui offraient à l'ennemi des facilités pour nous disputer le terrain.

Dans cette situation, l'armée russe avait ses derrières et ses flancs couverts par les collines, par la rivière et par les forts construits sur l'Alle. Devant son front, étaient plusieurs lignes de retranchements hérissés de canons. Benningsen y faisait travailler depuis plus de quatre mois et avait réuni, dans cette forteresse, environ 80.000 hommes.

En la faisant attaquer de front par une partie de son armée, Napoléon comptait manœuvrer pour la tourner et couper à ses défenseurs leur retraite sur la Pregel. Ses dispositions furent réglées d'après ce plan.

Le corps de réserve de Lannes, celui de Soult, la cavalerie de Murat et les fusiliers de la garde furent envoyés directement sur Heilsberg. Après avoir dépassé Launau, ces troupes rencontrèrent l'avant-garde russe, forte de 15.000 hommes de cavalerie et de masses d'infanterie formant plusieurs lignes, sous les ordres du prince Bagration. Un violent combat s'engagea entre les Russes et la cavalerie commandée par Murat, qui ne tarda pas à gagner du terrain. L'infanterie s'engagea vers deux heures et soutint la lutte avec la même énergie.

Les deux régiments de la division Verdier, 3ᵉ et 72ᵉ, appuyés par les grenadiers d'Oudinot, manœuvrèrent sur la droite de l'ennemi pour l'empêcher de se dérober par la rive droite de l'Alle. Benningsen renforça son avant-garde et maintint le combat avec acharnement jusqu'à la nuit. Quand la lutte fut terminée, le corps d'armée de réserve, loin de se reposer, tourna la position d'Heilsberg par la droite et ferma la route de Landsberg.

Le général russe, craignant de ne plus pouvoir passer la Pregel, prit le parti de déguerpir dans la matinée du 11 et se mit en retraite par la rive droite de l'Alle, sur Friedland, abandonnant Heilsberg, ses blessés, ses approvisionnements et les retranchements qui lui avaient coûté tant de peines.

L'armée française fut alors dirigée sur Friedland, et le corps de réserve alla prendre position à Lampasch. Puis, dans la nuit du 13 au 14 juin, renforcé par la division de dragons du général de Grouchy, soutenu par le corps de Mortier, il reçut l'ordre de marcher sur Friedland, par Domnau, et d'y prendre position. Toutefois son chef avait la liberté d'attaquer cette ville, s'il le jugeait à propos.

Ce fut en exécutant cette marche que le corps d'armée de réserve arrivé à Georgenau, trouva l'ennemi rangé en bataille et barrant la route en avant de Friedland.

Le général Benningsen, au lieu de descendre l'Alle jusqu'à son confluent avec la Pregel, s'était décidé à livrer bataille dans des conditions défectueuses, ayant l'Alle à dos et s'exposant à être refoulé dans le coude de cette rivière. Il voulait ainsi se conformer au désir de son souverain qui lui avait recommandé de sauver avant tout Kœnigsberg.

Le maréchal Lannes, rencontrant l'armée ennemie,

n'hésita pas, malgré son infériorité numérique, à l'attaquer à 4 heures du matin, résolu à tout mettre en œuvre pour donner à Napoléon le temps d'arriver avec le reste de l'armée.

Comme il n'avait avec lui que sa 1re division, composée des grenadiers d'Oudinot, il fut, pendant la première partie de la journée, dans une situation périlleuse. Malgré son énergie, il perdait du terrain, quand la division Verdier atteignit le champ de bataille, avec Harispe et le 72e.

Le maréchal Lannes la partagea en deux colonnes sous les ordres des deux généraux de brigade Vedel et Harispe. Il les porta à droite, à gauche, au centre, partout où le danger l'exigeait. La lisière du bois de Sortlack et le village de ce nom, situé sur l'Alle, furent surtout disputés avec acharnement. Les Russes finirent par rester maîtres du village ; les troupes du général Verdier, de la lisière du bois. Chaque fois que les Russes voulaient y pénétrer, le maréchal faisait sortir à l'improviste la brigade Vedel ou celle de Harispe qui les repoussait au loin. Il prolongea ainsi jusqu'à midi cette lutte inégale de 26.000 hommes contre 75.000, ce qui permit à l'Empereur d'entrer en ligne.

Il y eut alors un temps d'arrêt dans le combat. Puis, sur un signal de Napoléon, la bataille reprit avec une nouvelle énergie.

Pendant cette deuxième partie de la journée, le corps d'armée de réserve, malgré la terrible lutte du matin, supporta héroïquement l'effort de l'ennemi, qui, repoussé à droite et ne pouvant gagner la route de Kœnigsberg, tenta d'enfoncer le centre. « Tout fut inutile, dit l'Empereur dans le 79e bulletin, l'ennemi fut reçu comme on devait l'attendre des braves divisions Oudinot et Verdier ».

Il est glorieux pour le général Harispe et le 72e d'avoir

fait partie d'une division dont Napoléon parlait en pareils termes.

A l'entrée de la nuit, la victoire fut décidée.

L'Empereur écrivit à ce sujet : « La bataille de Friedland est digne d'être placée à côté de celles de Marengo, d'Austerlitz et d'Iéna ».

L'armée passa la nuit sur le champ de bataille. La brigade Harispe, comme le reste du corps de réserve, bivouaqua sur la route de Kœnigsberg, entre Heinrichsdorf et Friedland. Elle avait eu, dans la bataille, un rôle spécial, la défense du bois de Sortlack, qui l'avait illustrée; mais elle avait été très éprouvée. Un officier supérieur, sept capitaines et un sous-lieutenant du 72e succombèrent à leurs blessures. Le nombre des blessés était considérable. L'effectif du 72e qui était de 2.058 hommes au mois de mai, se trouvait, au mois d'août, réduit à 1.521 hommes.

Le général Harispe reçut, dans cette mémorable journée, une forte contusion produite par un éclat de mitraille. Il put cependant continuer son service. Le soir même de la bataille, épuisé de fatigue, il s'enroula dans son manteau, s'étendit sur le sol et s'endormit. En se réveillant, il s'aperçut qu'il avait eu pour oreiller le corps d'un soldat russe tombé au même endroit.

Il n'eut pas du reste le temps de s'occuper de sa santé. Son corps d'armée fut dirigé sur les traces de l'ennemi et employé à la poursuite. Ces nouveaux mouvements conduisirent le général à Taplucken le 17 juin et à Schirrau le 18.

On ne tarda pas à apprendre que l'Empereur de Russie, poursuivi à fond par la cavalerie de Murat, faisait demander une suspension d'armes.

Le 21 juin, l'armistice était signé, et trois jours après, les troupes recevaient l'ordre de prendre leurs cantonnements.

Le corps d'armée de réserve fut un des mieux partagés. Il eut son quartier général à Kœnigsberg, où se trouvait aussi le quartier général impérial. Napoléon cependant resta à Tilsit. Les troupes de Lannes furent réparties entre Kœnigsberg, Brandenbourg et Tapiau. C'est dans cette dernière localité et aux environs que le général Harispe fut d'abord installé avec le reste de la division Verdier. Peu de jours après, il fut placé à Kœnigsberg même.

Le 8 du même mois, la paix fut signée, à la suite de la célèbre entrevue de Tilsit sur le Niémen.

Il y eut alors une nouvelle répartition de l'armée. Quatre grands commandements furent créés sous les ordres des maréchaux Davout, Soult, Masséna et Brune. Le général Harispe, avec sa brigade et les autres troupes d'infanterie du corps d'armée de réserve, firent partie du deuxième commandement qui avait Soult à sa tête. Elles composèrent une sorte de commandement exceptionnel, celui de Dantzig, intercalé dans le second. Mais déjà à cette époque, la division Verdier, mal constituée au point de vue du groupement de ses forces, ne semblait pas destinée à une longue existence. On savait qu'elle avait été adjointe aux grenadiers d'Oudinot pour offrir un commandement au maréchal Lannes, et on prévoyait déjà sa prochaine dissolution.

Une occasion s'offrit alors au général Harispe d'aller faire campagne ailleurs. Il s'empressa de la saisir.

CHAPITRE XI

CORPS D'OBSERVATION DES COTES DE L'OCÉAN

Corps d'observation de la Gironde et des côtes de l'Océan. — Harispe chef d'état-major de Moncey. — Composition du corps d'armée des côtes de l'Océan. — Entrée en Espagne. — Souffrances et misère des troupes. — Arrivée à Madrid. — Difficultés de la situation. — Emeute du 2 mai. — Insurrection générale de l'Espagne. — Expédition de Valence. — Combats de Pajazo et de Las Cabreras. — Rôle du général Harispe. — Attaque de Valence. — Insuccès. — Combat du col d'Almanza. — Retraite sur San Clemente. — Mission à Madrid. — Approbation de l'Empereur. — Capitulation de Baylen. — Concentration. — Retraite sur l'Ebre.

La fin de l'année 1807 réservait des surprises au général Harispe. Sa destinée qui lui avait déjà causé des déplacements si imprévus, allait prochainement le transporter du nord au midi de l'Europe, le ramener un instant dans son pays natal, et le lancer finalement dans cette aventure espagnole qui devait plus d'une fois lui faire regretter le temps heureux où il commandait son brave 16e léger.

Les événements dans lesquels la volonté de Napoléon allait bientôt lui assigner un rôle, se préparaient en silence depuis le mois de juillet.

Aussitôt après la signature du traité de Tilsit, l'Empereur revint aux deux idées favorites qui dominaient sa pensée, la ruine du commerce anglais et la destruction des Bourbons. Il somma d'abord le Portugal de se détacher de l'Angleterre, dont ce royaume n'était qu'un vaste comptoir, et de saisir tout le commerce britannique, marchandises, personnes et matériel.

Puis, afin d'appuyer ses volontés, il concentra, dès le mois de juillet, à Bayonne, une armée de 25.000 hommes, qu'il mit sous les ordres de Junot, et qu'on appela officiellement *le corps d'observation de la Gironde*. Ses troupes semblaient ainsi affectées à la surveillance des côtes du Sud-Ouest. Mais, dans l'armée, on devinait qu'elles ne tarderaient pas à pénétrer en Espagne et à marcher sur le Portugal. Par ses origines, par son passé, Harispe était tout indiqué pour en faire partie. Il savait que l'Empereur connaissait ses aptitudes au point de vue spécial d'une expédition dans ces contrées dont il connaissait déjà plusieurs provinces et dont la langue, les mœurs, les habitudes lui étaient familières. Il se décida à adresser au mois d'août, au major général, alors rentré à Paris, une demande d'emploi, en rapport avec son grade, dans l'armée de Junot.

Le maréchal Berthier lui répondit aussitôt.

Rambouillet, le 10 septembre 1807

A Monsieur le général de brigade Harispe.

Je vous préviens, général, que j'ai parlé à l'Empereur du désir que vous témoignez d'être employé dans le corps d'observation de la Gironde. Si Sa Majesté prend une décision sur cette demande, je vous en informerai.

Le vice-connétable, major général.
Prince ALEXANDRE.

Harispe n'avait plus qu'à attendre ; il passa ainsi le mois de septembre à Elbing, devenu le quartier général de la division Verdier. En octobre, il fut déplacé et dirigé sur Kinchwerder.

Peu de temps après, il reçut sa nouvelle destination, et cessa de figurer sur les états de situation de la division Verdier à dater du 15 octobre. Il fit ses adieux autour de lui et se mit en route pour Paris, sans toutefois se presser, ayant à amener son personnel, ses bagages, ses chevaux et tout ce qui constituait son train de général.

Pendant ce temps, de nouveaux événements surgissaient. Napoléon n'avait pas été content de la réponse dilatoire du Portugal et, voyant l'armée de Junot réunie à Bayonne, il lui ordonna de franchir la frontière. Elle devait ensuite marcher sur le Portugal à travers l'Espagne. La cour de Madrid fut prévenue et n'osa rien dire. Elle promit même son concours.

L'Empereur cependant ne pouvait compter sur les promesses d'un personnage tel qu'Emmanuel Godoï, prince de la Paix, favori d'une reine sans pudeur et véritable chef du gouvernement espagnol. Il devait s'assurer contre les éventualités d'une politique qui lui était hostile et, pour cela, il décida la création d'un deuxième corps d'observation de la Gironde, d'un effectif à peu près égal à celui de Junot. Il lui donna pour chef un de ses meilleurs généraux, le général Dupont.

Au commencement de novembre, Junot était entré en Espagne, et les troupes de Dupont s'acheminaient vers Bayonne.

Pendant ce temps, Harispe, arrivé à Paris, s'y arrêtait pour voir les chefs de l'armée et achever de se renseigner.

Il apprit alors que le général Moncey, son ami et son protecteur, venait d'être créé maréchal d'Empire; que la conduite de la cour d'Espagne faisait pressentir dans la Péninsule de graves événements qui forceraient la France à intervenir. Dans ce cas, Napoléon ne pouvait disposer que du corps d'armée du général Dupont, ce qui était insuffisant. Il lui fallait une troisième armée, qu'il composa aussitôt, et dont le titre fut encore emprunté au besoin spécieux de veiller sur nos côtes. On l'appela *corps d'observation des côtes de l'Océan*, et le maréchal Moncey, qui avait fait jadis la guerre en Espagne, fut désigné pour la commander. Son effectif devait s'élever à 34.000 hommes.

En revoyant son ami Harispe, Moncey ressentit un vif désir de l'employer sous ses ordres et lui proposa les fonctions de chef d'état-major. Il ne s'agissait plus d'une inspection générale de gendarmerie, mais de fonctions qui allaient bientôt s'exercer en campagne. Harispe accepta, et le maréchal Moncey, toujours très apprécié de l'Empereur, fit aussitôt des démarches dans ce sens.

Le mois de novembre s'écoula au milieu de ces négociations, tandis que d'un autre côté, les troupes destinées au corps d'observation de l'Océan, s'acheminaient aussi rapidement que possible vers leur centre de réunion.

Sur la demande du maréchal Moncey, le ministre de la Guerre, qui était alors le général Clarke, s'empressa de faire la mutation désirée. Il prévint le général Harispe, le 16 décembre 1807, « que la destination qu'il avait reçue pour le premier corps d'observation de la Gironde était changée; et qu'il serait employé au corps d'observation des côtes de l'Océan, pour y remplir les fonctions de chef d'état-major auprès de M. le maréchal Moncey, commandant en chef de cette armée. » Il lui ordonna de se rendre sur le champ auprès du maréchal.

Au point de vue de l'amitié qui le liait à son chef, Harispe ne pouvait rien rêver de mieux. Mais l'examen des éléments dont le maréchal allait disposer prêtait matière à de graves réflexions.

Pour composer ce corps d'armée, Napoléon avait puisé dans les dépôts des régiments de la Grande armée, stationnés sur le Rhin, de Bâle à Wesel. « Ces dépôts qui avaient reçu plusieurs conscriptions et qui n'avaient plus d'envois à faire à la Grande armée, abondaient en jeunes soldats dont l'instruction était déjà commencée et, pour quelques-uns, presque achevée. Pour un corps d'observation, en France ou en Espagne, l'Empereur croyait ces jeunes soldats très suffisants. Il avait donc ordonné de tirer des quarante-huit dépôts stationnés sur le Rhin, quarante-huit bataillons provisoires composés de quatre compagnies à 150 hommes chacune, ce qui faisait 600 hommes par bataillon et, en tout, 28.000 hommes d'infanterie. » (1) Il avait ainsi formé des régiments à quatre bataillons, des brigades à deux régiments, des divisions à deux brigades et un corps d'armée à trois divisions, commandées par les généraux Musnier, Gobert et Morlot. Elles s'organisaient à Metz, Sedan et Nancy. C'étaient avant tout des formations provisoires, chaque bataillon relevant toujours du régiment dont il faisait partie.

On avait ajouté à chaque division une batterie d'artillerie à pied, et l'on préparait trois batteries à cheval pour quatre brigades de cavalerie qui s'organisaient à la hâte. Le maréchal Moncey devait avoir des dragons et des hussards. A la fin de 1807, son corps d'armée et celui du général Dupont étaient destinés à opérer en Espagne, dont les nouvelles devenaient chaque jour plus graves.

Napoléon s'illusionnait à la fois sur la valeur des conscrits qu'il tirait des dépôts, et, plus encore, sur l'état du peuple espagnol, auquel il n'accordait aucune valeur. Sans aucun doute, l'Espagne présentait alors le spectacle de la « cour la plus corrompue; son peuple était pauvre, sa bourgeoisie ruinée, sa noblesse obérée;

---

(1) Thiers. *Consulat et Empire*

son clergé, quoique richement doté, plus nombreux à lui seul que l'armée et la marine, se trouvait affaibli par la vente obligée d'une partie de ses biens.

« Mais sous cette misère générale, il y avait une nation forte, orgueilleuse, fière de sa grandeur passée, courageuse à l'excès, fanatique, haïssant les autres nations, indignée des infamies de sa cour et capable des plus grandes énergies pour défendre son indépendance » (1). En la jugeant faible et avilie, Napoléon se trompait, comme il se trompait sur la force militaire qu'il rassemblait pour soumettre la Péninsule à ses lois.

Dès le début de la formation du corps du maréchal Moncey, les mécomptes apparurent et à leur suite les déceptions, dont le général Harispe, en sa qualité de chef d'état-major, eut à supporter les premiers contre-coups.

Les points de rassemblement étaient, pour les trois divisions d'infanterie, Bayonne, Dax et Mont-de-Marsan; pour les dragons, Pau; pour les hussards, Orthez; pour l'artillerie, Peyrehorade. Or, à la fin de décembre 1807, au lieu des 34.000 hommes qui devaient composer cette armée, il y en avait à peine 20.000.

La situation de la fin de décembre donnait en effet les résultats suivants :

Placement et force des trois divisions d'infanterie, de la cavalerie et de l'artillerie, composant le corps d'observation des côtes de l'Océan.

Infanterie.

1re division,	à Bayonne, arrivera du 2 au 7 janvier.	7.545 hommes
2e —	à Dax, arrivera du 3 au 7 janvier...	5.917 —
3e —	à Mont-de-Marsan, arrivera du 30 décembre au 1er janvier........	3.428 —

(1) Thiers. *Consulat et Empire.*

Cavalerie.

Dragons.

1ᵉʳ régiment, à Pau, arrivera le 31 décembre.	442	}	985 hommes
2ᵉ — — 1ᵉʳ janvier. .	543		

Hussards.

1ᵉʳ régiment, à Orthez, arrivera le 30 décembre.	370	}	765 —
2ᵉ — — 31 —	395		

Artillerie.

Toute l'artillerie, à Peyrhorade, arrivera du 4 au 7.   651   —

La force en chevaux est de 940 chevaux.

  19.291 hommes
Total. . . . . 20.607   —

Harispe qui avait reçu sa nomination le 16 décembre, s'était immédiatement rendu auprès de Moncey. Tous deux étaient à Bordeaux le 23, et expédiaient de là les ordres nécessaires. Et, comme les premières troupes d'infanterie ne devaient arriver à Bayonne que le 2 janvier 1808, ils attendaient cette date pour s'y rendre.

Mais quand ils y arrivèrent, il n'y avait pas un seul homme du corps d'armée. Tout le monde était en route pour rejoindre. Il fallait se résigner.

Moncey et Harispe se retrouvèrent ainsi, dans les premiers jours de 1808, sur le théâtre de leurs anciens exploits de 1792, et ce ne fut pas sans une certaine émotion qu'ils revirent ce pays auquel ils avaient voué tous deux une profonde affection. Pour Harispe, c'était sa petite patrie, la contrée d'origine pour laquelle les Basques ont tous un culte indestructible; pour Moncey, c'était une région qu'il chérissait et dont les habitants l'avaient adopté au point d'en faire un jour leur député. Toutefois, ils n'eurent pas le temps de s'attarder aux questions de sentiment. Les ordres de l'Empereur étaient pressants. Il fallait avant tout qu'ils fussent exécutés.

D'après les intentions de Napoléon, transmises par le ministre de la guerre à Moncey, le 14 décembre, les divisions d'infanterie devaient entrer en Espagne, « s'il était nécessaire », du 20 au 30 décembre pour soutenir le général Dupont, qui était alors entre Vitoria et Burgos.

Par suite, Harispe avait employé ses premières journées à Bordeaux à expédier les ordres nécessaires pour la réunion du corps d'armée à Bayonne.

Le 29 décembre, un nouvel ordre de l'Empereur avait prescrit que le corps d'armée entrât en Espagne sans délai, de manière à avoir sa 1re division à Vitoria le 5 janvier, sa 2e le 10, sa 3e le 12. Quatorze bataillons provisoires qui étaient à Orléans, devaient se mettre en marche du 31 décembre au 2 janvier pour se rendre à Bayonne, et rejoindre ensuite leurs divisions respectives.

Moncey n'était pas de ces chefs qui se plaignent et réclament sans cesse. Il exécutait d'abord et, s'il y avait lieu, réclamait ensuite ce qu'il lui fallait. Ici toutefois, avant de quitter Bordeaux, il prévint le ministre de ce qui lui manquait, et lui écrivit le 29 décembre : « Votre Excellence sait que je manque de tout; toute mon espérance est dans votre bienveillant intérêt et dans les bontés de l'Empereur. C'est ainsi que je réponds à toutes les observations que je reçois, et notre ordonnateur n'est pas sans impatience. Nos détachements manquent de souliers, de capotes, de moyens d'administration et d'argent. Les divisions formées, j'aurai l'honneur de vous rendre des comptes détaillés à ce sujet. »

Dans de semblables conditions, Moncey et Harispe n'eurent pas un instant à perdre pour recevoir les troupes, les munir du nécessaire et les diriger sur l'Espagne. Après les plus grands efforts, le chef d'état-major parvint à régler, comme il suit, le passage de la frontière par le corps d'observation :

La 1re division entrera en Espagne, les 9 et 10 janvier;
La 2e   —   —   les 11 et 12   —
La 3e   —   —   les 13 et 14   —
L'artillerie   —   les 15 et 16   —
La brigade de cavalerie   —   les 17 et 18   —

Mais ce n'était pas tout. Il fallait rejoindre Dupont au plus tôt. En conséquence, Harispe prescrivit que toutes les troupes, pour gagner une marche, iraient le même jour de St-Jean-de-Luz à Ernani, d'où en cinq marches elles gagneraient Vitoria.

Malgré la jeunesse des soldats, ces mouvements se firent bien. Moncey ne quitta Bayonne que le 11 janvier. Le 15, après avoir vu toutes ses troupes en marche, il arriva à Vitoria, où se trouvait déjà Harispe avec la 2e division et la 1re brigade de la 3e. La 2e brigade était à une journée en arrière, à Durango, et la 1re division, à Miranda sur l'Ebre. La cavalerie se portait sur Logroño.

Le quartier général du corps d'armée resta à Vitoria pour achever son organisation et préparer les ordres de mise en route sur Burgos. En outre, on attendait encore des troupes de France, destinées à compléter le corps d'armée. Ce fut seulement le 6 février que Harispe put, de Vitoria, rendre compte au ministre que les quatre colonnes parties d'Orléans, à l'effectif de 121 officiers et 5.310 sous-officiers et soldats, arriveraient au siège du quartier général du 6 au 9; que par suite, les 1re et 2e divisions se mettraient en marche le 7 pour gagner Burgos. La 3e division et l'artillerie devaient rester encore à Vitoria et à Miranda.

Ces mouvements s'accomplirent conformément aux ordres donnés, ce qui permit à Harispe de se rendre le 12 à Burgos, avec son chef. A cette date, il fit connaître au ministre de la guerre son arrivée dans cette ville et les emplacements des principales unités du corps d'armée. Le 14, la 1re division devait être à Aranda, sur le Douro, la brigade de hussards à Lerma; la 2e division, la brigade de dragons et une division d'artillerie, à Burgos.

Les ordres de Napoléon se trouvaient donc exécutés; mais ils n'empêchaient pas les souffrances et les privations qui accablaient les troupes. Les pays traversés étaient appauvris; le passage des corps d'armée Junot et Dupont avaient produit une diminution et un resserrement de toutes les ressources. Dans la deuxième quinzaine de février, des maladies éclatèrent; il fallut organiser des ambulances et des hôpitaux. Indépendamment des affections plus ou moins graves qui se manifestaient, la gale régnait partout. On racontait que les deux tiers des soldats en étaient atteints. Une quantité d'emplois étaient sans titulaires et, dans toutes ses lettres au ministre, le maréchal Moncey réclamait des officiers. En passant à Bayonne, préoccupé de la pénurie de chaussures, il en avait commandé vingt mille paires. Le manque de vivres l'avait aussi amené à prescrire la fabrication de trois cent mille rations de biscuit. La connaissance que possédait le général Harispe des ressources du pays lui avait été très utile dans cette circonstance.

Pendant cette période de marches et d'organisation, l'Empereur, entraîné déjà par les événements, avait décidé, le 20 février, la nomination d'un grand chef militaire pour recevoir ses ordres et le suppléer. Murat, alors grand-duc de Berg, avait été nommé son lieutenant général, commandant en chef de toutes les troupes françaises en Espagne. Moncey en fut aussitôt avisé et reçut l'ordre d'adresser « chaque jour à S. A. I. des rapports exacts et détaillés sur la situation de son corps d'armée, puis, tous les huit jours, un état de situation pareil à celui qu'il envoyait à l'Empereur ». Ces rapports furent, à partir de ce moment, régulièrement fournis par Harispe.

Le 27 février, Murat arrivait à Bayonne, prenait son commandement et se mettait tout de suite en rapport avec ses deux commandants de corps d'armée, Dupont et Moncey.

Harispe rédigea un ordre du jour, daté du 29, annonçant aux troupes la nomination et la prise de commandement du prince Murat. Ce dernier prescrivit, sans plus tarder, la marche en avant sur Madrid qui devenait maintenant son objectif.

Il était temps de prendre cette détermination, car, sous la pression des circonstances, de graves événements s'étaient produits dans la capitale. Dès le 5 mars, la cour avait été prévenue que Napoléon voulait s'emparer de l'Espagne pour en donner la couronne à un de ses frères. Godoï et la reine, effrayés, avaient décidé le départ du Roi et de sa famille pour l'Andalousie et de là peut-être pour l'Amérique. Mais le prince des Asturies, Ferdinand, confiant dans la bienveillance de Napoléon, avait résisté à ce projet, et toutes les classes de la population, bientôt mises au courant des intentions de la cour, avaient pris parti pour lui. Des ministres même s'étaient opposés au départ du Roi. Godoï avait néanmoins donné ses ordres pour la mise en route de la cour, le 15 ou le 16 mars. La population de Madrid et des environs, très surexcitée, s'était portée à la résidence royale d'Aranjuez pour l'empêcher. Le 19 mars, une révolution avait éclaté. Elle avait amené la destitution de Godoï, l'abdication de Charles IV et la proclamation de Ferdinand comme roi.

Des grands d'Espagne, amis de Ferdinand, avaient été envoyés à Murat pour s'entendre avec lui au sujet de l'entrée des troupes françaises à Madrid. Ils devaient ensuite se rendre près de l'Empereur pour lui jurer amitié et renouveler la demande de la main d'une princesse française pour leur nouveau souverain.

A ce moment, la joie de la populace de Madrid était complète et, persuadée que Murat allait reconnaître Ferdinand, elle témoignait les meilleures dispositions pour l'arrivée de nos corps d'armée. Cette situation fit naturellement activer leur marche.

Par suite des mesures prises, les ordres transmis par Harispe eurent pour résultat de porter la cavalerie de Grouchy, le 18 mars, à Somosierra et Roblegordo.

Le lendemain, elle atteignit Buitrago et fit reconnaître la position de Cavanillas. Le même jour, Moncey et Harispe transportèrent le quartier-général à Buitrago, d'où ils constituèrent, pour arriver dans la capitale, une avant-garde spéciale, comprenant la division de cavalerie et la 1re division d'infanterie, général Musnier.

Le 21, le quartier général était à San Augustino. Madrid était tout proche. Harispe prévint le général de Grouchy qu'il aurait à se porter, le 22, entre Fuencarral, le Pardo et Alcovendas.

Harispe et Moncey arrivèrent le même jour à Fuencarral et se portèrent, le 23, au village d'el Pardo. Le corps d'armée y fut passé en revue par le grand-duc qui tenait à faire son entrée à la tête des troupes. Harispe avait au préalable reconnu le terrain, puis transmis les ordres pour la revue et pour l'entrée des troupes à Madrid.

Tout le corps d'armée fut réuni à dix heures du matin, le 23 février 1808 « sur les hauteurs qui dominent la ville, rangé en échelons par divisions, de manière que le terrain qui forme une espèce d'amphithéâtre, présentait le plus bel appareil militaire possible. » (1) Le grand-duc en fut très satisfait.

(1) Correspondance de Murat, par A. Lumbroso.

L'entrée à Madrid eut lieu le même jour, et la capitale fut immédiatement occupée par l'avant-garde. Harispe donna des ordres en conséquence au général de Grouchy pour la cavalerie et au général Musnier pour la 1ᵣₑ division. Le premier de ces généraux fut nommé, en même temps, gouverneur de Madrid.

Le quartier général s'installa au Ronco et Murat au Palais de l'Amirauté. Les 2ᵉ et 3ᵉ divisions du corps de Moncey restèrent campées sur les hauteurs de Chamartin.

Harispe se trouva, dès ce moment, ainsi que son chef, le maréchal Moncey, dans une situation difficile, causée d'un côté par les récents événements d'Aranjuez, de l'autre par les projets encore inavoués de l'Empereur, mais dont le but devenait chaque jour plus évident aux yeux des Espagnols.

L'armée de Murat, organisée avec une hâte fébrile, comprenait alors le 2ᵉ corps d'occupation de la Gironde, sous Dupont, celui des côtes de l'Océan, sous Moncey; la division des Pyrénées-Occidentales, commandée par le général Mouton, puis par le général Merle; celle des Pyrénées-Orientales, par le général Duhesme, un fort détachement de la garde impériale sous le général Lepic, et des troupes de réserve qui se formaient à Bordeaux.

Le grand-duc avait compris que son beau-frère voulait s'emparer de l'Espagne et de son gouvernement. Le choix dont il avait été l'objet lui faisait espérer d'échanger bientôt sa principauté contre le royaume de Charles IV. En conséquence, il secondait de son mieux les intentions de Napoléon, mais avec une disposition marquée à lui présenter les choses sous un jour favorable.

« L'armée de V. M., écrivait-il à l'Empereur, a été reçue à Madrid, comme dans toutes les provinces qu'elle a parcourues, avec toutes les démonstrations de la plus vive amitié et aux cris de *Vive l'Empereur!*...

V. M. est admirée et adorée dans toute l'Espagne, et c'est d'elle qu'on attend le plus heureux sort. » etc.

Le peuple espagnol pourtant n'avait pas vu d'un aussi bon œil l'occupation par surprise des places de Pampelune et de Saint-Sébastien. Il avait compris qu'il s'agissait de l'invasion de l'Espagne par l'armée française et attribuait cet événement aux intrigues de Godoï. Une sourde irritation couvait dans les esprits, et elle était d'autant plus forte qu'on avait cru d'abord à une simple intervention de nos troupes en faveur du prince des Asturies, Ferdinand, dont le peuple avait salué l'avènement comme une délivrance. On ne voulait plus d'un roi méprisé, d'une reine impudique et d'un favori abhorré.

Cette situation était aussi délicate que difficile à définir. Le général de Grouchy, gouverneur de Madrid, crut cependant devoir attirer l'attention de Murat sur l'inquiétude de la population, tout en flattant son désir secret de voir tout en beau. Il lui rendit compte dans les termes suivants de l'effet produit par l'entrée du corps de Moncey dans la capitale.

Rapport à Son Altesse Impériale le grand-duc.

24 mars 1808, 7 heures du matin.

Monseigneur, l'entrée d'un des corps d'armée sous les ordres de Votre Altesse Impériale à Madrid a produit une grande sensation dans cette ville. Votre présence y a excité le plus vif enthousiasme. Les troupes impériales ont étonné par leur attitude et leur tenue, notamment celles à cheval. Les habitants ont accueilli les Français, dans la journée d'hier 23, avec intérêt et d'une manière tout à fait fraternelle. Partout le soldat est vu de bon œil, et la nuit a été parfaitement tranquille. Toutefois, il règne dans le peuple de cette capitale un sentiment d'inquiète curiosité sur notre venue, sur les suites de l'état actuel des choses; et généralement l'arrivée du nouveau Roi est désirée...

Le général commandant l'avant-garde et la ville de Madrid.

De Grouchy.

Les jours suivants furent employés par le général Harispe à l'installation du corps d'armée du maréchal Moncey, dont le quartier général fut placé au palais du Retiro. Néanmoins, dès son arrivée à Madrid, il ne put se dissimuler les dangers de la situation. Il avait du reste au-dessus de lui, pour guider ses appréciations, un chef éclairé, le général Belliard, ami de Murat et major général de son armée. Celui-ci, très sincère dans ses rapports, écrivait au prince de Neuchâtel, Berthier, dans des termes qui devaient frapper l'Empereur. Il réclamait sans cesse des vivres pour obvier à la profonde misère des troupes. Il signalait la venue à Madrid de nombreux habitants de Valladolid qui se plaignaient de la disette et de la quantité de soldats qu'on leur envoyait. Belliard ajoutait que le manque de vivres dans la population servirait bientôt de prétexte à des mouvements insurrectionnels qui « seraient d'autant plus faciles que ventre affamé n'a point d'oreilles. »

A la fin de mars, en effet, une émeute éclatant contre nos troupes à Aranda vint justifier ces prévisions, et prouver que la bonne harmonie ne régnait plus entre l'armée française et la nation espagnole.

D'autre part, les maux dont souffrait le soldat étaient ressentis d'autant plus vivement que la troupe manquait de cohésion, par suite de la manière dont les corps avaient été constitués.

Harispe, témoin de ces misères, ne pouvait qu'en rendre compte et attendre, en surveillant les événements, la crise qui semblait devoir éclater un jour ou l'autre. Rien ne saurait mieux donner une idée des difficultés de la situation, que la lettre suivante adressée par le général Belliard au major général Berthier :

Au major général à Paris.

Madrid, 30 mars 1808.

L'armée peut être considérée comme un corps sans âme, surtout l'armée d'observation des côtes de l'Océan ; c'est vraiment une pétaudière, et il est plus que temps qu'on s'occupe de lui donner une organisation, si on ne veut pas la voir crouler sous son propre poids. Je regarde, Monseigneur, qu'il est indispensable de former des régiments, de leur donner une désignation ou un numéro, d'y mettre des chefs, de les fournir d'officiers, de les faire administrer d'une manière régulière et de leur donner un même uniforme ; autrement tout est de pièces et de morceaux ; cela produit un mauvais effet dans le pays et cela nous enlève la force morale nécessaire au bon ordre et à la discipline. Les chefs ne voient que le détachement qui leur appartient, et ils s'intéressent fort peu au reste... Le corps d'observation des côtes de l'Océan fait vraiment pitié ; je ne sais si c'est faute de soins ou misère, mais les soldats sont malingres, mal tenus ; ils ont tous la gale et, depuis notre arrivée à Madrid, il est entré 700 hommes à l'hôpital. Ce que je vous dis là, Monseigneur, est l'exacte vérité, etc... »

Cette lettre, animée de si bonnes intentions, ne fut pas goûtée. Elle allait contre la volonté du chef suprême. Et cependant une cruelle expérience, celle de Baylen, ne devait pas tarder à justifier les plaintes de Belliard et à infliger une terrible leçon à la volonté aveugle qui avait lancé nos armées en Espagne.

Quelle heureuse chance eut cependant Napoléon de trouver dans le roi Ferdinand un homme indécis, craintif, dominé par les terreurs que lui avaient inspirées l'hostilité de ses parents et les menaces de Godoï. Si, au lieu de cela, Ferdinand eut été un homme de caractère, apte à commander les troupes qu'on avait rappelées du Portugal, résolu à assumer les responsabilités du pouvoir suprême, à diriger son gouvernement et à s'appuyer sur sa popularité pour sauver sa patrie, on ne saurait dire ce qui serait advenu des soldats de Moncey et des différents corps qui s'étaient aventurés au delà des Pyrénées.

Mais, il faut l'avouer, Napoléon, très renseigné sur la cour d'Espagne, savait qu'il n'y avait là que des éléments de faiblesse et qu'il pouvait persévérer dans l'arrière-pensée qu'il avait conçue de s'emparer de la couronne et de la mettre sur la tête d'un de ses frères.

Malheureusement, s'il avait apprécié la cour à sa juste valeur, il s'était pleinement trompé sur le peuple espagnol et devait bientôt apprendre, à ses dépens, qu'une nation fière et courageuse a toujours les moyens de garantir son indépendance.

En attendant, le mois d'avril s'écoula pour Harispe dans des travaux d'installation. L'entretien et l'amélioration du corps d'armée réclamaient tous ses soins. Il lui fallait mettre les hommes en bon état, perfectionner leur administration, leur instruction et leur tenue.

Autour de lui cependant la situation s'aggravait de plus en plus, et les événements qui se succédaient avec rapidité n'avaient d'autre résultat que de la rendre chaque jour plus critique.

La manière dont Murat avait été reçu à Madrid par le peuple, avait donné de l'ombrage au gouvernement espagnol. Depuis lors, les autorités qui devinaient les projets de Napoléon, travaillaient l'esprit public. L'enthousiasme n'existait pas; seule, la curiosité poussait les foules sous les pas du grand-duc, et nulle part ne se faisaient entendre ces *vivat* qui témoignent de la faveur populaire. On disait tout haut que l'armée française était venue pour changer la forme du gouvernement. On répétait que dans le nord de l'Europe, les affaires de l'Empereur n'allaient plus aussi bien. Des attentats se produisaient contre les Français isolés. Le 1er avril vit éclater des émeutes à Madrid, à Pinto et à Aranjuez.

Dans la capitale, le mouvement fut assez sérieux, et ce ne fut pas sans peine qu'on put rétablir le calme. D'autre part, les approvisionnements demandés au gouvernement espagnol n'arrivaient que très lentement.

Pendant ce temps, Napoléon, adoptant les idées de Murat, décidait de ne pas reconnaître Ferdinand VII, dont la royauté, désirée par les Espagnols, serait difficile à détruire. Pour lui, le roi véritable était toujours Charles IV, dont le pouvoir pourrait être aisément renversé ; il rêvait d'amener les souverains à Bayonne pour les faire abdiquer en sa faveur, et d'y attirer aussi Ferdinand VII pour s'emparer de sa personne.

Dans l'histoire des nations, il n'y a qu'un mot, celui de crime, pour qualifier un pareil attentat.

Afin de l'accomplir, l'Empereur envoya à Madrid, dès la fin de mars, son âme damnée, Savary, et se disposa à partir pour Bayonne. Quand ce dernier arriva à Madrid, Murat avait préparé les voies aux desseins de Napoléon en refusant le titre de roi à Ferdinand et en faisant protester le vieux souverain Charles IV contre une abdication que la violence lui avait arrachée.

Le voyage de la famille royale de Madrid à Bayonne fut décidé et mis à exécution en avril. Il allait placer avant peu les troupes de Moncey dans une situation pleine de périls.

« Le départ de la nouvelle et de l'ancienne cour pour Bayonne, l'enlèvement du prince de la Paix, le bruit de l'abdication du vieux roi qui s'était répandu, l'appareil militaire déployé par le grand-duc dans la capitale, avaient occasionné une vive fermentation dans les esprits » (1). Le plus léger incident pouvait faire éclater la colère du peuple.

Sur ces entrefaites, Napoléon était arrivé à Bayonne le 14 avril; et, à la fin du même mois, les divers personnages espagnols qu'il attendait, franchissaient la frontière, où le major général, prince de Neuchâtel, allait les recevoir.

Pendant leur voyage à travers l'Espagne, les esprits fermentaient sur leur passage aussi fortement qu'à Madrid. Il fallut y envoyer des troupes. Le général Dupont, dirigé sur Cadix, trouvait sur son chemin la ville de Tolède en pleine révolte. D'autres menaces de guerre civile éclataient de divers côtés.

Enfin, le 2 mai, à Madrid, le peuple ayant appris que le prince Murat se disposait à envoyer en France la reine d'Etrurie et l'infant Don Francisco, se porta en masse, dès le matin, aux environs du Palais. Des hommes irrités coupèrent les traits d'une voiture qu'ils croyaient destinée à l'infant. Murat fit donner l'ordre au gouverneur de Madrid et à Moncey de dissiper les attroupements par la force.

Immédiatement l'alarme se répandit partout. La populace furieuse prit les armes; nos soldats firent de même, et le combat commença. Bientôt il fut engagé dans toutes les rues de Madrid. Les troupes espagnoles étaient consignées dans leurs casernes.

« Deux membres de la Junte gouvernementale se rendirent courageusement au milieu des combattants pour essayer de rétablir le calme. Leurs nobles efforts furent secondés par le maréchal Moncey et le général Harispe. Ces hommes généreux eurent la satisfaction de sauver la vie à bien des victimes. Ils parvinrent à la fin à

(1) Maréchal Jourdan. — *Mémoires militaires.*

calmer la multitude et à faire cesser les hostilités » (1).

Ce fut néanmoins une terrible journée, dans laquelle le peuple espagnol défendit courageusement ses droits et son indépendance. Le conseil royal de Castille avoua 104 habitants tués, 54 blessés et 35 fusillés. Dans nos rangs, le nombre des tués et des blessés s'éleva à 13 officiers et 78 hommes de troupe. En réalité, les pertes de la population madrilène furent plus considérables. Le rapport du gouverneur de Madrid parle d'environ 400 à 500 habitants tués pendant la lutte et 200 fusillés (2).

Quoiqu'il en soit, une fois la lutte terminée, la paix parut rétablie. Mais ce n'était qu'une apparence, et les chefs qui voyaient le fond des choses, se rendirent compte qu'un état d'hostilité allait désormais remplacer dans le peuple espagnol les bonnes dispositions du début. Harispe, connaissant depuis son enfance le caractère ardent de nos voisins, ne put s'y tromper et s'attendit pour l'avenir aux pires éventualités. Ses prévisions ne furent que trop justifiées.

L'insurrection du 2 mai avait été causée par les actes même de l'Empereur. C'étaient eux qui avaient porté au comble l'exaspération du peuple de Madrid et fait éclater sa colère.

La répression sanglante qui s'en suivit arrêta ce mouvement de révolte, mais fut loin de calmer les esprits. Quand on apprit ensuite ce qui s'était passé à Bayonne,

---

(1) Maréchal Jourdan.
Cette émeute laissa au général Harispe un souvenir ineffaçable. Au moment où il montait à cheval pour se rendre au milieu des troupes, son hôtesse, une belle Espagnole avec laquelle il n'avait eu jusque là que des rapports de parfaite courtoisie, saisit sur son balcon un pot de fleurs et le lui jeta à la tête. Il ne fut pas atteint, mais manqua d'être désarçonné par l'écart que fit son cheval effrayé.
Harispe se contenta de saluer gracieusement celle qui avait tenté de le tuer. (Notes de M. Dutey-Harispe).
(2) Voir aux pièces annexes le rapport du général de Grouchy, gouverneur de Madrid.

quand on connut la double abdication des rois Charles IV et Ferdinand, puis la désignation du roi de Naples Joseph, pour leur succéder, la fureur publique ne connut plus de bornes, et d'un bout de l'Espagne à l'autre, la nation entière se souleva. L'insurrection du 2 mai, considérée partout comme un signal patriotique, resta dans l'histoire du peuple comme un souvenir sacré. Cette date, *el dos de mayo*, vieille d'un siècle, éveille encore dans les âmes un sentiment d'orgueil et de fierté.

Des juntes provinciales se créèrent de tous côtés et exercèrent le pouvoir au nom de Ferdinand VII. Les soldats de l'armée espagnole désertèrent pour former dans leur pays natal des armées provinciales. Les Asturies, la Galice, le royaume de Léon, la Vieille Castille, l'Andalousie, les grandes villes proclamèrent l'insurrection et déclarèrent la guerre à la France. Ces soulèvements furent accompagnés de massacres et d'explosions de haine terribles.

A Valence, la révolte fut suivie d'actes d'une violence inouïe. A l'arrivée du courrier annonçant les abdications, un moine exalté se mit à la tête du peuple, une junte fut organisée et la levée en masse décrétée. Puis, la fureur populaire se déchaîna, et 300 Français détenus à la citadelle furent massacrés.

Sur divers points, des scènes semblables se succédèrent, et les juntes demandèrent l'appui de l'Angleterre. Au mois de juin, l'Espagne entière était en armes, et la haine du nom français dépassait tout ce qu'on peut imaginer.

Tel était le résultat des combinaisons de l'Empereur. Il envoya alors de nouvelles troupes en Espagne, autorisa Murat, qui était malade et dégoûté, à rentrer en France, le remplaça par Savary en attendant son frère Joseph, et donna lui-même des ordres pour la répression de la révolte.

A peine renseigné sur les événements qui s'étaient passés à Valence, « il prescrivit de faire partir de Madrid, la 1re division du maréchal Moncey, avec un corps auxiliaire espagnol, de pousser cette colonne jusqu'à Cuenca, de l'y retenir si les bruits de l'insurrection de Valence ne se confirmaient pas, et de la diriger sur cette ville s'ils se confirmaient. En même temps le général Duhesme reçut l'ordre d'envoyer de Barcelone sur Tarragone et Tortose la division Chabran qui devait déboucher sur Valence par le littoral, tandis que le maréchal Moncey déboucherait par les montagnes » (1). Deux divisions du maréchal Moncey restaient à Madrid avec les cuirassiers, la garde impériale et l'escorte de vieux régiments qui allaient accompagner le roi Joseph. Deux divisions du général Dupont étaient en outre disséminées entre l'Escurial, Aranjuez et Tolède.

Harispe reçut, le 3 juin, les ordres du prince Murat, les transmit au corps du maréchal Moncey, et veilla à leur exécution. Il ne se dissimulait pas que les forces préposées à la garde de Madrid étaient à peine suffisantes pour lutter contre un soulèvement, dont la violence dépassait déjà toute idée.

Valence est au Sud-Est de Madrid, à deux kilomètres de la Méditerranée, sur la rive droite du Guadalaviar. Pour y arriver, il fallait franchir le Tage dans la partie élevée de son cours, puis la Sierra de Cuenca qui sépare le bassin de ce fleuve de ceux du Guadalaviar et du Xucar. La route était accidentée, difficile et, en grande partie, aux mains de l'insurrection.

Avant son départ de Madrid, Harispe, dont les services depuis son entrée en Espagne avaient été remarqués, reçut l'avis officiel que l'Empereur l'avait créé Baron de l'Empire. Il transmit ses remerciements au

(1) Thiers. *Consulat et Empire.*

ministre de la guerre et lui adressa une demande pour obtenir les lettres patentes qui portaient institution de ce titre.

Il s'apprêta ensuite à quitter la capitale et se mit en route le 4 juin, avec le maréchal Moncey et le petit corps de troupes désigné pour cette expédition.

Celui-ci comprenait : la première division (général Musnier) moins deux bataillons, 800 hussards et 16 bouches à feu, formant un total de 8.307 hommes de toutes armes, officiers et état-major compris.

Le maréchal avait été prévenu officiellement qu'une division de l'armée des Pyrénées orientales, commandée par le général Chabran, avait ordre de se porter sur Tortose, d'où son chef se concerterait avec lui pour un mouvement ultérieur sur Valence.

Un corps espagnol de 1.500 fantassins et 400 cavaliers environ devait se réunir à ses troupes. Il aurait eu ainsi, avec la division Chabran, 15.000 à 16.000 hommes, ce qui aurait suffi contre les insurgés de Valence.

Mais avant même le départ du maréchal, les soldats espagnols avaient tous déserté. Le chef d'état-major en rendit compte sur le champ.

Parti de Madrid le 4, Harispe arriva avec le maréchal, à Tarancon, au pied des monts de Cuenca, le 7, en passant par Pinto, Valdemoro, Aranjuez, et Santa-Cruz.

Le 8, il fit séjour à Tarancon pour rallier quelques traînards, réunir des vivres et renouveler les moyens de transport. Trois jours après, il était à Cuenca, sur le Xucar, au milieu de la chaîne du même nom. Jusque là les autorités locales avaient consenti à délivrer les subsistances nécessaires aux troupes. Celles-ci, de leur côté, avaient observé l'ordre et la discipline qui leur avaient concilié la confiance des habitants.

Le 12, à Cuenca, Harispe reçut des dépêches de Madrid qui modifiaient et développaient les ordres donnés au départ de la capitale. Le grand-duc prescrivait au maréchal, si les troubles de Valence n'étaient pas apaisés, de s'entendre avec le général Chabran, quand celui-ci serait à Tortose, pour réunir les deux colonnes aux portes de Valence.

Il fallait donc d'abord se renseigner sur la situation de cette ville, car, depuis Madrid, on n'avait eu à ce sujet aucune information. Les communications étaient arrêtées à Requeña, à 15 lieues à l'ouest de Valence.

Le lendemain 13, Moncey, n'ayant pas de nouvelles du général Chabran et le croyant arrivé à Tortose, lui envoya l'ordre de marcher sur Castellon de la Plana, localité à vingt lieues au Nord de Valence, où il comptait le voir installé du 24 au 25. Il le prévint en même temps qu'il serait lui-même à Requeña, le 22 ou le 23, et qu'il lui adresserait de nouveaux ordres pour leur jonction sous les murs de Valence.

Le maréchal resta à Cuenca jusqu'au 16, faisant ainsi reposer ses troupes et laissant à Harispe le temps d'établir ses correspondances, d'assurer les vivres, de réunir les moyens de transport et de prendre des renseignements sur la route à parcourir. Ces résolutions, aussi sages que pratiques, ordonnées sans doute par les circonstances, avaient malheureusement l'inconvénient de donner aux insurgés le temps de s'organiser et de préparer à Valence de puissants moyens de résistance. Moncey reprit sa route le 17; et dès le lendemain, à Bonnache, il commença à traverser des villages abandonnés. On ne pouvait plus compter sur la moindre ressource.

Le 20, à Minglanilla, on apprit que des insurgés s'étaient rassemblés à Pesquera, pour défendre de belles positions de combat situées aux environs de ce village. Le maréchal marcha aussitôt contre eux, le 21.

Arrivé le même jour au bord du Cabriel, il trouva

devant lui des bataillons réguliers embusqués au pont de Pajazo, dans une position difficile à forcer.

Sur ce point, le Cabriel coule au milieu de rochers abruptes. Pour arriver au pont, il faut franchir un défilé resserré, et après avoir passé la rivière, suivre un second défilé aussi étroit que le premier. L'ennemi avait placé des canons en batterie à l'entrée du pont, qu'il avait barricadé. Aux alentours, des nuées de tirailleurs, à l'abri derrière les rochers, fusillaient la colonne française. Le maréchal fit traîner des canons à bras à travers les obstacles du terrain, réduire au silence l'artillerie ennemie, débarrasser le pont, et lança dessus des tirailleurs au pas de course. Une fois parvenus au delà du ruisseau, ceux-ci furent répartis par groupes des deux côtés du chemin; ils tournèrent les insurgés, en tuèrent un grand nombre, chassèrent les autres et restèrent maîtres de la position. L'ennemi laissa entre nos mains une vingtaine de tués, 18 prisonniers et 3 canons.

Le défilé du pont de Pajazo, écrivit le maréchal, est un des défilés les plus extraordinaires et les plus difficiles, tant au développement de nos forces qu'au passage de l'artillerie.

A la suite de cette affaire, 233 Suisses ou gardes espagnols vinrent se soumettre au vainqueur.

Le lendemain, 22 juin, Harispe transmit l'ordre d'aller prendre position au delà du pont. Il fallut pour cela suivre une descente fort raide, au milieu de rochers qui rendaient la route très abrupte. Moncey prévint le général Chabran de ce succès et l'avertit de sa prochaine arrivée sous les murs de Valence, le 27 ou le 28.

On apprit alors que l'ennemi vaincu au pont de Pajazo, avait reculé jusqu'à Las Cabreras, en avant de Siete Aguas où se trouvait le gros des forces insurgées. Moncey y porta tout de suite sa division, laissant Requeña sur sa droite. Il mit son artillerie de réserve en position à la Venta Quemada, avec ses bagages et les éclopés. Il avait en face de lui des régiments de ligne auxquels s'étaient joints de nombreux groupes de paysans. Il estimait leur effectif à 12 mille hommes environ.

La position, très forte par elle-même, semblait inexpugnable, et l'ennemi comptait nous y fermer la route de Valence. Moncey résolut de l'enlever de vive force, espérant jeter ainsi la terreur dans les rangs des Valenciens.

Le terrain de Las Cabreras offrait aussi de grandes difficultés. Le seul point par lequel nous pouvions déboucher avec l'artillerie, était dominé de toutes parts. De nombreux tirailleurs, postés sur les crêtes, harcelaient la colonne pendant sa marche qui dura plus de deux heures. Arrivé à l'endroit où l'on pouvait voir le gros des ennemis et juger de leurs dispositions, le maréchal comprit l'importance de la position qu'ils occupaient et la nécessité de les en débusquer. Le seul moyen d'y parvenir était de les tourner. Il en chargea le général Harispe. Celui-ci prit avec lui les hommes les plus alertes, les meilleurs tireurs et, après leur avoir fait déposer leurs sacs, les conduisit sur les hauteurs environnantes de droite et de gauche pour en chasser les Espagnols et faire tomber les défenses du défilé.

« Après des efforts inouïs et mille combats de détail, Harispe conquit, un rocher après l'autre, les abords de la position et réussit enfin à descendre sur les derrières des Espagnols qui défendaient ce passage » (1). Dès qu'il fut en mesure de concourir aux mouvements de la droite et du centre, le général conduisit son attaque avec la dernière énergie. Il chassa les insurgés de mamelon en mamelon, traversant des ravins, des précipices, escaladant des montagnes presque à pic, pendant plus de

(1). Thiers. *Consulat et Empire.*

trois lieues. Moncey voyait sa troupe s'avancer intrépidement sous le feu de l'ennemi et n'y ripostant que lorsqu'elle était assez nombreuse pour lui infliger des pertes sensibles. Harispe enleva dans cette affaire deux bouches à feu, un obusier, un drapeau et tua à l'ennemi plus de 300 hommes. La droite et le centre avaient de leur côté un égal succès. Bientôt les Valenciens, abandonnant leurs positions, prirent la fuite en désordre, nous laissant le champ de bataille, leurs canons au nombre de 12, leurs munitions et presque tous leurs bagages.

C'était un succès d'autant plus remarquable que les difficultés du sol et les obstacles à vaincre étaient extraordinaires. Le lendemain, on gagna la Venta de Buñol; mais là il fallut s'arrêter pour attendre l'artillerie, les transports, réparer les voitures brisées et remettre en état les pièces de campagne. On n'y parvint qu'avec les attelages, les voitures et les canons enlevés aux insurgés.

Le 26, on se remit en route; on atteignit Chiva et le lendemain on déboucha dans la belle plaine connue sous le nom de Huerta de Valence. Cette partie du pays est coupée de mille canaux par lesquels se répand en tout sens l'eau du Guadalaviar; elle est couverte de chanvres d'une hauteur extraordinaire, parsemée d'orangers, de palmiers et de toute la végétation du nord de l'Afrique. Cette vue était faite pour réjouir nos soldats fatigués et leur faire oublier les tristes contrées qu'ils venaient de parcourir. Mais si, grâce à la lenteur de leur marche, ils arrivaient en assez bon état, tous ralliés au drapeau, suffisamment nourris et très capables de combattre, ils trouvaient aussi, par suite de cette même lenteur, l'ennemi bien préparé et en mesure de défendre sa capitale.

Celui-ci en effet, posté à une lieue et demie de la

ville, s'était retranché derrière un canal dérivé du Guadalaviar, battant avec deux bouches à feu les écluses et un pont qu'il avait fait sauter. Des nuées de paysans embusqués de tous côtés, faisaient un feu continuel. Le maréchal forma sa troupe en colonnes, fit prendre position à son artillerie et prononça une attaque des plus vigoureuses. Les insurgés résistèrent vaillamment pendant plus d'une heure. Mais alors, voyant leurs lignes forcées, le pont rétabli, le village de Quarte enlevé, ils cédèrent le terrain après avoir perdu cinq pièces de canon et un drapeau.

Ce fut encore une rude journée qui nous coûta du monde, mais dans laquelle les insurgés furent très éprouvés. Harispe fut atteint par une balle qui lui fit une blessure sans gravité. Les troupes de Moncey bivouaquèrent sur le champ de bataille.

Dès la pointe du jour, le 28, le maréchal marcha sur Valence, dont les environs étaient couverts de maisons isolées et de jardins. Une multitude d'hommes armés, utilisant tous les obstacles, en défendaient les approches.

Nos troupes les refoulèrent et vers trois heures de l'après-midi, arrivèrent en position de combat à une demi-portée de canon des portes de Quarte et de Saint-Joseph. Il se passa alors un fait qui donne la mesure de la fureur des Valenciens.

Au début de la journée, le maréchal avait reçu par un parlementaire une lettre du général Exelmans qui était prisonnier dans Valence, avec un colonel, un chef d'escadron et un maréchal des logis Il demandait un échange aussi prompt que possible. Moncey envoya aussitôt à la Junte insurrectionnelle une vingtaine d'officiers espagnols prisonniers de guerre, pour qu'on lui restituât les quatre Français. La junte lui fit savoir qu'elle ne pouvait répondre de leur vie si elle les laissait sortir, et que, dans leur intérêt même, il valait mieux qu'ils fussent gardés. Puis les officiers espagnols furent ramenés au camp de Moncey.

Celui-ci fit alors sommer la ville ; on lui déclara que les habitants étaient résolus à s'ensevelir sous ses ruines.

Le maréchal ordonna aussitôt d'exécuter deux attaques de vive force contre les portes de Quarte et de Saint-Joseph. Il les fit soutenir par douze bouches à feu. Quatre compagnies d'élite furent désignées pour se diriger rapidement sur ces portes et contrebattre le feu de l'ennemi. Les colonnes d'attaque, disposées en échelons, devaient se soutenir mutuellement.

Au signal donné, nos troupes s'élancèrent et parvinrent au pied des remparts. Les Valenciens, bien retranchés, les arrêtèrent par des feux meurtriers de mitraille et de mousqueterie qui emportèrent des rangs entiers d'assaillants et jonchèrent le terrain de morts et de blessés. Le général du génie Cazals, qui dirigeait les attaques, fut grièvement atteint ; plusieurs officiers supérieurs tombèrent, et une partie de nos pièces furent démontées.

Les efforts réitérés des troupes de Moncey restèrent sans résultats, et l'ennemi conserva la possession de ces portes qu'il avait couvertes par des fossés pleins d'eau, des chevaux de frise et des pièces de bois, toujours remplacées aussitôt qu'elles étaient brisées par nos projectiles. Ce combat sanglant et acharné dura jusqu'au soir. L'attaque avait échoué devant le fanatisme d'une nombreuse population, retranchée dans sa capitale et préparée de longue main à la résistance. Les moyens de défense qu'elle avait accumulés étaient supérieurs à ceux d'une division affaiblie par trois grands combats et épuisée par des marches fatigantes dans un pays impraticable.

Le maréchal ne pouvait se faire illusion. Il avait devant lui une place forte, dont la population de soixante mille âmes était renforcée à ce moment par plus de quarante mille paysans résolus à se défendre jusqu'à la mort pour éviter la vengeance que le massacre de nos compatriotes attirait sur leurs têtes. Afin d'en venir à bout, il lui aurait fallu une artillerie de siège et une forte division de renfort.

Une nouvelle attaque n'avait pas de chances de succès et ne pouvait qu'augmenter les difficultés de la retraite. Moncey fit donc œuvre de prudence en y renonçant, et montra ensuite une heureuse décision en exécutant sur le champ sa marche en arrière.

Le 29, il fit reculer ses troupes jusqu'au village de Quarte, où il s'installa, n'ayant encore aucune nouvelle du général Chabran. D'après certains récits, celui-ci avait été arrêté par l'insurrection et, ne pouvant avancer, il était revenu à Barcelone. Dans l'impossibilité de compter sur son concours, ses munitions épuisées, son général du génie étant blessé et ses troupes fatiguées, le maréchal Moncey se vit forcé de renoncer à une nouvelle tentative.

Il fut prévenu alors que le capitaine général Cerbellon était parti d'Almanza avec 7 à 8.000 hommes, pour couper les communications sur Chiva et l'isoler entre les montagnes de Valence et le Xucar.

Moncey résolut de l'attaquer. Le soir même, pour lui cacher sa marche et le tromper sur ses projets, il prit position entre Quarte et Torrente. Le lendemain, 30 juin, apprenant que Cerbellon était sur la rive droite du Xucar, il dirigea sa petite armée sur Alcira, au sud de Valence. La nuit venue, il était à une lieue de la rivière et y prenait une position défensive.

Le 1er juillet, ses reconnaissances lui révélèrent qu'il était en présence de l'armée ennemie, forte d'environ

7.500 hommes fournis par des régiments de ligne et des levées insurrectionnelles. Une partie était passée sur la rive gauche; le reste défendait le passage de la rivière à Alcira, avec deux pièces de 12.

Après s'être concerté avec son chef d'état-major, Moncey fit d'abord chasser l'ennemi des hauteurs voisines par une brigade d'infanterie soutenue par son artillerie. On trouva le pont coupé; mais l'attaque fut d'une telle vigueur que la cavalerie put traverser la rivière à gué, sans résistance; l'infanterie la suivit et dès ce moment, le passage du Xucar s'effectua sur trois points différents, l'artillerie et le convoi passant au centre. Ces divers mouvements, exécutés avec précision, déconcertèrent l'ennemi qui se dispersa. Une partie se retira sur Alcira, l'autre sur les hauteurs de San Felipe, sur la route d'Albacète par le défilé d'Almanza, qu'elle espérait défendre.

Moncey prit aussi cette route qui le rapprochait de ses communications. Il jugeait avec raison qu'il ne pouvait se maintenir isolé au milieu de populations insurgées, sans liaison avec d'autres troupes, sa petite armée affaiblie par des combats qui l'avaient privée de ses meilleurs soldats, sans subsistances assurées, ayant épuisé la plus grande partie de ses munitions et emmenant un nombre considérable de blessés. A Albacète, il espérait trouver une division française qu'il avait demandée étant à Cuenca. Il était sûr en tout cas qu'arrivé là, il pourrait rétablir ses relations avec la Vieille Castille et Madrid.

En attendant, il recevait l'avis que Cerbellon marchait sur le col d'Almanza avec 9.000 hommes, pour lui barrer la route. Moncey le devança le 2, et prit le premier possession du col. Le lendemain, il combattit 2 à 3.000 hommes du corps de Cerbellon, qui tentèrent de l'arrêter dans le défilé avec deux pièces de canon qu'ils avaient sauvées au passage du Xucar. Mais bientôt, convaincus de leur infériorité, ils se dispersèrent. Nous prîmes leurs deux pièces, dont les affûts furent brisés faute d'attelages pour les emmener.

La division s'arrêta à Almanza et occupa Albacète le 6 juillet.

A peine installé dans cette ville, Harispe apprit au maréchal qu'une division française commandée par le général Frère était arrivée à San Clemente, sur la route de Madrid, à quinze lieues d'Albacète, le 26 juin; qu'elle en était repartie le 30 pour Requeña; et qu'un autre détachement de troupes françaises devait être à Cuenca.

Après avoir examiné la situation avec son chef d'état-major, Moncey, persuadé que ces forces étaient destinées à agir de concert avec lui et probablement sous ses ordres, prit le parti de les concentrer à San Clemente, sur le territoire de la Vieille Castille, pour y décider l'opération qu'il y aurait lieu d'entreprendre ultérieurement.

Harispe expédia les ordres à ce sujet. On prit ensuite la route de San Clemente que l'on atteignit le 9. Moncey y trouva une réponse du général Frère qui était à Iniesta. Il l'invita à y rester, à pousser ses avant-postes jusqu'à Minglanilla et lui fit savoir que, pour établir la liaison entre les deux divisions, il plaçait un régiment à Villanueva de Lajara. Il se mit aussi en relations avec les troupes envoyées à Cuenca sous les ordres du général Caulaincourt et s'établit militairement à San Clemente.

Pour le moment, l'expédition de Valence était terminée. En fait, elle avait échoué, puisqu'on n'avait pu occuper la ville et châtier les insurgés. C'était un premier revers de fortune infligé aux troupes impériales; Moncey et Harispe cependant n'en étaient pas affectés. Ils savaient que, d'après l'avis de Napoléon lui-même, l'expédition de Valence exigeait, pour réussir, le concours de deux divisions. L'une d'elles n'avait pu arriver;

l'autre avait vaillamment combattu et n'avait rien à se reprocher. Malgré l'absence du renfort attendu, le petit corps du maréchal avait agi avec une vigueur remarquable et engagé plusieurs affaires meurtrières dans lesquelles le succès avait toujours couronné ses efforts; il avait infligé à l'ennemi des pertes cruelles, forcé plusieurs passages dangereux, enlevé presque toute l'artillerie de l'adversaire, et montré qu'en rase campagne les Espagnols ne pouvaient lutter contre nous. Enfin, il avait aguerri ses jeunes soldats et donné à ses unités une cohésion qui leur manquait au début.

D'ailleurs, le maréchal Moncey, toujours sincère dans ses rapports, exposa les faits au prince Murat dans une lettre détaillée, le lendemain de son arrivée à San Clemente, et chargea son chef d'état-major, le général Harispe, d'aller la porter à Madrid, pour y ajouter au besoin les éclaircissements nécessaires. Il lui adjoignit son frère, le chef d'escadron Moncey. Cette lettre donne une idée nette de la situation et fait ressortir les efforts remarquables de la petite division que le maréchal avait conduite à Valence, puis ramenée en Vieille Castille sans accidents et après une campagne des plus honorables. Elle était ainsi conçue :

Au quartier général de San Clemente, le 10 juillet 1808.

A Son Altesse Impériale et Royale le grand-duc de Berg.

Monseigneur,

J'ai eu l'honneur de rendre compte à Votre Altesse, de la Venta de Buñol, des opérations de la division sous mes ordres, jusqu'au 25 juin. Depuis, il m'a été impossible d'établir aucun moyen de correspondance, et ma position a été telle qu'il eût été dangereux d'en hasarder. Il est possible, et même vraisemblable, que Votre Altesse n'aura pas reçu mes dernières dépêches. En conséquence, j'ai cru convenable de réunir dans un même cadre le journal complet de mon expédition sur Valence et des événements de mon retour jusqu'à aujourd'hui. Votre Altesse, Monseigneur, a été trompée sur la situation du pays que j'ai eu à parcourir, sur le nombre de forces disponibles que deux provinces extrêmement exaspérées et entièrement fanatisées pouvaient nous opposer, enfin sur les difficultés inouïes du terrain. Il a fallu toute la bravoure, tout le dévouement de Messieurs les généraux, des officiers et des soldats pour sortir d'un pas aussi difficile, aussi dangereux, et conserver tout entier l'honneur d'une armée de Sa Majesté. Pour réussir dans une pareille expédition avec les faibles moyens mis en mon pouvoir, il fallait seulement trouver des esprits inquiets, encore incertains, que notre présence pût faire rentrer dans le devoir, mais non une insurrection générale, fortement organisée, des armées composées de troupes de ligne bien commandées, soutenues par la levée en masse de deux provinces, une ville enfin à réduire, dont tous les moyens de défense, calculés et préparés depuis longtemps, devaient paralyser tous mes efforts, ayant épuisé dans trois combats des munitions qui ne devaient et ne pouvaient jamais permettre qu'un coup de main.

Je ne sais si la division Chabran, dirigée sur Tortose, d'après les ordres de Votre Altesse, et qui devait y être à ma disposition, a reçu des ordres ultérieurs; mais, quoique j'aie écrit à ce général de Cuenca par trois moyens différents, et également du pont de Pajazo, d'Utiel et sous les murs de Valence, je n'ai reçu de lui aucune réponse, ni le moindre avis de sa marche; mes informations et les rapports que j'ai recueillis d'ailleurs m'ont fait conjecturer que cette division n'avait pas dépassé Tortose. Me trouvant donc entièrement isolé au milieu de deux provinces totalement insurgées, menacé de toutes parts, n'ayant plus que les munitions nécessaires pour protéger honorablement ma retraite, privé de plusieurs officiers supérieurs, de mes meilleurs soldats, et voulant sauver mes blessés, j'ai conduit d'abord ma colonne à Albacète, où j'espérais trouver des troupes françaises, ainsi que j'avais eu l'honneur de les demander de Cuenca à Votre Altesse, et enfin à San Clemente, pour me concentrer avec les troupes des généraux Frère et Caulaincourt, ayant appris à Albacète que ces deux généraux étaient, ou sous mes ordres, ou devaient au moins agir de concert avec moi.

Je ne dois pas laisser ignorer à Votre Altesse que les troupes sous mes ordres sont dans un état de fatigue et de délabrement qui les mettra de quelque temps dans l'impossibilité d'agir d'une manière hostile. Dans cette expédition, les privations qu'elles ont éprouvées, la mauvaise nourriture, voyageant sous un climat brûlant à marches forcées, ne trouvant de l'eau qu'à des distances de dix à douze mille toises, les besoins de toute nature qu'ont éprouvés les soldats ont naturellement produit des maladies. L'artillerie est écrasée dans son matériel; des réparations, des objets de rechange lui sont indispensables; et les pertes qu'elle a faites en canonniers et en chevaux l'ont mise hors d'état de continuer la campagne dans la situation où elle se trouve.

Les deux provinces de Valence et de Murcie sont en armes; les autorités insurrectionnelles ont ordonné des levées régulières; le peuple qui les domine, outrepassant ces mesures, effectue des levées en masse. Ces rebelles ont des armes en abondance, des munitions, des canons sortis des arsenaux de Carthagène, et plusieurs régiments de troupes de ligne pour les soutenir; ils forcent des chefs expérimentés, déjà disposés à l'esprit de révolte, à les diriger.

Les premiers du Clergé, de la Noblesse, les hommes les plus influents dans toutes les classes sont à la tête des autorités et fomentent ces mouvements. Le peuple a acquis un degré d'autorité et de force qui permettrait difficilement aujourd'hui aux hommes à qui il reste un peu de sang-froid et de raison, de changer de parti, et les crimes qui ont été commis doivent augmenter leur énergie par le désespoir.

Un corps d'armée imposant peut seul faire rentrer ces peuples dans le devoir; mais il ne faut plus marcher isolément dans les royaumes de Valence et de Murcie ou par division; il faut des armées qui assurent des succès décisifs et n'aient pas à rencontrer des obstacles; un matériel d'artillerie tel que les murs des villes ne puissent plus être considérés comme un refuge. Vingt mille hommes au moins, réunis ou ayant une même direction, me paraissent nécessaires, tant pour la réduction de Valence que pour la pacification de toutes ces contrées. Valence réduite, Murcie, Alicante, Carthagène, Grenade doivent successivement subir le même sort, ayant soin que des troupes placées sur des points intermédiaires protègent les relations, concourent ainsi, par la force de leur présence, à maintenir les peuples soumis, et à assurer les communications avec Madrid.

Il paraît certain, d'après les avis qui me sont parvenus, que toutes les villes insurgées des côtes sont en accord parfait avec les Anglais, qu'une trêve de deux ans a eu lieu, et que les Anglais se seraient emparés des flottes et des vaisseaux français qui étaient dans les ports de Cadix et de Carthagène.

J'ai l'honneur d'adresser cette dépêche à Votre Altesse par M. le général Harispe, chef de mon état-major, et par le chef d'escadron Moncey, mon frère, mon premier aide de camp. Ils remettront à V. A. tous les états de situation relatifs à la division sous mes ordres. Ils sont d'ailleurs chargés de donner verbalement tous les renseignements sur notre situation qui pourraient servir à fixer vos déterminations.

Je suis avec respect, Monseigneur, de Votre Altesse Impériale et Royale le très humble et très obéissant serviteur.

Le maréchal Moncey

Dès son arrivée à San-Clemente, le maréchal Moncey avait appris les changements survenus à Madrid. Le prince Murat, malade, était parti pour rentrer en France, où Napoléon avait proclamé son frère aîné, Joseph, roi d'Espagne. Celui-ci s'était mis en route pour gagner sa capitale sous la protection d'une forte colonne. En attendant son arrivée, le général Savary, duc de Rovigo, avait été envoyé par l'Empereur pour diriger les affaires, en laissant la signature au général Belliard, major général de l'armée sous Murat.

Harispe partit de San Clemente le 11 juillet au soir. Le lendemain matin, Moncey écrivit à Savary.

Au quartier général de Saint-Clément, le 12 juillet 1808.

Monsieur le duc,

M. le général Harispe, mon chef d'état-major, et mon frère, mon premier aide de camp, sont partis la nuit dernière pour Madrid, avec tous les rapports relatifs à mon expédition sur Valence, que j'ai eu l'honneur d'adresser à Sa Majesté et à son Altesse Impériale et Royale le grand-duc de Berg.

Je crois, monsieur le duc, qu'avant de porter un jugement sur cette expédition, il est sage et même convenable de connaître les moyens que j'avais, ce que j'ai eu à faire avant de me présenter sous les murs de Valence, ce que j'ai pu alors entreprendre contre cette ville, son état de défense, et, depuis, ce que je pouvais et devais faire dans la situation où je me trouvais. Fort de la conscience d'avoir bien rempli mes devoirs, j'attends avec assurance le jugement de Sa Majesté. Jusqu'à une nouvelle détermination, je resterai avec cette division fatiguée, extrêmement affaiblie en hommes comme dans son matériel, à Saint-Clément, couvrant les routes de Valence et de Murcie.

Recevez etc...

Maréchal MONCEY.

Harispe et le commandant Moncey arrivèrent sans encombre à Madrid le 13 juillet, virent immédiatement le duc de Rovigo, lui remirent leurs dépêches et lui donnèrent tous les éclaircissements qu'il pouvait désirer. C'était la première mauvaise nouvelle sur les entreprises de l'Empereur en Espagne. Savary en fut ennuyé ; il craignait la colère du souverain. Il ne put s'empêcher de le laisser voir à Harispe et écrivit le lendemain, dans ce sens, au maréchal Moncey. « L'obligation où vous avez été de revenir jusqu'à Saint-Clément, est une grande contrariété... C'eût été un grand bonheur que Votre Excellence eût pu se maintenir dans la province de Valence, et je vois, par ce que me dit le général Harispe, que cela ne se pouvait pas »... Il lui prescrivit alors de se maintenir à

Saint-Clément, de préserver le pays et surtout la capitale des débordements de l'insurrection.

Il lui annonça en outre que le roi Joseph était arrivé à Burgos, le 13 juillet, avec la Junte réunie à Bayonne, et qu'il comptait être à Madrid le 25. Puis, comme Moncey était fatigué et malade, il l'invitait à venir se rétablir dans la capitale.

En effet, ce dernier était souffrant. Mais il était surtout vexé d'avoir éprouvé un échec qu'on lui aurait épargné, si l'on avait écouté ses réclamations quand il en était temps. A Saint-Clément, il se trouvait en l'air, dans une position ouverte de toutes parts, trop éloignée des troupes voisines pour en recevoir un appui utile, et sans moyens de combattre avec avantage les masses d'insurgés qui se rassemblaient à Albacète. Il ne voulait pas y rester. Pour couvrir sa responsabilité, il réunit, le 16 juillet, ses généraux en conseil de guerre, leur exposa la situation, leur communiqua les lettres du duc de Rovigo et leur proposa de prendre en arrière, vers Madrid, une position plus défensive dans laquelle il pourrait être en liaison avec la division du général Frère. A l'unanimité, les six membres de la réunion approuvèrent cette idée (1). Le 17, on prit en conséquence la route d'Ocaña, ville située sur le Tage, à 10 lieues de Madrid.

Cette délibération qu'il est difficile d'apprécier quand on ne s'est pas trouvé au milieu des circonstances qui l'ont provoquée, ne saurait cependant être admise en principe. Le chef responsable seul a le droit de prendre une résolution comme celle que Moncey proposait, et ce sont des initiatives de cette nature qui donnent la mesure du caractère et de la valeur d'un général en chef. Moncey aurait-il agi de même s'il avait eu près de lui son

---

(1) Voir aux annexes, le procès verbal de la délibération du conseil de guerre.

chef d'état-major Harispe? On ne saurait le dire; mais, dans le cours de sa carrière militaire, en présence de situations aussi difficiles, ce dernier ne réunit jamais de conseil de guerre et sut toujours prendre sur lui les décisions les plus graves.

Pendant ce temps, Harispe était à Madrid. Après s'être rendu compte de l'état des esprits, il pensa que l'Empereur voudrait être renseigné directement sur l'expédition de Valence et eut l'idée de lui envoyer le commandant Moncey.

Cet officier supérieur fit rapidement la route, arriva à Bayonne, vit l'Empereur et, au lieu de provoquer sa colère, eut la surprise de le voir satisfait. Le 18 juillet, le major général prince Berthier, écrivit à Savary :

Bayonne, le 18 Juillet 1908.

L'aide de camp du maréchal Moncey a donné à Sa Majesté tous les détails sur ce qui s'est passé. La conduite du maréchal a été belle. Il a bien battu les rebelles en campagne. Il est tout simple qu'il n'ait pu entrer dans Valence. C'était une affaire de mortiers et de pièces de siège...

ALEXANDRE, prince de Neufchâtel.

De son côté, Savary rendait compte à Bayonne que Moncey était revenu de sa propre autorité à Ocaña, et qu'il aurait blâmé ce mouvement si lui-même n'avait pas eu l'idée de l'éloigner de Saint-Clément, où il n'y avait pas d'eau; pour le moment il le laissait à Ocaña.

L'éloge du prince Berthier ne fut pas le seul qui fut accordé à Moncey. Tandis que son major général écrivait à Savary, l'Empereur adressait au roi Joseph, à Aranda, une lettre conçue dans le même sens. Il ajoutait même que le maréchal ne méritait que des éloges et l'indiquait à son frère comme un bon gouverneur de Madrid. Il écrivait également à Bessières, commandant la garde impériale à Burgos : « Le maréchal Moncey a eu de grands succès contre Valence; il a battu les insurgés dans six rencontres différentes, leur a pris trente pièces de canon et leur a tué un monde considérable... »

Ces appréciations rassurèrent pleinement Moncey et ses généraux. On sut plus tard que les Espagnols avaient perdu 5.000 hommes, cinquante canons et trois drapeaux.

Harispe revint donc trouver le maréchal à Ocaña, content de son voyage et de sa mission. Il le rejoignit le 20 juillet, lui apportant des lettres du major général Belliard, qui n'était pas sans inquiétudes sur l'état des esprits à Madrid même.

Déjà, le 16 et le 17, Belliard avait demandé au maréchal Moncey d'envoyer d'urgence un régiment à Madrid, pour le 22 juillet. La veille, Moncey le prévint du départ de ce régiment, qui escortait une partie de l'artillerie et des malades. Il lui annonça en même temps qu'il partirait lui-même avec son état-major le 23, laissant à Ocaña le général Musnier avec le reste de sa division.

A Madrid, de mauvaises nouvelles venues de divers côtés, mais surtout d'Andalousie, justifiaient les pires inquiétudes. Le roi Joseph y était arrivé le 20, trouvant l'esprit public très mauvais. Trois jours après, il apprenait la défaite complète du général Dupont du côté de Cordoue. Les habitants ajoutaient que son corps d'armée avait été détruit. Il fallut bientôt se rendre à l'évidence : Dupont avait capitulé en rase campagne à Baylen. C'était le plus sanglant affront qu'eussent jamais subi les armées impériales, et c'était ce peuple que Napoléon avait cru réduire avec des conscrits, qui le lui infligeait.

Dans la capitale, on fut terrifié. L'affaire de Baylen était une catastrophe révélant la force de l'insurrection. Le roi Joseph, en recevant cette nouvelle, ne crut pas pouvoir se maintenir au siège de son gouvernement. Il rappela toutes les troupes autour de lui. Celles du sud reçurent l'ordre de rejoindre à Ocaña le général Musnier qui en prendrait ensuite le commandement.

Les divers corps réunis à Madrid devaient quitter cette ville pour gagner Aranda, prendre position derrière le Douro et plus tard à Burgos.

La concentration des corps français répartis au sud de Madrid, fut achevée à Ocaña le 31 juillet. Le lendemain, ils se portèrent sur la capitale et en deux jours ils furent prêts à se mettre en route. Les évacuations des hôpitaux et des dépôts étaient déjà commencées.

Le maréchal Moncey reçut le commandement de ces forces. Le général Harispe devint ainsi le chef d'état-major d'une petite armée, mal organisée, sans cohésion, troublée par les événements et surtout par le fait même de cette retraite vers la France, succédant à une défaite sans précédent.

Sa tâche à ce moment fut aussi laborieuse que difficile.

La situation était critique et rien ne peut en donner une idée plus juste qu'une lettre écrite à ce moment par le général Belliard au prince Berthier :

Au Major général

Madrid, le 31 Juillet 1808.

Mon Prince, j'ai l'honneur d'envoyer à Votre Altesse Sérénissime la lettre que j'ai reçue ce soir de Musnier. Votre Altesse verra que le général Laval ainsi que les troupes qui se trouvaient à Madridejos ont opéré ce soir leur jonction avec les troupes d'Ocaña.

Le 2, de très grand matin, l'armée doit quitter Madrid ; elle marchera dans l'ordre suivant...

La terreur est déjà répandue dans la ville ; tous les Français établis dans le pays, tous les Espagnols qui ont paru être nos amis, tous ceux qui se sont mis en avant, cherchent à quitter la ville pour éviter d'être massacrés. Cette malheureuse capitale, quand nous l'aurons quittée, sera, je le crains bien, le théâtre de beaucoup d'horreurs, et lorsque les insurgés y entreront, la grande masse des habitants nous regrettera en faisant la comparaison de la conduite des insurgés avec la nôtre.

Nos évacuations se font assez lentement, faute de moyens de transport, surtout celle de nos malades qui ne laissent pas que d'être très nombreux. Il est impossible de se procurer des voitures. Aujourd'hui, nous avons fait battre la campagne par la cavalerie pour en ramasser : il a été impossible de s'en procurer ; les habitants brûlent les roues et emmènent leurs bestiaux pour éviter de suivre l'armée française et de lui être utile ; c'est un système bien prononcé chez la nation espagnole que de nous faire le plus de mal qu'elle peut. C'est au point que depuis deux jours, il n'arrive aucun comestible en ville.

Lorsque les gens de la cour ont vu faire les préparatifs de départ, ils se sont tous cachés ; et ce soir, on n'a pas trouvé un seul des innombrables palefreniers pour atteler deux mules ; tous les harnais avaient disparu ; etc...

Telles furent les conditions dans lesquelles Harispe eut à préparer la retraite des troupes.

Il fut en même temps prévenu par le maréchal des résolutions prises par le roi Joseph. L'intention du souverain était de concentrer tous ses moyens pour livrer, avec chance de succès, une grande bataille aux forces insurrectionnelles. Dans ce but, tandis qu'il rassemblait les divisions éparses au sud de Madrid, il ordonnait au général Verdier de lever le siège de Saragosse, et d'envoyer à Pampelune, pour y former la garnison, l'artillerie de siège et ses malades. Avec le reste de ses troupes, il allait se rendre par Logroño vers Tudela. En outre, il demandait des renforts à l'Empereur.

Harispe sortit de Madrid le 2 août, avec le maréchal et la première colonne. L'évacuation de la capitale s'effectua avec ordre, sans insulte de la part du peuple et sans que l'arrière-garde fût suivie par l'ennemi. Mais ce mouvement produisit le plus triste effet; et, dès le 3, en route pour Somosierra, l'armée se livra à toutes sortes d'excès. « Cette retraite si précipitée, si désordonnée, était un spectacle nouveau. Cette étrange procession hétérogène de fuyards de tous les âges, de tous les sexes, de tous les costumes, de toutes les conditions, offrait bien son côté curieux et pittoresque... Ces soldats à la débandade, convalescents des hôpitaux, étaient en proie à l'épidémie de pillage, de sac et de rapine qu'on ne cherchait point à réprimer... Nos soldats, malgré la marche en retraite, brisaient, pillaient, tuaient sans pitié; l'épouvante les précédait, la destruction les accompagnait; la haine et le désir de vengeance les suivaient » (1). Moncey fit rédiger par son chef d'état-major un ordre du jour des plus rigoureux pour « remettre les hommes sur la ligne de leurs devoirs ».

Le 5, on quitta les positions de Villarejos, Somosierra et Buitrago, à une heure du matin, pour gagner Aranda. La marche s'effectua en laissant de nombreux traînards et en abandonnant des caissons d'artillerie qu'on ne pouvait emmener.

Deux jours après, au départ d'Aranda, il y eut deux incidents qui donnèrent la mesure de l'état d'esprit des soldats. Les 200 dragons, commandés pour l'avant-garde, ne parurent pas, et une partie de la riche argenterie du Roi fut volée.

Le général Harispe apprit, dans cette journée, que l'Empereur allait envoyer en Espagne 150.000 hommes

---

(1) Récit du docteur Léon Dufour, médecin militaire à l'armée d'Espagne, (correspondant de l'Institut).

de vieilles troupes. A Burgos, où il arriva bientôt, il eut à subir une nouvelle épreuve : la ville était sans vivres. Il fallut réduire les hommes à la demi-ration. On trouva les dépôts d'infanterie et de cavalerie dans le plus triste état. Les soldats étaient « presque nus, sans bottes, sans souliers, sans habits, sans culottes et plusieurs même sans armes ».

On fut informé que des agents anglais, débarqués à Santander et à Bilbao, poussaient le peuple à l'insurrection, annonçant que « l'armée française était en pleine déroute, qu'elle se retirait en désordre et qu'il fallait l'empêcher de rentrer en France ».

Le maréchal Moncey et son chef d'état-major ne comptaient pas non plus trouver des ressources au delà de l'Ebre, où l'on allait prendre position. Ils avaient su que les habitants évacuaient d'avance leurs grains sur les différents ports où les Anglais en donnaient un prix avantageux. On ne pouvait plus compter sur les gens du pays, ni sur les réquisitions forcées. On ne trouvait rien et, au besoin, les Espagnols de la contrée seraient partis, faisant le vide autour d'eux.

Néanmoins, on arriva sur l'Ebre. Harispe veilla à l'installation sur la rive gauche des troupes ramenées de Madrid, pendant que le corps d'armée du maréchal Bessières occupait Burgos.

Ni les insurgés, ni le corps d'armée de Castaños, vainqueur à Baylen, n'avaient suivi nos divisions. On avait donc le temps de les réorganiser, de les remonter, de leur rendre à la fois la discipline et la confiance. On s'en occupa sans tarder et, dans le corps d'armée du maréchal Moncey, Harispe transmit, au plus tôt, les ordres qu'exigeaient les circonstances.

CHAPITRE XII

TROISIÈME CORPS DE L'ARMÉE D'ESPAGNE

Position du corps d'armée de Moncey sur l'Ebre. — Ordres du roi Joseph au sujet de Tudela. — Reconstitution de l'armée. — 3ᵉ corps de l'armée d'Espagne. — Sa composition. — Groupements d'insurgés. — Combat de Lérin. — Armée de Castaños. — Bataille de Tudela. — Citation de Harispe. — Poursuite de l'ennemi. — Siège de Saragosse par le 3ᵉ corps. — Junot remplace Moncey. — Résumé du siège. — Capitulation. — Etat de la ville. — Lettre de Harispe à Moncey.

La retraite de l'armée française sur l'Ebre était terminée ; et pendant qu'elle s'exécutait, le général Harispe n'eut sous les yeux que des sujets de tristesse. Ce fut pour lui un des moments les plus pénibles de sa carrière. La démoralisation de l'armée, comme les appréhensions de l'autorité supérieure, étaient faites pour décourager ceux qui en étaient les témoins. De tous côtés, on ne voyait que défaillances.

Quant au maréchal Moncey, bien qu'il traitât Harispe en ami, le service auprès de lui n'était pas toujours facile. Inquiet des événements, il laissait en toutes choses fort peu de latitude à son chef d'état-major. Celui-ci, spectateur désolé des misères de l'armée, ne pouvait y remédier de sa propre initiative ; il devait constamment en référer au maréchal et voyait parfois adopter des résolutions qui n'avaient pas ses préférences.

Dans son ensemble, la situation générale n'était pas non plus de nature à le réconforter. Le maréchal Jourdan, demandé à Napoléon par son frère, était arrivé et avait pris ses fonctions de major-général. Mais sa présence auprès du roi Joseph n'avait pas contribué à le remonter. Esprit sage, tranquille, d'une activité relative qui convenait à la mollesse de son souverain, le maréchal Jourdan, ignorant d'ailleurs le véritable état des choses, n'était pas fait pous inspirer des résolutions énergiques.

Harispe eut ainsi l'occasion de voir qu'à Burgos, le nouveau roi ne se crut pas assez loin des insurgés du sud, ni assez rapproché des frontières de France. Il voulut gagner Miranda sur l'Ebre, où le corps d'armée de Moncey se porta pour le protéger. Une fois derrière l'Ebre, le roi rappela à sa droite Bessières avec son corps d'armée, garda quelque temps autour de lui les vingt mille hommes ramenés de Madrid par Moncey, à sa gauche les troupes venues de Saragosse sous le général Verdier, et s'occupa plus spécialement des renforts qui allaient bientôt couvrir ses derrières, sur la route de Bayonne. Puis, ne se croyant peut-être pas assez en sûreté à Miranda, il recula encore et porta son quartier général à Vitoria.

On gagna ainsi le mois de septembre. Depuis notre arrivée sur l'Ebre, le corps de Moncey, comme le reste de l'armée, resta dans l'inaction. L'ennemi en profita pour s'organiser et se préparer à prendre l'initiative des mouvements. Déjà des bandes de guérillas se montraient sur les communications de l'armée. Il fallut leur donner la chasse de Vitoria à Irun et employer un certain nombre de troupes à la protection des convois, des courriers et des officiers d'ordonnance.

On apprit à cette époque qu'une forte colonne, sortie de Saragosse, venait d'occuper Tudela, sur la gauche de nos cantonnements.

Cette troupe, composée de quinze mille hommes environ, sous le commandement du comte de Montijo, avait suivi le général Verdier, repris Tudela et poussé jusqu'au delà d'Alfaro. Le roi Joseph, sur les rapports qu'on lui fit, décida qu'un effectif de 30.000 hommes sous les ordres du maréchal Moncey, marcherait contre elle. Harispe prit ses dispositions et, le 31 août, le corps d'armée que le roi accompagnait, partit dans la direction de Saragosse.

L'ennemi ne l'attendit pas et, le lendemain, Moncey qui avait réoccupé Tudela, écrivit au roi : « L'ennemi a fait sa retraite très précipitamment ; son mouvement a commencé à deux heures. » Il évaluait les forces de son adversaire à 20.000 hommes, dont moitié de troupes de ligne. « La masse, ajoutait-il, s'est portée sur Saragosse par Mallen ; le restant, sur le chemin de Madrid, par Tarragone ». Pour surveiller ces mouvements, Harispe, sur l'ordre du maréchal, envoya des reconnaissances dans ces deux directions. Les divisions furent établies, celle du général Lefebvre sur la route de Saragosse, le général Morlot sur celle de Madrid, et le général Frère sur les débouchés de Corella et d'Alfaro. Moncey attendit à Tudela les ordres du roi.

Ceux-ci, rédigés à Calahorra, le même jour, par le major général Jourdan, se croisèrent avec la lettre du maréchal Moncey et lui arrivèrent le lendemain. Sa Majesté approuvait les dispositions prises, et annonçait son départ pour la droite de l'armée, où se trouvait Bessières, par suite d'un mouvement de l'ennemi sur Burgos. L'intention du roi était de réorganiser le corps d'observation des côtes de l'Océan et de ne lui laisser, selon la volonté de l'Empereur, qu'un effectif de 15.000 hommes, non compris la garnison de Pampelune. La mission de Moncey était désormais « de couvrir la Navarre et d'empêcher l'ennemi d'y pénétrer. » (1) Le

(1) Lettre du maréchal Jourdan du 1er septembre 1808.

roi s'en rapportait à la longue expérience du maréchal pour les positions à prendre. Tudela lui semblait trop éloigné pour être occupé en permanence. D'ailleurs, selon lui, cette ville n'était pas tenable. Pour la conserver, il faudrait s'établir « sur les hauteurs en avant, ce qui exigerait des moyens plus considérables que ceux dont disposait Moncey ». Jourdan conseillait en conséquence d'occuper Tudela comme avant-poste et d'en interdire l'approche à l'ennemi. Enfin, le roi demandait à Moncey d'établir un détachement de 4 à 5.000 hommes à Logroño pour en éloigner les Espagnols. S. M. se rendrait le soir même dans cette ville.

Cette correspondance, qui manquait de précision, n'était pas faite pour satisfaire le maréchal Moncey, ni son chef d'état-major, d'autant plus qu'à côté des ordres du roi, il y avait ceux de l'Empereur, ordinairement transmis par Berthier au chef d'état-major Harispe. Celui-ci, mis ainsi dans l'embarras, se vit obligé d'en référer au général Belliard.

Sa lettre fait connaître les difficultés de sa position et permet de supposer qu'à ce moment, le commandant du corps d'armée, préoccupé des récents événements, mécontent de ne pas être muni des forces nécessaires pour combattre l'insurrection, ennuyé d'avoir à obéir aux ordres du roi et à ceux de l'Empereur, n'était peut-être pas tous les jours d'une humeur accommodante.

Au quartier général de Tudela, le 5 septembre 1808.

Le général de brigade, chef de l'état-major du corps d'armée, à Monsieur le général de division Belliard, comte de l'Empire, chef de l'état-major général de l'armée.

Mon général,

Je vais communiquer à M. le maréchal Moncey vos lettres du 3 du courant, et prendre ses ordres pour l'exécution des mouvements et des dispositions qu'elles indiquent.

Je pense que, si tout ce qui est relatif aux mouvements des troupes était adressé à M. le maréchal directement, il en résulterait plus de célérité; car, vous le savez, mon général, et soit dit entre nous, M. le maréchal laisse peu de latitude, à cet égard, à son chef d'état-major : je me persuade que vous me comprenez facilement et que vous ne doutez pas de l'empressement que j'apporte à exécuter tous les ordres que je reçois.

Nos mouvements continuels, et, plus encore, les changements journaliers qu'éprouve le corps d'armée dans la composition de ses divisions, ont retardé l'envoi des états de situation; jusqu'aujourd'hui je n'ai su à quoi m'en tenir sur cela...

Le général chef d'état-major, etc.
HARISPE.

Le malheureux événement de Baylen et la retraite du roi Joseph sur l'Ebre avaient apporté une certaine confusion dans l'organisation de nos forces. Une fois installés derrière ce fleuve, le major général Jourdan et le général Belliard s'efforcèrent d'y remédier. Au commencement de septembre, l'armée sous les ordres du roi fut répartie en trois corps et une réserve : celui de droite sous Bessières, celui du centre sous le maréchal Ney qui venait d'arriver, celui de gauche, sous le maréchal Moncey, et la réserve, composée des gardes impériale et royale, sous le général Lepic. C'était avec les garnisons des places fortes, un total de 64.948 hommes.

Dans cette répartition, le corps d'armée de gauche, dont Harispe était le chef d'état-major, devait, d'après le décret du 7 septembre, constituer désormais le 3ᵉ corps d'armée, et avoir la composition suivante :

1ʳᵉ division. — Général Musnier.
114ᵉ et 115ᵉ de ligne. — un bataillon de Westphalie.
2ᵉ division. — Général Morlot.

116ᵉ et 117ᵉ de ligne, — un bataillon irlandais, — un bataillon prussien.

3ᵉ division. — Général Frère.
2ᵉ légion de réserve (5 bataillons).
5ᵉ d'Infanterie légère.
Cavalerie (2.000 hommes).
2 régiments de hussards.
1ᵉʳ régiment provisoire de grosse cavalerie.

L'ensemble du corps d'armée s'élevait à 18.000 hommes d'infanterie et 2.000 de cavalerie, dépassant de près de 5.000 hommes l'effectif prescrit par l'Empereur.

Cette organisation aurait eu son mérite, si elle avait été complète; mais elle était encore si défectueuse que le général Harispe éprouvait une grande peine à faire fonctionner ses services. Il n'avait en effet, ni courriers pour la correspondance, ni direction des postes, ni payeur militaire, ni inspecteur aux revues, ni officiers d'état-major, ni ambulances.

« J'étais pourvu de tout cela, écrivait Moncey au maréchal Jourdan, et par mes soins et par suite des ordres de l'Empereur. Ceux qui se sont plu à désorganiser mon corps, parce qu'il était animé d'un bon esprit, ont parfaitement rempli leurs vues. Ils ont su trouver jusqu'au moyen de m'enlever une division composée de jeunes soldats que j'avais aguerris et dont la confiance était respectivement bien établie, etc. ». (1)

Il y avait en effet dans cette situation de quoi exaspérer un chef de corps d'armée. Moncey et Harispe en paraissaient d'autant plus affectés, que les rapports des reconnaissances leur signalaient sur leur front des rassemblements d'Espagnols qui grossissaient chaque jour. C'est ce qui avait décidé Moncey à évacuer Tudela. Le 8 septembre, il en prévenait le maréchal Jourdan, en

---

(1) Correspondance du maréchal Moncey.

lui disant que c'était pour lui un moyen de mieux défendre la ligne de l'Ebre à la Navarre. Il n'en était pas moins disposé à reprendre les positions de Tudela ; mais pour cela il lui fallait toutes ses forces et surtout un ordre formel du roi.

A ce moment, il avait son quartier général à Tafalla ; son corps bordait la rive droite de la rivière Aragon et était appuyé par le maréchal Ney, cantonné aux environs de la Guardia, faisant face à l'Ebre.

Les rapports et les plaintes envoyés par le maréchal Moncey au roi Joseph n'étaient pas goûtés. On les trouvait exagérés, inexacts, et on l'écrivait au prince Berthier. Ils n'étaient pourtant que l'expression de la vérité.

Harispe, par sa connaissance de la langue espagnole, par ses agents et ses patrouilles, était toujours bien renseigné ; il avait signalé à son chef les nombreux rassemblements de troupes ennemies qui s'effectuaient sur le front du corps d'armée. On sut plus tard qu'une armée entière, l'armée espagnole de droite, composée des armées d'Aragon et d'Andalousie, s'était concentrée vers Sanguesa sur l'Aragon, menaçant Pampelune et les routes de France.

Pendant ce temps, le roi Joseph qui, sur l'avis du maréchal Jourdan, n'ajoutait guère foi aux rapports du 3e corps d'armée, s'était porté avec les troupes dont il disposait, sur Vitoria. Moncey, ainsi dégarni sur sa droite, ne se crut plus en sûreté ; il évacua ses positions et porta sa droite en arrière, pour ne pas être coupé de Vitoria. Il en prévint le maréchal Jourdan le 23, et lui annonça qu'il réunissait son corps d'armée à Estella, avec des avant-postes sur les deux rives de l'Aragon. Le quartier général fut porté à Olite.

Contrairement aux appréciations du maréchal Jourdan, déjà le 3e corps était au contact de l'ennemi. Le général de brigade Habert ayant dû occuper Sanguesa, y avait trouvé un millier d'hommes qu'il avait fallu combattre et chasser de la ville, l'épée dans les reins. Deux pièces de canon était tombées dans nos mains.

Moncey et Harispe passèrent ainsi la fin de septembre et presque tout le mois d'octobre dans les mêmes positions, observant les Espagnols et se tenant prêts à agir. Le 25 octobre, ceux-ci s'établirent à Viana et à Lérin, menaçant diverses positions du 3e corps. Ce mouvement offensif ne pouvait être toléré. Moncey fit aussitôt avancer deux brigades d'infanterie et une de cavalerie pour reprendre ces postes. Nos troupes, agacées depuis longtemps par les changements de cantonnements que leur imposait l'ennemi, ne demandaient qu'à combattre.

Aussi le 26, l'attaquèrent-elles avec une grande vigueur à Lérin et le mirent-elles en déroute. Douze cents Espagnols environ essayèrent de tenir. Ils furent entourés et forcés de déposer les armes. Parmi eux se trouvaient un colonel, deux lieutenant-colonels et 40 officiers.

Le même jour, Ney marchait sur l'ennemi à Logroño, et lui reprenait la ville.

L'Empereur, très satisfait du combat de Lérin et de ses conséquences, en fit l'objet d'une lettre au ministre de la guerre.

Ce fut vers cette époque que le général Harispe fut définitivement fixé sur la dotation attachée à son titre de baron. Un décret impérial l'avait constituée à la date du 5 octobre.

Elle se composait du domaine de Hilwardshausen, près de Münden dans le département de la Fulde. Situé sur les deux rives du Weser, ce domaine comprenait les fermes de Hilwardshausen, Batterfeld, Varlosen, Mengershausen, avec les dîmes de Reiffenhausen et de Brackenberg.

Au début, cette dotation était d'un revenu de 10.000 fr. 78 c. Il devait être augmenté après la prise de Valence.

L'acte de constitution des biens affectés à cette dotation en assurait la propriété « à la personne du titulaire et à celle de ses descendants ».

Le 5 novembre 1808, Napoléon arriva à Vitoria, à la suite des vieilles troupes aguerries qu'il avait dirigées sur l'Espagne, et prit immédiatement la direction des opérations.

Le corps de Moncey, maintenu à la gauche, n'eut pour le moment d'autre mission que de couvrir l'Ebre de Logroño à Calahorra; mais le 15 novembre, ce premier ordre fut modifié.

Le 3e corps était chargé de tenir les hauteurs de la Guardia, d'empêcher l'ennemi de franchir l'Ebre et de protéger les communications de l'armée entre Burgos et Miranda. Si Castaños qui était devant lui, battait en retraite, Moncey devait prendre l'offensive; car « l'armée d'Aragon, écrivait Berthier, ne peut soutenir le regard d'une seule de vos divisions ».

Les combinaisons de l'Empereur l'amenèrent alors à prendre une décision qui fut un ennui pour Moncey et son chef d'État-major. En s'avançant sur Madrid, Napoléon voulait faire refouler dans la même direction les armées espagnoles placées sur ses flancs. Dans ce but, il confia le corps qui était à Logroño et celui de Moncey, au maréchal Lannes. Ney devait le seconder. Ces maréchaux, quoique pleins d'estime l'un pour l'autre, ne s'entendaient pas toujours entre eux, ce qui ne pouvait que favoriser l'ennemi.

Moncey qui gardait son indépendance pour le commandement du 3e corps, fut invité à réunir ses troupes à Lodosa pour déboucher du pont, dès que Lannes paraîtrait. Celui-ci arriva dans cette ville le 20 novembre, vit Moncey, conféra avec lui, et tous deux furent d'accord pour marcher sur les Espagnols et les rejeter sur Saragosse et Madrid.

Harispe transmit le jour même les ordres relatifs au passage de l'Ebre à Lodosa, qui s'exécuta le lendemain. On abandonnait ainsi le pays entre Pampelune et l'Ebre. Le 21, on rallia sur la rive droite la division Lagrange qui venait de Logroño et deux brigades de cavalerie. Lannes avait ainsi sous la main une masse de 29.000 hommes environ.

Après deux jours de fortes marches, on arriva le 23 devant Tudela. Une armée espagnole de 40.000 hommes nous barrait le chemin.

Les troupes de Moncey attaquèrent avec impétuosité, refoulèrent les tirailleurs espagnols, puis se formèrent en colonnes d'attaque et, après un violent combat de deux heures, rejetèrent l'ennemi sur la ville. Toutes les divisions du 3e corps avaient été engagées, et lorsque, vers trois heures, la défaite de l'armée espagnole fut affirmée, Moncey reçut du maréchal Lannes l'ordre de faire poursuivre le corps de Castaños par les divisions Lagrange et Musnier et la moitié de la cavalerie, puis de se porter sur Saragosse avec le reste des troupes [1].

---

[1] Un témoin oculaire, le docteur Léon Dufour, nous a laissé le récit suivant de la bataille de Tudela :

« Après avoir traversé la misérable petite ville d'Alfaro, pillée et repillée, on entend bientôt le canon de Tudela devant nous. La troupe électrisée double le pas. Après deux heures d'un pas accéléré bien soutenu, nous atteignons le bord d'un plateau d'où la vue s'étendait sur les manœuvres de combat, à une demi-lieue de distance. Le général espagnol de Castaños était venu à notre rencontre, avec une armée forte, disait-on, de cinquante mille hommes; la nôtre ne dépassait pas quinze mille. A notre approche, l'ennemi abandonna les hauteurs de Tudela; il cherchait à se maintenir sur une butte entourée de ravins et armée de canons. Ce fut un spectacle plein d'émotion de voir l'assaut livré par nos soldats et la défaite des Espagnols : une vive mousqueterie, avec accompagnement du canon, s'engagea dans les oliviers de Cascante; mais elle dura peu et, au soleil couchant, on n'entendait plus que des détonations isolées et s'éloignant de plus en plus. L'ennemi s'enfuit vers Saragosse. Nous occupâmes Tudela le 23 novembre ».

L'ennemi, mis en déroute, laissa dans nos mains sept drapeaux, trente canons avec leurs attelages et leurs caissons, douze colonels, trois cents officiers et trois mille soldats. Il avait eu dans la journée, plus de quatre mille hommes hors de combat.

Telle fut la bataille de Tudela dont l'honneur revint en grande partie au corps d'armée du maréchal Moncey.

Dans cette journée, la tâche du chef d'État-major Harispe n'avait pas été la moins brillante. Lannes écrivit à l'Empereur qu'il n'avait jamais vu une déroute aussi complète.

L'importance de cette bataille fut considérable. Elle était le premier coup porté par Napoléon à l'insurrection espagnole; et, dès son arrivée, elle avait fait sentir à ses ennemis la vigueur de son commandement. Elle dégageait sa gauche et lui ouvrait la route de Madrid. Enfin elle avait brisé le principal effort des juntes espagnoles, et séparé les armées d'Aragon et d'Andalousie. La première avait rétrogradé sur Saragosse pour s'y enfermer, la seconde sur Madrid.

Le rôle du général Harispe, à la bataille de Tudela, fut remarqué. Il eut l'honneur d'être cité par le maréchal Lannes dans son rapport à l'Empereur. Moncey le cita également dans son compte-rendu sur la poursuite de Castaños.

Lui-même, suivant l'usage adopté à cette époque, envoya à l'état-major impérial quelques détails succincts sur l'ensemble de la bataille et sur ses résultats.

Rapport du général Harispe, chef d'état-major du 3ᵉ corps, au général Belliard, aide-major général de l'Empereur.

Tudela, 24 novembre 1808.

Mon général,

Le corps d'armée marcha, le 22, de Lodosa sur Calahorra, que l'on trouva évacué. MM. les maréchaux Lannes et Moncey portèrent leur quartier général, le même jour, à Alfaro; les troupes y bivouaquèrent.

Le 23, à 10 heures du matin, la tête de colonne atteignait l'ennemi sur les hauteurs qui dominent Tudela. Les insurgés parurent faire bonne contenance. Castaños et Palafox dirigeaient leurs opérations. Leur ligne s'étendait de Tudela à Cascante; leur nombre était d'environ 40.000, dont un grand nombre de troupes réglées.

La division Maurice Mathieu, formant l'avant-garde, força la droite de l'ennemi, le culbuta dans la ville et lui enleva son canon.

La division Morlot, venue de Corella, où elle avait bivouaqué, soutint le choc du centre des ennemis où se trouvaient leurs principales forces, et l'enfonça après quelque résistance.

De la droite au centre, toute l'artillerie des insurgés, caissons, munitions et bagages, tout était tombé en notre pouvoir. Nous comptons déjà 24 pièces de canon. Ils y ont laissé plus de 2.000 tués et blessés; nous avons déjà plus de 2.000 prisonniers, parmi lesquels un grand nombre d'officiers.

La cavalerie a poursuivi les fuyards et en a fait un grand carnage.

La division Lagrange a attaqué la gauche vers le soir et l'a culbutée dans Cascante.

Castaños et Palafox se retirent en toute hâte avec les débris de leur armée, le premier sur Borja, le second sur Saragosse.

Notre perte est d'environ 150 tués et de 700 à 800 blessés.

Le corps d'armée va se mettre en marche ce matin à la pointe du jour pour suivre ses succès.

Lorsque l'armée aura pris position, j'aurai l'honneur de vous donner sur cette affaire de plus amples détails.

Le lendemain de la bataille de Tudela, le maréchal Lannes, qui n'était pas encore guéri des suites d'une chute de cheval qu'il avait faite en entrant en Espagne, fut dans l'impossibilité de diriger ses troupes. Il remit alors le commandement au maréchal Moncey, ce qui redoubla les occupations et la responsabilité de Harispe.

Suivant la volonté du maréchal Lannes, Moncey forma deux colonnes, l'une, composée de deux divisions et de la cavalerie, sous les ordres du général Maurice Mathieu, l'autre commandée par lui-même. La première poursuivit Castaños vers Catalayud; la seconde marcha vers Saragosse sur les talons de l'armée de Palafox.

C'était surtout cette place forte qui préoccupait Moncey, tandis que le but principal poursuivi par l'Empereur et Lannes était la destruction de Castaños. En dirigeant une partie de ses troupes sur la route de Madrid, Moncey craignait de laisser à Palafox le temps d'organiser sa défense aux abords de Saragosse et de perdre ainsi de sérieux avantages. Dominé par cette idée, il se rendit à Catalayud avec Harispe, le 28 novembre, et là, apprenant que Ney était désigné pour couper la route à Castaños, il ordonna à ses deux divisions, Maurice Mathieu et Musnier, de limiter la poursuite à une marche au delà de Catalayud, et de revenir sur leurs pas.

Ce fut une décision à laquelle son chef d'état-major Harispe n'eut aucune part. Moncey se trouvait en présence de deux objectifs : l'armée de Palafox et celle de Castaños, qui avaient pris des directions divergentes. Il savait que la première, terrifiée par sa défaite, reculait en désordre sur Saragosse. En la poursuivant l'épée dans les reins, il espérait enlever les abords encore peu fortifiés de la place et peut-être la place elle-même.

Napoléon voulait surtout détruire l'armée de Castaños et venger le désastre de Baylen. Aussi la résolution de Moncey le contraria vivement, surtout quand il apprit que Ney, prévenu trop tard, n'avait pu arriver à temps pour atteindre Castaños. Ce fut le salut de l'armée d'Andalousie.

Lannes, voyant que Moncey abandonnait la poursuite pour revenir sur Saragosse, se plaignit à l'Empereur du manque d'activité de son collègue. « M. le maréchal Moncey, lui écrivait-il le 28 novembre, est loin de connaître le genre de guerre de Votre Majesté. Jamais je n'ai vu un homme plus froid et plus fait pour intimider le soldat français, etc ».

Cette appréciation laisse une impression pénible sur les rapports qu'avaient parfois entre eux les maréchaux d'Empire ; elle resta heureusement inconnue au 3e corps.

Là, le maréchal Moncey comptait être appuyé par le maréchal Ney pour l'investissement de Saragosse. Dans une entrevue à ce sujet, le 29 novembre, les dispositions relatives à l'opération avaient été arrêtées. Mais le lendemain 30, Ney reçut de Napoléon l'ordre de poursuivre Castaños, « l'épée dans les reins, jusqu'à Madrid ». Il prit alors avec lui les deux divisions de Moncey qui étaient vers Catalayud, rappela sa division Dessoles qui était déjà devant Saragosse, y ajouta la cavalerie du général Beaumont, puis celles des généraux Colbert et Dijeon qui étaient avec Moncey, abandonna ce dernier avec une seule division, celle du général Musnier, et partit le 1er décembre pour Catalayud.

Moncey fut exaspéré. Au moment où Ney le quitta, il était déjà aigri par une série de déboires qui l'avaient vivement affecté.

Tout d'abord, au moment de l'arrivée des troupes de la Grande armée en Espagne, il avait été froissé d'être le seul maréchal qui n'en eût pas reçu. Il s'en était plaint amèrement.

Lorsque les opérations avaient commencé dans la vallée de l'Ebre, étant l'unique maréchal présent sur les lieux, il avait espéré les diriger. Cet honneur lui avait été enlevé pour échoir au maréchal Lannes qui était ainsi devenu son chef.

Après la bataille de Tudela, on a vu quel était son espoir d'investir et peut-être de prendre Saragosse.

L'ordre de l'Empereur à Ney pour la poursuite de Castaños, lui enlevait encore cette chance de succès, et le laissait seul avec 7.000 hommes devant cette grande place forte. Il n'était donc plus en état d'enlever ses ouvrages extérieurs, encore moins de l'investir.

Il se retira avec ses forces si affaiblies sur la position d'Alagon, sur la rive droite de l'Ebre, à huit lieues au nord-ouest de Saragosse, et adressa de là à l'Empereur les 2 et 4 décembre 1808, des lettres qui contiennent des plaintes amères contre ses deux collègues Lannes et Ney. Ces observations retombaient sur l'Empereur lui-même, auteur des ordres qui l'avaient réduit à l'impuissance.

Harispe, témoin des déboires de son chef qu'il aimait, en subit le contre-coup et resta avec lui pendant tout le mois de décembre, observant la place de Saragosse et faisant, sur son ordre, tous les préparatifs d'un siège qui ne pouvait manquer d'être entrepris à bref délai.

Pendant ce temps, l'Empereur arrivait à Madrid et installait le roi Joseph dans la capitale. Toutefois les événements qui s'étaient déroulés autour de Saragosse et l'insuccès des poursuites l'avaient laissé mécontent. Il blâmait ouvertement les lenteurs du maréchal Moncey ; puis, reconnaissant que ses forces étaient insuffisantes pour le siège de Saragosse, il lui adjoignit le maréchal Mortier, duc de Trévise, dont le corps, composé des deux divisions Gazan et Suchet, était chargé de couvrir le siège, tandis que Moncey conservait la direction des attaques. Mortier rejoignit son collègue le 19 décembre. Celui-ci se trouvait alors en possession de ses trois divisions Musnier, Morlot et Grandjean, et disposait d'une force de 14.000 à 15.000 combattants. Mortier en avait 17.000. Un équipage de soixante bouches à feu complétait l'armée assiégeante.

Le 21 décembre, les opérations commencèrent. Le

Monte Torrero et la tête de pont des Grandes écluses furent enlevés. Mais le général Gazan ne put s'emparer du faubourg situé sur la rive gauche de l'Ebre, et dont la possession semblait nécessaire pour dominer la ville.

Moncey adopta, comme début du plan d'opérations, l'attaque du couvent ou fort Saint-Joseph qui était le point faible de la défense. On ouvrit la tranchée dans la nuit du 29 au 30. Le lendemain, les assiégés firent une vigoureuse sortie, qui fut repoussée.

Ce fut le dernier combat de Moncey en Espagne. L'Empereur avait décidé son changement; on le lui notifia le 2 janvier 1809. Il était nommé commandant en chef de l'armée de la tête de Flandre et remplacé au 3e corps par le général Junot, duc d'Abrantès, revenu depuis peu du Portugal qu'il avait été forcé d'évacuer.

En somme, depuis la bataille de Tudela, le 3e corps n'avait eu que des fatigues et des ennuis. Et cette période qui aurait dû, à la suite d'un grand succès, lui rapporter de nouveaux titres de gloire, lui procura surtout des désagréments.

Harispe les sentit vivement et, placé près de son chef qui lui confiait ses soucis, il n'eut à cette époque qu'un service pénible, fatigant et chargé des préoccupations les plus graves.

Quant à Moncey, il éprouva un vif chagrin de renoncer à une entreprise dont il avait rêvé le succès; mais il en prit son parti. Il vit Junot qui venait d'arriver quoique malade, le mit au courant des affaires, lui parla de son amitié pour Harispe, et le lui recommanda tout particulièrement. Puis il fit ses adieux à ses officiers et se mit en route pour gagner d'abord Madrid et rentrer ensuite en France.

Il écrivit, le 31 décembre, à Harispe une lettre pleine de l'estime et de l'affection qu'il lui portait... « Je me dirigerai moi-même sur Madrid, le cœur plein d'amertume et d'inquiétudes sur les circonstances, comme de mon éloignement de vous. J'attends de vos nouvelles et je vous écrirai ultérieurement. Je vous embrasse avec toute l'amitié qui m'unit à vous pour la vie, et j'emporte la consolation que le général Junot me remplacera dans les sentiments qui vous sont dûs d'une part, et de l'autre, dans ceux de notre amitié qu'il m'a tant promis de considérer ».

Harispe se trouva alors dans une position aussi pénible que difficile. L'amitié de Moncey aplanissait pour lui bien des obstacles; et son éloignement au contraire le laissait aux prises avec toute sorte de difficultés. Son nouveau chef, malgré sa bienveillance, ne pouvait avoir les sentiments qu'une confraternité d'armes de seize années avait fait naître entre le maréchal et lui. En outre, Junot, très affecté par ses derniers revers, commençait à être atteint de la maladie mentale qui devait abréger sa vie et qui lui donnait parfois une excitation d'esprit, une irritation même qu'on ne pouvait calmer.

Et c'était au moment où le 3ᵉ corps était spécialement chargé du siège de Saragosse que le commandement se modifiait ainsi. La responsabilité du général Harispe, son travail journalier, son service en étaient accrus d'autant. Avec un chef comme Junot, la préparation des ordres, la surveillance de leur exécution et les rapports sur les mouvements lui incombèrent de première main.

Il eut à cette époque des fonctions très chargées et parfois accablantes.

On ne saurait retracer ici les divers épisodes de l'attaque de Saragosse. Ils ont été maintes fois racontés. Toutefois, pour connaître le rôle du général Harispe dans la prise de cette place, il est indispensable de rappeler la situation générale, telle qu'elle se présentait au début, les principaux combats qui furent engagés par les troupes du 3ᵉ corps, et les résultats obtenus.

Depuis le moment où la division Verdier, par ordre du roi Joseph, avait levé le premier siège et s'était retirée, les Espagnols n'avaient cessé de travailler aux fortifications. Les ouvrages qu'ils avaient élevés de tous côtés avaient un caractère imposant et une force défensive redoutable. En outre, à l'intérieur de la ville, toutes les maisons, les couvents qui étaient nombreux, les édifices de tout genre, avaient été transformés en autant de citadelles ou de places d'armes. Tous les défenseurs et le général Palafox en tête, avaient juré de s'ensevelir sous les ruines de leur cité. L'attaque de celle-ci devenait donc une entreprise des plus difficiles.

Les premières opérations, commencées par deux divisions du 3ᵉ corps, le 21 décembre, furent ralenties, le 1ᵉʳ janvier 1809, par un ordre de l'Empereur qui envoya les troupes du maréchal Mortier à Catalayud pour maintenir les communications entre l'armée de siège et Madrid.

Harispe vit alors le 3ᵉ corps, affaibli par l'éloignement d'une dizaine de mille hommes, rester désormais seul chargé du siège, du blocus de la rive droite de l'Ebre, et de l'envoi journalier de forts détachements dans les villages voisins pour approvisionner le camp de vivres et de fourrages.

Néanmoins, les travaux relatifs à l'ouverture des parallèles et à l'établissement des batteries continuèrent, avec activité. Le 10 janvier, on ouvrit le feu contre le couvent ou fort Saint-Joseph. Le lendemain, la brèche était praticable; l'assaut fut donné et le fort enlevé par le génie qui organisa aussitôt un ouvrage pour les assiégeants.

Le 15, la tête de pont de la Huerba fut prise.

A partir de cette date, le soulèvement des populations autour de l'armée assiégeante prit de tous côtés une extension inquiétante. Les paysans armés, groupés en guérillas, menaçaient nos ambulances, nos hôpitaux, les manutentions et surtout les communications avec Pampelune d'où l'armée tirait ses munitions, ses projectiles et ses subsistances. Celle-ci réduite à 22.000 hommes, assiégeant une place défendue par plus de 50.000 Espagnols bien armés et résolus, avait une peine infinie à développer ses travaux.

Ce fut vers cette époque que l'on apprit la désignation par l'Empereur du maréchal Lannes pour commander les deux corps d'armée et diriger les opérations du siège.

A cette nouvelle, Junot éprouva un dépit extrême. Il voulut s'emparer de la place avant qu'un autre vînt lui enlever cet honneur, et prescrivit à Harispe de préparer les ordres pour livrer le lendemain un assaut général. C'était aller au devant d'un insuccès.

Le général du génie Lacoste, aide de camp de l'Empereur, qui s'occupait des travaux, représenta au général Junot la nécessité de ne pas s'écarter du plan de Napoléon, qui voulait éviter les attaques de vive force et arriver au but sans perdre trop de monde.

Il développa ses arguments vraiment irréfutables et fut appuyé par les autres généraux. Le duc d'Abrantès, perdant alors toute mesure, s'emporta et, après plusieurs paroles outrageantes, leur dit d'un air furieux : « Vous êtes mes ennemis et vous trahissez les d'Abrantès, en réservant au maréchal l'honneur de cette conquête ».

Cette apostrophe frappa tous les assistants et fut pour eux une première manifestation de la maladie dont le duc était atteint. Harispe en fut très affecté. Mais le général Lacoste, gardant son sang froid, répondit à Junot : « Eh bien, Monsieur le duc, je vous rends responsable du mauvais succès de cette action, et je vais en faire part à l'Empereur ». Cette fermeté changea les résolutions du général, et Harispe reçut l'ordre de décommander l'assaut (1).

Déjà, à cette époque du siège, le 3ᵉ corps avait été très éprouvé. Plus de 1.200 hommes avaient succombé aux fatigues, aux privations et au feu de la place. « On les transportait, dès qu'ils étaient atteints de blessures ou de maladies, à l'hôpital d'Alagon, hôpital infect où il n'y avait que du linge pourri, sans vivres, ni médicaments. Le général Harispe, envoyé pour en faire l'inspection et s'y montrant humain comme un héros, punit sévèrement les administrateurs coupables de tant de négligence, réorganisa cet établissement avec soin et procura au moins à nos soldats la consolation de n'être pas plus mal à l'hôpital qu'à la tranchée ». (2)

Le 22, heureusement, le maréchal Lannes arriva et prit le commandement en chef.

Son premier acte, en voyant la faiblesse de l'armée assiégeante, fut de rappeler le maréchal Mortier des environs de Catalayud. Celui-ci eut alors fort à faire pour couvrir le siège et disperser les rassemblements qui s'étaient formés pour secourir les assiégés.

Sous l'impulsion du nouveau général en chef, les travaux d'approche furent repris avec vigueur. Le 26 janvier, les brèches faites dans les fortifications des couvents de Santa Engracia et d'el Cazas furent reconnues praticables; l'assaut fut résolu.

La division Grandjean était chargée des attaques de droite; elle rassembla les compagnies des 14ᵉ et 44ᵉ de ligne dans les tranchées, et attendit le signal convenu. La division Musnier avait pris les mêmes dispositions au centre, secondée par la division Morlot à sa droite. Un régiment d'infanterie et un régiment de cuirassiers,

---

(1) Mémoires du général Lejeune, adjoint au général du génie Lacoste.
(2) Thiers, *Consulat et Empire*.

établis sur la gauche, devaient contenir les sorties de l'assiégé.

Tout le 3ᵉ corps était sous les armes. Harispe accompagna Junot qui était en tête avec le maréchal Lannes. Celui-ci donna le signal à midi. Les colonnes d'assaut s'élancèrent, et un combat acharné, furieux, s'engagea sur les brèches. Après une lutte sanglante, les ouvrages des deux couvents furent enlevés. L'entraînement de la lutte poussa les assaillants sur celui des Capucins dont ils s'emparèrent également. La division Morlot contribua efficacement au maintien de nos troupes dans cette partie de la ville, où l'on prit 15 pièces de canon et 200 combattants. Cette journée coûta aux Espagnols 600 tués. Nous eûmes un égal nombre d'hommes hors de combat.

A partir de ce moment, le feu incessant et meurtrier des assiégés obligea leurs adversaires à cheminer à couvert. Les galeries de mines se creusèrent de tous côtés et permirent de s'avancer dans l'intérieur de la ville.

Mais « chaque progrès des assiégeants semblait provoquer un redoublement d'énergie chez les assiégés. La prise de chaque maison exigeait un assaut et, sous le double ressort du patriotisme et de la religion, ces enthousiastes se défendaient, non seulement de maison en maison, mais encore d'étage en étage et de chambre en chambre. Ils plaçaient toute leur confiance dans les miracles de la Vierge del Pilar, pour laquelle on a une dévotion toute particulière dans l'Aragon. Les moines parcouraient les rues, un sabre d'une main, un crucifix dans l'autre, animant les uns au combat, forçant les autres au travail des batteries. Ils mettaient eux-mêmes la main à l'œuvre, faisaient des cartouches, fabriquaient de la poudre et combattaient au premier rang. » (1) Les

---

(1) Mémoires militaires du maréchal Jourdan.

femmes, organisées en compagnies, avaient pris les armes, faisaient le coup de feu et donnaient aux hommes l'exemple du courage.

Dans l'armée assiégeante, malgré quelques signes de découragement, on progressait d'une façon continue. Le 18 février, on fit sauter l'Université dont le local et les débris furent occupés aussitôt. Le même jour vit tomber dans nos mains le faubourg, puis les couvents de Saint-Lazare et de l'Université.

Ces derniers succès vinrent à bout de la résistance, et le 20, devant la mise en batterie de 150 pièces qui allaient foudroyer les défenseurs et détruire leurs derniers abris, la junte de Saragosse offrit de capituler.

Le 21, la garnison défila hors de la place, déposa ses armes aux pieds de nos soldats et fut emmenée prisonnière. Saragosse était conquise, et ce siège mémorable était enfin terminé.

« La ville présentait un spectacle hideux. Plusieurs quartiers, bouleversés par les mines, n'offraient plus que des ruines parsemées de membres mutilés. La malpropreté, le mauvais air, la misère et l'encombrement de plus de 100.000 âmes dans une ville qui n'en contenait ordinairement que 40.000, les privations et les fatigues inséparables d'un long siège, tous ces fléaux avaient engendré une épidémie affreuse qui consumait ce que la guerre avait épargné. Au milieu des ruines et des cadavres dont les rues étaient jonchées, on voyait errer quelques habitants, pâles, maigres, décharnés, qui semblaient devoir bientôt suivre les morts qu'ils n'avaient plus la force d'enterrer. Les 52 jours de siège avaient vu périr 54.000 individus de tout âge et de tout sexe, c'est-à-dire les deux tiers des militaires et la moitié des habitants ou des réfugiés » (1).

Tel fut l'affreux spectacle qui frappa les yeux du

(1) Maréchal Jourdan.

général Harispe, quand il put entrer en ville et parcourir les avenues de la cité conquise.

De notre côté, nous avions perdu environ 3.000 hommes, dont les deux tiers appartenaient au 3ᵉ corps. Le maréchal Lannes loua hautement la valeur et la persévérance des généraux, officiers et soldats, dont le courage avait su mener à bien cette rude et difficile entreprise.

Vers la fin du siège, Harispe crut devoir renseigner le maréchal Moncey sur les principaux incidents et sur la vaillante conduite du 3ᵉ corps.

Il lui adressa la lettre suivante :

A la Chartreuse, le 19 Février 1809 (1).

Monseigneur,

Il me tardait beaucoup d'apprendre que Votre Excellence fût parvenue à sa première destination; son voyage de Catalayud à Madrid m'inquiétait fortement. Le danger que l'on ne partage pas avec les personnes auxquelles on prend un vif intérêt, n'en paraît que plus grand. L'état de votre santé, lors de votre départ, était aussi peu propre à me tranquilliser.

L'empressement avec lequel vous daignez me rassurer sur tout cela est pour moi une preuve nouvelle de vos bontés, à laquelle je ne suis pas moins sensible qu'à toutes les autres. Le reste du voyage de Burgos à Paris aura été heureux. Vous trouverez, dans la capitale, la digne récompense de tout le bien que vous avez fait et de celui que vous auriez voulu faire, si les vœux sincères du cœur qui vous est le plus sincèrement attaché, sont accomplis.

Vos pensées, j'en suis sûr, Monseigneur, nous ont suivis dans les pénibles travaux du siège de Saragosse; vous avez partagé nos inquiétudes, lorsque environnés d'ennemis de toutes parts, réduits à de très faibles moyens, vous nous sentiez aux prises avec un ennemi devenu redoutable dans ses

(1) La lettre de Harispe est datée du 19 janvier. Mais, d'après les détails et les dates qu'elle contient, elle doit être du 19 février, veille de la capitulation.

propres murs; lorsque vous nous voyiez luttant avec le danger de manquer de quoi subvenir aux premiers besoins de la vie. La patience, la longanimité dont vous avez donné l'exemple à vos soldats, ont surmonté les obstacles.

Dans la nuit du 9 au 10 janvier, la première parallèle était achevée, et trente pièces d'artillerie, approchées à vingt toises, foudroyaient le fort Saint-Joseph et la tête de pont de la Huerba.

Le 11, à quatre heures de l'après-midi, un détachement de trois cents hommes d'élite de la 1re division s'est élancé sur la brèche Saint-Joseph et s'y est logé, après avoir éprouvé et surmonté beaucoup de difficultés; on y a fait quelques prisonniers dont un colonel, et pris deux pièces d'artillerie.

Le 15, l'ennemi, craignant un nouvel assaut, a évacué la tête de pont de la Huerba et nous a laissé voir la longue enceinte de la place, présentant un nouveau front hérissé d'artillerie. On s'en est approché par de nouvelles parallèles, et le 27, on a donné l'assaut à trois brèches rendues praticables à Saint-Joseph, à Sainte-Engracia et aux Capucins. Cette affaire qui est une des plus brillantes et des plus vigoureuses que nous ayons eues devant cette place, nous a valu un grand nombre de prisonniers et vingt pièces d'artillerie, dont seize de gros calibre. Depuis lors, nos troupes sont en ville, ruinant, démolissant, brûlant maison par maison, se battant dans toutes avec autant de valeur que d'acharnement. Nos pertes, sans être nombreuses, sont quelquefois cruelles.

Le 2 février, nous avons eu à pleurer le brave général Lacoste (2) et le capitaine Lalobe, adjoint à l'état major. M. le général Rostoland et le colonel Rogniat ont été blessés au bras, plusieurs officiers supérieurs et autres ont été journellement mis hors de combat.

Une grande partie de la division du général Suchet est employée à couvrir nos flancs; la division Gazan a commencé seulement depuis quatre à cinq jours son attaque sur le faubourg; elle s'y est emparée hier du grand couvent qui couvre ce faubourg.

(2) Général du génie, aide de camp de l'Empereur.

Nous occupons un grand nombre de maisons et beaucoup de rues; mais combien cette grande ville n'en a-t-elle pas encore?

Ainsi vous voyez, Monseigneur, que le troisième corps continue à donner des preuves du bon esprit dans lequel il a été formé. Leurs Excellences les ducs de Montebello et d'Abrantès ne se lassent pas d'en faire l'éloge; nos soldats, à côté de leurs frères d'armes de la Grande armée, citent leurs exploits avec orgueil et y attachent votre nom avec gloire et affection. Aucune vertu militaire ne leur est étrangère, ni difficile. Ils font avec joie les plus pénibles sacrifices.

Je ne dois pas vous taire cependant, Monseigneur, qu'ils ne croyaient pas avoir à faire celui des récompenses que quelques-uns d'entre eux avaient méritées à Tudela, à Torrero, récompenses d'autant plus agréables pour eux qu'elles eussent été marquées de votre estime. Déjà plusieurs sont morts dans de nouveaux combats, avec l'idée peut-être qu'on n'avait pas assez reconnu leurs services, et ce serait démentir mon caractère de franchise près de vous, que de ne pas vous dire, Monseigneur, que la nomenclature des bienfaits accordés aux autres corps d'armée dans la même campagne, paraît être un reproche au troisième de n'avoir pas fait autant qu'eux.

Je ne devais pas vous cacher cette pensée, Monseigneur; votre bienveillance m'a habitué à vous faire lire dans mon cœur et, de loin comme de près, vous y reconnaîtrez toujours les sentiments de l'affection respectueuse, de l'entier dévouement avec lequel je serai, toute ma vie, Monseigneur, de Votre Excellence, le très obéissant serviteur.

Le général de brigade.
HARISPE.

Ce dont le général ne parlait pas, c'était des exemples d'humanité qu'il donna à ses soldats, lorsque la chute de Saragosse calma les fureurs excitées par la sanglante résistance des habitants. La ville venait de se rendre, lorsqu'il rencontra des hommes qui emmenaient, en le brutalisant, un malheureux prêtre espagnol qu'ils voulaient fusiller. Harispe s'approcha et leur demanda de quel méfait ce prêtre s'était rendu coupable. Celui-ci s'empressa de répondre. « En entendant arriver vos troupes, j'ai eu peur, et je me suis caché dans un grenier, derrière une malle; mais je n'ai fait de mal à personne ».

Harispe, reconnaissant au ton de ce prêtre et à l'expression de son visage qu'il disait la vérité, lui fit rendre la liberté.

« Général, s'écria l'Espagnol, quand vous comparaîtrez devant Dieu, cet acte de justice et de bonté à mon égard vous sera compté; il vaudra grâce et miséricorde à votre âme ».

Ces paroles frappèrent Harispe, qui, parvenu à une grande vieillesse, aimait à les rappeler au sein de sa famille.

CHAPITRE XIII

CAMPAGNE D'ARAGON

Situation du 3ᵉ corps après la prise de Saragosse. — Combat d'Alcañiz. — Commandement de Suchet. — Bataille de Maria. — Blessure de Harispe. — Combat de Belchite. — Poursuite de Mina. — Marche sur Valence. — Retour en Aragon. — Siège de Lérida. — Combat de Margalef. — Prise de Lérida et de Méquinenza.

Lorsque la prise de Saragosse eut couronné les héroïques efforts de nos soldats, la situation du 3ᵉ corps commença à apparaître, aux yeux de ses chefs, sous un jour moins favorable que pendant le siège. L'excitation du combat, l'espoir de la victoire ne soutenaient plus l'ardeur des troupes, et l'on s'aperçut alors que les fatigues, les privations, les pertes subies, les avaient profondément déprimées.

Les hommes avaient beaucoup souffert; l'infanterie était très affaiblie; les régiments de nouvelle formation se ressentaient d'une organisation hâtive et sans cohésion. Le recrutement était en souffrance, la solde arriérée, la chaussure défectueuse, l'habillement en lambeaux, et l'alimentation à peine assurée. La fuite du receveur de la province, en laissant les caisses vides, avait mis le comble à ces misères.

L'effectif du corps, déjà très diminué par les pertes, fut encore réduit par l'envoi à Bayonne des 116ᵉ et 117ᵉ régiments, chargés d'y conduire les prisonniers et dirigés ensuite sur Valladolid où l'on réclamait des renforts. Au lieu des 20.000 hommes que les situations officielles lui attribuaient, le corps d'armée n'en comptait plus que la moitié, ce qui était peu dans la position avancée qu'il occupait en Aragon.

Ces causes réunies avaient atteint le moral du soldat et provoqué le découragement. « L'apparence de la misère le dégradait à ses propres yeux, en nourrissant la fierté et l'audace d'une population ennemie. Après avoir eu la part principale dans les travaux et les dangers du siège de Saragosse, les troupes de ce corps d'armée avaient vu les récompenses ordinaires accordées de préférence à celles du 5e, par suite d'une fâcheuse mésintelligence entre les chefs » (1).

Tel était le douloureux spectacle que le général Harispe eut sous les yeux pendant les mois de mars et d'avril 1809. Il avait bien gagné l'amitié de Junot; mais celui-ci ne s'intéressait plus à son commandement. Ayant appris que Napoléon préparait une nouvelle campagne contre l'Autriche, il ne songeait qu'à le suivre et finit par demander un congé pour se rendre à Paris.

Lannes était déjà parti, et son éloignement avait rompu l'unité du commandement. D'autre part, le 5e corps avait reçu, à la fin d'avril, l'ordre de se rendre à Valladolid, par Burgos, et il s'était mis en route aussitôt.

Pendant ce temps, de nombreuses forces espagnoles se rassemblaient en Aragon, en face des postes avancés du 3e corps.

Harispe suivait tous ces incidents, et une inquiétude extrême finissait par le gagner. Il vivait ainsi au milieu de perplexités journalières, lorsqu'il apprit la nomination d'un nouveau commandant en chef.

(1) Maréchal Suchet, *Mémoires*.

En s'éloignant de Saragosse, le maréchal Lannes avait signalé à l'Empereur le général Suchet, du 5ᵉ corps, comme étant le plus capable de commander le 3ᵉ et de parer aux dangers de la situation. Sa voix avait été écoutée et, tandis qu'il était en marche pour gagner Valladolid, Suchet avait reçu l'ordre de revenir à Saragosse pour y remplacer Junot.

Il y arriva le 19 mai, dans un moment où la situation venait encore de s'aggraver par suite des mauvaises dispositions prises par son prédécesseur.

Sa désignation dut combler Harispe d'une bien vive joie. Il le connaissait depuis le temps où, ayant réorganisé la 16ᵉ d'infanterie légère, il l'avait eu pour inspecteur général et avait été apprécié par lui de la façon la plus flatteuse. C'était Suchet qui l'avait proposé pour la Légion d'honneur et qui lui avait fait obtenir cette étoile des braves, si enviée sous le règne de Napoléon. Harispe avait eu de son côté l'occasion de juger les qualités éminentes de son nouveau commandant en chef, et il savait tout ce qu'on pouvait attendre de lui. Il l'avait revu pendant le siège de Saragosse, et ce fut un bonheur pour lui quand il eut l'occasion de le retrouver au mois de mai, chargé des hautes fonctions que le choix de Napoléon venait de lui attribuer. En présence des dangers qui depuis peu s'accumulaient sur le front du 3ᵉ corps, son arrivée était le salut.

Harispe eut d'abord à lui présenter la situation du corps d'armée. Elle n'était pas brillante. Il ne comptait plus que deux divisions : la 1ʳᵉ, général Laval, à l'effectif réduit de 4.483 hommes ; la 2ᵉ, général Musnier, un peu plus forte avec 4.798 hommes et la cavalerie du général Vatier composée de 716 hussards et cuirassiers renforcés de 80 lanciers polonais. C'était une force totale de 10.527 hommes.

La 3ᵉ division (général Morlot), composée seulement

des 116ᵉ et 117ᵉ, avait été, comme on l'a vu, détachée en Castille.

Suchet, heureusement, avait amené comme escorte un bataillon du 64ᵉ et une compagnie de voltigeurs du 40ᵉ, composés de soldats solides et aguerris.

Ces faiblesses d'effectifs, bien connues des Espagnols qui comptaient nos troupes partout où ils les voyaient passer, avaient amené récemment aux environs de Saragosse, des actions de guerre malheureuses.

La 1ʳᵉ division avait été placée par Junot sur une ligne perpendiculaire à l'Ebre, de Barbastro à Alcañiz, sur plus de vingt lieues d'étendue. La 2ᵉ était à Saragosse à vingt-deux lieues en arrière. Profitant de cette dissémination, le général espagnol Blacke, envoyé en Aragon, avait attaqué le général Laval à Alcañiz avec des forces supérieures, le 18 mai, et l'avait rejeté sur Sanper.

D'autre part, Junot avait prescrit au général de brigade Habert de reprendre Monzon, abandonné par le 5ᵉ corps. Dans ce but, huit compagnies d'élite et 30 cuirassiers avaient été envoyés sur la rive gauche de la Cinca. Une crue subite les avait séparés du reste de la brigade. Les cuirassiers avaient pu repasser la rivière; mais les huit compagnies, entourées par des masses ennemies, après avoir combattu jusqu'à l'épuisement des vivres et des cartouches, avaient été forcées de se rendre.

Emu de cet événement, Suchet, sans hésiter, fit donner par Harispe l'ordre de marcher au secours du général Laval. Le général Habert lui-même dut rallier pour servir de réserve. Le 23 mai, le 3ᵉ corps attaqua Blake à Alcañiz, mais ne put le déloger de sa position. Les troupes n'avaient pas au feu cette confiance qui engendre la ténacité. Suchet opéra sa retraite en bon ordre, pendant la nuit. A quatre lieues de là, une terreur panique, causée par la vue supposée de l'ennemi, dispersa la 1re division. Suchet la rallia, fit fusiller un tambour qui avait poussé le cri d'alarme, et revint à Saragosse, le cœur navré d'un début si malheureux.

Harispe avait assisté à cette fâcheuse tentative. C'était un revers pour nos armes, une victoire pour les Espagnols. Il vit alors quelle était la hauteur d'âme de son nouveau chef. Loin de se décourager en face de cet insuccès, Suchet résolut de remonter d'abord le moral de sa faible armée. Harispe était fait pour le comprendre. Il apporta à le seconder une ardeur sans égale.

Suchet commença par décrire au Ministre de la guerre sa triste situation.

1er juin 1809.

à S. E. M. le comte d'Hunebourg, Ministre de la guerre

Monseigneur,

Je me suis rapproché lentement de Saragosse, j'y ai concentré mes troupes et je travaille à m'y mettre en mesure d'agir suivant les circonstances. Je couronne de redoutes les hauteurs du Mont-Torrero, et je presse l'approvisionnement du fort que j'ai trouvé dans une nullité absolue; j'y établis une garnison et un commandant, qui seront en état d'y résister le temps nécessaire, si je suis contraint de m'écarter momentanément de la capitale de l'Aragon.

Le plan de l'ennemi, qui se développe lentement, et qu'il est difficile de juger dans un pays où l'espionnage est impossible en faveur des Français, paraît être de manœuvrer sur mes deux flancs. Des rassemblements armés et une insurrection nouvelle infestent les deux rives de l'Ebre; le corps de Barbastro agite tout le nord de l'Aragon et menace les Cincovillas, les levées de Molina et de Calatayud forment un camp près de Cariñena; Epila a été attaqué. Mais toutes ces bandes me donneraient peu d'inquiétude, si je n'avais eu lieu de craindre, d'après plusieurs indices, une marche de Blake avec une bonne partie de son armée sur mon flanc droit pour gagner Mallen et Tudela avant moi. Je me suis décidé à me dégager de tout ce qui peut m'embarrasser et à le diriger sur Tudela et Pampelune ; et, en fortifiant ma défense ici, je me suis mis en mesure de manœuvrer lestement, soit pour attendre l'ennemi, soit pour l'attaquer, s'il m'en fournit l'occasion sur quelque point, soit pour me conserver toujours la ligne que je dois couvrir. J'ai trouvé les dispositions des habitants de Saragosse très bonnes ; ils sont affligés de notre départ présumé ; et beaucoup d'Aragonais font, je ne dis pas des efforts, mais des vœux pour que nous restions les maîtres, plutôt que leur armée révolutionnaire. Cependant, je suis dans la défiance et je fais surveiller les agitateurs ; je me trouverais dans une position difficile, si j'avais à hasarder ici un combat avec une population douteuse derrière moi. Si un mouvement décidé de l'ennemi m'y force et que je voie la retraite du corps d'armée compromise, je n'hésiterai pas à abandonner ce monceau de ruines qui n'a aucune importance militaire, quoiqu'il en ait une très grande dans l'opinion. Je sens toutes les conséquences d'une détermination pareille, que je ne prendrai qu'à la dernière extrémité ; mais je veux avant tout conserver à l'Empereur ses soldats et lui rendre son corps d'armée.

La faiblesse et l'abandon où je me trouve réduit me forcent malheureusement à ce plan de retraite, qui est en opposition avec mes désirs et ma manière ; mais quel fatal enchaînement m'en a fait presque une nécessité depuis le premier jour de mon arrivée, je puis dire même avant, puisque les événements d'Alcañiz et de la Cinca sont antérieurs à mon commandement ! J'ai demandé depuis longtemps un secours au Roi, et je ne reçois ni renforts, ni réponse. La brigade Augereau, dont la rentrée m'est promise, s'est enfoncée dans les Asturies avec le 5ᵉ corps, et je suis loin de toutes les troupes qui pourraient m'appuyer. Je suis donc réduit à moi seul, et vous savez quels sont mes moyens. J'ai trouvé tous les services dans un état déplorable, les transports entièrement nuls, point de caissons d'ambulance ; l'artillerie, de 40 pièces, n'en peut plus atteler que 16, conduites par de malheureux soldats, toutes les compagnies du train étant rentrées à la garde. Je ne vous reparle pas de la faiblesse numérique des troupes; mais je dois gémir sur leur situation et leur composition. J'ai vu des régiments nus comme en 1793, les soldats sans souliers et sans culottes ; je trouve une composition d'officiers détestable, un mauvais esprit, un langage et une manière de servir des plus répréhensibles. Je suis décidé à user de la plus grande sévérité envers eux, je vais renvoyer tout ce qui me paraîtra incorrigible. Je vous demande d'avance, comme un service essentiel, d'envoyer tous les remplacements demandés par les corps, mais de les prendre dans des régiments et non dans les officiers réformés depuis de longues années. Il faut absolument de ces militaires formés à l'école des vieux et bons régiments qui font la guerre, pour venir donner du ton et le modèle dans les corps de cette armée. J'espère aussi sous ce rapport un grand effet de la présence de quelques bons régiments qui me sont nécessaires pour renfort et que j'attends avec impatience pour être en mesure de chasser les armées ennemies de l'Aragon. Je ne puis me persuader qu'ils tardent longtemps à arriver : leur annonce seule produit déjà un bien sensible. Le bruit que j'ai fait courir de l'arrivée du général Dessolle avec sa division par la vallée de Calatayud a produit un grand bien et, je crois même, retardé les mouvements de l'ennemi, et dégagé un peu mon flanc droit. Le général Musnier s'est porté par mon ordre jusqu'à Cariñena et en a chassé les troupes qui paraissent avoir un camp de deux ou trois mille hommes dans les montagnes en arrière...

Le comte Suchet.

En quinze jours, passant des revues, s'occupant des besoins de la troupe, la faisant manœuvrer, renvoyant les officiers incapables et les mauvais esprits, organisant la défense des abords de Saragosse, évacuant sur Tudela et Pampelune les malades et les impedimenta, voyant ses soldats en toute occasion, Suchet refit leur moral et leur rendit la confiance avec le sentiment de leur valeur.

Pendant ce temps, il envoyait vers l'ennemi des

reconnaissances qui aguerrissaient ses hommes. Le 7, il fit partir Harispe, au milieu de la nuit, avec quatre bataillons et 200 chevaux pour chasser les troupes de Perena, des montagnes de Liciniena, à cinq lieues de Saragosse. Harispe enleva leur camp, les débusqua de leurs positions et les poursuivit pendant plusieurs lieues. Il fit son possible pour les envelopper; mais les Espagnols s'échappèrent par des sentiers inaccessibles.

Ce fut néanmoins un succès complet qui dégagea la gauche du 3ᵉ corps.

Harispe, témoin de la rapide transformation du corps d'armée, n'en conçut qu'une plus haute idée des capacités de son général en chef, et sentit renaître tout son espoir dans le succès, d'autant plus que le retour des 116ᵉ et 117ᵉ, annoncé depuis quelques jours, semblait très prochain. (1).

Blake resta immobile jusqu'au commencement de juin. Il dessina alors ses mouvements et marcha sur Belchite avec 25.000 hommes, espérant forcer son adversaire à la retraite. Le 13 et le 14, eurent lieu des engagements qui restèrent indécis. Le 15, l'ennemi se déploya près du village de Maria. Suchet attendait d'avoir rallié ses troupes et les deux régiments de la division Morlot qui lui arrivaient.

A deux heures de l'après-midi, sur l'avis de son chef, Harispe envoya l'ordre d'attaquer. La gauche de l'ennemi fut d'abord arrêtée dans une manœuvre enveloppante qu'il avait tentée; puis Suchet lança la division Musnier contre le centre et la droite de Blake. Un ravin les séparait; il fut franchi, et un combat violent s'engagea. Les Espagnols soutinrent le choc, maintinrent leur position, et arrêtèrent l'élan des soldats de la 1ʳᵉ division. Suchet fit alors appel à l'énergie de son

(1) Voir pièce annexe nº 4, le rapport de Harispe au Ministre de la guerre sur les derniers événements.

chef d'état-major. Il lui dit de prendre cent grenadiers du 64e, troupe d'élite, et d'entraîner les hommes du 115e qui avaient hésité dans leur attaque.

Harispe se précipite dans le ravin avec ses grenadiers et est atteint un des premiers par le feu de l'ennemi. Mais sa blessure ne l'arrête pas, il prend la tête des hommes du 115e, les ramène à l'ennemi et rétablit le combat.

La lutte reprend alors avec une nouvelle vigueur et continue avec énergie des deux côtés. Pendant ce temps, une charge de notre cavalerie enfonce la droite ennemie et enlève le pont de Maria. Les Espagnols, culbutés, prirent la fuite. Ceux du centre luttaient encore. Mais les troupes du général Musnier, ayant vu la défaite de la droite ennemie, redoublèrent de vigueur et firent céder l'infanterie espagnole qui profita d'un orage pour se dérober.

La victoire était revenue dans nos rangs. 25 canons avec leurs caissons, 3 drapeaux, plus de 100 chevaux, 400 prisonniers, dont un général et 8 officiers supérieurs, tels étaient nos trophées. L'ennemi laissa deux à trois mille tués sur le champ de bataille.

Nous n'avions que six à sept cents hommes hors de combat.

« La blessure du général Harispe, écrivit Suchet, priva pour quelque temps l'armée de cet intrépide officier, qui en était le chef d'état-major ». (1)

Le général en chef le cita dans son rapport à l'Empereur, dans les termes suivants :

« Le général Harispe, mon chef d'état-major, a eu le pied percé d'une balle. C'est un officier d'un grand mérite et digne de toutes les bontés de l'Empereur. » (2).

(1) Maréchal Suchet, Mémoires.
(2) Archives de la guerre.

Le général Blake ne put rallier ses fuyards qu'à Botorita, après avoir subi de grandes pertes.

La bataille de Maria, moins importante que celle de Tudela au point de vue du nombre des combattants, eut néanmoins dans tout l'Aragon, un retentissement considérable. L'Espagne comptait beaucoup sur l'armée du général Blake, sur ses troupes régulières et sur les officiers anglais qui le secondaient. Elle connaissait la faiblesse de notre 3e corps, ses défaillances sur la Cinca et sa retraite sur Saragosse. Elle fut stupéfaite de voir 10.000 hommes battre complètement plus de 25.000 soldats bien commandés. Le talent du nouveau général en chef français venait de surgir avec un éclat qui faisait partout une impression extraordinaire. Saragosse, l'Aragon et la Catalogne comprirent qu'il y avait là désormais une supériorité devant laquelle il faudrait s'incliner.

Harispe, malgré sa blessure et son inaction forcée, en conçut une vive joie qui devait hâter sa guérison. Mais pour le moment, il était immobilisé et ne put assister à la poursuite de l'armée de Blake.

Elle eut lieu les 16 et 17 juin, sans incidents particuliers. Mais le 18, Blake, ayant reçu des renforts, s'arrêta à Belchite, prêt à combattre. Suchet prit l'offensive et l'attaqua aussitôt. L'action se soutenait de part et d'autre, lorsque nos pièces de canon réussirent à faire sauter plusieurs caissons d'artillerie espagnols. Cet incident jeta la terreur dans les rangs de l'ennemi qui prit la fuite en désordre. L'armée de Blake fut dispersée. Ce beau succès compléta celui de Maria et affermit la situation du 3e corps en Aragon.

Les habitants de Saragosse, restés calmes pendant cette nouvelle lutte, firent au vainqueur une réception sympathique. Elle fut le début des bonnes relations qui s'établirent bientôt entre eux et nos soldats.

Suchet fit poursuivre l'armée de Blake sur quatre directions différentes. Puis, rentrant à Saragosse, il parcourut le pays pour y ramener le calme et la confiance.

Dans cette expédition, il avait eu pour chef d'état-major, le colonel Saint-Cyr-Nugues, le sous-chef du général Harispe que sa blessure et l'expédition des affaires courantes avaient retenu à Saragosse. C'est pourquoi ce dernier rendit compte des événements au ministre, par la lettre ci-après :

Saragosse, le 25 Juin 1809.

A Son Excellence le comte d'Hunebourg, Ministre de la guerre.

Monseigneur,

J'ai eu l'honneur de rendre compte à Votre Excellence de la déroute complète qu'essuya le 18 de ce mois, dans la position de Belchite, l'armée ennemie commandée par Blake ; depuis ce moment, elle a été poursuivie sans relâche sur les divers points par où ses bandes dispersées ont cherché à s'échapper. Le résultat positif de ces opérations est la prise d'un drapeau, de neuf pièces de canon, les seules qui restaient à cette armée, de 23 caissons, d'un million de cartouches anglaises, de souliers, de chapeaux et de capotes, de 3.000 prisonniers, parmi lesquels plus de 200 officiers et le commandant de l'avant-garde, de 9.000 fusils, 6.000 moutons, 200 bœufs, enfin des magasins de riz et de biscuit trouvés à Calanda et Caspé.

Les mouvements continuels et la dispersion du corps d'armée ayant mis les chefs de corps dans l'impossibilité de m'adresser leurs états de situation accoutumés, je ne pourrai, Monseigneur, envoyer encore de quelques jours à Votre Excellence, l'état de situation sommaire ni même celui détaillé du 16 de ce mois.

J'ai l'honneur d'être, Monseigneur, de Votre Excellence, le très humble et très respectueux serviteur.

Le général de brigade, chef de l'état-major général du corps d'armée :

HARISPE.

Six jours après, le 1ᵉʳ juillet, Harispe eut la joie de recevoir son chef au retour de cette glorieuse expédition. Celui-ci, de son côté, fut heureux de retrouver son vaillant chef d'état-major en bonne voie de guérison.

Les derniers succès du 3ᵉ corps firent penser un moment que la pacification de l'Aragon en serait la conséquence. Mais cette illusion fut de courte durée.

La nouvelle de la journée d'Essling et de l'arrêt de l'armée française dans l'île de Lobau vint ranimer en Espagne l'ardeur des juntes insurrectionnelles. En Aragon, des guérillas s'organisèrent, occupant des points importants, s'y fortifiant et attaquant partout pour les massacrer, nos soldats ou nos postes isolés. Les juntes leur donnaient une impulsion commune et une direction. Pendant l'été de 1809, les deux rives de l'Ebre furent ainsi occupées par des groupes d'insurgés, bien commandés et souvent d'un effectif élevé.

Malgré la faiblesse du 3ᵉ corps, Suchet résolut de les combattre et de leur enlever les villes qu'ils occupaient.

Pendant ce temps Harispe était l'objet de la part de Junot d'une démarche tendant à obtenir sa nomination de chef d'état-major du commandement que le duc d'Abrantès exerçait en Autriche. Heureusement l'Empereur répondit par un refus. « Le général Harispe, dit-il, restera à l'armée d'Espagne, où ses services seront plus utiles, parce qu'il est de cette frontière et qu'il connaît très bien le pays ».

Suchet et Harispe furent prévenus de la demande

de Junot et de la réponse de l'Empereur. Tous deux s'en félicitèrent.

Ce fut à la même époque que les expéditions contre les guérillas de l'Aragon commencèrent au 3e corps. Elles devaient étendre notre autorité, assurer notre occupation et permettre à Suchet d'organiser le pays.

Harispe, à peu près guéri, put seconder le général en chef dans l'exécution de ses projets.

La première de ces expéditions fut dirigée sur Jaca, ville située au nord de Saragosse, près de la frontière, dans les montagnes du haut Aragon. Jaca était une forteresse occupée par nos troupes. Elle protégeait notre communication la plus directe avec la France. On la débloqua, et on la pourvut de vivres pour dix mois.

Le 19 juillet, on prit le camp du chef de bandes Perena, près de Barbastro, et on le refoula dans les montagnes. Le lendemain, Suchet chassa lui-même de Notre-Dame del Aguila la troupe du colonel Gayan et y laissa un poste.

A Calatayud, les rassemblements d'insurgés furent aussi dispersés. A la fin du mois d'août, le couvent de Saint-Jean de la Peña transformé en forteresse d'où les Espagnols menaçaient Jaca, fut pris et détruit par le général Musnier. Fraga et Monzon furent occupés et organisés définitivement. Il en fut de même de toutes les localités des environs de Saragosse menacées par les guérillas. A la fin de l'année, ces expéditions avaient assuré au 3e corps la possession entière de la province. L'esprit des habitants eux-mêmes s'était modifié avec avantage.

Sur l'ordre de Suchet, le 3e corps fut réparti dans les positions suivantes : la 1re division (général Laval) à Teruel et Deroca ; la 2e (général Musnier) à Alcañiz et Caspé ; la 3e sous le général de brigade Habert, tenait Fraga, Monzon et Barbastro. La cause française avait alors gagné beaucoup de terrain parmi les gens du pays.

Cependant, au commencement de 1810, un jeune chef de partisans, Mina, réussit à troubler la Navarre et y rassembla de nombreux partisans qui menaçaient nos communications. Il devint nécessaire de les battre et de les disperser.

Suchet chargea le général Harispe de cette mission et mit le 114e de ligne à sa disposition.

Dans les premiers jours de janvier, Harispe se dirigea vers les Cincovillas et de là sur Sanguesa que Mina occupait. Pour appuyer ce mouvement, le commandant du 3e corps avait fait partir de Tudela pour Sanguesa, quatre cents Polonais. Une 3e colonne de huit cents hommes sortit de Pampelune et se porta sur le même point.

Harispe, sachant que les frontières de Catalogne servaient habituellement de refuge à Mina, envoya deux bataillons dans le haut des vallées, vers Ainsa et Mediano pour lui couper la retraite, ou tout au moins lui interdire le passage de la Cinca. Suchet se rendit lui-même à Huesca pour surveiller le mouvement et y concourir au besoin.

Malheureusement Mina fut prévenu et quitta Sanguesa avant l'arrivée du général Harispe. D'un autre côté, la colonne de Pampelune éprouva des retards, qui favorisèrent ce chef de guérillas. Harispe força sa marche pour l'atteindre et l'envelopper. Mais son adversaire se déroba et payant d'audace, alla attaquer Tafalla avec mille hommes d'infanterie et deux cents chevaux. N'ayant pu enlever la faible garnison de ce poste, il partit le lendemain dans une autre direction.

Harispe ne voulut pas néanmoins renoncer à son entreprise. Il appela à lui la colonne de Pampelune, plaça des détachements à Sanguesa, Sos, Lodosa,

Puente de la Reyna et aux passages de l'Arga, de l'Aragon et de l'Èbre. Puis, il partagea sa troupe en petites colonnes mobiles qui parcoururent le pays avec des canons de montagne portés à dos de mulets et poursuivirent Mina sans relâche, partout où il était signalé. Tenant à éviter un combat qui aurait tourné à son désavantage, celui-ci fut obligé de se réfugier dans les montagnes, où les difficultés de ravitaillement et les rigueurs de la saison le forcèrent à disperser sa troupe. Il se décida alors à renvoyer ses hommes et erra longtemps de bergerie en bergerie. Il fut néanmoins poursuivi avec une activité telle qu'il fut un jour sur le point d'être pris et ne put s'échapper qu'à la faveur d'un déguisement. Cette poursuite acharnée le mit pendant quelque temps dans une impuissance absolue et dégagea les communications du 3e corps avec la France.

Après un court voyage à Pampelune pour réorganiser la Navarre, Suchet revint à Saragosse, prêt à continuer, avec ses troupes aguerries et pleines de confiance, la pacification de cette partie de l'Espagne. Mais à cette époque, l'organisation de nos commandements militaires était défectueuse. Leurs chefs devaient obéir à la fois aux ordres venus de Madrid et de Paris. Pour Suchet et peut-être plus encore pour son chef d'état-major, c'était un gros ennui, souvent une difficulté.

Au début de l'année 1810, cette complication mit un moment dans l'embarras le commandement du 3e corps. L'Empereur avait eu d'abord l'idée de laisser aux troupes de Catalogne le soin de s'emparer des places de cette région. Dans cette combinaison, le 3e corps devait être chargé de la conquête de Valence et être porté à 30 mille hommes. Mais dans le courant de janvier, ces projets furent modifiés. L'Empereur laissa Suchet libre d'assiéger Lérida ou Tortose, et l'expédition de Valence fut ajournée. Suchet attendait la confirmation de cet avis, lorsque sur le conseil de Soult, le roi Joseph lui ordonna, le 27 janvier, de marcher rapidement sur Valence, en deux colonnes, l'une par Teruel et Segorbe, l'autre par Morella et le bord de la mer.

Suchet n'avait qu'à obéir. Il prit ses dispositions, et Harispe les transmit aux généraux de division. Avant le départ, un décret impérial du 8 février fit de l'Aragon un gouvernement particulier, et nomma Suchet gouverneur général avec une autorité absolue qui mettait dans ses mains tous les pouvoirs civils et militaires.

Le 16, une manœuvre du général Laval dégagea la ligne de communication du corps d'armée, en infligeant une défaite au corps de Villacampa, qui fut détruit.

Neuf jours après, Harispe, arrivé à Teruel avec Suchet, l'aida à former ses colonnes. Celle du bord de la mer fut mise sous les ordres du général Habert. Saragosse et la surveillance de l'Aragon avaient été confiés au général Musnier, et tous les postes fortifiés de la région, munis de fortes garnisons. Dix bataillons envoyés de France comme renforts et commandés par le général Montmarie, furent chargés, pendant la marche sur Valence, de maintenir les communications de l'armée avec l'Aragon. Le mouvement commença le 1er mars. Au moment du départ, un ordre envoyé de Paris prescrivit de faire les sièges de Lérida et de Méquinenza. Mais il était trop tard; l'expédition de Valence était commencée; Suchet résolut de la continuer.

Après la première étape, le 2 mars, il rencontra à Alventosa, un corps valencien de dix à douze mille hommes qui s'étaient retranchés et lui barraient la route. Pour le combattre, il fit appel au général Harispe. Depuis la bataille de Maria, il avait acquis la conviction que les aptitudes de son chef d'état-major étaient surtout celles d'un homme d'action, et depuis lors il ne manqua jamais l'occasion de placer des troupes sous ses ordres. A Alventosa, il le chargea d'exécuter, avec le général Paris, une fausse attaque sur la droite de l'ennemi et de faire des démonstrations sur son centre. Pendant ce temps, le général Laval manœuvrait pour déborder l'ennemi, qui n'attendit pas la fin de l'opération et abandonna le terrain.

La jonction avec le général Habert s'effectua, le 3 mars, à Murviedro, à quatre lieues de Valence. Le lendemain, on se porta devant cette place; d'après les avis envoyés de Madrid, les portes devaient s'ouvrir aux Français dès l'apparition du 3ᵉ corps. Ce fut tout le contraire. La défense de la ville était organisée, et l'insurrection y entretenait une excitation extraordinaire. Suchet n'avait pas les moyens de l'assiéger. Il resta cinq jours en face de ses fortifications, dispersa les groupes ennemis qui parurent aux environs; puis, il reprit le chemin de l'Aragon. Rentré dans son gouvernement, il fit rejeter hors de son territoire les bandes qui avaient reparu et commença ses préparatifs pour s'emparer de Lérida, suivant le désir de l'Empereur.

En son absence, Mina avait rallié ses partisans et recommencé ses incursions vers les Cincovillas. Le commandant du 3ᵉ corps désigna de nouveau Harispe pour le chasser du pays. Ce dernier eut sous ses ordres des troupes bien reposées, prises à Saragosse, et une petite colonne de chasseurs de l'Ariège, partie de Jaca pour le seconder en fermant à Mina l'entrée des hautes vallées. Il réussit d'abord à refouler son adversaire sur la rive droite de l'Aragon, puis en Navarre où tous les passages étaient gardés par nos postes. Mina fut ainsi cerné de tous côtés, et au commencement d'avril, n'ayant plus d'issue pour échapper à nos coups, il tomba au milieu de nos colonnes, fut fait prisonnier et envoyé en France. Ce petit succès, dont tout l'honneur revint aux combinaisons du général Harispe, contribua à augmenter encore la réputation dont il jouissait. Il vint alors retrouver son général en chef qui achevait ses dispositions pour le siège de Lérida.

Il partit avec lui le 10 avril pour Monzon et arriva trois jours après en vue de Lérida. Cette place forte, située sur la rive droite de la Sègre, affluent de gauche de l'Ebre, à 100 kilomètres environ à l'est de Saragosse, appartenait à la Catalogne. Elle interceptait la route de Barcelone, ce qui rendait sa possession indispensable à une armée chargée d'occuper cette province et l'Aragon. L'Empereur avait confié le soin de s'en emparer au général Suchet, en le faisant appuyer par le maréchal Augereau qui commandait le 7ᵉ corps en Catalogne et devait le porter sur l'Ebre.

La 3ᵉ division, général Habert, du corps Suchet, vint occuper la rive droite de la Sègre en face de Lérida. Elle y prit position sur les hauteurs de San Rufo après avoir refoulé dans la place le brigadier espagnol Perena. Le général Paris, commandant l'avant-garde de la 2ᵉ division, exécuta la même opération sur la rive gauche. Il y fut appuyé par le général Harispe, qui arriva le 14, avec trois bataillons et une partie du 4ᵉ hussards.

La place, bien fortifiée, renfermait avec une population exaltée, une forte garnison pourvue d'une excellente artillerie.

Elle était commandée par le jeune et ardent général Garcia Conde, connu pour son activité et son énergie.

Au dernier moment, Augereau, menacé de son côté par des insurgés, ne put appuyer Suchet qui se trouva ainsi livré à ses propres forces. Il répartit d'abord ses troupes sur les points importants autour de la ville.

Harispe fut employé à l'attaque de la place. Avec les trois bataillons du 117ᵉ de ligne, détachés de la division Habert, il fut chargé d'envelopper sur la rive gauche la tête de pont qui commandait le passage de la Sègre.

Derrière lui se trouvait un petit corps d'observation, sous les ordres du général Musnier. Il pouvait, en cas de retraite, prendre la direction de Balaguer, située à trente kilomètres au nord-est de Lérida.

L'investissement n'était pas complet en aval du pont sur la Sègre, mais tel quel, il fut terminé le 14 avril. Le lendemain, on annonça un rassemblement de troupes espagnoles, sous O'Donell, du côté du nord. Suchet y envoya le général Musnier.

Le commandant de Lérida, voyant nos camps dégarnis du côté du général Harispe, le fit attaquer par une forte colonne qui exécuta sa sortie le 19 avril. Elle fut vigoureusement repoussée et forcée de rentrer dans la place.

Le 22, du reste, Musnier était de retour et reprenait ses emplacements. C'était d'autant plus urgent que le général O'Donell s'approchait de Lérida avec 8.000 hommes d'infanterie et 600 chevaux. Le 23, il se heurta à nos avant-postes qui se replièrent.

Le général Harispe était à déjeuner, quand on lui annonça le mouvement d'O'Donell. Aussitôt il sauta à cheval, prit le 4ᵉ hussards, emmena les compagnies de voltigeurs du 115ᵉ et du 117ᵉ, et se porta au devant de l'ennemi. Il jugea immédiatement qu'il n'avait encore affaire qu'à une avant-garde. Il lança sur elle les hussards, qui l'assaillirent avec une telle impétuosité qu'elle perdit la moitié de son monde et ne put se reformer. Pendant ce temps, une nouvelle sortie de la place était repoussée, et le général Musnier marchait sur le gros d'O'Donell, qui fut violemment attaqué à Margalef, mis en déroute et rejeté sur Montblanch.

A la suite de ces affaires, les opérations du siège prirent leur développement régulier.

La tranchée fut ouverte le 29 avril, et la construction des batteries commença le lendemain. Les assiégeants ouvrirent le feu le 7 mai, et la place y répondit avec énergie. Cinq jours après, nous avions huit batteries organisées avec 16 pièces de siège et 19 mortiers. Notre artillerie commença alors à dominer le feu des assiégés et ouvrit rapidement les brèches. Dans la nuit du 12 au 13, Suchet fit enlever les redoutes du plateau de Garden, position dont l'importance au moment de l'assaut devait être capitale.

Le 13 mai, les brèches furent élargies et l'assaut fut commandé pour le jour même. Le signal en fut donné à l'entrée de la nuit. Les troupes pénétrèrent en ville et tournèrent les défenseurs de la grande rue.

« Le général Harispe, qui avait ordre d'agir dès qu'il verrait la brèche occupée et l'affaire engagée dans l'intérieur de la ville, attaqua la tête de pont sur la rive gauche, pendant que le général en chef arrivait sur la brèche avec les réserves » (1).

Débordés de tous côtés, les Espagnols qui occupaient la ville cessèrent là leur résistance. Il restait le château. On l'accabla de projectiles, et le lendemain, 14, il capitula à son tour.

La conquête de Lérida nous livra 133 canons, dix mille fusils, dix drapeaux, un fort approvisionnement de munitions, et 7.748 prisonniers.

Nous avions eu, dans les combats, les travaux et les assauts, 200 morts et 500 blessés. L'ennemi comptait 1.200 morts ou blessés.

Après la prise de Lérida, le général Harispe reprit ses fonctions de chef d'état-major de la petite armée du général Suchet. Il y avait d'abord à rétablir l'ordre en ville, puis à prendre possession de la partie de la Catalogne qui en dépendait.

Pendant le siège, divers engagements avaient eu lieu dans la région, et le corps de Villacampa avait été complètement dispersé.

(1) Mémoires du Maréchal Suchet.

Maintenant, après la prise de Lérida, un nouveau siège s'imposait. C'était celui de Méquinenza. Il fallait procéder sans tarder à son investissement. Cette petite ville, située sur l'Ebre, près du confluent de la Cinca et de la Sègre, à 40 kilomètres au sud-ouest de Lérida, était défendue par un fort qui en commandait les abords. C'est le point où l'Ebre commence à devenir navigable. Sa possession rendait celui qui l'occupait maître du cours du fleuve jusqu'à Tortose et jusqu'à la mer.

Harispe expédia à la 2ᵉ division les ordres relatifs aux opérations du siège qui commença le 20 mai. La première parallèle fut ouverte le 2 juin, et la ville, occupée deux jours après. Le fort restait à prendre. Suchet arriva au camp devant Méquinenza le 7, et se rendit aussitôt dans les tranchées. Le lendemain, il fit ouvrir la brèche, tandis que nos bombes jetaient le désordre et l'épouvante dans les rangs de la garnison. Le même jour, les pourparlers commencèrent, et les défenseurs du fort capitulèrent.

La chute de Méquinenza compléta la possession de tous les points fortifiés de l'Aragon. Elle entraîna la prise, le même jour, de Morella et de son château, situés sur le territoire du royaume de Valence. On y fit un établissement définitif.

CHAPITRE XIV

OPÉRATIONS EN CATALOGNE

Blocus de Tortose — Rôle du général Harispe. — Commandement de la 1ʳᵉ division. — Sa situation. — Difficultés du blocus. — Harispe divisionnaire. — Combats autour de Tortose. — Investissement. — Travaux du siège. — Prise de la place. — Lettre du général Harispe à Moncey. — Armée d'Aragon. — Marche sur Tarragone. — Combat de l'Olivo. — Travaux du siège. — Assaut et prise de Tarragone. — Suchet, maréchal. — Citation du général Harispe. — Prise du Mont-Serrat. — Soumission de la Catalogne.

A peine Méquinenza et Morella tombées au pouvoir du 3ᵉ corps, Suchet reçut de l'Empereur l'ordre de s'emparer de Tortose. Cette place, par sa situation près de la grande route de Barcelone à Valence et de l'embouchure de l'Ebre, servait de point d'appui aux armées espagnoles de Catalogne et de Valence. Sa perte devait les isoler et les affaiblir. En conséquence, elles firent tous leurs efforts pour l'empêcher, ou tout au moins la retarder.

Pour préparer ses futures opérations, Suchet fit d'abord ouvrir une route de Méquinenza à Tortose, donna des ordres pour tirer ses approvisionnements de l'Aragon, et se rendit avec Harispe, à la fin de juin, à Alcañiz et à Caspé pour commencer son mouvement sur Tortose. D'après les premiers ordres envoyés à ce sujet, la division Habert se dirigea sur cette ville par la rive gauche de l'Ebre; la division Laval s'y porta par la rive droite et commença l'investissement le 3 juillet. Trois jours après, le général en chef installa son quartier général à Mora. L'espoir qu'il avait eu d'être secondé par le maréchal Macdonald en Catalogne s'évanouit promptement. Le 3ᵉ corps se trouva ainsi seul en face d'une forteresse bien défendue, et menacé au nord par l'armée d'O'Donell, au sud par les Valenciens. La situation était des plus difficiles.

Le premier soin du général en chef fut d'arrêter un corps espagnol qui s'avançait du côté du sud pour secourir les Catalans de Tortose. Il fit partir dans ce but le général Harispe pour Tortose, mit à sa disposition la brigade Montmarie de la division Laval, un bataillon du 114ᵉ de la division Musnier et la cavalerie du général Boussard.

Puis il lui enjoignit de marcher contre les Valenciens et de les disperser. « Il importe, lui écrivit-il, de leur donner une leçon sérieuse, et je compte à cet égard sur votre vigueur ».

Le lendemain, il lui renouvela ses ordres, mais en lui recommandant de ne pas trop s'éloigner de Tortose, et de revenir au besoin sur ses pas pour refouler dans la place les défenseurs qui tenteraient d'en sortir.

Avec le petit corps d'observation qu'il commandait, Harispe marcha aussitôt contre les Valenciens, et les refoula vers le sud. Il fut ensuite rappelé par Suchet qui venait d'apprendre la marche de Campoverde sur Tortose, celle d'O'Donell venant du nord, et les menaces de Villacampa sur Alcañiz.

A partir de ce moment, Harispe fut immobilisé autour de la place dont le blocus était la grosse affaire. Il commença alors à suppléer le général Laval dont la santé très ébranlée diminuait l'activité.

Le mois suivant, le général en chef, plein de gratitude pour les services que lui rendait Harispe, adressa une

OPÉRATIONS EN CATALOGNE

dépêche à l'Empereur pour lui faire connaître à quel point il les appréciait. Il en prévint son chef d'état-major en ajoutant : « J'en attends une réponse qui puisse satisfaire le désir que j'ai de voir récompenser vos bons services ».

Au début de l'investissement, la garnison de Tortose avait fait trois sorties successives qui avaient été repoussées. Plus tard, au mois d'août, des armées de secours vinrent à son aide; il fallut les combattre avant de commencer les travaux du siège.

Le général en chef envoya d'abord Harispe renforcer la 1ʳᵉ division avec des troupes de réserve. Les corps nécessaires au blocus furent laissés devant Tortose et, avec le reste, Suchet marcha, le 14, contre l'armée valencienne qui à notre approche se retira sur Alcala de Chisvert. Le général Harispe y atteignit l'arrière-garde qui refusa le combat, et lui fit un certain nombre de prisonniers. Le lendemain, on reprit le chemin de Tortose.

Une entrevue eut lieu à la fin d'août, à Lérida, entre Macdonald et Suchet. Ce dernier vint en aide au duc de Tarente en lui cédant de nombreux approvisionnements. Un premier convoi d'artillerie fut ensuite dirigé sur Tortose et, le 3 septembre, le général en chef reprit son installation de Mora.

Il survint alors un événement qui modifia complètement la situation du général Harispe et lui fit définitivement quitter les fonctions d'état-major qu'il avait toujours remplies à l'entière satisfaction de ses chefs, mais auxquelles il préférait celles de commandant de troupes.

Le général Laval, malade depuis vingt jours, succomba le 6 septembre. « Sa division, écrivit plus tard Suchet, était confiée, depuis son absence, au brave général Harispe, officier de guerre expérimenté, qui savait conduire le soldat et l'enlever, à la fois par la force de l'autorité et par celle de l'exemple. Le général en chef ne crut pas pouvoir mettre dans des mains plus fermes le commandement de la division Laval et du blocus de Tortose » (1).

La direction de l'état-major du 3ᵉ corps qu'il avait exercée sous Moncey, Junot et Suchet, fut définie par ce dernier dans les termes suivants :

« Des droits acquis à la confiance et à l'estime sont peut-être, auprès du chef qui dirige une armée, le principal mérite de celui qu'il juge capable d'être son second, devant qui et avec qui il médite ses plans et prépare ses mouvements et sur lequel il se repose des ordres d'exécution, quand il les a mûris par le conseil et la prudence (2) ».

Harispe fut remplacé dans ses fonctions d'état-major par un officier de valeur, le colonel Saint-Cyr Nugues, son sous-chef, ancien aide de camp de Suchet.

La division dont il prenait le commandement avait alors la composition suivante :

Brigade Montmarie	14ᵉ de ligne. 4 bataillons	1.447	hommes.
	3ᵉ de la Vistule 2 —	1.851	—
Brigade Chlopiski	44ᵉ de ligne. 2 —	1.503	—
	2ᵉ de la Vistule 2 —	1.598	—
	Total. .	5.999	—

Il fallait défalquer de l'effectif total, 1.470 hommes qui étaient détachés en Aragon, sur la ligne de communication ou dans les places. Il ne restait ainsi entre les mains du général Harispe que 4.529 hommes. C'était peu pour un blocus ou pour une action de guerre quelle qu'elle fût. Mais ces hommes étaient devenus des guerriers accomplis, dignes d'être comparés aux plus vieux

(1) Maréchal Suchet. Mémoires.
(2) Ibidem.

soldats de Napoléon. Ils avaient en outre dans leurs chefs une confiance absolue.

Au point de vue du service, la mission du général Harispe ne fut pas modifiée. Il resta chargé du blocus de Tortose, en attendant qu'il fût possible de commencer les travaux du siège. Pour le moment, la baisse des eaux empêchait l'arrivée de l'artillerie, alors rassemblée à Méquinenza. D'autre part, à la fin d'octobre, l'armée de Macdonald dut s'éloigner et renoncer à l'appui qu'elle comptait donner aux opérations de Suchet. Ce fut un embarras et une difficulté de plus dont Harispe subit le contre coup.

Néanmoins, tout entier à la tâche qui lui incombait, il soumit au général en chef ses idées sur la conduite du blocus. Suchet lui fit répondre, le 9 septembre, qu'il approuvait son plan. « Vous pouvez, lui disait-il, ordonner toutes les dispositions proposées ; et les ordres qui doivent partir du quartier général seront exécutés à jour et à heure fixes. »

Par suite, Harispe fit ouvrir la première parallèle et commencer divers travaux de terrassement. Pendant ce temps, le reste du corps d'armée était employé à refouler au nord et au sud les détachements espagnols envoyés par les juntes insurrectionnelles.

L'automne de 1810 se distingua par des pluies torrentielles qui inondèrent les camps devant Tortose ; les hommes avaient de l'eau jusqu'à la ceinture, et les postes de communication étaient rompus. Le général Harispe dut faire replier ses troupes sur la route de la Roqueta à Ulldecona. Mais douze heures plus tard, elles purent reprendre leurs positions, et tous les dégâts faits par les eaux furent réparés.

A ce moment un nouveau chef de partisans, Espoz-y-Mina, oncle du jeune Mina et plus habile que lui, surgit en Navarre. En peu de temps, il réunit sous son autorité toutes les guerillas du pays et inquiéta vivement nos communications.

Dn côté du royaume de Valence, d'autres rassemblements nous menaçaient. Il en résulta divers engagements, notamment ceux d'Alventosa et de Fuente-Santa.

En réalité, les travaux du siège, contrariés par l'impossibilité de transporter l'artillerie, par les intempéries et par les entreprises des Espagnols, n'avançaient pas.

Néanmoins, la ténacité, l'activité et la vigueur déployées par Suchet et ses généraux maintenaient nos troupes en haleine. Les mois de septembre et d'octobre se passèrent ainsi. Harispe reçut à cette époque un chef d'état-major qui devint pour lui un aide précieux. C'était l'adjudant commandant Mesclop, officier vigoureux qu'il avait déjà eu l'occasion d'apprécier.

Peu de jours après, un nouvel encouragement dissipa un instant pour lui la monotonie des journées de blocus.

Sur la proposition du général en chef, le grade de général de division lui fut décerné le 12 octobre. Il en reçut l'avis le 21, par un mot du colonel Saint-Cyr Nugues, qui ajoutait : « Je désirais depuis longtemps cette bonne nouvelle, et toute l'armée partagera la joie que nous éprouvons ici d'une récompense si bien méritée ».

Pendant quelques jours en effet les félicitations affluèrent. Celles de l'intendant en chef, M. Bondurand, portaient ceci : « Le général en chef éprouve plus de joie de votre nomination que vous ne pourrez en éprouver vous-même. Les troupes qui vous connaissent et qui ont servi sous vos ordres n'en seront que plus disposées à vous suivre dans le chemin de la victoire. »

Tout le monde en effet fut heureux de cette nomination. Celui qui s'en préoccupa le moins fut peut-être Harispe lui-même, car à ce moment toute son attention était absorbée par la responsabilité qui lui incombait et par son ardent désir de commencer les opérations décisives du siège.

Enfin, après bien des péripéties, l'Ebre ayant grossi, le convoi d'artillerie pût être réuni, le 9 novembre, à Xerta, sur la rive droite du fleuve, à 10 kilomètres au nord de la place.

Bientôt on pourrait construire les batteries et ouvrir le feu. Une condition cependant restait à remplir : il fallait que Macdonald pût, avec ses forces, couvrir du côté du nord, les troupes du 3ᵉ corps. Or, on venait d'apprendre que ce maréchal avait dû se porter sur Girone, au lieu de prendre position à une certaine distance de Tortose. C'était un nouveau retard. Suchet para le mieux qu'il pût aux inconvénients qui en résultaient et, pour seconder l'arrivée de l'armée de Catalogne, résolut d'attaquer le poste de Falset qui pouvait en retarder la marche. Il en chassa les Espagnols, le 19 novembre, après un violent combat.

Six jours plus tard, nos troupes furent attaquées au sud de Tortose, par un corps de Valenciens qui fut mis en déroute à son tour et rejeté au loin. Au même moment une flottille, sortie de Peniscola, vint attaquer notre poste de la Rapita. Ce mouvement et celui des deux colonnes précitées, étaient concertés avec le gouverneur de Tortose. Le général Harispe envoya en hâte un détachement avec de l'artillerie au secours de la Rapita. Les bâtiments ennemis furent contenus par nos obus, n'osèrent rien entreprendre et se retirèrent dans la direction de Peniscola.

Pendant ce temps, Macdonald reprenait sa liberté d'action et prévenait Suchet, le 2 décembre, qu'il se portait sur le bas Ebre. Il arriva en effet à Mora, le 13. Le commandant du 3ᵉ corps prit aussitôt ses dispositions pour l'attaque de la place qu'il bloquait incomplètement depuis six mois.

Le général Musnier fut mis en observation à Ulldecona pour contenir les Valenciens, une partie de la division Harispe fut relevée à la Roqueta, et le reste passa avec son chef sur la rive gauche pour compléter l'investissement. Harispe se rendit d'abord à Xerta, avec le 2ᵉ de la Vistule et le 44ᵉ de ligne, et concourut avec le général Habert à chasser les Espagnols d'une position dominante qu'ils occupaient au col del Alba, dans les montagnes au nord du fleuve. Il contourna ensuite les fortifications de Tortose et compléta l'investissement en aval jusqu'aux bords de l'Ebre. Il établit ses camps près du chemin d'Amposta, qui reliait la place à la grande route de Barcelone à Valence. Quelques réserves, la cavalerie, des canonniers et des sapeurs furent placés en arrière.

A partir de ce moment, les opérations du siège furent activement menées. Le 20 décembre, la tranchée fut ouverte, et l'attaque se dessina contre les fortifications de la place. Depuis deux jours, la division Frère, du corps Macdonald, avait été mise à la disposition du général en chef qui l'installa près du général Harispe sur la route d'Amposta, pour le couvrir contre les entreprises des Espagnols de Tarragone.

Plusieurs sorties tentèrent vainement d'arrêter nos travaux. Le 29 décembre, nos batteries accablèrent la place de leurs feux et réduisirent ses pièces au silence. Le lendemain, on ouvrit les brèches; le 31, on exécuta la descente du fossé et, le 1ᵉʳ janvier 1811, on se disposait à donner l'assaut, quand l'ennemi demanda à capituler. Le feu fut suspendu, et les négociations commencèrent. Mais, devant les hésitations du gouverneur, le feu reprit dans la nuit du 1ᵉʳ au 2 janvier. Celui-ci arbora de nouveau le drapeau blanc, tout en déclarant qu'il n'était pas sûr de l'obéissance de la garnison.

Il y avait là une situation qui parut anormale. Suchet prit alors une détermination qui montrait une décision peu commune.

L'armée victorieuse étant sous les armes, il se fit accompagner par ses généraux, son état-major et une compagnie de grenadiers, s'approcha du château fort, où résidait le gouverneur, et dit aux sentinelles que les hostilités avaient cessé; on le laissa passer. Il entra dans le château, dont la garnison était prête au combat, vit le gouverneur, lui parla haut et ferme et menaça de passer au fil de l'épée des troupes qui, après avoir demandé à capituler, hésitaient à le faire, quand leurs remparts étaient prêts à sauter. Le gouverneur, intimidé, capitula et signa la convention qui avait été rédigée d'avance.

Tortose fut occupée quelques instants après, et la garnison, ayant rendu ses armes, fut faite prisonnière. Elle s'élevait à 9.461 hommes; un énorme approvisionnement de munitions tomba ainsi en notre pouvoir.

La prise du fort Saint-Philippe, au col de Balaguer, fut une des conséquences heureuses de la chute de Tortose.

Le général en chef rentra ensuite à Saragosse avec la 2ᵉ division qui devait conduire les prisonniers en France; il y fut accueilli par les habitants avec les plus vives démonstrations de joie.

Harispe y reçut, peu de temps après, les félicitations du maréchal Moncey sur son récent avancement. Il lui répondit tout de suite pour le remercier, et lui envoya en même temps, sur le siège de Tortose, des détails qui résumaient le rôle de sa division pendant toute la durée de cette rude action de guerre.

... « Les jeunes militaires du 3ᵉ corps, lui écrivait-il, que

Votre Excellence a formés, sont maintenant des vétérans de bravoure et de gloire et ne seraient déplacés dans aucune expédition où il plairait à Sa Majesté de les employer. Outre la bataille où Votre Excellence essayait leur jeune courage, ils ont encore une fois conquis l'Aragon et fait capituler sur les brèches quatre places importantes.

La division que j'ai l'honneur de commander a bravé, pendant six mois, le feu presque continuel des remparts et des forts de Tortose. Elle opposait sa patience et sa longanimité aux bombes et aux boulets de l'ennemi, repoussant ses fréquentes sorties, et ces jours-là seulement étaient pour elle des jours de fête. Aussi, dès que les opérations de l'armée de Catalogne permirent de faire le siège, nos soldats, forts de leur expérience et ennuyés de recevoir des coups sans en porter, ne virent aucun obstacle; les tranchées furent ouvertes, à portée de pistolet, sur des rocs: on ne se servit plus que de la baïonnette pour repousser les sorties, et nos grenadiers se lançaient sur la brèche, lorsque le gouverneur, jadis plein d'arrogance, ouvrit ses portes en tremblant et remit à discrétion ses forts, beaucoup de munitions et une garnison de plus de 9.000 hommes de troupes réglées.

Ma division, comme ayant plus particulièrement contribué au siège, a été chargée de l'escorte des prisonniers jusqu'à Pampelune, en plusieurs colonnes, d'où elle doit venir se reposer, si les circonstances le permettent, dans les environs de Saragosse.

M. le comte Suchet a laissé une division à Tortose; une autre menace les Valenciens d'Alcañiz à Teruel; et la mienne se trouvera disponible en Aragon. Par ce moyen, le général en chef sera en mesure d'opérer ou en Catalogne, ou dans le royaume de Valence, ou en Navarre qui n'est pas encore parfaitement tranquille, selon les vues de Sa Majesté.

Ma santé, sans être parfaite, se maintient. Ma dernière blessure me fait quelquefois souffrir, et je désire beaucoup que les affaires d'Espagne me permettent d'aller prendre les eaux l'automne prochain...

Le général de division, baron HARISPE.

L'année 1811 allait, dès le début, apporter de grands changements à la situation du général Suchet. Par suite, le rôle du général Harispe ne devait pas tarder à prendre une nouvelle importance.

Le 10 mars, en effet, un ordre de l'Empereur décida que le gouvernement de l'Aragon serait augmenté des provinces de Tortose, de Lérida, de Tarragone et des pays situés à l'ouest d'une ligne qui, partant du bord de la mer à la tour de Garraf, gagnait, par le col d'Ordal, les limites de la province de Lérida jusqu'à la Noguera.

Toutes les troupes de l'armée de Catalogne passaient sous les ordres de Suchet, dont le 3ᵉ corps prenait le nom d'armée d'Aragon.

Avec ces forces qui s'élevaient à 40.000 hommes environ, Suchet devait assiéger Tarragone, puis occuper le Mont-Serrat, massif important à 30 kilomètres au N.-O. de Barcelone, et assiéger Cardona, Berga et Urgel. Il était libre de composer ses divisions comme il le jugerait utile.

Son premier soin fut de réorganiser ses troupes. La partie active de l'armée de Catalogne qui passait sous son commandement lui fut remise à Lérida par Macdonald, le 26 mars. Mais une portion de cette armée fut désignée pour accompagner le maréchal duc de Tarente à Barcelone. Elle fut placée sous le commandement du général Harispe et mise en route aussitôt.

Avant son départ pour Barcelone, celui-ci eut le loisir de s'occuper d'une petite affaire personnelle qu'il avait laissée de côté depuis longtemps. Le 1ᵉʳ octobre de l'année précédente, le directeur général des Domaines, conservateur des biens affectés aux majorats en Westphalie, lui avait proposé de vendre les biens de sa dotation. Harispe y consentit et lui adressa sa procuration. La vente devait être de 220.000 francs, dont 60.000 comptant, et les fonds devaient être remployés en France (1).

En son absence, Suchet se prépara au siège de Tarragone, en occupant d'abord tous les postes de l'Aragon et de la Navarre qui assuraient ses communications. Il donna au général Musnier le commandement de la rive droite de l'Ebre, et garda trente bataillons pour le siège de Tarragone.

Dans ce nombre figuraient les troupes confiées à Harispe et revenues de Barcelone à Lérida vers le 15 avril. Celui-ci eut alors à en distraire une partie pour aller chercher des troupeaux dans les hautes vallées de la Catalogne, d'où l'on devait rentrer le 25.

Il survint alors un événement malheureux qui pouvait contrarier les projets du général en chef. Ce fut la surprise par les Espagnols de la citadelle de Figuères, la clé de la France sur la frontière de Catalogne. Il fallait la reprendre à tout prix et, pour cela, Macdonald demanda à Suchet les troupes récemment mises sous son commandement.

Ce dernier estima que la reprise de Figuères concernait avant tout l'Empereur et que, pour lui, le parti le plus utile était de répondre à ce succès des Espagnols par une marche immédiate sur Tarragone. En apprenant cette décision, l'Empereur l'approuva, en disant : Voilà qui est militaire.

L'opération commença le 24 avril. A cette date, Harispe vit arriver à Lérida son général en chef qui passa ses troupes en revue, leur fit payer un mois de solde, rassembla ses approvisionnements, ses moyens de transport, et se mit en route.

---

(1) Un mois après, Harispe fut prévenu que de nouveaux bruits de guerre rendaient la vente de ses domaines difficile. En conséquence on les remettait en location. Les événements qui suivirent empêchèrent définitivement la réalisation de cette vente. Néanmoins les fermages furent payés jusqu'au 1er mai 1814.

Harispe partit de Lérida, le 28, à la tête de trois brigades, et arriva à Montblanch le lendemain, avec le général en chef. La division Frère le suivait à un jour de distance, avec un fort convoi de farines.

Dans les journées des 30 avril et 1er mai, Harispe fut chargé de repousser divers partis ennemis qui se montraient dans le dangereux défilé de Ribas. Il détruisit les ouvrages qu'ils avaient construits, installa une garnison à Montblanch pour assurer la communication de Tarragone à Lérida, et revint auprès du général en chef. Celui-ci commença le 3 mai à installer ses troupes autour de Tarragone. Harispe eut pour quartier général Constanti, où l'accompagna la division italienne. Derrière lui était le général Frère. Le général en chef occupa Reuss.

Les divisions Harispe, Habert et Frère furent seules chargées du siège, avec la brigade de cavalerie Boussard et les troupes d'artillerie et du génie nécessaires, sous les ordres des généraux Valée et Rogniat, tous deux d'une valeur exceptionnelle.

A la suite des changements résultant de l'organisation de l'armée d'Aragon, la division Harispe avait reçu une nouvelle composition.

Elle comprenait trois brigades : la brigade Salme, formée avec les 7e et 16e de ligne, chacun à 3 bataillons et dont l'effectif s'élevait à 2.851 hommes;

la brigade italienne Palombini, formée par le 2e léger italien et le 4e de ligne italien, chacun à 2 bataillons; son effectif était de 1.936 hommes;

la brigade italienne du colonel Balathier, formée avec les 5e et 6e de ligne italiens, chacun à 2 bataillons; son effectif était de 1.674 hommes.

La division Harispe, la 2e de l'armée d'Aragon, ne comptait ainsi que 6.461 hommes.

Tarragone était une position formidable, au bord de la

mer, sur la rive gauche d'un petit fleuve, le Francoli, qui descend de la Sierra de la Llena. Assise sur un rocher élevé, inabordable de trois côtés, elle était remarquablement fortifiée. Le seul côté accessible, celui de la vallée du Francoli, était défendu par le Fort Royal. Un autre fort, celui de l'Olivo, très complet et bien organisé, constituait, aux abords de Tarragone, une position dominante, dont la possession s'imposait tout d'abord à l'assaillant.

Le 4 mai, il fallut refouler dans la place les postes extérieurs de l'ennemi. Dans ce but, le général Harispe passa le Francoli et attaqua les troupes placées en avant du fort de l'Olivo. Il livra ce jour-là un violent combat dans lequel les Espagnols furent repoussés, mais qui nous coûta 180 tués ou blessés. Néanmoins, il fut enchanté de la vigueur des soldats du 7ᵉ et du 16ᵉ qu'il voyait au feu pour la première fois, et se félicita d'avoir de tels braves à commander.

Après cet engagement, il fut possible de rectifier, autour de la place, les premières installations.

Le général en chef s'établit à Constanti.

Au début, les travaux du siège exposèrent les troupes du général Harispe à de nombreuses pertes, surtout pour les régiments qui étaient près du fort de l'Olivo et qui avaient dû se retrancher. Le chiffre journalier des blessés était de 50 à 60. Jusqu'au 21 mai, il y eut de fréquentes sorties des assiégés qui furent toujours repoussés, mais qui montraient une exaltation extraordinaire.

A cette date, le général en chef résolut de concentrer ses efforts sur le fort de l'Olivo, le point le plus important des défenses de Tarragone. On ouvrit le feu des batteries, le 28 au matin, et le lendemain, les brèches étant praticables, on forma les colonnes d'assaut. Toute l'armée y concourut. Harispe commandait les réserves. Mais la lutte prit tout de suite un caractère si meurtrier qu'il dut se rapprocher jusqu'au bord du fossé. « Là il faillit être écrasé par une bombe qui le couvrit d'éclats et de pierres, et lui meurtrit la figure. Il n'hésita pas néanmoins à faire passer un renfort à la colonne d'assaut qui le précédait, afin de ranimer l'action qui semblait faiblir et décider la victoire » (1).

Le fort de l'Olivo tomba ainsi en notre pouvoir, et sa garnison fut faite prisonnière. Mais ce succès n'ébranla pas le courage des défenseurs de la place.

La tranchée fut ouverte contre les ouvrages de la basse ville dans la nuit du 1ᵉʳ au 2 juin. Le fort Francoli fut le premier attaqué. Le 7, l'assaut lui fut donné et nos soldats s'en emparèrent dans la journée. Il en fut de même, le 16, d'une fortification importante, la lunette du Prince qui défendait ce côté de la place. On s'y logea aussitôt, et une nouvelle attaque fut dirigée contre le bastion Saint-Charles. Ces diverses actions de guerre nous avaient coûté de grandes pertes. Nous comptions alors près de deux mille cinq cents hommes hors de combat.

Néanmoins les travaux continuèrent avec la même activité et, le 21 juin, la basse-ville fut occupée par nos troupes. Il restait à s'emparer de la partie haute. On reprit le siège avec ardeur; tout le monde voulait en finir. La brèche étant prête, l'assaut fut donné au corps de place, le 28, et, après un combat sanglant, nos soldats entrèrent en ville, dispersèrent l'ennemi et montrèrent, pour achever leur victoire, un acharnement qu'on eut de la peine à contenir. De nombreux fuyards se précipitèrent éperdus sur la route de Barcelone. Ils s'y heurtèrent au général Harispe qui s'y trouvait en position avec sa division et les Italiens. Ses soldats arrêtèrent cette colonne en désordre, l'acculèrent à la

(1) Maréchal Suchet, Mémoires.

mer et la forcèrent à mettre bas les armes. Dans la nuit, on put rallier une grande partie des vainqueurs. Dix mille hommes, vingt drapeaux, trois cent trente-sept canons et une quantité considérable de munitions, constituaient les trophées de l'armée d'Aragon. Ce fut un siège mémorable.

« Les divisions Harispe, Habert, Frère et Palombini montrèrent un dévouement, une constance, une valeur admirables; on avait donné cinq fois l'assaut et assailli neuf brèches.

« Ce grand succès avait été chèrement payé par la vie ou les blessures de trois mille sept cent cinquante braves ».(1)

Après avoir rétabli l'ordre en ville, le général en chef se vit obligé de poursuivre le général espagnol Campoverde et la petite armée, en partie valencienne, avec laquelle il avait tenté de faire lever le siège. Suchet voulait surtout l'empêcher de s'embarquer sur les navires anglais qui croisaient en vue de Tarragone.

Par suite, dans la nuit du 29 au 30, la division Harispe était dirigée sur Villanova de Sitjes, et la division Frère sur Villafranca. Suchet les suivait avec la brigade Abbé et la cavalerie. Pendant toute la marche le long de la -mer, nos colonnes furent canonnées par les Anglais. A Villanova, l'avant-garde du général Harispe trouva une foule de bâtiments rassemblés dans le port et mit en fuite une quantité d'hommes armés qui cherchaient à gagner les barques. La plupart furent pris, ainsi que huit à neuf cents blessés de Tarragone. Campoverde s'était éloigné précipitamment du côté d'Igualada. L'embarquement du corps valencien n'avait pu avoir lieu.

Suchet se rendit alors à Barcelone, laissant les divisions Frère et Harispe en position. Mais leur installa-

(1) Maréchal Suchet, Mémoires.

tion ne fut que provisoire. Campoverde ayant été remplacé par le général Lacy, Suchet marcha à sa rencontre. Harispe fut envoyé à Moya, tandis que les autres divisions se dirigeaient sur divers points du haut Aragon. Ces démonstrations suffirent pour disloquer les forces ennemies, dont une partie se réfugia sur le Mont-Serrat, position centrale et dominante, bien fortifiée, qui commandait la vallée du Llobregat et la route de Barcelone à Lérida.

Suchet résolut de s'en rendre maître. Il laissa d'abord une partie de ses troupes sur les points qu'il leur avait assignés. Harispe resta ainsi à Moya jusqu'à nouvel ordre.

Quant au général en chef, il dût revenir le 20 juillet à son ancien quartier général de Reuss, où il trouva le décret qui le nommait Maréchal d'Empire, à la date du 8 juillet, en récompense de ses éclatants succès. L'armée entière s'en réjouit, et le général Harispe s'empressa de lui envoyer ses félicitations. En même temps, l'Empereur ordonnait de démolir Tarragone, de prendre le Mont-Serrat et de se préparer à marcher sur Valence.

L'attaque du Mont-Serrat était prête. Le 22 juillet, Harispe et le général Frère s'avancèrent par Manresa, tandis que d'autres forces occupaient, aux environs, Esparraguera et Igualada. Le 25, on assaillit le poste avec une grande vigueur et, le même jour, les Espagnols, chassés de leurs positions, nous livrèrent leur forteresse. Deux drapeaux, dix bouches à feu et de grands magasins bien approvisionnés tombèrent dans nos mains.

Ce succès, complétant la prise de Tarragone, décida la soumission de la Catalogne.

CHAPITRE XV

CONQUÊTE DE VALENCE

Préparation de l'expédition. — Reprise de Figuères. — Bataille de Sagonte. — Rôle du général Harispe. — Reddition du fort de Sagonte. — Marche sur Valence. — Bataille sous les murs de la place. — Investissement. — Prise de la ville. — Harispe sur le Xucar. — Affaiblissement de l'armée d'Aragon. — Combats de Castalla et d'Ibi. — Arrivée du roi Joseph à Valence. — Son départ. — Isolement de l'armée d'Aragon. — Combat d'Yécla. — Citation de la division Harispe. — Bataille de Vitoria. — Evacuation du royaume de Valence. — Combat du col d'Ordal. — Affaiblissement de l'armée. — Pétition des Basques en faveur de Harispe. — Sa désignation pour l'armée des Pyrénées. — Son départ.

Sans perdre de temps, Suchet revint à Saragosse pour organiser sa nouvelle expédition contre Valence, la troisième depuis 1808. Une mesure s'imposa tout d'abord. Il fallait occuper le sud de l'Aragon qui ouvrait les routes du royaume de Valence. Sans laisser de repos à ses divisions, le général en chef leur donna, dans ce but, de nouvelles destinations. Harispe fut envoyé à Teruel, sur le Guadalaviar, à 140 kilomètres au sud de Saragosse. Les environs de cette ville avaient été récemment le théâtre de plusieurs actions de guerre tentées par les généraux espagnols Villacampa, Obispo et Duran. Harispe occupait à Teruel, sur les bords du fleuve qui arrose Valence, une véritable position d'avant-garde. Il était là sur le revers sud d'une chaîne de montagnes qui le séparait du reste de l'armée. Celle-ci cependant ne tarda pas à être dirigée sur les frontières de l'Aragon. Ce fut ainsi qu'au milieu du mois d'août, une brigade de la division Habert vint occuper Morella, suivie de près par la division italienne qui se rapprocha de ses cantonnements.

Ces mouvements intimidèrent d'autant plus les Valenciens, que le général Harispe, après avoir battu le corps de Villacampa, s'avança jusqu'à Sarrion et Utiel. « Il établit alors ses troupes dans des camps, et les tint en haleine par des marches fréquentes, de manière à bien assurer la soumission de tout le pays derrière lui et à menacer devant lui le royaume de Valence et les corps ennemis chargés de le défendre. On s'y préparait de toutes parts à la résistance contre nous ». (1).

Pendant ce temps, Figuères était repris aux Espagnols, le 19 août. Dès qu'il en eut reçu la nouvelle, l'Empereur ordonna à Suchet de s'emparer de Valence et d'en être le plus rapproché possible, à la date du 15 septembre.

Harispe allait ainsi se trouver, pour la troisième fois, en face de cette ville dont il connaissait bien les abords, et dont les défenseurs, surexcités par le fanatisme, avaient augmenté sans cesse les fortifications et l'armement. L'armée valencienne, commandée par O'Donell, était soutenue par celle de Murcie sous les ordres du général Freyre et renforcée par le corps expéditionnaire amené de Cadix par le général Blake, chargé du commandement suprême.

Suchet ne pouvait disposer, pour cette expédition, que de 20.000 hommes environ, et de deux routes; l'une partant de Teruel, l'autre de Tortose et se réunissant à l'antique Sagonte, nommée depuis Murviedro et fortifiée. La dernière route était défendue par les forts de

(1) Maréchal Suchet, Mémoires.

Peniscola et d'Oropesa. On ne pouvait laisser ces petites places sur les derrières de l'armée. On résolut donc de marcher d'abord sur le fort de Sagonte. Suivant l'ordre de Napoléon, le mouvement commença le 15 septembre. Il s'effectua en trois colonnes. Harispe commandait celle qui partit de Teruel par les montagnes de Ruvielos: il devait rejoindre l'armée vers Villafamès. Une division marcha sur Morella et San Mateo. Enfin, la colonne principale, sous les ordres du commandant en chef, partit de Tortose par la route du bord de la mer. Le maréchal fit masquer les deux forts qui la commandaient, et le 20 août, il rallia les deux autres colonnes avant d'arriver à Castellon de la Plana. A partir de ce moment, l'armée s'avança réunie. Blake, de son côté, s'approchait de Murviedro avec toutes ses forces. Suchet arriva cependant en vue de cette dernière ville, sans avoir aperçu l'ennemi.

Le 23, l'avant-garde, commandée par le général Habert, s'empara de la ville et commença à investir le fort de Sagonte du côté de l'est. « En même temps, la division Harispe, tournant du côté opposé, passa la rivière sur la droite, serra le fort à portée de pistolet par des postes de voltigeurs et, se rabattant vers la route de Valence au sud de Murviedro, établit sa liaison avec la division Habert » (1). L'investissement fut ensuite achevé du côté ouest (2).

Des reconnaissances, poussées le lendemain jusqu'à Valence, apprirent que Blake, loin de continuer son mouvement, s'était établi dans un camp retranché sur la rive droite du Guadalaviar. On ne songea pas à l'y attaquer. Il fallait d'abord s'emparer du fort de Sagonte,

---

(1) Maréchal Suchet. Mémoires.
(2) Le fort, qui commandait Murviedro, avait gardé le nom de fort ou de château de Sagonte.

dont l'accès était presque impraticable. Cependant un point faible, négligé par la garnison, décida Suchet à tenter une surprise.

Le 28, il rejoignit Harispe qui passa la nuit sur le qui-vive, ainsi que la division italienne. L'escalade fut entreprise ; mais une de ces circonstances imprévues qui font échouer parfois les opérations de guerre les mieux conçues, empêcha le succès. Il fallut se décider à resserrer le blocus et à faire un siège régulier.

On vit alors des groupes ennemis s'approcher de nos positions. Il fallut les dégager ; un premier combat livré le 30, près de Segorbe, à la division Obispo, permit de la battre et de la disperser.

Dans la nuit du 1er octobre, le maréchal marcha contre d'autres corps espagnols qui couvraient Liria. « Le général Harispe s'avança sur Betera, à la tête de sa division, suivi de la réserve du général Robert et de la cavalerie du général Boussard. » (1). O' Donell était en bataille à Benaguasil.

Le maréchal fit déployer en ligne les cuirassiers, la réserve et une partie de la division Harispe. Une colonne formée de voltigeurs et de hussards, ayant à sa tête le général Harispe, s'engagea la première. Un canal couvrant le front de l'ennemi fut franchi sous le feu ; puis, on attaqua la position des Espagnols qui fut vite enlevée. Ils s'enfuirent par deux côtés différents, et repassèrent le Guadalaviar, ayant perdu 400 hommes et 200 chevaux.

On n'eut plus alors qu'à assiéger le fort d'Oropesa. On s'en empara le 10 octobre. Tous les efforts se portèrent ensuite sur le fort de Sagonte. Le feu des batteries fut ouvert le 17 octobre ; et le lendemain, on tenta un premier assaut qui ne réussit pas. Ce fut pour le maré-

(1) Maréchal Suchet. Mémoires.

chal un sujet de réflexions d'autant plus pénibles que les nouvelles de l'Aragon l'inquiétaient. Il pensa que le meilleur moyen de prendre le fort était de battre d'abord l'armée de Blake. Les circonstances vinrent à son aide.

La garnison du château de Sagonte fit demander du secours à Blake qui se porta en avant, pour tenter de la délivrer. Le 24, son armée était en bataille à mi-chemin entre Valence et Murviedro. Sans lever le siège, le maréchal Suchet établit ses troupes en face de l'ennemi, sur un terrain assez resserré entre la mer et les hauteurs du Val-de-Jésu. « Sa ligne de bataille fut formée de la division Harispe, portée en avant du front de son camp, la droite aux montagnes, la gauche à la grande route, et de la division Habert qui tenait la gauche du général Harispe, entre la route et la mer ». (1) Derrière elles, une seconde ligne était formée par la division italienne et la cavalerie. A l'extrême droite, une brigade d'infanterie et les dragons du 24e gardaient la gorge de San Spiritu. Ils étaient renforcés par une dernière réserve et devaient défendre à outrance le défilé de Betera à Gilet dont la perte pouvait tout compromettre.

Le feu des batteries de brèche fut continué sur le fort de Sagonte. Pendant ce temps, Harispe, sur l'ordre de Suchet, se portait sur un mamelon qui dominait sa droite, lorsque les Espagnols, y arrivant les premiers, s'y établirent. Au même moment, l'armée de Blake s'avança par la grande route.

« La division Harispe parvenue devant la hauteur que l'ennemi venait d'occuper, l'attaqua aussitôt. Sa possession ayant une grande importance, les généraux se mirent à la tête des colonnes. Les troupes montèrent sans tirer et sans courir. La résistance fut vive; une mêlée sanglante eut lieu en arrivant sur le mamelon.

---

(1) Maréchal Suchet, Mémoires.

Harispe et son chef d'état-major Mesclop eurent leurs chevaux tués ; son aide-de-camp, Péridon, tomba grièvement blessé. Cependant le 7ᵉ de ligne, bien commandé, croisa la baïonnette et culbuta les Espagnols. La division Harispe resta maîtresse de la position » (1).

Blake faisait un effort sur nos deux ailes, au moment même où Harispe venait d'obtenir un avantage sur son centre. Suchet espéra alors pouvoir couper son armée en deux.

Cependant « les Espagnols, repoussés de la hauteur, avaient été poursuivis par le général Harispe jusque dans la plaine ; mais bientôt ils se rallièrent, firent ferme, attaquèrent à leur tour et marchèrent de nouveau vers le mamelon, pour le reprendre. La mitraille de l'artillerie de la division Harispe les arrêta un moment, puis ils reprirent l'offensive. Le moment était critique. Mais notre infanterie, sans se laisser ébranler, accueillit l'ennemi par un feu des plus nourris. Le maréchal qui avait fait avancer ses réserves, courut aux cuirassiers pour les faire charger. Il reçut alors une balle à l'épaule. La blessure heureusement n'était pas grave. Les cuirassiers enfoncèrent complètement le centre de Blake déjà ébranlé par nos feux » (2). Le coup était décisif; l'attaque des Espagnols était rompue ; le succès fut complété sur les ailes. Sur celle de droite, en particulier, le général Chlopiski qui avait déjà battu son adversaire, se vit bientôt renforcé par Harispe arrivant de ce côté et chassant devant lui les divisions d'O'Donell qu'il avait mises en déroute. « Il rallia à lui le général Chlopiski et se mit vivement à la poursuite du général espagnol Mahy qui avait pris position en arrière avec les troupes qu'il avait pu rallier ; il le força

---

(1) Maréchal Suchet. Mémoires.
(2) Ibidem.

de quitter enfin le champ de bataille et de précipiter sa retraite sur Betera ».

La victoire était complète, et Harispe y avait une part des plus brillantes. Bientôt tous les corps espagnols eurent repassé le Guadalaviar, et notre armée occupa les positions conquises. Elle comptait 128 morts et 596 blessés. L'ennemi avait eu un millier d'hommes hors de combat. Il perdit en outre 4.621 prisonniers, dont deux généraux et 270 officiers, 4 drapeaux, 4.200 fusils anglais et 12 bouches à feu avec leurs caissons.

Le lendemain, 26 octobre, le fort de Sagonte, sommé de se rendre, capitula. Nos trophées s'augmentèrent de 2.572 prisonniers, 6 drapeaux, 17 canons, 2.400 fusils et des munitions en nombre considérable.

Tandis que nous remportions ces brillants succès, l'Aragon, envahi par des chefs de guerillas, devenait le théâtre de combats et de surprises dans lesquels nous n'avions pas toujours l'avantage. Suchet savait que nos effectifs étaient insuffisants pour maintenir notre autorité à la fois en Aragon et dans le royaume de Valence. Il insista auprès du major général à Paris pour obtenir les renforts qui lui étaient indispensables, surtout pour attaquer Valence aussitôt après la victoire de Sagonte. Ses instances furent bien accueillies, mais l'effet ne s'en fit sentir qu'en décembre.

En attendant, il fallait agir, sous peine de perdre le fruit des dernières victoires. En conséquence, Harispe reçut l'ordre de faire avec sa division une forte reconnaissance sur l'armée de Blake, récemment battue, afin de voir les positions qu'elle occupait. « Il fut, en même temps, chargé de faire une sommation aux habitants de Valence, moins dans l'espoir de les voir accepter une capitulation que pour juger du degré d'énergie qu'ils possédaient encore » (1). La sommation demeura

(1) Maréchal Suchet, Mémoires.

sans effet, mais la population fut loin de se préparer à une défense énergique comme celle de Saragosse.

Les divisions furent dès lors poussées en avant. Le 3 novembre, Harispe s'établit à Paterna, à 10 kilomètres à l'ouest de Valence, sur la rive gauche du Guadalaviar. Il avait à sa gauche la division Habert et en réserve arrière, le reste de l'armée. Notre position, en face des camps ennemis, était trop étendue pour nos faibles effectifs. On la fortifia par des retranchements. De son côté, Blake avait garni ses abords de nombreux ouvrages et reçu des renforts qui portaient son armée à 30.000 hommes et 3.000 chevaux.

La mission de l'armée d'Aragon était ainsi des plus rudes. Il lui fallait passer le Guadalaviar sous le feu de l'ennemi, l'attaquer dans ses retranchements, le rejeter dans la place, investir celle-ci malgré sa vaste étendue et en faire le siège. Harispe ne pouvait se dissimuler ces difficultés; mais, comme le reste de l'armée, il comptait sur les talents du général en chef et la vaillance de ses soldats.

En attendant l'exécution des futurs mouvements, on eut soin de tenir l'ennemi en éveil par des combats d'avant-postes; on reconnaissait les chemins, les abords des camps, les points favorables au passage du fleuve. Harispe faisait même franchir ce cours d'eau à ses troupes, tantôt sur un point, tantôt sur un autre.

L'Empereur, cependant, avait décidé l'envoi de deux divisions à l'armée d'Aragon, et l'une d'elles, commandée par le général Reille, arriva le 24 décembre à Segorbe.

Avec celle du général Severoli, qu'on attendait, l'armée allait comprendre cinq divisions et 33.000 hommes. Celle du général Harispe, la 2ᵉ, se composait des deux brigades Paris et Chlopiski, formées, la première avec les 7ᵉ et 46ᵉ de ligne, chacun à 3 bataillons; la seconde,

[av]ec le 44ᵉ de ligne et le 3ᵉ de la Vistule, chacun à [de]ux bataillons.

L'effectif total de la division était alors de 828 hommes.

L'armée entière comptait 33.818 hommes et 644 chevaux.

Suchet se crut assez fort pour investir la place et y enfermer l'armée de Blake. L'idée, du reste, avait souri [à] Napoléon.

Dans la nuit du 25 au 26 décembre, trois ponts furent construits sur le Guadalaviar, en face de Ribaroya, à [5] kilomètres à l'ouest de Valence. Le général Harispe [le] franchit le premier avec sa division. Le passage de [l'ar]mée sur la rive droite ne fut fini qu'à huit heures du [m]atin, le 26. L'ennemi n'avait encore rien vu.

Dès qu'on fut réuni, Harispe marcha sur Torrente, [vil]lage à huit kilomètres au sud de Valence. La cava[le]rie l'accompagnait et un escadron l'éclairait à travers [un] terrain couvert d'arbres qui limitaient la vue. Vers [Al]daya, l'escadron tomba au milieu du gros de la cava[le]rie ennemie et dut se rabattre sur l'infanterie qui avançait en bon ordre. Elle arrêta la cavalerie espa[g]nole qui fut alors chargée par la nôtre, mise en déroute [et] poursuivie jusqu'à Torrente.

La bataille s'engageait en même temps sur les bords [d]u Guadalaviar. Le général Reille ayant rejoint Harispe, [c]elui-ci continua son mouvement; l'affaire s'étendit à [to]us les corps. Les généraux espagnols, venus en auxi[li]aires à Valence, se trouvèrent bientôt séparés de Blake, [r]ejeté dans le camp retranché et en ville. « Le maréchal [q]ui s'était porté à la division Harispe, arriva avec elle [à] Torrente et la dirigea avec la cavalerie, droit sur Catar[r]oja, près du bord de la mer et du lac de l'Albuféra, à huit [k]ilomètres au sud de Valence, sur la route d'Alicante. [L]e général Habert ayant fait une manœuvre analogue, avait rejoint le général Harispe. Le soir, l'investissement de la ville était un fait accompli, et Blake y était enfermée avec 20.000 hommes. Nous prîmes, dans cette journée, 24 bouches à feu et quelques centaines de prisonniers. Nous eûmes de notre côté près de 400 tués ou blessés.

L'investissement fut complété par l'occupation de Cullera, d'Alcira, d'Alberique et par l'extension de nos postes jusqu'à Xativa.

Les camps s'établirent à 1.200 mètres des ouvrages de la place : la division Habert à droite, la division Harispe à gauche, allant jusqu'à la route de Murcie, puis les divisions Reille, Severoli et Palombini. La division Musnier gardait la rive gauche et la route de Murviedro.

Harispe dut redoubler de surveillance sur son front, seul point où l'ennemi pouvait tenter une sortie.

Le 28, Blake voulut quitter la place et se dégager. Il fut rejeté en ville, ce qui fit naître du découragement parmi les défenseurs.

Les travaux de siège commencèrent. La tranchée fut ouverte le 2 janvier 1812, dans la direction du faubourg Saint-Vincent. Les batteries furent établies pendant les nuits suivantes. Dans celle du 5 au 6, les mortiers bombardèrent la ville. Le 6, on fit une première sommation qui resta sans effet. Les deux jours suivants, le bombardement continua. Le couvent des Dominicains fut pris, et l'on allait battre en brèche le mur d'enceinte, lorsque Blake fit une proposition de reddition inacceptable. Le maréchal exigea une capitulation pure et simple. Elle fut signée et ratifiée des deux côtés, le 9 janvier au matin.

Les hostilités cessèrent. Le maréchal témoigna aux troupes sa satisfaction et interdit l'entrée en ville avant le 14. Il voulait laisser aux autorités le temps de rétablir l'ordre.

La prise de Valence mit en notre pouvoir 18.219 prisonniers de guerre, dont le général en chef Blake, avec 22 généraux, 898 officiers, 21 drapeaux, 2.000 chevaux, 393 canons, 42.000 fusils et de nombreuses munitions.

L'armée espagnole sortit de Valence le 10 janvier, déposa ses armes et prit la route de France.

Le maréchal entra dans la ville conquise le 14, à la tête de son armée. Ses dispositions bienveillantes établirent immédiatement la confiance et la soumission. L'Empereur le nomma duc d'Albuféra.

Harispe reçut à cette occasion une lettre du maréchal qui valait une citation.

Mon cher général,

...Je vous ai appris la capitulation de Valence; vous avez dû en recevoir la nouvelle avec l'ordre de l'armée. Les résultats sont beaux.

Vous et votre brave division y avez pris une bonne et glorieuse part. Il ne dépendra pas de moi que Sa Majesté ne vous en fasse éprouver sa satisfaction, etc...

Néanmoins, on n'accorda qu'une partie des récompenses demandées pour l'armée d'Aragon. Le reste fut gardé à l'état de propositions. Cependant l'Empereur manifesta sa satisfaction par le décret ci-après :

Au Palais des Tuileries, le 24 janvier 1812.

Napoléon, Empereur des Français,

Voulant récompenser les services rendus par les officiers généraux, officiers et soldats de notre armée d'Aragon ;

Nous avons décrété et décrétons ce qui suit :

Article 1er

Des biens situés dans la province de Valence, jusqu'à la valeur d'un capital de 200 millions, seront réunis à notre domaine extraordinaire.

Article 2.

L'intendant général de notre domaine extraordinaire en fera prendre de suite possession et les réunira aux autres biens extraordinaires d'Espagne.

Signé Napoléon.

A la suite de ce décret, la dotation du général baron Harispe fut portée à 14.000 francs.

Le maréchal Suchet tenait à voir Harispe, son principal divisionnaire, celui sur lequel il comptait le plus dans les moments difficiles, récompensé cette fois d'une façon éclatante. Il le proposa pour le titre de Comte de l'Empire et lui écrivit, en lui annonçant sa démarche : « J'espère ne pas tarder à vous complimenter sur un nouveau témoignage de la satisfaction de l'Empereur pour vos bons et constants services. »

Harispe dut avoir à ce sujet un espoir bien justifié, car il recevait en même temps, de son ami le maréchal Moncey, la lettre ci-après :

Paris, le 25 janvier 1812.

Enfin, mon cher Harispe, j'ai grand sujet de vous féliciter et tous les braves qui vous restent de la division. Vous voilà pour cette fois dans l'enceinte des murs de Valence ! Puisse ce beau pays, qui est le jardin de l'Espagne orientale, vous dédommager amplement des privations de toutes sortes que vous devez éprouver dès longtemps. Je le désire fortement, et surtout que, dans la disposition des 200 millions que l'Empereur vient de décréter pour récompense aux braves des armées d'Espagne, vous vous trouviez avec une dotation égale à toutes vos glorieuses entreprises. Certes vos services et votre dévouement vous placent de droit au plus haut de la munificence impériale, et il faut espérer que vous vous y trouverez, ainsi que vous le méritez. C'est Sa Majesté elle-même qui a bien voulu m'annoncer votre entrée dans

Valence; elle paraissait bien satisfaite de vos brillants succès, et des grâces vous l'annonceront.

Recevez, mon cher général, une nouvelle assurance de ma considération distinguée en même temps que celle de mon inaltérable amitié.

Le maréchal duc DE CONEGLIANO.

Après la prise de Valence, les troupes furent établies sur divers points du territoire environnant. La région du sud attirait plus particulièrement l'attention du maréchal. En conséquence, il envoya, dès le 9, à Alcira et San Felipe la 2me division et la brigade de cavalerie Delort. Harispe s'installa à Alcoy, en avant du Xucar, pour observer les mouvements de la 3e armée espagnole. Il avait à se prémunir contre la fièvre jaune qui désolait alors la province de Murcie. A Gandia, sur sa gauche, se trouvait le général Habert qui occupait le port de Denia. La prise du fort de Peniscola, le 4 février, compléta la soumission du royaume de Valence.

A partir de cette époque, Harispe eut pendant plusieurs mois une mission d'observation des plus difficiles. Éloigné du maréchal et du gros de l'armée, il avait à maintenir notre autorité dans un pays nouvellement conquis et sans cesse menacé par les armées ennemies. Il n'en suivait pas moins les événements qui avaient alors, tant en Espagne que dans le reste de l'Europe, un intérêt considérable. Napoléon songeait déjà à sa campagne de Russie et, en prévision de l'avenir, rappelait à lui les troupes polonaises. Celles qui faisaient partie de l'armée d'Aragon quittèrent l'Espagne en janvier et privèrent Suchet de 6.000 vieux soldats éprouvés. Harispe eut à souffrir de cette mesure. Il perdit un excellent général, Chlopiski, et le 3e régiment de la Vistule, troupe d'élite qu'il ne retrouva plus. Le général Paris, commandant sa 1re brigade, récemment blessé, lui manquait aussi. Il n'eut plus sous ses ordres que trois régiments, les 1er léger, 116e et 7e de ligne, formant une petite division de 3.530 hommes. Il dut confier le commandement des deux premiers à son chef d'état-major, le colonel Mesclop.

Peu de temps après, une disposition plus fâcheuse encore atteignit cette armée. Le général Reille lui fut enlevé avec ses deux divisions, pour aller former sur la rive gauche de l'Èbre, un corps d'observation; une autre division, celle du général Palombini, dut aller remplir une mission analogue sur la rive droite. Il y eut ainsi vingt mille hommes de moins dans l'effectif des forces chargées de consolider notre occupation du pays valencien. Elles ne comptaient plus que 15.000 hommes environ, parmi lesquels 9.000 d'infanterie et 1.600 de cavalerie restaient seuls présents sous les armes.

Pour mettre le comble aux embarras de cette situation, le maréchal Suchet tomba assez gravement malade et dut demander un congé. L'Empereur le lui refusa, mais lui envoya son premier chirurgien qui réussit à le guérir après deux mois de soins assidus.

Pendant ce temps, Harispe restait au sud de Valence, chargé d'occuper les circonscriptions d'Alcoy et de San Felipe.

Il y était arrivé depuis quelques jours à peine, quand le maréchal lui apprit sa nomination de duc d'Albuféra, à laquelle était jointe, à titre de dotation, la propriété du lac du même nom, de ses pêcheries et des biens qui en dépendaient. Le tout constituait un revenu de plusieurs centaines de mille francs. Harispe lui envoya ses félicitations. Le maréchal en fut touché et lui adressa une lettre empreinte de la bienveillance qu'il lui témoignait en toute occasion.

Armée impériale d'Aragon.

Au quartier général de Valence, le 15 février 1812.

J'ai été pénétré, mon cher général, des félicitations pleines de sentiment que vous m'avez adressées. Je suis sensible aux témoignages d'un homme tel que vous. Tout ce que vous me dites, au nom de votre brave division, ne sert qu'à me convaincre de plus en plus que vous savez inspirer à vos soldats dans leurs affections particulières le même élan que vous leur donnez si bien sur le champ de bataille.

Vous savez, mon cher général, si je vous distingue parmi les généraux qui ont affermi la gloire de l'armée d'Aragon, et vous serez persuadé de la grande satisfaction que j'éprouve en voyant se présenter une nouvelle occasion d'appeler sur vous les bontés de l'Empereur.

Trois jours après, Harispe fut prévenu que son collègue et ami, le général Habert, partait en congé de trois mois. Le maréchal crut ne pouvoir mieux faire que de placer sa division sous le commandement supérieur du général Harispe, qui disposa ainsi d'un petit corps d'armée.

Il lui envoya ses instructions par la lettre ci-après :

Armée impériale d'Aragon.

Quartier général de Valence, le 29 février 1812.

Le général Habert est parti pour la France, mon cher général, et dès ce moment vous commandez les 2e et 3e divisions; vous restez ainsi chargé d'occuper autant que possible tout le pays compris dans les Gobernacions d'Alcira, Denia, San Felipe, Cafrentes, Montcha, Alcoy, Xixona et tout ce que vous pourrez couvrir par vos troupes dans le royaume de Valence ou le pays avoisinant. Vous avez la haute main sur toutes les autorités du pays; vous devez protéger la rentrée des contributions ordinaires et extraordinaires, pour lesquelles des percepteurs sont partis; vous devrez également me proposer des contributions à lever dans le pays avoisinant, qui n'a pas été compris dans la répartition que je viens de vous faire, en vous conformant aux articles 2 et 3 des instructions du prince de Wagram que je vous ai envoyées.

Vous frapperez toutes les contributions en nature que vous croirez utiles pour la subsistance de vos troupes, et aurez soin d'en faire tenir note et de m'en rendre compte. Il importe que, chaque mois, vous fassiez dresser l'état général des consommations du pays que vous commandez.

Sous les rapports militaires, vous devez faire observer Alicante, savoir ce qui s'y passe, faire chasser les partis qui en sortent, poursuivre les guérillas qui peuvent inquiéter votre flanc droit, veiller à l'armement de la côte depuis le cap Saint-Martin jusqu'à Cullera, faire poursuivre le désarmement et enfin presser les travaux que j'ai ordonnés à Cullera et à Alcira.

La dernière disposition que je viens de vous tracer vous fera connaître l'intention où je suis de défendre le Xucar, comme une ligne que je crois bonne. Je pense cependant que vous ne devriez vous y porter que si l'ennemi présentait de grandes forces, et je l'en crois incapable de longtemps. Il s'agit néanmoins d'opérer dans ce sens, de placer les plus grands magasins et hôpitaux sur Alcira et Cullera.

J'ai fait mettre Denia en état de défense, et c'est une place que nous ne devons plus quitter; il est à désirer qu'il se trouve encore des tours sur la mer qui vous offrent le même avantage et que vous feriez armer; le général Vallée a reçu des ordres pour cela.

La discipline que vous avez maintenue dans vos troupes peut seule assurer la conquête de l'Espagne. Ce n'est que par l'ordre que nous aurons assez de ressources pour vivre et que nous justifierons la confiance de l'Empereur.

Les renseignements que vous me donnez sur Alicante sont d'accord avec ceux que je reçois. Mahy, mourant d'une fluxion de poitrine, a été remplacé par Joseph O'Donell, son chef d'état-major; c'est un passe-droit à Freyre qui veut se retirer. Les insurgés ont quitté Murcie, où les symptômes de fièvre jaune se renouvelaient. Dans la matinée du 15 février, une flotte anglaise s'est présentée devant Carthagène et, trois jours après, a débarqué au nombre de 1.400 hommes. Ils sont parvenus, malgré la résistance des Espagnols, à s'emparer du fort de la Galera...

Il paraît malheureusement vrai que Ciudad Rodrigo est tombé au pouvoir de l'ennemi.

L'objet de ma plus vive sollicitude est la subsistance de l'armée. J'ai employé jusqu'à ce jour tous les moyens du commerce et de la force pour en avoir ; j'ai envoyé en Afrique ; mais tout cela ne peut suffire aux besoins qu'éprouvent encore les places de Tortose, Tarragone et Lérida. Le quintal de blé coûte 60 et 70 francs. Valence n'a pas encore payé 5 millions de réaux, et tout cela m'oblige à faire vivre les troupes qui tiennent la campagne, sur le pays.

Je vous adresse le relevé sommaire des contributions extraordinaires à payer dans l'arrondissement de votre commandement.

Alcira	19.408.912 fr.
Denia	15.392.902 —
Saint-Philippe	19.097.818 —
Montepa	3.652.363 —
Cafrentès	2.091.277 —
Alcoy	8.468.731 —
Xixone	8.505.090 —
	76.617.093 fr.

Cette somme vous paraîtra bien forte ; mais il n'est pas en mon pouvoir d'y rien changer, puisque c'est la volonté de l'Empereur qui l'a fixée. Vous verrez d'ailleurs, par l'article 44 du prince de Wagram, que les fournitures en nature faites par les communes seront en paiement du dernier tiers.

Il n'est pas permis de compter sur le concours de l'armée du midi pour le mouvement de Velès, Rubio et Orihuela ; si vous pensiez pouvoir l'exécuter avec 3.000 hommes et 800 chevaux, tandis que la 3e division observerait Alicante, je vous y autoriserais volontiers.

            Le maréchal duc d'ALBUFERA.

A Monsieur le général de division Harispe, commandant les 2e et 3e divisions, à Alçoy.

Ce mois de mai 1812 devait être marqué pour Harispe par un deuil qui lui fut très sensible. Il avait alors en qualité d'aide de camp, son jeune frère Pierre, dit Jean-Pierre, blessé comme lui à Iéna et maintenant capitaine d'infanterie. Atteint d'une maladie grave, usé peut-être par les fatigues d'une campagne des plus rudes, à peine âgé de 30 ans, Pierre Harispe mourut à Alcoy, malgré tous les soins qui lui furent prodigués.

En apprenant ce malheur, le maréchal Suchet écrivit à Harispe :

Armée impériale d'Aragon.

Quartier général de Valence, le 25 mai 1812.

J'ai appris avec une vive peine, mon cher général, la perte cruelle que vous avez faite; je regrette votre frère; je suis très affligé de la juste douleur que vous cause sa mort trop précoce; je sens qu'il est peu de véritable consolation; que le temps seul peut adoucir l'amertume d'une perte prématurée. C'est dans ces moments que l'on apprécie mieux les témoignages de l'amitié. Croyez donc aux miens, mon cher général, ils sont fondés sur l'estime et l'attachement sincère que je vous porte...

Adieu, mon cher général, portez-vous bien et croyez à tous les sentiments du

Maréchal duc d'Albufera.

Cependant, de graves préoccupations ne cessaient d'absorber le général. Ses forces pouvaient difficilement suffire à la mission qu'il avait à remplir. Les levées de troupes ordonnées par les juntes insurrectionnelles, les succès des Anglais et la faiblesse du gouvernement de Madrid rendaient chaque jour sa responsabilité plus lourde. Il lui fallait néanmoins se rapprocher d'Alicante et voir si une attaque contre cette place pouvait être tentée.

A Paris, d'autre part, les affaires d'Espagne semblaient

reléguées au second plan. Et lorsque, au mois de mai, le maréchal reçut les instructions du major général, elles se résumaient en un simple avis : se tenir concentré.

Harispe en fut avisé dans un moment où sa santé laissait à désirer. Heureusement, ce ne fut qu'une alerte. Il se remit vite et put reprendre avec sa vigueur habituelle les rênes de son commandement.

C'était heureux. Car, au même moment, les forces de l'ennemi menaçaient le front et les flancs de son corps d'armée. Ces mouvements continuèrent à la fin de mai et en juin, au point que le général Harispe jugea prudent d'exposer au maréchal les dangers de la situation.

Armée impériale d'Aragon.

Alcoy, le 18 juin 1812.

A Son Excellence monseigneur le maréchal duc d'Albuféra.

Monseigneur,

Je viens d'avoir l'honneur de recevoir la dépêche de Votre Excellence du 15 courant, et je m'empresse de donner des ordres pour l'exécution des dispositions qu'elle prescrit; en conséquence un bataillon du 116e se rend à San Felipe pour y relever le 1er léger, et 200 hussards, partant de Biar le 20, seront, le 21, dans la même ville; je fais part de vos intentions au général Gudin et le charge de les exécuter.

J'ai déjà eu l'honneur d'instruire Votre Excellence que, depuis mon dernier mouvement en avant, l'ennemi a réuni des forces considérables devant moi et sur mes flancs, que j'évalue à 16.000 hommes sans les garnisons. C'est malheureux que ce soit dans le moment même où il paraît vouloir faire usage de toutes ses forces pour tenter de se venger des affronts qu'il a reçus, que ce soit dans ce moment-là que Votre Excellence soit forcée d'affaiblir sa ligne sur le point le plus menacé et devant son ennemi principal. Je me servirai de votre expression, monsieur le maréchal. « Cette disposition m'afflige, mais ne me décourage pas ». Je tirerai tout le parti possible du peu que vous me laissez, et je vous prie de compter sur l'emploi de toutes mes facultés pour ne rien laisser perdre de la réputation des armes de l'armée impériale d'Aragon. Cependant, comme votre absence et la faiblesse de ma ligne peuvent amener des événements critiques, il faut avoir la faculté d'en observer et d'en méditer les causes possibles.

Suivant l'état ci-joint, j'ai à peine 4.000 hommes d'infanterie, disséminés forcément pour pouvoir vivre et tenir le pays. Je n'ai nulle part 1.000 hommes réunis. Il faudra bien de la surveillance de la part des chefs et bien des fatigues des troupes pour éviter une surprise sur un des points d'une ligne aussi étendue et aussi faible, devant un ennemi à la vérité moins entreprenant que nombreux, mais dans un pays où l'opinion baisse tous les jours à notre désavantage. J'ai l'espoir pourtant d'être bien averti des mouvements de l'ennemi, et mon intention, comme le désir de mes troupes, est de prendre l'offensive; mais quel sera le nombre de mes soldats si, des 4.000 hommes, on ôte le bataillon du 116ᵉ que vous faites placer à San Felipe et qui est de 600 hommes; si on déduit les postes de communication avec San Felipe et avec la mer; car j'espère bien que, si j'ai à combattre, ce sera en avant d'Alcoy. Si l'on déduit les hommes malingres, les innombrables non-combattants dont, malgré tous les ordres, malgré toutes les précautions, les régiments abondent, je n'ai pas l'espérance de voir la colonne d'expédition, avec laquelle j'aurai à me présenter à l'ennemi, plus forte que de 2.600 à 800 hommes. D'après le même calcul, en supposant que vous ayez la bonté de joindre 300 cuirassiers à mes 400 dragons, je ne peux guère réunir que 500 ou 550 chevaux. Je ne cherche point, monsieur le maréchal, à affaiblir l'idée des moyens que vous me laissez; mon calcul s'appuie autant sur l'expérience que sur les faits. Il ne me décourage pas, je vous le répète, mais j'ai cru de mon devoir de le mettre sous les yeux de Votre Excellence, tel qu'il paraît aux miens.

J'ai bien pensé aussi au parti qu'il y aurait à tirer du 117ᵉ, en cas d'une attaque générale de l'ennemi sur mon front;

mais n'est-il pas probable qu'en ce cas, la garnison d'Alicante, forte de 6 à 7.000 hommes, fera aussi des tentatives d'attaque par mer et peut-être même par terre? Aussi, après avoir bien réfléchi sur ce que peut l'ennemi, sur ce que nous pouvons lui opposer, sur la faiblesse de notre ligne, sans qu'il soit possible de la changer sans s'exposer à mourir de faim, je pense que le temps de votre absence sera, pour les troupes de votre armée qui sont au delà du Xucar, une époque bien difficile à passer sans événements fâcheux.

Le général commandant la 2e division.
Baron HARISPE.

Au même moment, une lettre du ministre de la guerre annonça un prochain débarquement des Anglais entre les bouches de l'Ebre et du Guadalaviar. Suchet se mit en mesure de les combattre. La flotte ennemie parut en effet le 21 juin. Le maréchal, qui était revenu à Valence, prit au plus vite ses dispositions pour la repousser. Heureusement une tempête survint, qui la dispersa.

Cette tentative des Anglais n'avait du reste d'autre but que de diviser nos forces, et de faciliter une attaque de front qui se préparait contre le général Harispe. Placé à Alcoy, à 40 kilomètres au nord d'Alicante, avec une réserve, il avait établi une brigade à Ibi sous le colonel Mesclop, et la cavalerie du général Delort, avec un régiment d'infanterie, en avant-garde à Castalla, à l'extrême droite de sa ligne.

« Le 21 juin au matin, le général O'Donell se porta sur Castalla, à la tête de dix mille hommes répartis en 4 colonnes. Le général Delort se retira en bon ordre, avec le 7e de ligne, sur une position en arrière, rapprochée d'Ibi et reconnue d'avance. Il donna ordre en même temps au 24e dragons cantonné à Onil et Biar de le rejoindre et au colonel Mesclop de venir l'appuyer. Celui-ci était déjà attaqué par le général espagnol Rotche, qui avait débouché des montagnes avec

4.000 hommes par le chemin de Xixona. Il le fit contenir à l'entrée du défilé par les voltigeurs du 44ᵉ et par un peloton de cuirassiers, soutenus par deux canons placés dans le petit fort d'Ibi » (1).

Dès que le général Delort eut rallié ses dragons, il prit l'offensive au pas de charge avec le 7ᵉ de ligne et lança sa cavalerie sur l'ennemi. En un instant, une batterie espagnole fut enlevée, puis une brigade d'infanterie qui la soutenait fut enfoncée et mise en déroute. Bientôt toutes les colonnes d'O'Donell furent rejetées dans Castalla où s'engagea un violent combat, à la suite duquel elles furent mises en fuite et rejetées en désordre sur Alicante.

De son côté, le colonel Mesclop luttait pour chasser l'ennemi de sa position d'Ibi, lorsque le général Harispe apparut, venant d'Alcoy, avec le 116ᵉ de ligne. Son arrivée décida de la victoire. Les Espagnols se rabattirent sur Alicante, après avoir perdu 3 drapeaux, 2 pièces attelées, 3 caissons et dix mille fusils. Ils eurent en outre 4.000 hommes tués, blessés ou faits prisonniers.

Un témoin oculaire, le docteur Léon Dufour nous a transmis un récit de cette brillante affaire.

« Depuis le commencement de mars 1812, le général Harispe, pour assurer les subsistances de sa division, avait établi son cantonnement en avant-garde, aux environs d'Alcoy.

L'armée ennemie qui, depuis six mois, s'organisait pour une attaque, voulut signaler l'acceptation de la nouvelle Constitution (Junte de Cadix) par une affaire générale. Le 20 juillet, elle se mit en mouvement, et, dans la nuit du 20 au 21, le général Delort, commandant notre cavalerie, fut instruit de son approche; sept compagnies du 7ᵉ de ligne, 100 cuiras-

(1) Voir pièce annexe, n° 5, le rapport du général.

siers du 13ᵉ régiment étaient les seules forces à sa disposition, à Castalla, loin de son cantonnement. Le colonel Mesclop était à Ibi avec tout le 44ᵉ de ligne et 60 cuirassiers. Des ordres furent donnés dans les divers cantonnements pour exécuter un mouvement concentrique vers Castalla et Ibi qui furent les deux points attaqués. L'armée espagnole, forte de 20.000 combattants, s'avança sur trois colonnes, dont la première, sortie d'Alicante avec 6.000 hommes, se porta sur Ibi ; la deuxième, composée de 10.000 fantassins, 300 cavaliers et 2 pièces d'artillerie, marcha sur Castalla par Novelda ; la troisième qui, heureusement pour nous, eut un retard, devait partir de Villena avec 2.000 hommes et 800 chevaux et se porter sur Biar pour s'opposer au mouvement du 24ᵉ dragons, cantonné dans ce village.

Le 21 juillet, au point du jour, l'ennemi se trouvait en bataille vis-à-vis de Castalla. Le général Delort abandonna momentanément le bourg et prit position en arrière. Les Espagnols occupèrent le village. Bientôt, le colonel Mesclop, quoique attaqué lui aussi, envoya un bataillon du 44ᵉ au général Delort ; et les dragons, partis au galop de Biar, se présentèrent en vue de Castalla.

Le général charge avec impétuosité la ligne ennemie. Les cuirassiers rentrent dans le village, renversent et sabrent tout ce qui s'oppose à leur élan. Les dragons, de leur côté, disposés sur deux de front à cause de l'étroitesse d'un pont à passer, se précipitèrent avec une audace inouïe sur l'artillerie espagnole dont ils sabrèrent les canonniers, chargèrent ensuite un régiment de garde wallone qui avait formé le carré, l'enfoncèrent, rompirent deux autres carrés et mirent l'ennemi en déroute.

Harispe a déclaré que cette charge de dragons était un des plus beaux faits d'armes de nos fastes militaires.

Dès que le bataillon du 44ᵉ vit que la victoire était décidée en notre faveur à Castalla, il reprit le chemin d'Ibi, où cinq compagnies tenaient tête à toute la garnison d'Alicante. Celle-ci s'était emparée du village, mais un fort résistait encore et ne cessait de tirer sur les Espagnols.

Sur ces entrefaites, le général Harispe, parti d'Alcoy avec

deux compagnies du 116e de ligne, 60 cuirassiers et deux pièces d'artillerie, arriva en vue d'Ibi. Il fit placer sa troupe sur une hauteur d'où elle prenait l'ennemi en flanc. Le feu de ce renfort fut si nourri, si meurtrier, que les Espagnols, abandonnant Ibi, exécutèrent leur retraite par des sentiers rocailleux où notre cavalerie ne put les poursuivre.

Cette affaire coûta aux Espagnols 2.600 prisonniers, 800 hommes tués, trois drapeaux et deux pièces de canon avec leurs caissons.

De notre côté, 48 morts, dont un officier de dragons et 4 officiers d'infanterie.

Cette bataille, si elle eût été perdue, aurait peut-être obligé notre armée à se replier vers le Nord ».

Ce fut une des glorieuses journées de l'armée d'Aragon. Le maréchal en fut pleinement heureux. Il attendit cependant le rapport du général Harispe pour lui faire connaître l'impression qu'il ressentait de sa belle conduite. Il ne reçut ce compte-rendu que le 24 juillet, des mains d'un aide de camp qui lui apporta en même temps les drapeaux pris à l'ennemi.

Il écrivit aussitôt au général Harispe :

Quartier général de Valence, le 24 juillet 1812.

Armée impériale d'Aragon.

Mon cher général, votre aide de camp David vient de me remettre votre rapport sur la brillante journée du 21 et les drapeaux qui embellissent cette victoire. J'ai été extrêmement content de tout ce que vous me dites sur la valeur des troupes. J'ai été bien satisfait de l'habileté avec laquelle le général Delort et le colonel Mesclop ont exécuté vos ordres. Mais ce que j'ai particulièrement admiré, c'est la bonté de vos dispositions, le choix que vous avez fait de votre champ de bataille et la précision de vos généraux à remplir vos vues...

... Votre présence et l'arrivée de votre réserve ont achevé cette belle journée. Je vous en fais mon sincère compliment et vous prie d'en féliciter le général Delort, le colonel Mesclop et vos braves troupes, en attendant que par un ordre de l'armée, je puisse le faire moi-même.

Je vous envoie un de mes officiers pour vous faire part de la satisfaction que j'ai éprouvée de ce brillant événement. Il vous dira ce qui se passe à l'armée de Portugal...

Le maréchal duc D'ALBUFÉRA.

Malgré la victoire du 21 juin, la situation empirait. Le 9 août, une flotte anglaise de 200 voiles débarqua à Alicante un corps de troupes bien armé et approvisionné. L'armée d'O'Donell, ainsi secourue, se trouva plus forte qu'avant sa défaite. Ces dispositions étaient la conséquence de la bataille des Arapiles.

Le maréchal, sans ordres venus de Paris ou de Madrid, prévoyant la possibilité d'une retraite forcée, jugea que la position de Harispe à Alcoy et Castalla était aventurée. Il le rappela près de lui, fit de même pour ses autres divisions, concentra ainsi 8.000 hommes autour de son quartier général de Saint-Philippe, et fit encore venir des renforts de Teruel.

Mais au lieu de l'attaquer, l'ennemi se mit en retraite le 19 août, sur l'annonce de l'arrivée d'un corps de troupes françaises. Le 23 en effet, un détachement de cavalerie vint apporter la nouvelle de la perte de la bataille des Arapiles, de l'évacuation de Madrid et de la marche du roi Joseph, avec l'armée du centre, sur Valence.

Le général Harispe fut dirigé sur Almanza pour faciliter ce mouvement. Le roi arriva peu de temps après, avec un convoi interminable, composé de douze mille personnes, et de douze cents voitures; ses ministres et sa garde affamée l'accompagnaient. C'étaient autant de bouches inutiles. Ses troupes furent réunies à l'armée d'Aragon sous le commandement du maréchal, qui s'empressa de réoccuper, au sud et autour de Valence, les positions récemment abandonnées.

Au milieu de septembre, Soult rejoignit le Roi avec l'armée du midi, après avoir évacué l'Andalousie. Une conférence eut lieu à Fuente-la-Higuera entre le Roi, et les maréchaux Soult, Suchet et Jourdan. A la suite de cette réunion, les armées du midi et du centre groupées sous le commandement de Soult, reprirent, avec le Roi, le chemin de Madrid, rallièrent celles du nord et du Portugal, réoccupèrent la capitale et refoulèrent Wellington en Portugal.

L'armée d'Aragon resta livrée à elle-même. Aussitôt après le départ des autres troupes, Suchet reprit ses positions. Ses trois divisions actives se reportèrent au sud du Xucar. Harispe s'établit à Moxente et Fuente-la-Higuera, occupant le col d'Almanza, surveillant les routes d'Albacete et d'Alicante, sur la frontière méridionale de la province de Valence. Abandonnée ainsi à ses propres forces, dans un pays hostile et éloigné, l'armée d'Aragon passa deux mois et demi sans aucune nouvelle des événements survenus au centre de la péninsule et en Europe. Elle apprit seulement que Madrid avait été réoccupé et que l'Empereur était au fond de la Russie.

Ces faits et les circonstances qui les avaient précédés, laissaient l'impression que, malgré le calme momentané qui régnait dans l'est de l'Espagne, il fallait s'attendre au printemps à de nouvelles luttes. Par suite, sur l'ordre du maréchal, Harispe fit fortifier sa position de Moxente et construire des ouvrages qui fermaient la vallée. Les passages des montagnes, de Moxente à la mer, furent garnis d'ouvrages. Le maréchal fit organiser défensivement la ville de Valence. Cependant, sur nos lignes de communication d'Aragon et de Catalogne, des bandes de partisans inquiétaient toujours nos postes et livraient des combats qui fatiguaient nos détachements.

On gagna ainsi la fin de l'année 1812. Au 1er janvier 1813, les désastres de la campagne de Russie n'étaient pas encore connus à l'armée d'Aragon, et, sous l'habile commandement du maréchal Suchet, la confiance régnait encore dans tous les rangs. Les vœux de nouvel an qu'il reçut de divers côtés la lui témoignaient sincèrement.

Ceux du général Harispe étaient dictés par l'affection et le dévouement. La réponse de Suchet s'inspirait des mêmes sentiments. Il lui écrivit de Valence, le 3 janvier, pour lui transmettre ses ordres, et termina sa lettre ainsi : « J'ai été fort sensible aux vœux de bonne année que vous m'adressez. Je les apprécie, venant d'un officier général tel que vous et d'une division qui a toujours servi l'Empereur avec autant de distinction et de bravoure. Croyez bien, je vous prie, que personne ne prend plus d'intérêt que moi à votre bonheur et ne vous porte des sentiments plus sincères de considération distinguée et d'attachement. Madame la maréchale vous remercie des vœux que vous formez pour nous, etc »...

Les rapports les plus cordiaux existaient donc toujours entre le chef éminent de l'armée d'Aragon et ses subordonnés. C'était, dans la situation difficile où ils se trouvaient, une des conditions essentielles du succès. Confiant surtout dans les talents du général Harispe qui restait en avant-garde au sud de Valence, Suchet lui fit exécuter, le 9 janvier, une petite expédition sur Agora pour repousser le corps espagnol de Bassecourt. Mais à la même date, le débarquement de 4 à 5.000 Anglais et de 500 chevaux à Alicante le rappela promptement à Moxente, d'où il dirigea une reconnaissance sur Villena. Il apprit ainsi d'une façon certaine que le bruit du débarquement s'était confirmé et que les Anglais occupaient Castalla et Ibi avec des avant-postes à Alcoy.

On prit des dispositions en conséquence. Harispe du reste était remarquablement secondé par ses généraux, par ses colonels, et notamment par un jeune officier qui s'était distingué dans mainte circonstance, le commandant Bugeaud. Déjà bien connu dans l'armée, il avait pour son général de division un véritable culte et lui rendait des services très appréciés (1). Harispe était adoré par ses inférieurs, comme il l'avait été par les officiers et les soldats du 16e léger. Le général de cavalerie Delort, brave et intelligent, n'avait en toute occasion qu'une idée, c'était de lui prouver son affection par un courage et un dévouement à toute épreuve. Cet état d'esprit des officiers sous ses ordres contribuait puissamment au succès des entreprises que le maréchal lui confiait.

On était alors arrivé à un moment où, plus que jamais, l'union et une confiance absolue dans les chefs étaient indispensables aux soldats de l'armée d'Aragon. Le 18 janvier, les nouvelles du désastre de la retraite de Russie parvinrent à Valence. Suchet écrivit à cette occasion à Harispe...

Vous aurez été affligé, comme tout bon Français, des calamités qui ont accablé la Grande armée. Les ressources de la France et le génie de l'Empereur peuvent seuls réparer de si immenses pertes. Désormais aucune souffrance, aucune privation ne peuvent être exprimées; la Grande armée en a comblé la mesure... C'est par de nouveaux efforts, par une persévérance soutenue que nous parviendrons à réparer les malheurs qui ont frappé la Grande armée. Je me suis empressé de faire connaître à l'Empereur qu'il pouvait compter sur la fidélité et le dévouement de la petite armée d'Aragon » etc.

---

(1) Le docteur Léon Dufour, qui servait alors sous les ordres du général Harispe, nous a laissé du lieutenant Bugeaud, en 1808, un portrait qui nous a paru assez intéressant pour mériter d'être reproduit.

« En 1808, pendant la retraite de Madrid, le lieutenant Bugeaud avait 26 ans : taille avantageuse, un peu au-dessus de la moyenne, corps robuste, régulièrement bâti, droit, bien musclé, bel homme de guerre, cheveux et barbe d'un roux vif, figure gravée de la petite vérole, yeux brillants, caractère doux, mais énergique jusqu'à l'exaltation dans les circonstances graves, bravoure innée, patriotisme ardent, intelligence supérieure, sans prétention et surtout sans ostentation, jugement très droit, conversation intime gaie, spirituelle, chasseur passionné et très adroit, ami dévoué. »

Napoléon, du reste, n'oubliait pas les bons services que lui rendaient en Espagne les troupes aguerries du maréchal Suchet et, dès les premiers jours de 1813, il leur envoyait les récompenses qu'elles avaient méritées. Le 3 janvier en particulier, il avait signé un décret en vertu duquel, sur la proposition du maréchal Suchet, le général Harispe était créé Comte de l'Empire. Cette haute distinction lui fut annoncée au début du mois de mars; et son général en chef lui écrivit à cette occasion :

> Quartier général de Valence, le 4 mars 1813, au soir
>
> Mon cher général,
> Je vous félicite bien sincèrement sur la nouvelle marque de satisfaction que vous venez de recevoir de l'Empereur. Je m'estime heureux d'avoir pu lui signaler les bons et constants services d'un général tel que vous et je me ferai une fête de ne rien lui laisser ignorer de ce que vous faites pour son service et la gloire de ses armes.
> J'attends le prochain courrier qui doit vraisemblablement m'apporter d'autres nominations pour faire connaître à l'armée la récompense que Sa Majesté a accordée à votre zèle et à vos bons services. Je suis assuré qu'elle l'apprendra avec plaisir. Pour moi, mon cher général je vous répète que j'ai été enchanté d'apprendre que vous ayez été si justement récompensé...

Les félicitations que le général Harispe reçut à cette occasion furent des plus touchantes. L'une d'elles suffira pour en donner une idée.

Le général de cavalerie Delort lui écrivit, le 24 mars, de Fuente-la-Higuera où il était en poste avancé :

> Mon général, patriotisme, zèle, fidélité, services, talents, conduite sage et modérée, voilà vos titres aux récompenses de Sa Majesté l'Empereur, et le suffrage de toute l'armée

d'Aragon sanctionnera la nouvelle dignité où vous venez d'être élevé. Recevez donc, mon général, mes sincères et affectionnées félicitations » etc...

Son collègue, le général Habert, lui écrivit aussi d'Onteniente :

Mon cher général,

Le principal but de ma lettre est de vous féliciter sur le nouveau titre que vous venez de recevoir. Vous savez que l'amitié la plus franche voit toujours avec plaisir les avantages que reçoivent ceux qui, comme vous, en sont dignes, etc...

Ce fut, on le voit, une joie dans tous les rangs de l'armée. Harispe, lui-même, ne devait pas tarder à répondre à ces félicitations par un nouveau succès.

Il était alors menacé par une armée anglo-espagnole qui s'était avancée jusqu'à Villena, à vingt kilomètres au sud de ses positions.

Le maréchal, ne voulant pas laisser à ses adversaires l'initiative des mouvements, vint trouver le général à Fuente-la-Higuera, le 10 avril, y réunit l'élite de ses forces et marcha sur Villena, pendant que Harispe se portait sur Yécla par une marche de nuit qui fut dérobée à l'ennemi. Il se trouvait là sur le flanc du général espagnol Elio qui occupait Villena avec une division.

« Arrivé à la pointe du jour en vue des Espagnols, le général Harispe les vit se former aussitôt, au nombre de 4.500 hommes et deux cents chevaux, et gagner les montagnes voisines dans la direction de Jumilla pour éviter le combat. Il lança aussitôt son avant-garde composée de voltigeurs et de hussards, aux ordres du colonel Meyer. Elle les suivit vivement, mais ils se retirèrent de positions en positions ; le gros de notre infanterie ne pouvait les atteindre, et ils allaient même échapper à notre cavalerie et à l'artillerie légère. Le général Harispe fit faire un mouvement à l'avant-garde pour charger le centre des Espagnols. Par cette manœuvre, la ligne fut rompue et une partie prit la fuite ; mais le reste, séparé de son point de retraite et refoulé sur la division Harispe, eut à combattre contre des forces supérieures. (1) »

Ayant subi des pertes cruelles, les Espagnols furent forcés de mettre bas les armes et de se rendre. Nous prîmes ainsi 1.200 hommes avec leurs officiers, un drapeau et 2.000 fusils, n'ayant eu que 18 morts et 61 blessés.

Le lendemain, 12 avril, le maréchal eut un égal succès à Villena, dont il s'empara. Par suite, le général Harispe alla prendre position sur la route de Sax, pendant que le reste de l'armée rejetait les forces anglo-espagnoles dans Castalla et dans le défilé de Biar. Le 13, le maréchal fit déployer ses troupes en face de l'ennemi. Harispe, laissé en arrière, vint se placer en réserve. Les Anglo-Espagnols, commandés par le général anglais Murray, parurent un moment vouloir attaquer. Mais ils se bornèrent à un combat partiel qui traîna jusqu'à la nuit et dans lequel ils perdirent 2.000 prisonniers.

En résumé, pendant trois jours, les 11, 12 et 13 avril, les troupes sous les ordres du général Harispe avaient vaillamment combattu et infligé à l'ennemi des pertes sérieuses, à la suite desquelles le général anglais Murray se vit forcé de quitter les environs d'Alicante.

L'ennemi se retira sur Castalla et se rembarqua peu de jours après pour se porter sur Tarragone qu'il assiégeait. Il alla ensuite occuper le col de Balaguer qui relie la place à la Catalogne.

Le maréchal laissa alors au général Harispe le commandement des troupes sur le Xucar et se dirigea à marches forcées sur Tortose et sur les corps ennemis qui menaçaient Tarragone. Son approche jointe à

(1) Maréchal Suchet, Mémoires.

l'énergie du général Bertoletti, commandant de la place, forcèrent l'armée anglaise à lever le siège, le 17 juin.

Tandis que ces mouvements s'effectuaient, le général Harispe recevait directement à Moxente, du ministre de la Guerre, l'avis que pour récompenser ses récents services, l'Empereur venait de le nommer grand-croix de l'ordre de la Réunion (1).

De nouveau, les félicitations affluèrent. Celles du général Delort, malade à cette époque, expliquaient cette haute distinction. « Mon général, disait-il, la récompense suivra de près les nouveaux services que vous venez de rendre. M. le maréchal duc d'Albuféra s'est empressé de nous annoncer que Sa Majesté vous avait élevé à la dignité de grand cordon de l'ordre de la Réunion. Et tant de marques de la bienveillance du souverain, ratifiées par le suffrage de l'armée d'Aragon, sont le juste prix de tant de faits d'armes si honorables, si utiles et d'un zèle tant de fois mis à l'épreuve » etc.

Il y avait pourtant dans l'annonce de cette décoration une circonstance qui avait surpris les états-majors. Elle n'avait pas suivi la voie hiérarchique et n'était pas passée, comme d'habitude, par le général en chef. Cela tenait sans doute à ce fait que cette distinction était due, non à une proposition du maréchal Suchet, mais à l'initiative personnelle du souverain qui avait voulu le marquer à l'intéressé en la lui faisant parvenir directement. Ce qui est certain, c'est que le maréchal fut le premier à l'en féliciter; il exprima ses sentiments au général Harispe par la lettre ci-après :

(1) Ordre créé par l'Empereur en 1811, lors de la réunion de la Hollande à la France. Il ne comportait que 200 grands-croix.

Mon cher général,

..... Je vous félicite de l'envoi que vous a fait le ministre de la Guerre. Je regrette seulement que le grand cordon de l'Ordre de la Réunion ne m'ait pas été adressé; car j'aurais eu le plaisir d'aller vous en décorer moi-même. Je vous renouvelle toute la satisfaction que j'ai eue à vous voir décerner une récompense que vous méritiez à tant de titres, etc...

Au moment où le maréchal repoussait les Anglais de Tarragone, Harispe, forcé de resserrer sa ligne, se rendit, le 11 juin, sur les positions qui lui étaient assignées sur le Xucar. En route, son arrière-garde fut presque rejointe par un millier de cavaliers espagnols.

« Saisissant un moment où la colonne ennemie était arrêtée dans le village de Rogla qu'elle encombrait, le général Mesclop fit tout à coup volte-face et chargea à la tête des hussards du 4e régiment, avec autant de rapidité que de résolution. Les Espagnols, sabrés et culbutés, s'enfuirent en désordre jusqu'au village de Llanera où arrivait la tête de leur infanterie, laissant dans nos mains une trentaine de prisonniers. »

Cette affaire permit au général Harispe d'atteindre sans encombre le pont du Xucar. Le surlendemain, l'ennemi s'y présenta en forces, mais n'osa pas prendre l'offensive. Son but était d'empêcher Harispe d'aller soutenir la division Habert, assaillie à Alcira par le duc del Parque. Le combat n'en eut pas moins lieu. Les colonnes espagnoles, violemment repoussées, furent refoulées en désordre, perdant 400 tués ou blessés, un drapeau et 620 prisonniers.

« La 2e division (Harispe) et la 3e (Habert), seules avec la cavalerie du général Delort, soutinrent ainsi l'honneur de l'armée d'Aragon contre des forces presque quadruples qui se flattaient de rentrer dans Valence, pendant que les Anglais s'efforçaient de prendre Tarragone. Le maréchal avait compté sur les talents et l'énergie du général Harispe pour suppléer au nombre des soldats pendant son éloignement. Ce général s'acquitta pleinement de sa tâche ; mais il écrivait dans son rapport du 14 :

« Votre Excellence me dit que dans notre position nous sommes en mesure de voir venir l'ennemi. Pourtant, il faut qu'Elle considère que, selon tous les rapports et les renseignements les moins suspects, l'armée qu'Elle a laissée ici a devant elle, en ligne et en opérations, vingt-huit mille hommes d'infanterie des moins mauvais de l'Espagne, de deux mille six cents à trois mille chevaux en bon état, et en y comprenant les réserves, une quarantaine de bouches à feu attelées. Nos prisonniers vous confirmeront ces détails, qui ne sont pas du tout de nature à nous inspirer plus de sécurité que nous ne devons justement en avoir. » (1).

Le maréchal aurait voulu marcher au soutien du général Harispe ; mais les affaires de Tarragone le retenaient autour du col de Balaguer. Cependant, le 18 juin, il fut débarrassé des Anglais dont la flotte, battue peu de jours après par des vents violents, perdit plusieurs bâtiments échoués sur les sables. Dès lors, Suchet se hâta de courir à Valence, où il fut accueilli en vainqueur, avec une joie sincère.

Dans un ordre du jour à son armée daté du 23 juin, il relatait les derniers exploits de ses troupes d'Aragon et citait Harispe dans des termes élogieux :

« Dans le même temps, le comte Harispe, à la tête des 2ᵉ et 3ᵉ divisions, et la cavalerie aux ordres du général Delort ont tenu tête sur le Xucar, aux armées d'Elio et du duc del Parque réunies. Le 11 juin, le général Mesclop, commandant l'arrière-garde, a culbuté dans Rogla, avec un escadron du 4ᵉ de hussards, la cavalerie ennemie, lui a tué une soixan-

---

(1) Voir pièce annexe n° 6.

taine d'hommes, pris 30 chevaux et fait 25 prisonniers, parmi lesquels le colonel irlandais O' Ronan, beau-frère et chef d'état-major d'Elio.

« Le 13, l'armée ennemie, en deux colonnes, s'est présentée sur les routes d'Albérique et d'Alcira ; le général Harispe s'est avancé au delà de la tête de pont et a offert le combat ; mais l'ennemi s'est borné à une vive canonnade à laquelle notre artillerie a vivement riposté, etc. » (1)...

Le maréchal songea alors à manœuvrer de nouveau contre l'armée anglo-espagnole d'Alicante qui s'était montrée sur le Xucar. Mais au moment où il allait prendre ses dispositions, la nouvelle d'un désastre subi par le roi Joseph vint à l'improviste changer complètement ses projets. L'armée principale, commandée par le souverain en personne, avait livré, le 21 juin, une grande bataille à Wellington, aux portes de Vitoria ; elle avait été entièrement battue et rejetée au delà des Pyrénées, sur Bayonne.

Ce malheureux événement compromettait la position du maréchal Suchet et l'obligeait à évacuer sans tarder le royaume de Valence. Tout d'abord, il eut de la peine à le croire. Mais bientôt il fallut se rendre à l'évidence ; car tout le monde comprenait que la retraite du roi Joseph laissait entièrement à découvert le flanc droit de l'armée d'Aragon.

Le maréchal prit en conséquence le parti de se retirer sur l'Ebre pour être à portée de concerter ses mouvements avec le général Clausel qui venait d'arriver le 1er juillet à Saragosse, à la tête de 14.000 hommes.

Harispe et les autres divisions quittèrent Valence le 5 juillet. Le maréchal marchait en tête. Pour ce départ, la discipline des troupes fut égalée par la bienveillance des habitants. Dans la marche, pas un coup de fusil ne

(1) Voir pièce annexe n° 6.

fut tiré, pas un soldat isolé ne fut attaqué. C'était le résultat de la bonne administration du maréchal et des égards que ses généraux avaient toujours eus pour les populations.

L'armée alla d'abord s'établir en avant de l'Ebre, sa droite à Caspe, son centre à Gandesa et sa gauche à Tortose que le général en chef voulut conserver. A ce moment, son espoir de joindre le général Clausel s'évanouit. Ce dernier avait dû quitter Saragosse pour aller prendre position sur les frontières de France. Mina profita de son éloignement et du petit nombre de troupes du général Paris pour reprendre Saragosse. Dès ce moment, l'Aragon était perdu pour Suchet. C'était un mal irréparable.

Il ne restait plus qu'à défendre la Catalogne avec l'aide du général Decaen qui y commandait, afin de conserver la libre disposition des routes qui le reliaient à la France. Le 15 juillet, Harispe repassa ainsi l'Ebre en même temps que le reste de l'armée, entre Mequinenza et Tortose. On rallia les petites garnisons, et on se porta sur Reus, Walls et Tarragone. Le maréchal fit conserver les places de Mequinenza, Monzon, Lérida et Tarragone, qui assurait son flanc droit; puis il porta ses troupes dans la plaine de Villafranca à portée du général Decaen et de Barcelone.

Bientôt pourtant les nouvelles reçues de Paris atténuèrent un peu la gravité du désastre de Vitoria. Le maréchal Soult était renvoyé par l'Empereur dans les Pyrénées pour y remplacer le roi Joseph dans le commandement de l'armée, avec l'ordre de reprendre l'offensive vers Saint-Sébastien et Pampelune.

Toutefois ces mesures n'intimidèrent pas les Anglais. Lord Wellington continua sa marche en avant et une armée anglo-espagnole, commandée par lord Bentinck, vint assiéger Tarragone défendue par le général Bertoletti. Ce dernier mouvement obligea Suchet à se porter vers Barcelone. En partant, le 26 juillet au soir, il rassembla de nouveau, sous le commandement du général Harispe, les 2ᵉ et 3ᵉ divisions, la division italienne et la 1ʳᵉ brigade de cavalerie. C'était presque toute la petite armée d'Aragon. La mission du général, alors à Villafranca, consistait à réunir des vivres, à rester lié avec Tarragone et à conserver ses communications par le col d'Ordal, passage important qui mettait le quartier général en rapport avec Molins del Rey où le général Musnier avait sa division.

Peu de jours après, le 4 août, Harispe qui était assez souffrant, reçut de Barcelone de meilleures nouvelles, de nature à réconforter officiers et soldats. Le général Saint-Cyr Nugues lui apprenait, de la part du maréchal, que le duc de Dalmatie, arrivé le 23 juillet à la frontière, avait concentré ses forces sur sa gauche, vers Saint-Jean-Pied-de-Port, s'était porté contre l'ennemi par Roncevaux, l'avait vaincu après un combat opiniâtre, avait fait 6 à 7 mille prisonniers et s'était dirigé ensuite sur Pampelune. Vingt et un coups de canon avaient annoncé cette victoire aux Catalans. Harispe était invité à en faire autant.

Cette communication devait naturellement reporter sa pensée aux temps heureux où, à la tête des chasseurs basques, il envahissait la vallée de Baztan et concourait à l'occupation des provinces espagnoles. Il y était d'autant plus porté que le chef d'état-major de l'armée d'Aragon lui disait en terminant sa lettre :

« Les Basques ont montré, dans le danger de nos frontières, un dévouement et un enthousiasme dont nous vous félicitons avec un plaisir particulier. On assure que dans un combat, ils ont pris 800 Anglais. Ils ont dit qu'ils vous désiraient à leur tête, et le roi avait promis de vous demander; mais nous espérons que ce ne sera pas nécessaire. On nomme parmi les plus vaillants, un ancien chef de bataillon de votre connaissance, appelé Goyenèche.

« Tout annonce que l'Empereur est assez maître de ses affaires pour soutenir celles d'Espagne et envoyer de puissants renforts. Avec cela et le début de la campagne du maréchal Soult, nous pourrons espérer de voir bientôt les choses changer de face. »

L'entourage de Suchet se berçait encore d'illusions qui, malheureusement, devaient bientôt s'évanouir.

Déjà, au mois d'août, le maréchal prévint Harispe que dans le cas où la supériorité de l'armée anglo-espagnole l'obligerait à quitter Villafranca, il aurait à se retirer sur le col d'Ordal, où le général en chef le rejoindrait, et même sur Molins del Rey, s'il était nécessaire.

Les événements allaient du reste dicter au maréchal la ligne de conduite à suivre.

L'investissement de Tarragone par les Anglo-Espagnols, commencé le 29 juillet, était à peu près complet. Suchet, ayant été renforcé au commencement d'août par les 8.000 hommes du général Decaen, voulut secourir la place. Dans ce but, Harispe et son collègue Habert se portèrent en avant, le 14 août, et poussèrent jusqu'au delà de la Gaya. Mais à cela se borna la démonstration, car l'ennemi se retira, refusant le combat. Harispe le suivit jusqu'aux défilés de l'Hospitalet.

Le maréchal arrêta alors ses troupes, fit démanteler Tarragone, sauter ses fortifications et évacuer la place. L'armée se retira ensuite, quitta la plaine de Villafranca, désormais épuisée, et alla prendre position sur la ligne du Llobregat. Dans cette position elle couvrait Barcelone et la route de Perpignan, restait en communication avec Lérida et se mettait en relations avec le maréchal Soult qui cherchait à délivrer Pampelune.

Les négociations entre ces deux maréchaux, soumises aux ordres venus de Paris, n'aboutirent pas. Finalement, le maréchal Suchet fut invité, avant de s'éloigner de la Catalogne, à battre l'armée anglo-espagnole qui s'était rapprochée de nouveau.

Depuis la retraite de nos troupes sur le Llobregat, lord Bentinck avait occupé Villafranca et placé une forte avant-garde dans les retranchements du col d'Ordal. Notre droite était menacée vers Martorell. Il fallait dégager nos positions, car les forces anglaises compromettaient même notre occupation de Barcelone.

Le 12 septembre au soir, Harispe et Habert, réunis avec la cavalerie au pont de Molins del Rey, se mirent en mouvement sur Ordal. L'opération dont Harispe était chargé offrait de sérieuses difficultés.

Trois redoutes gardaient le haut du col; une division de troupes d'élite anglaises et une de Calabrais les défendaient, soutenues en arrière par une réserve de cavalerie et aux alentours par plusieurs camps espagnols. « Cette position très escarpée présentait de grands obstacles, et l'on n'y arrivait qu'en parcourant un défilé de près de trois lieues. Le général Mesclop qui tenait la tête de colonne de la division Harispe, ayant d'abord dispersé à coups de mitraille un escadron qui s'avançait sur la route, lança les voltigeurs du 7e et les fit soutenir par le reste du régiment, tandis que le 44e montait d'un autre côté vers la première redoute. Un peloton de sapeurs, qui marchait avec notre avant-garde, y arriva le premier avec les voltigeurs.

« L'ennemi fit une résistance opiniâtre et nous en chassa deux fois. Une seconde redoute, placée plus haut et très près, écrasait les assaillants de ses feux. Le général Mesclop, l'épée à la main, ramena ses hommes en faisant battre la charge. Un commandant fut blessé et plusieurs braves périrent dans la mêlée. La redoute resta enfin en notre pouvoir. Presque tous ses défenseurs furent tués » (1). A ce moment, sur l'ordre du maréchal, Harispe se porta avec sa réserve derrière la brigade Mesclop. Le commandant Bugeaud tourna les redoutes par la gauche avec son bataillon, tandis qu'elles étaient attaquées de front avec une nouvelle vigueur. En un instant, les redoutes et les retranchements qui les flanquaient furent enlevés dans un élan d'impétuosité et restèrent entre nos mains. L'ennemi dut battre en retraite, fut poursuivi, perdit quatre pièces de canon et cinq cents prisonniers. Sa défaite lui coûta près de 1.200 hommes; un de ses régiments était à peu près détruit et son chef, le brigadier anglais Adams, assez grièvement blessé.

L'armée ennemie fut poursuivie le 13 au matin, mais se dégagea en profitant des obstacles du terrain. On réussit seulement à sabrer son arrière-garde qui se défendit vaillamment. Toutefois, on ne put empêcher sa retraite sur Tarragone par Altafulla. Ce fut un combat de nuit suivi d'une poursuite de jour et dirigé par le général Harispe (2).

Le maréchal continua de négocier avec Soult au sujet de la réunion des deux armées. Pendant ce temps, l'offensive de ce dernier n'ayant pas réussi, Wellington forçait, le 7 octobre, le passage de la Bidassoa, s'emparait de la position de la Croix-des-Bouquets, puis de celle de la Bayonnette, et transportait le théâtre de la guerre au nord des Pyrénées. De ce côté aussi l'invasion commençait.

Ces progrès de l'ennemi interdisaient désormais toute offensive à l'armée d'Aragon. D'autre part, elle ne pouvait plus espérer le moindre renfort envoyé de France. Le gouvernement se contenta de lui adjoindre l'armée

---

(1) Maréchal Suchet. Mémoires.
(2) V. pièce annexe n° 7, le rapport du général Harispe.

de Catalogne. Malheureusement cette faible augmentation de forces ne fut que provisoire. Peu de temps après, Suchet reçut l'ordre de renvoyer en France la division italienne qui rentrait dans sa patrie. Puis, ce fut le tour des Allemands et des gendarmes. Suchet s'affaiblit ainsi de 5.400 soldats d'élite, aguerris et dévoués.

Néanmoins, il lutta contre ses adversaires avec une ténacité que rien ne rebutait. Depuis quelque temps, on annonçait à Barcelone que l'ennemi avait reçu de nombreux renforts. Harispe, campé sur le Llobregat, éprouvait, comme le maréchal, le besoin de savoir à quoi s'en tenir, et lui proposa une manœuvre qui devait surprendre les troupes anglo-espagnoles installées à Villafranca.

Impatient d'être renseigné, Suchet accueillit ce projet avec plaisir et lui ordonna de partir, le 30 novembre, avec sa division, le général Gudin et une brigade de cavalerie de 1.200 chevaux. Le commandant Bugeaud devait opérer à sa gauche par les montagnes et déborder l'ennemi avec deux bataillons, tandis que lui-même suivrait la grande route. Le général Habert avec sa division, les dragons et 1.200 hommes de la 4ᵉ division, devait le seconder par Martorell, et arriver à Saint-Saturnin vers 3 heures du matin. Ces mouvements avaient pour but de surprendre les Anglo-Espagnols et d'obtenir des renseignements sur leurs projets. Le maréchal désirait que Harispe pût reprendre ses positions sur le Llobrégat, le lendemain soir.

Cette petite expédition trouva l'ennemi sur ses gardes et ne donna malheureusement pas les résultats qu'on en espérait.

Pendant ce temps, les rappels de troupes continuaient; et, ce qui fut plus sensible encore au maréchal Suchet, ce fut l'envoi à l'armée de Soult de deux de ses plus vaillants généraux, Maurice Mathieu et Harispe.

Pour ce dernier, le préfet des Basses-Pyrénées avait adressé au ministre de la Guerre, le 15 novembre, la lettre ci-après :

Un vœu particulier aux habitants des Basses-Pyrénées, c'est celui de voir le général Harispe, leur compatriote, attaché à l'armée du maréchal duc d'Albuféra, venir à l'armée du maréchal duc de Dalmatie. L'on croit généralement que sa présence inspirerait une grande confiance et même un certain enthousiasme dans le pays ; et que si, avec le commandement d'une division, on lui donnait encore celui de toutes les gardes nationales du département, il aurait bientôt autour de lui un corps nombreux de Basques et de Béarnais, composé des mêmes hommes qui, en 1793, faisaient la guerre sous ses ordres avec la plus grande valeur, ou bien de leurs enfants. Il est incontestable que le choix du général Harispe pour un commandement dans ce département, aurait une très grande influence d'opinion sur les esprits.
Le baron de Vanssay.

La réponse ne se fit pas attendre. Le lendemain, le ministre transmettait à Harispe l'ordre de l'Empereur de « se rendre sur le champ, en poste, à Bayonne, pour être employé à l'armée d'Espagne. » Les maréchaux Suchet et Soult étaient avisés le même jour de cette décision.

Avant qu'elle parvînt à l'armée d'Aragon, divers incidents devaient agiter encore la vie du général Harispe. D'abord, ce fut le départ de son ami, le général de cavalerie Delort, qui lui écrivit peu de temps après pour lui exprimer ses regrets.

Mon cher général,

Lorsque je vous ai embrassé pour vous faire mes adieux, mon cœur était à l'unisson avec le vôtre. Une tristesse inexprimable navrait mon âme en me séparant de vous. Il me semblait que je vous aimais avec plus de force encore qu'auparavant. Mes sentiments pour vous, mis à une épreuve aussi pénible qu'inattendue, en sont devenus plus intimes et plus profonds. Je ferai avec vous la même profession de foi qu'Alexandre avec son médecin Philippe, et je croirai à votre amitié au péril de ma vie.

J'ai reçu la précieuse missive que vous m'avez envoyée pour mon illustre compatriote, M. le maréchal Moncey. Déjà honoré de sa confiance pour des missions très importantes, votre témoignage ajoutera infiniment à toute sa bienveillance pour moi.

Permettez que je vous adresse immédiatement ce premier épanchement de mon cœur comme la preuve la plus convaincante de ma tendre affection pour vous, de mon désir d'avoir fréquemment et exactement de vos nouvelles et de tout le prix que j'attache à conserver avec vous les plus douces relations.

Adieu, mon cher général, recevez mes plus affectueux embrassements et l'hommage de mon respect.

Général Delort.

Peu de jours après, Suchet reçut l'ordre de mutation qui concernait son principal divisionnaire. Il en fut affligé; c'était pour lui une grande perte. Mais n'écoutant que son amitié pour Harispe, il lui fit ses adieux en lui adressant la copie d'une lettre de recommandation qu'il envoyait au maréchal Soult. Celle qu'il écrivit à Harispe devait rester dans les papiers de famille du général comme un document des plus précieux. Elle fait en même temps un tel honneur au chef éminent qui l'écrivit, qu'on ne saurait la laisser dans l'oubli.

Quartier général de Barcelone, le 6 décembre 1813.

Je vous envoie, mon cher général, le duplicata d'une lettre que j'envoie à M. le duc de Dalmatie. Je désire que vous y trouviez une nouvelle preuve de mon inaltérable attachement et de toute l'estime que je vous porte. Je suis bien persuadé que le maréchal Soult partagera ces sentiments que vous méritez si bien. Je me flatte que vous ne me quitterez pas sans regrets et que nous nous retrouverons quelque jour. En attendant, comptez toujours sur moi ; je vous suivrai partout, toujours avec le plus vif intérêt et je n'oublierai jamais que vous vous êtes noblement associé à tout ce qui s'est fait de bien dans notre bonne armée d'Aragon.

J'envoie au ministre votre demande pour Péridon (1), que je ne perdrai pas sans regrets, et je vous embrasse, mon brave général, avec le plus sincère attachement.

Le maréchal duc d'ALBUFÉRA.

Le général Delort, rentré dans sa ville natale, à Arbois, ne pouvait manquer de s'associer aux regrets que la 2e division de l'armée d'Aragon tout entière exprima au chef si vaillant, adoré des siens, qu'elle perdait. Il lui écrivit dès qu'il connut sa nouvelle destination.

Arbois, le 21 décembre 1813.

Mon général,

Je vous ai une véritable obligation d'avoir bien voulu me donner en passant à Perpignan un témoignage de votre souvenir et m'apprendre vous-même que Sa Majesté vous envoyait défendre vos pénates sous les auspices de l'un de nos plus illustres chefs. On s'apercevra bientôt que vous avez quitté l'armée d'Aragon et que vous êtes à celle des Pyrénées-Occidentales. Vos braves compatriotes, déjà pleins d'un zèle vraiment patriotique, feront des merveilles quand vous serez à leur tête...

Je m'intéresse vivement à tous vos succès et vous assure de mon respect et de ma tendre amitié, *ad vitam œternam*.

Le général B. DELORT.

---

(1) Aide-de-camp du général Harispe depuis 1807.

CHAPITRE XV

CAMPAGNE DES PYRÉNÉES (1814)

Arrivée du général Harispe à Bayonne. — Situation de l'armée des Pyrénées. — La 8ᵉ division. — Projets du maréchal Soult. — Commandement des gardes nationales. — Combats de Macaye, de Baïgorry et de Bidarray. — Ordres du général Clausel. — Retraite sur Saint-Palais. — Lettres de l'armée de Catalogne. — Combat de Garris. — Bataille d'Orthez. — Rôle de Harispe. — Retraite sur Sault-de-Navailles. — Citation. — Combat d'Aire. — Retraite sur Toulouse. — Bataille de Toulouse. — Blessure de Harispe. — Retraite sur Castelnaudary. — Fin de l'Empire.

L'Empereur tenait essentiellement à l'envoi du général Harispe dans les Pyrénées. Il en témoigna d'une façon particulière quand le ministre de la Guerre lui présenta la situation des armées d'Aragon et de Catalogne du 1ᵉʳ décembre 1813. Cette pièce portait encore, en regard de la 2ᵉ division, les mots : Général de division, Harispe. Cette indication est effacée de la main de Napoléon qui a écrit à côté : « Il faut qu'il retourne à Bayonne ».

Suivant l'ordre reçu, Harispe fit ses adieux à ses troupes, au chef si remarquable qu'il quittait, et partit en poste avec le commandant Péridon et son brave Manech, heureux de revoir le pays basque qu'il avait quitté depuis si longtemps.

Au moment où il s'éloigna de la Catalogne pour rentrer en France et combattre l'envahisseur, on ne peut s'empêcher de jeter un regard en arrière pour résumer les exploits de l'armée d'Aragon auxquels il avait pris, depuis 1809, une part si glorieuse. Sans revenir sur un passé dont les détails ont été racontés, il suffira, pour s'en rendre compte, d'en exposer les résultats, à la fin de 1813, par les trois chiffres suivants :

82.101 prisonniers,
94 drapeaux,
et 1.415 bouches à feu.

Le 25 décembre, Harispe arrivait à Bayonne et présentait ses devoirs au maréchal Soult, qui le connaissait depuis 1807.

Le duc de Dalmatie fut particulièrement heureux de l'avoir sous ses ordres.

Par un singulier destin, après vingt années de courses à travers l'Europe, se trouvait ramené dans son pays natal pour le défendre contre les armées étrangères, le héros des Basques, qui s'y était distingué en 1792 contre ces mêmes voisins d'Espagne, dès cette époque ennemis de sa race et de sa patrie.

Parti colonel à 32 ans, il revenait à 45 ans, général de division, avec une réputation de bravoure et d'expérience qui le faisait classer parmi les chefs de grande valeur.

Le docteur Dufour, ayant passé cinq mois à Moxente dans son intimité de chaque jour, nous a laissé de lui à ce moment, un portrait saisissant.

« En 1813, le général Harispe avait une figure régulière, une physionomie fine et agréable, une barbe noire bien fournie. Brave comme César, aux avant-postes, dans la marche au feu, à l'arrière-garde, dans la retraite, il avait le coup d'œil sûr et un courage bien inspiré dans les combats. Véritable général de bataille, comme disait Napoléon, il avait beaucoup d'esprit naturel, était peu lettré, sans prétention, exprimant bien ses idées, comme on peut le voir dans ses lettres. Sa conversation était gaie, piquante, et sa tournure d'esprit méridionale. »

Ce ne fut pas sans une vive émotion qu'il se retrouva à Bayonne, à la fin de décembre 1813.

Quand il arriva, ses compatriotes lui firent une véritable ovation. Les Basques se souvenaient de sa belle défense de la vallée de Baïgorry, en 1792, et des services de la demi-brigade basque qu'il avait si brillamment commandée. On lui témoigna les sympathies les plus touchantes. Malheureusement, la campagne du maréchal Soult, engagée dans des conditions déplorables, était déjà bien compromise.

Depuis le 21 juin, jour néfaste de la bataille de Vitoria, l'armée française reculait devant les forces ennemies composées d'Anglais, d'Espagnols, de Portugais, sous le remarquable commandement de Wellington.

Six jours après avoir été défaite, le 27, elle atteignait la frontière à peu près désorganisée. L'habitude de la victoire avait fait négliger les fortifications de Bayonne, première place de guerre devant servir de point d'appui. La ville n'était même pas à l'abri d'un coup de main. Mais une prudence, justifiée par les luttes du passé, ralentissait la marche de l'ennemi. Puis, l'arrivée de l'illustre duc de Dalmatie avait ranimé un moment les espérances du vaincu. Jugeant la situation dès son premier coup d'œil, instruit par les ordres de Paris, Soult avait établi ses troupes sur la frontière pour résister aux premiers efforts de son adversaire.

Son armée, renforcée par les huit mille hommes que le général Clausel avait ramenés d'Aragon, avait été réorganisée. Elle comprenait dix divisions d'infanterie, dont une de réserve, avec deux divisions de cavalerie, une de dragons et une de cavalerie légère. Elle comptait environ cent bouches à feu. Six de ses divisions, réunies par groupes de deux, formaient l'aile droite sous les ordres du général Reille; le centre était commandé par d'Erlon et l'aile gauche par Clausel. Le général de division Gazan était chef d'état-major général.

A peine le maréchal Soult avait-il remis son armée en bon état, qu'il recevait l'ordre de reprendre l'offensive. Il avait alors repassé la frontière et s'était porté sur Pampelune. Ayant échoué dans cette tentative, il avait dû revenir en arrière. Les marches et les engagements avaient réduit ses forces à 60.000 hommes.

Une seconde attaque sur Saint-Sébastien avait échoué comme la première. Il fallut encore revenir sur la Bidassoa, grossie par les pluies, la franchir sous le feu de l'ennemi, perdre deux mille hommes, dont deux généraux, et occuper de nouveau des positions défensives sur la frontière.

Au commencement d'octobre, Wellington reprenant à son tour l'offensive, avait forcé notre ligne, et porté ses avant-postes jusqu'à Urrugne. Divers combats avaient marqué ces mouvements : le combat de la Croix-des-Bouquets, le 7 octobre; puis, ceux de la Rhune, d'Ainhoa et de Sainte-Barbe, du 7 au 13 octobre. Malgré nos échecs, ces luttes étaient honorables et montraient chez les jeunes soldats dont Soult disposait, assez de vigueur pour contenir l'ennemi et ralentir ses progrès. Quoiqu'il en soit, la ligne de la Bidassoa avait été forcée avant le 15 octobre.

En arrière, la Nivelle formait une seconde ligne de défense. Mais le 10 novembre, l'attaque de Wellington sur le centre de Soult, lui avait fait gagner la bataille de Sare et occuper les positions de Gorospila et d'Ainhoa.

L'ennemi heureusement ne montrait pas une activité

extrême. Il n'avait passé la Nive que le 9 décembre, livré le lendemain les combats de Baroilhet et d'Arcangues, et enfin, le 13, la bataille de Saint-Pierre d'Irube. A cette date, Bayonne se trouvait désormais en état de défense, et Soult prenait ses dispositions pour aller s'établir en arrière de la ligne des Gaves.

C'est à ce moment que le général Harispe rejoignit l'armée. Heureux d'avoir sous la main un vaillant soldat, renommé dans tout le pays et jouissant d'une popularité méritée, le maréchal s'empressa de lui confier le commandement d'une division d'infanterie. A cet effet, il reconstitua la 8e, qui n'était autre que l'ancienne division Paris. Il y ajouta les 9e, 25e et 34e régiments d'infanterie légère. Puis, selon les ordres qu'il avait reçus, il mit sous l'autorité du général toutes les gardes nationales des départements des Basses-Pyrénées, des Hautes-Pyrénées et des Landes. On verra plus loin qu'elles ne constituaient pas une force bien redoutable.

En résumé, la 8e division comprenait :

la brigade Dauture (9e et 34e légers, chacun à 2 bataillons);

la brigade Paris (10e, 81e, de ligne, chacun à deux bataillons, le 114e de ligne à un bataillon et le 8e bataillon, napolitain), en tout 6 bataillons;

la brigade Baurot (25e léger et 115e de ligne, chacun à deux bataillons, le 117e de ligne à un bataillon) soit 5 bataillons.

C'était un ensemble de 15 bataillons.

L'effectif total était de 8.914 hommes dont 1.556 aux hôpitaux. Le général Harispe n'avait ainsi que 6.633 hommes disponibles.

Le gros des forces de Wellington avait envahi le sud-ouest dans l'espace compris entre la Nive et l'Océan. Sa direction principale était marquée par la grande route d'Irun à Bayonne conduisant à Bordeaux. Soult projetait alors de menacer le flanc droit de son adversaire. Sa première pensée fut de réserver ce rôle au général Harispe et de le placer ainsi à son extrême gauche, près de Baïgorry, son pays d'origine, et des Basques, ses compatriotes.

Dans cet ordre d'idées, il lui prescrivit, le 1er janvier 1814, d'établir son quartier général à Irissarry, où il serait à portée de Hélette et de Saint-Jean-Pied-de-Port, et en mesure de garder la vallée d'Ossès ainsi que le débouché de Saint-Martin d'Arrossa. Il devait envoyer le 115e à Irissarry, rappeler le 114e de Saint-Jean-Pied-de-Port et le remplacer par des conscrits du 25e léger. La brigade Baurot devait comprendre ce dernier régiment, les 115e et 117e de ligne, soit 5 bataillons. Enfin, Harispe devait avoir à Irissarry la demi-batterie de campagne qui était à Saint-Palais.

Le maréchal ajoutait :

« A l'égard des gardes nationales d'élite ou de la levée générale, disposez-en pour former votre seconde ligne et soutenir les points qui en auraient besoin. J'attends avec impatience que vous me donniez quelques détails sur la formation de ces corps dont il faut tirer parti. Je compte à cet effet sur vous ».

Soult avait daté sa lettre de Hélette, sur la route de Saint-Jean-Pied-de-Port à Bayonne, par Irissarry et Hasparren.

L'idée de menacer le flanc droit de Wellington le préoccupait depuis qu'il avait été rejeté de Saint-Jean-de-Luz sur Bayonne. Le général Harispe a raconté à ce sujet que, peu de jours après son arrivée à l'armée d'Espagne, désormais armée des Pyrénées, Soult avait convoqué à son quartier général à Bayonne, ses généraux et chefs de corps pour les entretenir de son projet de livrer une bataille à l'armée anglo-espagnole dans les conditions suivantes.

Le général Harispe, en sa qualité de Basque connaissant le pays, devait partir de nuit avec une colonne détachée dont il aurait choisi les éléments, aller passer la Nive à Cambo, se porter ensuite sur Espelette et prendre position sur le flanc droit de Wellington. Le lendemain matin, le reste de l'armée aurait attaqué de front les alliés, et Harispe aurait prononcé ensuite son attaque de flanc. Soult espérait, par cette combinaison, acculer Wellington entre les montagnes et l'Océan. Tous les détails de l'opération étaient étudiés d'avance. Elle ne rencontra qu'une approbation unanime, et chacun se retira pour s'y préparer.

L'exécution de ce plan fut bientôt prête et, au moment où le maréchal allait donner ses ordres, il reçut une dépêche de l'Empereur qui lui demanda deux divisions. Ses forces se trouvaient ainsi tellement réduites qu'il fallut renoncer à l'entreprise (1).

Néanmoins, une attaque sur le flanc droit de son adversaire persistait d'autant plus dans son esprit qu'il rêvait, comme Napoléon, un soulèvement des populations frontières et surtout des Basques.

C'était dans ce but qu'il avait placé Harispe, avec sa division, à son extrême gauche. Celui-ci se hâta de se rendre à Irissarry.

Tandis qu'il s'installait, voyait ses troupes, étudiait les dispositions du pays et les moyens d'action, de nouveaux événements venaient diminuer encore l'armée du maréchal Soult et faire naître dans les rangs de la troupe des germes de découragement.

Le 25 décembre, l'Empereur avait fait connaître le traité de Valençay par lequel il rendait le roi Ferdi-

---

(1) Communiqué par M. Pierre Yturbide, de Bayonne.

nand à l'Espagne. Il espérait séparer ainsi les Espagnols de la coalition et affaiblir l'armée de Wellington ; ce fut le contraire qui arriva. Mais, persuadé du succès de sa combinaison, il ordonna au maréchal Soult de lui envoyer à Paris deux divisions d'infanterie et une de cavalerie, avec quatre batteries à cheval. Des conscrits tirés des divisions territoriales voisines, devaient remplacer ces vieux soldats.

Cet ordre fut exécuté dans le milieu de janvier. L'armée des Pyrénées était ainsi obligée, après une série de défaites, de perdre 14.000 hommes et 40 canons. Son effectif se réduisit à 37.000 fantassins, 3.840 chevaux et 43 canons. L'impression produite sur les soldats et sur les habitants fut déplorable.

On ne peut qu'admirer les généraux qui, malgré cet affaiblissement, continuèrent, comme Soult, à donner l'exemple du courage, du dévouement à la patrie et d'une énergie de résistance que rien ne pouvait abattre.

Quant à Napoléon, convaincu qu'il pourrait encore vaincre ses adversaires, il décréta, le 8 janvier, la levée en masse des hommes en état de combattre, comptant que le patriotisme suffirait pour faire surgir des légions de soldats sous les pas des envahisseurs.

Dans le sud-ouest, ce fut le général Harispe qui eut à faire exécuter ce dernier décret. A Paris, on comptait sur sa popularité pour décider les Basques à prendre les armes et à harceler les troupes de Wellington. Cette illusion ne fut pas de longue durée.

Le général s'empressa de prévenir les préfets des Hautes, des Basses-Pyrénées et des Landes du décret qui le nommait commandant de la levée en masse et il leur prescrivit les dispositions préparant l'exécution d'une mesure rendue indispensable par l'invasion des armées étrangères. Il leur annonça qu'il était autorisé à donner des commissions de partisans, surtout aux anciens militaires. La patente de partisan ne devait être délivrée qu'à qui lèverait au moins 30 hommes, dont 20 fantassins et 10 cavaliers. Ceux qui désireraient obtenir ces patentes devaient se présenter au général Harispe ; à lui d'apprécier leurs moyens d'action et leurs projets.

Les anciens militaires pouvaient, en outre, prétendre à des grades d'officiers.

Les préfets envoyèrent aussitôt à leurs administrés des circulaires destinées à provoquer une levée générale. Elles se terminaient par ces mots : « Nous ne doutons pas que les citoyens et les anciens militaires ne se présentent avec empressement dans cette circonstance où il s'agit de concourir à sauver le pays de la domination étrangère, de la ruine et d'outrages de tout genre. »

Ces espérances furent déçues. L'esprit national était affaibli. Les populations étaient lasses de la guerre, et la conscription même ne réussissait pas à trouver des soldats. Dans les Landes, elle avait provoqué des révoltes. Quant aux Basques, ils semblaient avoir perdu leur ancienne énergie et, à part les éclaireurs de la vallée de Baïgorry qui se formèrent à l'appel du général Harispe, les autres restèrent dans leurs foyers, se réservant de les défendre à l'occasion.

La réponse du préfet des Hautes-Pyrénées fit connaître à l'autorité militaire la situation exacte au point de vue de l'appel des gardes nationales. A la fin du mois de janvier 1814, il avait pu organiser, à Tarbes et à Bagnères, une compagnie de 300 hommes pour la protection de chacune de ces villes. On les appelait des cohortes urbaines. Le préfet ajoutait : « C'est le plus grand effort que le département ait pu obtenir dans l'état de dépopulation, d'épuisement où il a été réduit par les sacrifices de tout genre qu'il a faits à l'armée, avec un zèle et un empressement qui ont été remarqués, etc. ».

Vouloir aller au-delà et faire une levée en masse, c'eut été provoquer, un refus d'obéissance.

Pourtant le préfet proposait de mettre à la disposition du maréchal Soult une légion de 1.200 hommes, armés et équipés, dont 200 mariés, qu'il avait organisée depuis longtemps pour la défense du département.

Evidemment on répondait à l'appel patriotique du gouvernement par une force d'inertie du plus mauvais augure.

Pendant ce temps les événements marchaient et ne devaient plus bientôt laisser aucune chance de succès à des levées de volontaires.

A peine installé à Irissarry, le général Harispe apprit que l'ennemi allait faire un fourrage à Macaye. Il s'y porta tout de suite et eut avec les Anglais un engagement dont le maréchal rendit compte au ministre de la Guerre.

Bayonne, 12 janvier 1814.

Au Ministre de la Guerre.

Le 10 de ce mois, l'ennemi entreprit de faire un fourrage à Macaye; il y employa une partie du 3e régiment de hussards et du 10e de ligne anglais; cette troupe était soutenue par la division espagnole de Morillo. M. le général de division comte Harispe en fut prévenu au moment où il partait, en vertu de mes ordres, pour se rendre à Saint-Jean-Pied-de-Port dans l'objet d'y préparer une expédition. Il fit aussitôt réunir 5 compagnies d'élite de la brigade du général Paris et un détachement du 21e de chasseurs à cheval, et il se porta avec cette petite colonne sur Macaye.

L'ennemi était très supérieur en forces; cependant le général Harispe parvint à le contenir après avoir repoussé ses postes. Pendant l'engagement, qui dura deux heures, il fit descendre les chasseurs à cheval dans le village pour enlever le fourrage préparé par les Anglais qui étaient venus de Cambo. Cela réussit parfaitement. Ce résultat obtenu, le général Harispe ordonna à sa troupe de se retirer dans ses positions, et elle opéra son mouvement dans le meilleur ordre possible sans être inquiétée, emmenant avec elle 20 Anglais et 10 Espagnols, prisonniers de guerre, ainsi que 50 chevaux et mulets pris sur les fourrageurs; l'ennemi a eu en outre une vingtaine d'hommes tués et beaucoup de blessés; nous n'avons eu que 10 blessés et point de tués.

Après cette expédition, le général Harispe a dû partir pour Saint-Jean-Pied-de-Port, d'où il doit chercher à éloigner de la vallée de Baïgorry les troupes commandées par Mina, qui y sont établies. J'aurai l'honneur de rendre compte à Votre Excellence du résultat de cette expédition.

Harispe, retardé par son engagement du 10 à Macaye, ne put se rendre que le 12 dans la vallée de Baïgorry. Arrivé près de ce village, il rencontra la division espagnole de Mina, l'attaqua et lui livra un combat des plus violents. Les soldats de Harispe excités par leur général qui conduisait l'action, enfoncèrent l'ennemi et reprirent Baïgorry. Harispe infligea à Mina des pertes sérieuses, lui tua du monde, fit soixante-douze prisonniers, et le força à quitter la vallée. Le maréchal Soult évalua le chiffre des Espagnols tués ou blessés, à 400.

Ces deux affaires inspirèrent aux officiers et soldats de la 8ᵉ division la plus grande confiance dans leur chef. Il devait la justifier quelques jours après dans un nouveau combat, dont le maréchal rendit compte au ministre dans les termes suivants :

Peyrehorade, 24 janvier 1814.

Monsieur le Duc, le général de division Harispe me rend compte qu'ayant appris, le 22 au soir, que l'ennemi avait projeté un fourrage considérable dans la vallée d'Ossès, entre Saint-Martin d'Arrossa et Bidarray, il fit marcher sur Doria le colonel Lalanne, commandant un corps de gardes nationales d'élite des Basses-Pyrénées, avec ordre de longer la rive droite de la Nive, tandis qu'avec les voltigeurs, un détachement de 30 chasseurs du 31ᵉ et les éclaireurs basques, il se porta lui-même sur la rive gauche. Ce mouvement s'exécuta hier au matin ; mais, à peine le général Harispe avait débouché de Saint-Martin d'Arrossa, qu'il fut attaqué par les troupes anglaises et espagnoles de Morillo qui couvraient le fourrage. Les éclaireurs et les voltigeurs soutinrent le choc avec beaucoup de fermeté; et, malgré leur infériorité en nombre, ils prirent bientôt l'offensive, tombèrent sur les fourrageurs anglais et espagnols et tuèrent une quarantaine d'hommes, ainsi que beaucoup de chevaux et de mulets; ils ramenèrent une centaine de prisonniers, dont 10 hussards anglais et une soixantaine de chevaux ou mulets.

Le général Harispe poussa le reste du fourrage jusqu'à moitié chemin de Bidarray et d'Itsassou. Si le colonel Lalanne avait pu se rendre maître plus tôt du pont de Bidarray, tous les fourrageurs ennemis étaient pris; cependant les troupes se sont très bien conduites, et le général Harispe loue l'élan des voltigeurs de la garde nationale d'élite, ainsi que l'intrépidité des éclaireurs basques, qui ont été bien secondés par les habitants du pays.

Parmi les prisonniers, il y a 5 officiers, dont 1 Anglais et 4 Espagnols.

Le maréchal Soult fut très heureux de ces expéditions et de leurs résultats. A Paris, l'impression fut la même, et le gouvernement en fit insérer des résumés dans les journaux. Les amis du général Harispe s'empressèrent de l'en féliciter, en lui reprochant son silence.

Quant à lui, tout en étant satisfait de ses hommes et de leur vaillante conduite au feu, il ne se dissimulait pas que l'énorme supériorité numérique de l'ennemi ne réservait d'autre chance à l'armée des Pyrénées que celle d'une retraite à peu près inévitable.

Tout ce qu'elle pourrait faire, c'était de retarder la marche des Anglo-Espagnols. D'ailleurs, en réfléchissant aux ordres du général en chef, on voyait qu'il était du même avis.

Dès le commencement de janvier, il avait prévenu Harispe que l'ennemi se renforçait sur les hauteurs de Hasparren, de Mendionde et de Bidarray, par conséquent sur son front, et qu'il devait s'attendre à être attaqué. Par suite, il lui avait prescrit de se concentrer à Irissarry aussitôt après son expédition de Baïgorry, en laissant une faible garnison à Saint-Jean-Pied-de-Port.

La lettre à Harispe n'était qu'un résumé de celle qu'il avait adressée au général Clausel, commandant l'aile gauche ; cette lettre expliquait ses dispositions générales et ses projets au sujet de la 8ᵉ division. Clausel l'envoya à Harispe. Elle était ainsi conçue.

Monsieur le Lieutenant Général,

Comme il n'est pas vraisemblable que les Espagnols rentrent dans la vallée de Baïgorry, ni même dans le Val Carlos, vous ne laisserez à Saint-Jean-Pied-de-Port que la troupe nécessaire pour la défense de la dite place, de la citadelle et du camp retranché, avec quelques éclaireurs basques dans les vallées, et vous ordonnerez au général Harispe de ramener le surplus des troupes qu'il avait portées sur ce point du côté d'Irissarry et de Hélette, afin de renforcer votre gauche pour que vous soyez plus en mesure contre les attaques auxquelles l'ennemi pourrait se livrer, et aussi pour vous préparer à marcher sur sa droite, lorsque le moment sera venu.

Je vous ai écrit hier soir que plusieurs raisons me portaient à croire que les divisions espagnoles ne tarderaient pas à entrer en Espagne. Il faut être bien attentif à cela et, aussitôt que vous en serez instruit, m'envoyer un officier pour m'en faire un rapport, car alors il faudra prendre des dispositions pour obliger l'armée anglaise à décider ses mouvements. En attendant, je ne peux qu'approuver que vous serriez la droite de cette armée et que vous l'empêchiez de fourrager. Je verrais même avec plaisir que vous pussiez établir la 8ᵉ division sur les hauteurs de Mendionde, Macaye et Louhossoa, où le général Harispe aurait la gauche appuyée à la Nive et communiquerait facilement avec Itsassou, ce qui obligerait les ennemis à ramener des troupes de ce côté et à se mettre sur la défensive sur la rive gauche de la Nive. Ce mouvement sera d'un résultat infaillible du moment où la division Morillo se sera retirée.

J'apprends par un déserteur anglais que la division légère a fait un mouvement sur la droite de l'armée ennemie et qu'elle est partie sans perdre de temps. Il paraît que le mouvement du général Harispe leur a donné des inquiétudes; faites en sorte de savoir ce qui en est.

Duc de Dalmatie.

P. C. C.

Le lieutenant général commandant l'aile gauche
Clausel.

La Chapelle, le 16 janvier 1814.

Le général Clausel ne s'en tint pas à cette communication. Les mouvements de l'ennemi commençaient à être d'autant plus menaçants que la faiblesse de l'armée des Pyrénées était maintenant connue. Il importait donc de s'entendre sur des opérations qui nous laissaient si peu de chances de succès.

Désormais Bayonne, bien fortifiée, était en état de résister à l'ennemi, avec la garnison que Soult y avait laissée et les approvisionnements qu'on y avait rassemblés. Il n'y avait plus, pour retarder la marche de Wellington, qu'à défendre le passage des Gaves. Toutes ces rivières, plus ou moins torrentueuses, affluents de gauche de l'Adour, avaient une direction générale du sud au nord et formaient ainsi autant de lignes de défense dont les abords offraient souvent à notre armée de bonnes positions. Mais avant tout, il importait de donner à nos généraux des instructions précises.

Clausel écrivit à ce sujet à Harispe, le 28 janvier. Il le prévint que l'importante réunion de troupes faite par les Anglais à Urcuray ne laissait aucun doute sur leurs prochains mouvements. Dans cette hypothèse, il recommandait d'éviter sur la Joyeuse, le Gamboury (1) et la rivière de Mendionde, tout engagement sérieux contre des forces supérieures. Il faisait savoir à Harispe que probablement Wellington ferait déborder sa gauche, pendant qu'il prononcerait une attaque de front sur la route de Hasparren à Mendionde par Guéreciette et Bonloc. Dans ce cas, il fallait lui céder le terrain au fur et à mesure qu'il avancerait. Cependant le corps d'armée comptait occuper une position de combat sur les hauteurs à l'est de Pessarou et, en arrière, sur celles d'Orègue.

En résumé, pour Harispe, ces instructions lui disaient qu'une fois débordé sur sa gauche, il appuierait sur les divisions placées à sa droite, sauf à se reporter sur le flanc et les derrières de l'ennemi s'il en trouvait l'occasion. Par suite de son envoi à l'extrême gauche de l'armée, le général Harispe avait une situation en l'air, qui semblait aventurée et devait tenter l'ennemi. Il en résulta que pendant plusieurs jours, les premiers coups des Anglo-Espagnols furent dirigés contre lui. Cette direction convenait d'autant plus au général en chef anglais, qu'en refoulant les forces de Soult vers l'est, il dégageait la route de Bordeaux, ville royaliste où il comptait, dès son arrivée, provoquer une manifestation en faveur des Bourbons.

Soult, cependant, ne perdait pas de vue les chances qu'il pouvait avoir de reparaître en Espagne. Aussi s'in-

(1) Cours supérieur de la Joyeuse.

quiéta-t-il à ce moment de la situation de la place de Jaca, qu'on lui signalait comme étant sur le point de manquer de vivres et d'être prise. Mina, repoussé des Aldudes, s'était porté sous ses murs avec 1.500 hommes. Le 1er février, Harispe reçut de Peyrehorade l'ordre d'y envoyer le général Paris avec des troupes de renfort et un convoi de ravitaillement.

C'était lui dire aussi que l'attaque des Anglais n'était pas imminente, car cette expédition sur Jaca allait affaiblir sa division. Il profita de ce court répit pour s'occuper des nouvelles levées, qui étaient loin de marcher comme on l'avait espéré. Le préfet des Basses-Pyrénées lui écrivait, le 1er février, qu'il rencontrait « des difficultés insurmontables; qu'il n'avait pas de fusils et que ses premières dispositions n'avaient rien produit ».

Le maréchal Soult néanmoins croyait toujours à l'efficacité de la mesure. Il prescrivait à Harispe de partager les levées en deux catégories : l'une mobile, l'autre sédentaire; de se borner, dans chaque département, à armer, équiper et habiller 3 à 4.000 hommes de la première catégorie qui seraient appelés à faire un service actif, en ligne avec l'armée. Les compagnies sédentaires devaient être organisées dans les villes et villages qu'elles protégeraient selon la mesure de leurs moyens.

Dans les Basses-Pyrénées, les corps mobiles seraient surtout chargés de défendre les passages d'Espagne en France, et les débouchés des frontières. Ils devaient être renforcés par ceux des Hautes-Pyrénées. Les corps mobiles des Landes avaient à garder leurs côtes et les passages des rivières.

« Mais, ajoutait-il, ces dispositions ne pourraient être différées sans danger; les circonstances sont pressantes, et tout retard pourrait avoir des conséquences fâcheuses ».

Les gens du pays ne le savaient que trop, et la supériorité des forces de l'ennemi leur était assez connue pour calmer chez eux des élans de patriotisme dont ils étaient les premiers à reconnaître l'impuissance.

Tout ce qu'on put faire, ce fut d'organiser dans les Landes, en compagnies de flanqueurs, les gardes-forestiers et les gardes-champêtres. Dans les Basses-Pyrénées, il y eut les formations des Basques de Baïgorry qui secondèrent la 8ᵉ division, puis la 1ʳᵉ cohorte des gardes nationales commandées par le colonel Lalanne, qui rivalisa plus d'une fois de courage et de dévouement avec les troupes de ligne de la division Harispe, notamment dans l'expédition de Bidarray. Pourtant il était clair, les lettres des préfets en témoignaient, qu'il régnait une grande inertie. Harispe dut en être d'autant plus affecté qu'il pouvait comparer cet état d'esprit à l'enthousiasme des volontaires de 1792 et établir une différence qui n'était pas à l'avantage de 1814. Ensuite, le temps s'écoulait, et la lenteur des Anglo-Espagnols aurait prochainement un terme, après lequel il faudrait renoncer à tout espoir de levées en masse. Néanmoins le répit que leurs mouvements avaient laissé, lui avait permis de recevoir quelques lettres d'amis dévoués et de leur répondre.

La première qui lui parvint fut celle du commandant Bugeaud. Jeune officier alors, celui-ci avait été remarqué par ses chefs et notamment par le général Harispe, quand il avait eu sous ses ordres le 116ᵉ de ligne. Comme on l'a vu plus haut, Bugeaud inspirait déjà une telle confiance, que son général de division l'avait souvent chargé de missions isolées, exigeant de l'initiative et de la décision. Harispe avait conçu pour lui autant d'estime que d'affection et lui avait donné de ses nouvelles au mois de janvier. Quelques jours plus tard, il en reçut une courte lettre qu'il garda comme un souvenir.

Formels, près Girone, le 9 février 1814.

Mon général,

J'ai reçu votre lettre du 14 janvier avec un plaisir qu'il me serait difficile d'exprimer. On n'est pas plus obligeant que vous ; on ne pense pas plus chaudement que vous à ses amis. Je suis pénétré de vos bontés. Je ne les oublierai jamais, lors même qu'elles ne me produiraient rien. Mon attachement pour vous est indépendant de tout intérêt. Il ne vous considère pas comme un général de division, mais comme un homme dont les qualités sociales attachent tous ceux qui le connaissent...

On parle souvent de vous dans les régiments de votre ancienne division...

Croyez, mon général, aux nouvelles assurances de mon attachement et de mon dévouement sans bornes.

BUGEAUD, major.

Presque en même temps, le général Harispe recevait une lettre du maréchal Suchet qui lui fut encore plus précieuse :

Quartier général de Girone, le 13 février 1814

Mon cher général,

Depuis votre départ de Perpignan, je n'ai reçu aucune lettre de vous ; vous m'aviez promis de m'apprendre votre arrivée à l'armée et vous m'avez laissé la lire aux journaux. Je vous félicite de bon cœur de vos premiers succès. Personne n'y prend une part plus réelle que moi, mais je vous engage à me marquer quelquefois que vous n'oubliez pas vos amis d'Aragon.

Je vous ai expédié les lettres de service pour Péridon ; aujourd'hui je vous adresse un brevet de légionnaire pour votre aide de camp Etchas ; je suis heureux de pouvoir encore vous rappeler une armée où vous avez si glorieusement servi.

La force des événements est parvenue à diminuer tellement l'armée qu'il en existe à peine deux divisions ; j'ai été forcé de laisser 10 bataillons à Barcelone, malgré mes instances, et d'expédier en poste pour Lyon 12 beaux bataillons, les cuirassiers, les hussards et toute l'artillerie légère. Vous voyez, mon cher général, à quoi j'en suis réduit. J'ai cependant gardé les généraux Mesclop, Meyer et Millet, ainsi que le général Lamarque. Nous ferons tout ce que nous pourrons pour ne céder qu'après avoir opposé une vigoureuse résistance.

Donnez-moi de vos nouvelles et croyez à l'attachement sincère et à la considération distinguée du

Maréchal duc d'ALBUFÉRA.

L'ancien chef d'état-major du général Harispe à l'armée d'Aragon, général Mesclop, lui était aussi resté très attaché. Il lui donna à la même époque des marques d'affection auxquelles Harispe fut très sensible.

L'inaction des Anglo-Espagnols cessa en février. Dans les premiers jours de ce mois, les avant-postes de la 8ᵉ division signalèrent chez l'ennemi des mouvements et des concentrations de troupes, signes précurseurs d'une attaque imminente. Elle se produisit en effet le 12, et pendant quelques jours, les efforts de Wellington se portèrent sur la gauche de l'armée de Soult, notamment sur la division Harispe.

A cette date, la marche des Anglais se dessine contre les positions de notre extrême gauche. Le général anglais Hill débouche par Mendionde, Hasparren et Louhossoa à la tête de 24.000 hommes et 16 bouches à feu. Harispe, établi à Irissarry et Hélette, ne possède plus, depuis le départ du général Paris, que 5.500 hommes, dont un régiment de cavalerie et 3 bouches à feu.

Le 14, il est violemment attaqué, tandis que sur le reste du cours de la Joyeuse, l'ennemi se borne à de simples démonstrations.

A l'annonce de ce premier combat, Soult rappelle le général Paris et l'envoie prendre position sur les derrières de Harispe, à Garris et à Saint-Palais, où il sera en mesure de le soutenir.

La 8ᵉ division se défend avec vigueur; mais elle est bientôt débordée par les masses de l'adversaire, et Harispe est forcé de reculer. Il exécute sa retraite en combattant toute la journée et arrive le soir à Méharin, où il passe la nuit et fait reposer ses soldats. Le lendemain matin, conformément aux ordres reçus, il cède le terrain et se replie sur les hauteurs de Garris, au nord-ouest de Saint-Palais; là il retrouve le général Paris et le reste de sa division.

Il était au repos près du village et venait de s'établir en avant de la Bidouze, sur la hauteur de la Motte-de-Garris qui s'étend vers Saint-Palais, quand Wellington lança contre lui les brigades Pringle et Stewart. L'arrière-garde française était alors au fond d'un ravin encaissé. Elle y fut assaillie par le général Stewart qui profita des avantages de sa position pour la mettre en désordre.

« Pendant que les tirailleurs anglais descendaient dans le ravin, une section d'artillerie tirait sur les troupes de Harispe. Wellington arriva en ce moment. Malgré l'heure avancée, désireux de pouvoir tourner la ligne de la Bidouze, avant que Soult ait eu le temps d'y faire venir des renforts, il porta le général espagnol Morillo sur Saint-Palais, par une marche de flanc.

« Plaçant ensuite la division portugaise de Lécor en face du centre français, il passa rapidement sur le front des régiments de la brigade Pringle, en s'écriant : « Mes garçons, il faut que vous soyez maîtres de la hauteur avant la nuit ».

« Ces régiments se précipitèrent dans le ravin en poussant de grands cris, qui avertirent les Français de l'attaque qui les menaçait et qu'ils reçurent par un feu terrible. Le général

Pringle tombe blessé; presque tous les officiers ont leurs chevaux tués sous eux; mais protégés par les bois et couverts par les ombres de la nuit qui enveloppent déjà le terrain de la lutte, les Anglais parviennent, sans avoir trop souffert, sur le sommet du mont ». (1)

Harispe lança alors sur eux ses soldats au pas de charge. Presque tous étaient des conscrits basques. L'ennemi essaie vainement de les arrêter par un feu des plus nourris. Ils se jettent sur lui à la baïonnette aux cris de « Vive l'Empereur! », lui livrent un combat acharné et le rejettent hors de la position.

Ce succès obtenu, Harispe fut prévenu que le général Morillo exécutait un mouvement le long de la Bidouze, vers Villenave. Il pouvait y franchir la rivière, tourner Harispe et lui couper sa ligne de retraite. Celui-ci dut s'éloigner.

Il se dirigea alors lentement sur Saint-Palais qu'il quitta vers une heure du matin, après avoir fait sauter le pont.

Le maréchal, très satisfait des hommes de la 8ᵉ division et de la façon dont ils avaient été dirigés, en rendit compte au ministre de la Guerre, le 16 février, en lui disant : « M. le général de division comte Harispe devait, hier, faire en sorte de se maintenir jusqu'à la nuit en avant de Saint-Palais et à Garris. Mais à trois heures et demie, il fut attaqué par des forces infiniment supérieures qui, après un combat très vif, l'obligèrent à passer sur la rive droite de la Bidouze. D'après l'aperçu qui m'a été donné, les pertes qu'il a éprouvées s'élèvent à 450 hommes hors de combat. L'ennemi souffrit beaucoup plus; nos troupes se battirent avec une grande valeur, plusieurs fois à la baïonnette. Le pont de Saint-Palais a été détruit dans la nuit ».

Le 17 février, Harispe alla rejoindre la 6ᵉ division et

---

(1) Napier, *Guerre de la Péninsule*. Tome XIII, pages 35-37.

la brigade de cavalerie du général Soult, à Sauveterre, derrière le gave d'Oloron, où le maréchal espérait se maintenir. Ces forces s'y trouvaient encore en position le 19. A ce moment, des défections commençaient à se produire parmi les gardes nationales. Grâce à sa popularité, Harispe avait réussi, au moment de l'offensive de Wellington, à rassembler autour de lui 3.300 hommes de la levée en masse. Mais les dernières opérations les avaient découragés. Le 19, il lui en restait à peine 500, dont 150 étaient des Baïgorriens. Le maréchal écrivait au ministre à ce sujet le 19 : « Les éclaireurs de la vallée de Baïgorry méritent la bienveillance du gouvernement ; ils ont absolument tout perdu ; cependant, ils ont de l'énergie et paraissent bien déterminés à se venger des cruautés que leurs concitoyens ont éprouvées. Je donnerai l'ordre que la solde leur soit payée comme à la troupe.

« Les autres gardes nationaux sont tous rentrés chez eux ; l'intérêt privé et leurs affections l'emportent sur tout autre sentiment, etc »...

En voyant la résistance que le corps de Hill avait rencontrée dans son offensive contre la division Harispe, Wellington jugea opportun de renforcer son lieutenant. Il fit partir des environs de Bayonne les divisions Clinton et Alten, et les dirigea sur le gave d'Oloron, de façon à donner à Hill le moyen de déborder les forces rassemblées par Clausel à Sauveterre.

Soult décida alors de reporter derrière le gave de Pau, aux abords d'Orthez, les différents corps postés sur le gave d'Oloron. Cette résolution fut prise à temps. Le 24, en effet, les divisions anglaises franchirent cette dernière rivière, non sans livrer à Sauveterre, un combat assez vif qui coûta au général Picton environ 400 hommes.

Le même jour, Harispe, suivant les ordres de Clausel,

mit sa division en marche sur Orthez. Une fois là, l'armée des Pyrénées occupa les hauteurs de la rive droite, poussant des postes de cavalerie jusqu'à l'Adour et jusqu'à Pau.

Vers midi, le 25, les colonnes ennemies se montrèrent sur les hauteurs de la rive gauche, commencèrent à canonner nos troupes et atteignirent le faubourg de Départ qui était défendu. Un feu de tirailleurs fut échangé sur ce point, entre les deux armées, jusqu'à la nuit. On fit ensuite sauter le pont et on se prépara, des deux côtés, à une bataille qui semblait imminente.

Le lendemain, en effet, les deux armées se rapprochèrent, et sur divers points les postes avancés échangèrent des coups de fusil. Le maréchal Soult, trouvant une bonne position de combat sur les plateaux qui dominent la rive droite du gave de Pau, au nord d'Orthez, y avait concentré son armée, espérant peut-être un succès, tout au moins une lutte qui infligerait à l'ennemi des pertes sensibles.

Il avait employé la journée du 26 à placer ses divisions de la façon la plus avantageuse. Une grande partie de l'armée était au nord de la ville, occupant les villages de Saint-Boës, Berge et Lafaurie. Une mission spéciale avait été confiée au général Harispe qui devait, avec sa division, défendre Orthez et interdire le passage du gave à l'ennemi. Il était ainsi chargé de couvrir la gauche de l'armée, pendant que les autres divisions combattraient sur la droite. Il était secondé, sur sa gauche, par le général Soult qui gardait les gués entre Orthez et Pau, avec trois régiments de cavalerie et le 25e léger de la division Harispe, brigade Baurot.

Ces dispositions avaient été commandées au maréchal Soult, d'abord par les formes du terrain, ensuite par la nécessité de couvrir sa ligne de retraite sur Sault-de-

Navailles, enfin par les mouvements mêmes de l'armée anglaise.

Wellington avait rejoint ses divisions. Le 26, il avait fait franchir le gave de Pau, en aval d'Orthez, au corps de Beresford et à deux divisions d'infanterie, pendant que deux autres divisions se tenaient prêtes à déboucher. C'était la principale masse de son armée. Elle était forte de cinq divisions et deux brigades de cavalerie. Après avoir passé la rivière, elle avait tourné à droite pour se porter sur nos positions, menaçant ainsi directement notre ligne de retraite.

En face d'Orthez, le général en chef anglais n'avait laissé que deux divisions et une brigade de cavalerie, aux ordres de Hill. Elles étaient aussi destinées à passer le gave et à déborder la gauche de Soult, pour aller rejoindre les autres divisions, en essayant de cerner les nôtres.

Telle était, le 26 au soir, la situation des deux adversaires. Dans la journée, il n'y avait eu que des engagements de tirailleurs aux passages des gués.

Le même jour, Soult fixa les positions de son armée en vue de la bataille du lendemain. Les instructions concernant Harispe prescrivaient :

...« M. le lieutenant-général Clausel portera, pendant la nuit, la 6ᵉ division d'infanterie (Villatte) en arrière d'Orthez, et il la placera de manière à soutenir au besoin la 8ᵉ division (Harispe), ou à se porter rapidement sur le plateau en arrière de Saint-Boës, pour joindre le restant de l'armée, si l'ordre en est donné. Pendant la nuit, les postes que la 6ᵉ division (Villatte) fournit sur le gave de Pau, seront relevés par un ou deux bataillons de la 8ᵉ division (Harispe).

« La 8ᵉ division (Harispe) ne laissera à Orthez qu'un avant-poste pour défendre le pont. Elle aura aussi des postes, soutenus par un bataillon, en avant du faubourg qui est sur la route de Peyrehorade. Le surplus de la division sera établi en échelons, en arrière de la ville, depuis le vieux château jusque sur les positions en arrière dont la direction est presque parallèle à la route de Dax. Ainsi la 8ᵉ division (Harispe) formera l'extrême gauche de la ligne ; elle sera en mesure de défendre Orthez, si l'ennemi attaquait cette ville de front, et ensuite, si la division était forcée, elle pourrait manœuvrer par la même crête, de manière à avoir toujours l'avantage de la position, en s'appuyant de la gauche de la ligne et commandant par son feu la grande route de Sallespisse, de laquelle le général Harispe devra toujours être maître » etc. (1).

La bataille commença le 27, à 9 heures du matin, par une violente attaque des Anglais contre Saint-Boës. Leurs efforts tendaient visiblement à nous déborder vers Sault-de-Navailles. La résistance que nos troupes leur opposèrent contint leurs mouvements. Une seconde attaque se produisit sur le centre, où nos troupes se conduisirent aussi vaillamment ; dès lors, l'affaire fut engagée sur toute la ligne.

Pendant ce temps, Harispe, à l'extrême gauche, luttait seul contre des forces doubles. La faiblesse de ses moyens ne lui avait permis de défendre le gué Biron qu'avec un bataillon du 115ᵉ et le faible bataillon de gardes nationaux qui lui restait. Ses autres troupes occupaient la ville et les hauteurs en arrière, pour se relier à la 6ᵉ division. Vivement attaqués par les régiments de Hill, ses soldats se défendirent avec énergie. Mais bientôt débordés par les masses ennemies, ils apprennent qu'une colonne anglaise a franchi le gave en amont d'Orthez et s'avance sur la ville. Le général Harispe replie alors ses forces, fait face du côté menacé et contient encore l'ennemi, jusqu'au moment où le maréchal Soult, ayant rétabli le combat sur sa droite, vint vers sa gauche, pour se rendre compte de

(1) Papiers du maréchal Harispe.

l'état des choses. Harispe le prévint aussitôt que les gués étaient franchis par l'ennemi en amont d'Orthez et qu'il était trop faible pour empêcher qu'on le déborde.

Le maréchal vit alors que l'armée ne pourrait se maintenir dans ses positions sans être compromise. Il se décida à battre en retraite sur Sault-de-Navailles et donna ses ordres en conséquence. Le mouvement commença peu d'instants après et s'opéra successivement d'une ligne à l'autre, en échelons.

Cependant les deux bataillons qui formaient l'arrière-garde de la division Harispe, ayant mis trop de ténacité à retarder la marche de l'ennemi, près de Sallespisse, furent coupés par la brigade de lord Somerset. Obligés de se jeter à droite de la route, dans un terrain fourré, ils y furent assaillis par un régiment de cavalerie anglais qui leur fit éprouver de grandes pertes.

Le général Harispe put néanmoins continuer sa retraite en bon ordre jusqu'à Sault-de-Navailles. Mais au lieu de trouver le pont sur le Luy de Béarn occupé par le général Villatte, comme on le lui avait annoncé, il eut l'ennui d'y rencontrer les Anglais. Sans hésiter, il donna l'ordre de leur passer sur le corps, ce que ses troupes exécutèrent avec leur intrépidité ordinaire. Cette journée coûta environ 1.200 hommes à sa division. La nuit mit fin à la bataille. A ce moment, notre armée avait atteint les environs de Sault-de-Navailles, où son front était couvert par le faible obstacle du Luy de Béarn.

La bataille d'Orthez avait été livrée dans des conditions particulières qui méritent d'arrêter un instant l'attention.

Les Anglais avaient engagé sept divisions d'infanterie et deux brigades de cavalerie, soit environ 44.000 hommes dont 4.000 cavaliers. Ils avouèrent 2.270 tués ou blessés.

Soult n'avait pu leur opposer que 31.000 hommes

environ et avait eu 2.500 hommes hors de combat. Cette faible armée avait lutté toute la journée et s'était retirée sans se laisser entamer. Wellington lui rendit justice dans un rapport où il parlait d'abord de « l'ordre admirable » dans lequel s'effectua notre retraite, mais finissait par déclarer que nos pertes continuelles nous avaient entraînés dans une déroute qui se fit « dans la plus extrême confusion ».

Dans cette lutte, le général Harispe avait eu à combattre seul contre deux divisions ennemies et une brigade de cavalerie. Sa conduite mérita l'approbation complète du maréchal Soult qui le cita dans son rapport. Ce document se terminait ainsi :

« La bataille d'Orthez est honorable pour les armes de l'Empereur. Les troupes n'ont cédé qu'à la grande supériorité de l'ennemi ; elles se sont battues avec valeur. Toutes les divisions et les généraux qui les commandaient méritent des éloges...

L'ennemi a souffert considérablement ; l'on peut, sans exagérer, évaluer sa perte au moins à six mille hommes ; des rapports authentiques venus d'Orthez, assurent qu'il y était arrivé plus de quatre mille de leurs blessés ; des prisonniers qui se sont échappés après avoir parcouru le champ de bataille, ont dit qu'ils y avaient vu quatre cadavres ennemis pour un français...

« Je ferai mention particulière de M. le Lieutenant-général comte Gazan, chef de l'état-major, duquel j'ai eu à louer le dévouement, de M. le général de division Taupin, de M. le général de division comte Harispe et de M. le général de division baron Foy, etc ».

Quant aux gardes nationales, placées sous l'autorité supérieure du général Harispe, on ne pouvait plus compter sur elles. Déjà, dans sa lettre au ministre datée de la veille de la bataille, Soult avait dû écrire :

« J'éprouve un vif regret d'être obligé de vous rendre

compte que toutes les gardes nationales du département des Basses-Pyrénées sont dans la plus complète défection et qu'elles ont abandonné leurs armes ou les ont emportées. Les habitants de Pau souffrent qu'une légion des Hautes-Pyrénées vienne défendre leur ville...

« Dans le département des Landes, l'esprit est aussi mauvais; il est impossible d'y réunir une seule compagnie » etc...

En revanche, le maréchal Soult avait été pleinement satisfait de l'attitude de ses jeunes troupes dans la rude journée du 27 février, sur les hauteurs d'Orthez. Néanmoins, en voyant le découragement des populations, les désertions et l'inertie des gardes nationaux, les proclamations que l'ennemi répandait de tous côtés, il crut devoir exciter encore le moral de ses soldats et leur adressa, le 8 mars, un ordre du jour d'un patriotisme ardent.

« Soldats, leur disait-il, à la bataille d'Orthez, vous avez bien fait votre devoir; l'ennemi a éprouvé des pertes plus considérables que les nôtres; son sang a couvert le terrain qu'il a gagné; ainsi vous pouvez considérer ce fait d'armes comme un avantage etc... » Il terminait, en ajoutant :

« Quant à nous, notre devoir est tracé; honneur et fidélité! voilà notre devise; combattre jusqu'au dernier les ennemis de notre auguste Empereur et de notre chère France, respect aux personnes et aux propriétés... obéissance et discipline; haine implacable aux traîtres et aux ennemis du nom français; guerre à mort à ceux qui tenteraient de nous diviser, ainsi qu'aux lâches qui déserteraient les aigles impériales pour se ranger sous une autre bannière. Ayons toujours dans notre pensée quinze siècles de gloire et les triomphes innombrables qui ont illustré notre patrie; contemplons les efforts prodigieux de notre grand Empereur et ses victoires signalées qui éterniseront le nom français; soyons dignes de lui et alors nous pourrons léguer sans tache à nos neveux, l'héritage que nous tenons de nos pères. Soyons Français et mourons tous, les armes à la main, plutôt que de survivre à notre déshonneur »

Dans la soirée du 27, Harispe se maintint dans Sault-de-Navailles jusqu'à dix heures du soir, avec la division Villatte et la cavalerie, donnant ainsi à l'armée le temps de s'écouler. Il partit ensuite et la rejoignit à Hagetmau, vers 2 heures du matin. Ses troupes n'avaient pas cessé de marcher ou de combattre depuis la veille à 7 heures du matin.

Là, on rallia le général Berton avec deux bataillons de conscrits ; on prit ensuite la route de Saint-Sever et l'Aire. Pendant sa marche, l'armée fut rejointe par le général Darricau qui avait reçu l'ordre d'abandonner Dax.

L'ennemi suivait nos colonnes avec une prudence mesurée ; aussi du 28 février au 2 mars, jour de notre arrivée à Aire-sur-l'Adour, il n'y eut aucun engagement.

La position d'Aire n'était pas assez bonne pour que le duc de Dalmatie eut l'intention d'y tenir. Mais il avait dans cette ville et à Barcelonne, en face, des magasins de vivres qu'il voulait faire évacuer. Pour cela, il lui fallait gagner du temps. Il établit donc ses divisions aux abords de ces deux villes en confiant l'arrière-garde au corps du comte d'Erlon, renforcé par la brigade de cavalerie du général Berton, qui fut placée à Cazères. Le corps de Reille occupa Barcelonne et celui de Clauzel fut chargé de défendre la ville d'Aire avec les divisions Villatte et Harispe. Ce dernier couvrait la route de Pau.

Ces deux divisions avaient à peine pris leurs emplacements, qu'elles furent attaquées par des forces supérieures, obligées bientôt d'abandonner le plateau de la

Serre et de se rapprocher d'Aire. Elles luttaient péniblement pour contenir l'ennemi, lorsque vers 4 heures du soir, elles reçurent du renfort. Le général Reille, ayant pu quitter Barcelonne, avait franchi l'Adour, établi la division Taupin au pied des hauteurs de Casaumont et envoyé la division Rouget au secours du général Clausel, qui était très fortement engagé.

L'arrivée de cette division rétablit le combat. L'ennemi qui commençait à attaquer la ville avec ses tirailleurs, dut suspendre sa marche. La division Villatte put alors effectuer sa retraite, sous la protection de Rouget. Quant au général Harispe, coupé de Villatte à la fin du jour, il se retira par la route de Pau jusqu'à la ferme de Lanquerat, tourna les bois de Casaumont, se replia sur le Liez et rejoignit ensuite le corps de Clausel en marche, par Madiran, sur la route de Vic-de-Bigorre. Le colonel anglais Napier devait plus tard rendre hommage aux troupes de Harispe en écrivant : « Les conscrits de l'ancienne levée étaient devenus des hommes vigoureux, et ils le prouvèrent hautement aux combats de Garris et d'Aire. La division Harispe était composée de ces jeunes troupes. »

Le maréchal se dirigea ensuite sur Tarbes, en remontant la vallée de l'Adour. Le 5 mars, vers midi, l'armée franchit l'Echez à Maubourguet et y prit position.

Le général Reille, à l'aile droite, établit la division Taupin à Maubourguet et celle du général Rouget face à Lafitole. Clausel, à l'aile gauche, occupa Vic-de-Bigorre avec la division Harispe et Rabastens avec la division Villatte. Une brigade de cavalerie observait les abords de Plaisance, une autre, ceux de Maubourguet. Le quartier général était à Rabastens.

Le maréchal comptait pouvoir y donner un peu de repos à ses troupes.

Son espoir ne fut pas trompé. Les différents corps de

l'armée purent rester pendant huit jours sur ces positions. Ils en profitèrent pour remettre de l'ordre dans leurs unités, réparer leurs forces et se préparer à de nouveaux combats.

On se porta ensuite sur Tarbes, où l'on arriva le 20 mars. Soult suspendit alors son mouvement de retraite et attendit les Anglais sur un terrain qu'il avait choisi. Ce fut la division Harispe qui subit le premier choc de l'ennemi. Elle le reçut avec sa vigueur habituelle et combattit avec une telle ardeur qu'elle faillit être séparée du reste de l'armée. Serrée de près par plusieurs groupes de combattants, elle se fit jour à la baïonnette, tua 12 officiers et 80 hommes; puis, comme la route était déjà barrée par l'ennemi, elle opéra sa retraite à travers champs.

La même nuit, Soult remit ses troupes en marche sur Toulouse. Elles furent suivies par celles de Wellington, sans être cependant l'objet d'aucune attaque. Nos divisions eurent soin du reste de détruire les ponts derrière elles, notamment ceux de la Garonne, grossie à cette époque par une forte crue. Ces incidents retardèrent la marche des alliés, tandis que l'armée du maréchal arriva, dès le 24 mars, en vue de la capitale du Languedoc, ayant sur son adversaire une avance d'une dizaine de jours.

C'était plus de temps qu'il n'en fallait pour organiser fortement la défense de Toulouse.

La ville est bâtie sur la rive droite de la Garonne, avec le faubourg de Saint-Cyprien sur la rive gauche.

A son arrivée devant cette cité, Soult fit prendre position à son armée entre la Garonne et le ruisseau de Touch, occupant Saint-Martin, Tournefeuille, Saint-Simon et Portet. L'ennemi n'avait encore montré que deux escadrons. Le maréchal dirigea une reconnaissance de son côté, pour se renseigner. Elle rencontra l'avant-garde d'une colonne anglaise vers Saint-Lys.

Le maréchal avait exposé au ministre de la Guerre les raisons qui le décidaient à arrêter de nouveau Wellington, en lui livrant bataille devant Toulouse. Son parti à cet égard était pris. Aussi dès son arrivée, il donna ses ordres en conséquence.

Il fit occuper les secteurs ouest et nord de la ville par les divisions Maransin, Darricau et Villatte. Les hauteurs du Calvinet qui avaient une grande importance tactique, furent confiées à la brave division Harispe, avec mission d'y construire diverses redoutes. L'armée était ainsi face à l'est, ayant vers sa gauche la brigade Saint-Pol et à sa droite, celle du général Lesueur.

La division Taupin, placée en arrière, servait de réserve. La cavalerie du général Vial reliait les généraux Saint-Pol et Harispe; celle du général Berton observait la plaine entre le pied des hauteurs du Calvinet et l'Hers.

Depuis le 1er avril, la division Harispe, déjà très affaiblie, avait subi une modification inattendue. Le général Paris avait reçu l'ordre d'aller commander la division des Pyrénées-Orientales. Harispe n'eut plus dès lors que deux brigades :

1re brigade; Général Dauture, comprenant les 9e, 25e, et 35e léger à l'effectif de 1.970 hommes.

2e brigade; Général Baurot, comprenant les 10e, 45e, 81e, 115e et 117e de ligne, à l'effectif de 2.585 hommes.

C'était, pour la 8e division, un total de 4.555 hommes.

Ses soldats construisirent cinq redoutes sur ce plateau du Calvinet qu'ils étaient chargés de défendre. Les quatre redoutes de gauche furent confiées à la brigade Baurot, la cinquième fut occupée par le 9e léger de la brigade Dauture. Trois de ces redoutes, celles du Colombier, des Augustins et de Sipière formaient les clés de la position.

Enfin, l'unique bataillon du 115e de ligne fut placé en

avant des redoutes, dans des tranchées qu'il avait creusées sur le flanc du coteau, principalement dans le but de relier la redoute des Augustins à celles qui étaient à sa gauche. Ces tranchées étaient à hauteur d'une partie de terrain appelée Terre Cabade.

L'ennemi, de son côté, avait atteint la rive gauche de la Garonne, le 26 mars. Le lendemain, les escarmouches commencèrent aux avant-postes, et une forte reconnaissance offensive fut dirigée par les Anglais sur Portet, Saint-Simon, Tournefeuille, Calomiet et Blagnac, dont on les laissa prendre possession. Leurs camps s'établirent aux abords de ces localités et sur les deux rives du Touch.

Dans la nuit du 30 au 31, les démonstrations de l'ennemi prirent un caractère agressif. Il jeta un pont sur la Garonne à Cinte-Gabelle, vis-à-vis du village de Pinsaguel et poussa ses avant-postes jusqu'à Nailloux.

Le 3 avril au soir, Wellington fit franchir le fleuve à ses troupes, sous la protection de 30 bouches à feu mises en batterie sur les hauteurs de la rive gauche, et les porta jusqu'à Fenouillet. Le 8, elles se rapprochèrent encore. Des deux côtés on sentait qu'une bataille était imminente.

Dans les rangs de l'armée des Pyrénées, les préparatifs de défense étaient troublés par des bruits inquiétants. Depuis le 7, on racontait que les armées étrangères étaient entrées à Paris; mais comme aucune nouvelle officielle n'était encore parvenue à Toulouse, on ne s'occupa bientôt plus que de repousser victorieusement l'attaque des Anglais.

Dès 6 heures du matin, le 10 avril, l'ennemi se mit en mouvement, et la direction de ses colonnes montra que la division Harispe aurait, dans cette journée, un rôle périlleux. Au début, la marche des alliés fut arrêtée par la Garonne et le canal.

Notre armée était en position, la droite appuyée à la petite rivière de l'Hers, affluent de droite de la Garonne, et la gauche au canal du Languedoc, jusqu'à son embouchure. La tête de pont, construite au faubourg St-Cyprien, était occupée.

Les redoutes élevées sur le plateau du Calvinet n'étaient pas finies, mais elles pouvaient être défendues; et, présumant que la principale attaque des Anglais se porterait de ce côté, Soult y avait concentré quatre divisions.

L'armée de Wellington formait trois colonnes : deux divisions d'infanterie débouchèrent par Dorade et Périol, après avoir suivi la rive gauche de l'Hers; deux autres divisions se portèrent sur la brigade du général Saint-Pol, de la division Villatte, qui tenait le petit plateau de la Pujade; enfin deux autres divisions marchèrent sur les ouvrages des ponts des Minimes et de Blagnac. Des réserves d'infanterie et de cavalerie étaient prêtes à les soutenir.

La brigade Saint-Pol reçut vaillamment le choc de l'adversaire et riposta par une grêle de balles et de mitraille. Une seconde ligne vint aussitôt renforcer l'attaque anglaise. A la vue de ce mouvement, Harispe exécuta une contre-attaque qui força l'assaillant à reculer en désordre.

De ce côté, l'échec de cette première tentative de l'ennemi fit, durant la matinée, traîner le combat en longueur.

Cependant les divisions alliées qui longeaient la rive gauche de l'Hers, continuaient à avancer. Leurs têtes de colonne atteignaient, sur la route de Caraman, le pont de Bordes que Soult avait fait détruire, et marchaient par le flanc sur trois lignes. L'espace qu'elles couvraient était trop étendu; Soult jugeant le moment opportun, lança contre elles, au pas de charge, la division Taupin soutenue par une brigade de la division Darmagnac. Celle-ci était appuyée sur les ouvrages protégeant la droite de la ligne où se tenait le général Dauture, de la division Harispe. Malheureusement, l'ardeur montrée au début par les troupes du général Taupin, se ralentit; elles hésitèrent; au lieu de marcher droit à l'ennemi, elles obliquèrent à droite, voulurent prendre position et donnèrent à leurs adversaires le temps de se reformer. Elles ne songèrent plus alors qu'à se défendre, et se rejetèrent vers la redoute que tenait le 9ᵉ léger. Il y eut là un moment d'hésitation, puis une reculade dans laquelle ce régiment fut entraîné. Le général Taupin fut frappé mortellement, et un des ses généraux de brigade grièvement blessé.

Dès ce moment, les attaques des Anglais changèrent de direction; ils renforcèrent leur gauche, prirent pied sur le plateau et attaquèrent successivement nos redoutes par les faces qui n'étaient pas achevées. L'ouvrage du Mas des Augustins où commandait Harispe, fut pris et repris deux fois.

Par malheur au plus fort de la lutte, un boulet enleva au général une partie du pied droit, tandis que son général de brigade Baurot avait une jambe emportée. Les blessures de ces deux vaillants chefs ébranlèrent leur troupe, et l'avantage du combat resta ainsi à l'ennemi.

Pendant ce temps, au centre et à la gauche, nous maintenions nos positions; nos troupes repoussaient avec des pertes considérables pour eux une nuée de tirailleurs anglais et les rejetaient à plus d'un quart de lieue.

Sur les ponts fortifiés de Matabiau, des Minimes et de l'embouchure du canal, l'effort de l'ennemi échoua et lui coûta de nombreux blessés. Un régiment anglais de 900 hommes fut réduit à 150, et son colonel fut pris.

Au faubourg St-Cyprien, l'attaque fut brisée par la résistance du général Reille.

De tous côtés, même sur le plateau du Calvinet, la lutte se prolongea jusqu'au soir. Le général Clausel maintint ses positions.

La nuit mit fin au combat.

Nos pertes furent évaluées à plus de deux mille hommes, celles de l'ennemi à un chiffre beaucoup plus élevé.

Le maréchal Soult cita encore, dans son rapport, le commandant de la 8ᵉ division parmi ceux qui l'avaient le mieux secondé dans cette journée.

Ce fut la dernière de l'Empire.

Tandis que nos troupes évacuaient le terrain lentement et en bon ordre, la situation personnelle du général Harispe devint un moment assez critique.

L'arrachement du gros orteil et du second doigt du pied l'avait immobilisé, au moment où le même projectile qui l'avait frappé, tuait son aide de camp. Ses troupes, en se retirant, n'avaient pu l'enlever. Il tomba ainsi au pouvoir des Anglais qui d'ailleurs eurent pour lui les plus grands égards. On le porta à une ambulance anglaise, où au premier coup d'œil, on lui parla d'amputation. Il avait trop l'habitude des blessures du champ de bataille pour se prêter à cette proposition et refusa d'y consentir. Dans la soirée, son ami le docteur Rapatel (1), chirurgien en chef de l'armée, informé de son malheur, demanda au chef de l'armée anglaise l'autorisation de le visiter. Il l'obtint aussitôt et se rendit auprès du blessé qui fut heureux de le voir. Après l'avoir examiné, il lui affirma que le pied pourrait être sauvé, mais à la condition de se soumettre à une opération douloureuse, une désarticulation. Harispe ayant accepté, son ami se mit

---

(1) Père du futur général de division.

immédiatement à l'œuvre. Le général montra, dans ce cruel moment, autant de courage que sur le champ de bataille et, pendant près d'une heure que dura le travail du chirurgien, il supporta sans une plainte les plus vives douleurs. Les soins du docteur Rapatel furent couronnés de succès. Le général conserva son pied, et n'eut plus qu'à suivre les conseils qui lui furent donnés. Il devait se remettre relativement assez vite et être même en état, l'année suivante, de se livrer dans son pays à sa passion pour la chasse.

Le lendemain de la bataille de Toulouse fut employé dans les deux armées à l'inhumation des morts et au pansement des blessés, comme si un accord tacite s'était établi entre les adversaires.

Pendant cette journée du 11 avril, tandis que Soult préparait l'évacuation de Toulouse, Wellington, ayant appris le sort du général Harispe, dont il avait eu plus d'une fois à apprécier la valeur, vint lui rendre visite. Il tint à honorer lui-même son courage et, après lui avoir exprimé ses sentiments personnels, il se mit à sa disposition pour lui rendre tous les services en son pouvoir. A partir de ce moment, il lui envoya souvent son aide de camp, le général espagnol Alava, qui fut chargé de veiller sur le rétablissement du blessé. Les visites de ce général furent aussi utiles qu'agréables; tous deux restèrent par la suite étroitement liés.

Soult ayant évacué Toulouse dans la soirée du 11 avril, prit la route de Castelnaudary. Les avant-postes ennemis regardèrent passer ses colonnes sans tirer un coup de fusil. Wellington savait que depuis le 5, Paris était aux mains de la coalition et que le 8, Napoléon avait abdiqué.

Harispe profita du départ de nos troupes et de celui de l'armée anglaise, pour demander à être transporté à Toulouse, dans l'hôtel d'Esparbasque (1), dont les propriétaires, amis depuis longtemps de sa famille, lui avaient offert l'hospitalité.

Ce séjour et les soins dévoués qu'il reçut, contribuèrent à un rétablissement plus rapide qu'on ne l'avait espéré.

Le maréchal Soult fut rejoint le 13, à Naurouze, entre Villefranche et Castelnaudary, par un colonel anglais et un major français qui lui apprirent les événements de Paris et l'abdication de l'Empereur. Il communiqua aussitôt cette grave nouvelle à ses troupes et ouvrit des pourparlers avec Wellington pour la conclusion d'un armistice. On ne put malheureusement s'entendre, et la retraite continua.

Enfin le 17, Soult reçut un ordre du prince major général, daté de Fontainebleau, le 9 avril, qui mettait fin aux hostilités. Un armistice fut alors conclu entre les deux armées et signé par les généraux en chef.

La campagne des Pyrénées de 1814 était terminée. Elle laissa dans l'histoire un souvenir glorieux, tout entier à l'honneur du maréchal, de ses généraux et des jeunes soldats qui avaient défendu pas à pas le territoire du sud-ouest.

---

(1) Mme d'Esparbasque était sœur de M. Dartigaux, magistrat distingué qui fut depuis Premier président de la cour d'appel de Pau.

CHAPITRE XVII

LA RESTAURATION

Situation du général Harispe à la chute de l'Empire. — Son adhésion au gouvernement. — Sa guérison. — Retour de l'Empereur. — Corps d'observation des Pyrénées. — Tentative des Espagnols. — Proclamation du général. — Son rapport au préfet. — Sa mise en non activité. — Surveillance dont il est l'objet. — Démarche du maréchal Suchet. — Inaction du général. — Achat du château de Lacarre. — Mort de Napoléon. — Dernières années de la Restauration.

La chute de l'Empire et l'avènement des Bourbons mettaient un terme à cette période si mouvementée de marches et de combats qui, depuis 1805, n'avait laissé d'autre répit au général Harispe que le temps nécessaire à la guérison de ses blessures. Après l'avoir transporté du fond de la Bretagne au centre du Tyrol, de Botzen à Friedland, de Kœnigsberg à Alicante, sa destinée le laissait à Toulouse, sur un lit de souffrances, à moitié estropié et dans les mains de ses plus redoutables ennemis, les Anglais.

Ceux-ci heureusement, commandés par l'illustre Wellington, n'avaient pour lui, comme on l'a vu, que des attentions dévouées. Sa captivité, du reste, plus apparente que réelle, cessa, par suite de l'armistice, peu de jours après la bataille de Toulouse.

Depuis son entrée en France, Wellington était accompagné du duc d'Angoulême qui représentait le Roi de France, Louis XVIII, aux yeux des populations du midi. Le général en chef anglais cherchait à lui attirer des adhérents. Des démarches furent faites dans ce sens auprès du général Harispe, qui fut engagé à reconnaître le nouvel ordre de choses.

Le général, comme ses frères d'armes, était profondément attaché à Napoléon. Les événements survenus dans la dernière campagne et autour de Paris, n'avaient pu qu'attrister son âme et laisser dans son esprit de cruelles hésitations sur le parti qu'il aurait à prendre.

Mais les incidents qui se déroulèrent au mois d'avril, à Paris et à Fontainebleau, lui apprirent bientôt la conduite qu'il devait tenir. Quand il eut connaissance de l'abdication de l'Empereur, le 5, puis des adhésions de maréchaux et de généraux que les journaux publiaient, il en fut très frappé. Enfin, vers le 13, on sut à Toulouse que l'avant-veille, l'Empereur avait réuni autour de lui les généraux de sa cour présents à Fontainebleau, et leur avait dit : « Maintenant que tout est terminé, puisque je ne puis plus rester, ce qui vous convient le mieux, c'est la famille des Bourbons.

On savait qu'il avait ajouté : « Messieurs, dès que je ne reste plus avec vous et que vous avez un autre gouvernement, il faut vous y attacher franchement et le servir aussi bien que vous m'avez servi. Je vous y engage et je vous l'ordonne même. Ainsi ceux qui désirent aller à Paris avant que je parte, sont libres de s'y rendre ; ceux qui veulent rester, feront bien d'envoyer leur adhésion ».

Ces conseils, connus bientôt de toute l'armée, furent suivis de nombreuses acceptations. Celles du maréchal Mortier, des généraux de la garde, du maréchal Moncey et de bien d'autres étaient déjà datées du 8 avril.

L'entrée à Paris du comte d'Artois, précédant le roi Louis XVIII et escorté par les maréchaux, avait eu lieu le 12.

Ces faits et ceux qui se passaient autour de lui décidèrent le général Harispe à écrire au duc d'Angoulême. Le Prince se hâta de lui répondre : « J'ai eu le plaisir de recevoir votre lettre. Je suis très sensible aux sentiments que vous me témoignez pour le Roi et pour notre famille. Je regrette que votre dernière blessure me prive, en ce moment, de vous voir et de vous connaître... Je sais la distinction avec laquelle vous avez servi votre patrie. Qui l'a bien servie a bien servi le Roi. »

C'étaient de nobles paroles, aussi dignes d'un petit-fils d'Henri IV que flatteuses pour le général qui les avait méritées. (1)

Dès la fin d'avril, une amélioration sensible se produisit dans l'état de santé du général Harispe. Ses amis et ses anciens officiers qui s'intéressaient à son sort, apprirent cette nouvelle avec une vive joie. A ce sujet, le maréchal duc d'Albuféra mit à l'ordre du jour du 1er Mai :

« L'armée apprendra avec plaisir que le brave général Harispe, blessé à la bataille du 10 avril devant Toulouse, va beaucoup mieux et qu'on peut espérer son rétablissement. Wellington, plein de respect pour la valeur de son héroïque prisonnier, alla le visiter en personne et le fit traiter avec la plus grande distinction ». (2)

Le général Delort s'inquiétait aussi de son ancien chef. Le hasard voulut qu'un des serviteurs de Harispe, congédié à Toulouse, vint à passer à Moulins où le général habitait alors. Ce dernier le découvrit, lui fit raconter ce qu'il savait et s'empressa d'écrire à Harispe. Après lui avoir dit comment il avait connu sa blessure, il ajoutait : ... « Les nouvelles que cet homme nous a données,

(1) Biographie universelle. Michaud, 1857.
(2) Ibidem.

tout affligeantes qu'elles soient, fixent au moins mes incertitudes. Elles sont moins effrayantes que celles contenues dans les papiers publics, qui pour faire un éloge pompeux d'un général ennemi, à la vérité digne de tous les hommages, oubliaient de nous parler avec quelques détails d'un de nos officiers à la fois les plus distingués et les plus estimables, et unissant à une bravoure si longtemps prouvée par tant d'actions glorieuses, les plus aimables et les plus rares qualités, etc. »...

Le blessé lui répondit de façon à le rassurer et lui apprit à quel point l'amélioration se soutenait.

Le nouveau gouvernement lui-même, tenant à gagner le général Harispe à sa cause, le nomma, à la date du 27 juin, chevalier de l'ordre royal de St-Louis. A cette époque, sa guérison n'était plus qu'une question de temps. Les médecins pensèrent qu'une saison d'eaux l'avancerait encore. Par suite, le docteur Viguerie, chirurgien en chef de l'hôpital militaire de Toulouse, demanda pour lui au ministre, le 1er juillet, six mois de repos et un séjour à Barèges. Cette proposition fut agréée tout de suite.

Ces eaux minérales lui firent le plus grand bien. Aussi, le 31 juillet, il put écrire au ministre que n'ayant pas de destination, il allait se rendre aux eaux de Luchon et qu'il y passerait le mois d'août pour compléter sa guérison. Il comptait ensuite, pendant le mois de septembre, aller dans sa famille à Baïgorry.

A cette époque, il était déjà en état de reprendre des fonctions actives et le faisait connaître au ministre en offrant de servir le Roi « avec le dévouement et la fidélité que Sa Majesté était en droit d'attendre de lui, comme sujet et militaire ».

Il passa en effet les mois suivants dans les conditions qu'il s'était fixées et, dès la fin du mois d'août, étant encore à Luchon, il annonça à ses amis qu'il était à peu près guéri. Il en reçut de sincères félicitations. Le maréchal Suchet, en particulier, lui écrivit de Paris :

Paris, le 1er septembre 1814.

J'ai été charmé d'apprendre, mon cher général, que votre blessure était presque fermée. Vous connaissez l'intérêt que je prends à votre santé ; j'espère que vous serez assez aimable pour me donner une nouvelle preuve d'attachement en me parlant de votre guérison que je vois avec plaisir devoir être parfaite.

Je suis très sensible à la nouvelle expression de vos sentiments. Je crois inutile de renouveler l'assurance de ceux que je vous porte ; mon estime et mon attachement sont fondés sur de trop justes droits pour qu'ils puissent jamais être altérés. Je m'estimerai très heureux toutes les fois que je pourrai vous en donner la preuve et bien vous convaincre de mon amitié.

Adieu, mon cher général, conservez votre santé pour vous et vos amis. Donnez-moi de vos nouvelles, et ne doutez jamais de mes sentiments très distingués et de mon attachement sincère.

Le Maréchal duc d'ALBUFÉRA.

A partir du mois de septembre, Harispe fut jugé disponible. Le ministre s'empressa d'utiliser son retour à la santé et la popularité dont il jouissait dans le sud-ouest, en le nommant, le 15 octobre, commandant de la 11e division militaire à Bordeaux. Il avait sous ses ordres le général baron Thouvenot qui commandait à Bayonne.

Les circonstances ne lui permirent pas de prendre son commandement avant le 12 décembre. Il se consacra alors à ses nouvelles fonctions, qui ne lui offraient du reste qu'un intérêt secondaire, comparé à celui de la vie active qu'il avait menée en campagne depuis près de dix ans. Les seules difficultés qu'il eut à surmonter tenaient à l'état d'esprit de ses officiers et de l'armée en général qui se sentait froissée, irritée même à l'occasion, par les mesures souvent maladroites du gouvernement de Louis XVIII. Celui-ci montrait cependant au général Harispe une grande confiance. Sa désignation pour la division de Bordeaux en était une preuve. Cette ville en effet, connue pour ses opinions royalistes, avait été la première, dans le midi, à accueillir le duc d'Angoulême et à se prononcer pour le retour des Bourbons. Elle avait même reçu le général Wellington comme un libérateur, attitude qui avait soulevé bien des critiques.

A la fin du mois de février 1815, on parla un moment au ministère de conférer à Harispe le grand cordon de la Légion d'honneur. L'affaire toutefois n'eut aucune suite. Le gouvernement avait trop de préoccupations pour s'arrêter à des questions de détails. Parmi celles qui l'absorbaient le plus, il fallait compter les négociations du traité de Vienne et les bruits qui circulaient sur un retour de Napoléon.

Bientôt, en effet, on apprit que l'Empereur avait débarqué au golfe Jouan, le 1er mars. L'histoire a fait connaître l'émotion extraordinaire qui envahit la France à cette nouvelle. Dans l'armée, tous les regards se tournèrent vers lui, et l'on devine sans peine les impressions qui agitèrent alors le cœur de ses anciens généraux.

Harispe fut profondément remué par cet événement; l'émotion qui l'étreignait ne fit que s'accroître quand il apprit le voyage triomphal de l'Empereur depuis le golfe Jouan jusqu'à Paris, son arrivée le 20 mars dans la capitale, sa reprise immédiate du pouvoir suprême, son installation au Palais des Tuileries et l'accueil enthousiaste de tous ses généraux, malgré les serments qu'ils avaient prêtés à Louis XVIII. A ce moment, sans autres nouvelles de Paris que celles des journaux, Harispe continua à commander sa division.

Il sut bientôt que l'Empereur avait pris pour ministre de la guerre, le maréchal Davout, naguère disgracié par les Bourbons pour sa belle défense de Hambourg. Il se demandait encore ce qui allait advenir de lui, lorsqu'un décret du 4 avril lui annonça que l'Empereur le maintenait dans son commandement.

Si l'on réfléchit aux événements extraordinaires qui étaient venus depuis un an agiter la vie du général Harispe, on comprendra que le premier sentiment éveillé dans son âme par la faveur spontanée dont il était l'objet, fut celui de la reconnaissance. Il l'exprima au ministre de la guerre, en affirmant son dévouement pour le service « de Sa Majesté et de l'État ».

C'était se compromettre à tout jamais si les Bourbons revenaient. Mais dans les circonstances où se trouvait l'armée, en voyant la conduite tenue par tous les chefs militaires de l'époque, on est forcé de se dire qu'il était sans doute impossible, dans ces heures critiques, d'agir autrement. En tout cas, Harispe crut faire son devoir, et il faudrait être à sa place, au milieu de l'agitation qui troublait alors la France, pour être en mesure de porter un jugement sur sa résolution. Ce qui est certain, c'est que ses camarades et ses chefs l'approuvèrent, lui conservèrent leur estime et ne manquèrent jamais de la lui témoigner à l'occasion.

Le commandement qu'il exerçait à Bordeaux ne devait pas du reste lui être conservé. L'attitude de l'Espagne détermina l'Empereur à organiser, au mois d'avril, un corps d'observation des Pyrénées, sous les ordres du général Clausel. La place de Harispe y était marquée d'avance. Il fut donc remplacé à Bordeaux par le général Darmagnac et nommé au commandement d'une division active dans le corps de Clausel. Ce furent pour lui des fonctions plus nominales que réelles. Deux mois après, le 18 juin, l'Empire succombait à Waterloo.

Le 8 du mois suivant, le roi Louis XVIII remontait sur le trône. Peu de temps après, commença une réaction royaliste dictée par une haine aveugle, qui devait laisser dans notre pays les souvenirs les plus douloureux. Les assassinats du maréchal Brune à Avignon, du général Ramel à Toulouse, du général Lagarde à Nîmes, les exécutions des généraux Labédoyère et Mouton-Duvernet, du maréchal Ney, les condamnations de plusieurs autres donnèrent la mesure de la fureur de vengeance qui anima à cette époque les partisans des Bourbons.

En ce qui concerne Harispe, son corps d'armée fut dissous le 14 août, et il se trouva alors sans emploi. Il en profita pour demander à Paris l'autorisation d'aller prendre les eaux des Pyrénées, y soigner ses blessures et rejoindre son pays natal, Baïgorry. Sa demande fut agréée le 31 du même mois.

Au milieu des incidents si dramatiques qui agitaient alors la France, une occasion vint s'offrir à lui de prouver que sa seule pensée était de servir son pays, sans tenir compte des partis au pouvoir, ni des passions qui les dominaient.

Dans cette seconde quinzaine d'août, une lettre du préfet des Basses-Pyrénées le prévint que les Espagnols étaient entrés en France et menaçaient d'envahir le département. Il lui demandait de prendre des mesures pour les contenir et les repousser au besoin. « L'intention du Roi, disait-il, est de ne rien céder. Il est de notre devoir et de notre grand intérêt de faire exécuter les volontés de Sa Majesté.

« Comptant entièrement, en cette circonstance importante, sur votre dévouement à sa personne et à la Patrie, je vous ai nommé commissaire organisateur des corps de la garde nationale de l'arrondissement de Mauléon », etc...

Cette lettre, datée du 28 août, n'apprenait à Harispe rien de nouveau. Il était déjà prévenu par les gens du pays de la réapparition de troupes espagnoles et, malgré son désir d'aller prendre les eaux, il n'attendait qu'un signe pour tirer son épée du fourreau. A l'appel du préfet, M. d'Argout, il répondit qu'il était prêt à faire son devoir. Celui-ci lui écrivit le 31 : « Mon général, je viens de recevoir la lettre que vous m'avez fait l'honneur de m'écrire. J'y ai reconnu ce zèle et cet amour de la patrie dont vous avez donné tant de preuves. Votre réputation, vos talents, l'ancienneté de votre grade vous appelleraient à commander en chef. Mais je n'ai reçu encore aucune instruction détaillée sur la manière dont ce pays doit être défendu, et je sais que les Espagnols menacent de le traiter avec rigueur s'ils éprouvent de la résistance ».

Il lui communiquait ensuite une instruction délibérée au conseil de défense pour accélérer l'envoi de secours à Saint-Jean-Pied-de-Port et éviter en même temps des agressions isolées contre les Espagnols. Ceux-ci, disait-on, avaient dirigé une colonne sur Oloron, par la vallée d'Aspe.

Le général Harispe n'était pas resté inactif et, dès qu'il avait reçu l'avis du préfet, il avait adressé aux Basques et aux Béarnais, la proclamation suivante :

Chers compatriotes,

Chaque fois que notre pays a été menacé, je vous ai appelés sous les armes, et nous avons forcé nos ennemis à nous estimer.

Vous entendrez ma voix, aujourd'hui surtout que le plus pacifique des rois nous ordonne de repousser par la force l'attaque la plus injuste et la plus perfide. Les Espagnols, au mépris de la parole donnée de respecter notre indépendance, au mépris des liens du sang qui unissent notre souverain au leur, ont paru à main armée sur vos montagnes... Qu'ils y trouvent donc la honte et le châtiment! Que chacun de nous ranime en lui l'ardeur des combats! Que l'étranger, en entrant sur le territoire de la France, vous en reconnaisse à ses dépens pour les sentinelles avancées, et qu'il apprenne de vous que c'est avec raison que le Roi et vos compatriotes comptent sur votre fidélité et sur votre vaillance. Je serai dans vos rangs et je veillerai sur tous vos besoins.

Que ceux d'entre vous qui, par les lois, appartiennent encore à l'armée, accourent avec leurs armes et leurs équipements au chef-lieu du département pour compléter les nouveaux corps qu'on y organise; que tous ceux qui appartiennent à la garde nationale d'élite, viennent de suite reprendre leur rang dans leur bataillon respectif, au chef-lieu de la sous-préfecture; que tous les hommes en état de porter les armes se lèvent en masse, et bientôt nos ennemis reconnaîtront la témérité de leurs projets hostiles et laisseront enfin respirer en paix un peuple qui a tant fait de sacrifices pour l'obtenir.

Le lieutenant général,
Comte Harispe.

L'effet produit par cette proclamation ne se fit pas attendre. Elle trouva partout un accueil empressé et, dès le 1er septembre, Harispe en consigna les résultats dans une lettre au préfet.

Saint-Etienne de Baïgorry, le 1er septembre 1815.

Monsieur le Préfet,

Je m'empresse de satisfaire au désir exprimé dans votre circulaire, de connaître ce qui a été fait et les résultats obtenus dans l'arrondissement de Mauléon relativement à l'organisation des gardes nationales pendant les derniers mouvements d'invasion des Espagnols.

Dès le 28 août, M. le commandant d'armes de Saint-Jean-Pied-de-Port avait bien voulu me communiquer de confiance la nouvelle officielle qu'il recevait de cette invasion. Je me rendis tout de suite auprès de lui ; je l'engageai à réunir un conseil de défense dont le résultat fut de faire entrer dans la citadelle une portion de la garde sédentaire de la ville et un petit contingent d'hommes armés des communes environnantes.

Cette première disposition et la manifestation de beaucoup de bonne volonté dans toutes les classes de la population permettaient d'attendre les ordres des autorités supérieures. Je reçus, dans la nuit du 29 au 30, votre arrêté du 28 qui me désignait comme commissaire organisateur de la garde nationale dans l'arrondissement de Mauléon. Je partis pour cette ville ; je réunis à la sous-préfecture les autorités civiles et militaires, les officiers en non-activité appelés d'avance et les personnes les plus marquantes du pays. Nous convînmes avec M. le sous-préfet de diriger sur Pau et Navarrenx tous les militaires qui avaient appartenu ou qui appartenaient légalement à l'armée, de faire partir immédiatement pour Saint-Jean-Pied-de-Port, sous les ordres des officiers que je désignai, un fort contingent de la garde précédemment mobilisée, de former dans chaque canton un ou deux autres bataillons qui seraient tenus prêts à marcher ; afin de donner au reste de la population, sous le nom de garde sédentaire, une organisation relative aux localités, soit pour garder les défilés, soit pour être portée, en cas de besoin, en grande réserve, en arrière des troupes mobilisées ; je laissai à Mauléon, auprès de M. le sous-préfet, un officier supérieur retraité au fait de ce travail.

Je revins à Saint-Jean-Pied-de-Port ; je dépêchai des officiers de confiance et jouissant en particulier de beaucoup de considération dans le pays auprès de MM. les maires des chefs-lieux de canton de Saint-Palais, d'Iholdy et de Saint-Etienne-de-Baïgorry pour veiller à l'exécution des dispositions arrêtées entre M. le sous-préfet et moi.

Saint-Jean-Pied-de-Port, déjà à l'abri d'un coup de main par la réunion dans ses murs de quelques brigades de préposés des douanes, d'un contingent de la garde nationale externe et de la garde nationale de la ville, assez bien armée et pleine d'ardeur, était couvert par les levées qui s'organisaient dans les cantons de Baïgorry et d'Iholdy.

Si les Espagnols avaient dessiné entièrement leurs mouvements d'invasion au delà de la Nive, je faisais entrer dans Saint-Jean-Pied-de-Port à peu près 1.200 hommes de la garde nationale, ce qui, joint aux préposés des douanes, aux militaires retraités, à la garde nationale de la ville, formait une garnison suffisante contre tous les genres d'attaque que l'armée espagnole puisse être susceptible de faire. La place allait recevoir d'ailleurs et par des moyens dont je m'étais assuré, un approvisionnement convenable.

Sans inquiétude sur ce point important, j'aurais réuni les contingents organisés et armés de la frontière, et je me serais rendu à leur tête au lieu du rassemblement général.

Mais, grâce à la puissante intervention de Son Altesse Royale Monseigneur le duc d'Angoulême, ces nouveaux sacrifices que partout on faisait, non avec une joie bruyante, mais avec cette force de résignation qui annonce bien plus de durée que l'enthousiasme, ces nouveaux sacrifices nous ont été épargnés...

... Telle était la situation générale de la frontière. S'il fallait vous citer les magistrats, les officiers, dont le zèle et l'ardeur se sont montrés, j'aurais à vous parler de tous ceux de l'arrondissement. Mais j'ai trouvé surtout dans les maires des chefs-lieux de canton, le zèle joint à l'intelligence... Je désire, Monsieur le Préfet, avoir rempli les obligations que votre confiance m'avait imposées et vous prie etc...

Le lieutenant-général
Comte HARISPE.

Le préfet lui répondit le soir même pour lui indiquer les moyens de fournir des vivres aux hommes qui avaient répondu à son appel et pour lui faire connaître les détails de la situation.

Pau, 1ᵉʳ septembre 1815, à 9 heures du soir.

Le Préfet des Basses-Pyrénées à M. le général Comte Harispe.

Mon général,

Je reçois à l'instant la lettre que vous m'avez fait l'honneur de m'écrire ce matin ; je m'empresse d'y répondre.

Je ne puis assez me féliciter du bonheur de correspondre avec vous. Personne n'a douté que les Basques ne se levassent à votre voix. Qui mieux que vous mérite toute leur confiance et toute leur estime ?...

... Voici l'état général de nos affaires dans ce pays.

M. le duc d'Angoulême a décidé Castaños à se retirer du Roussillon. Des levées de gardes nationales avaient été commencées dans la 10ᵉ division militaire. Je crains que cette retraite, qui a inspiré une sécurité complète, n'ait trop ralenti cette organisation.

Cet événement a fait tomber à plat toutes les mesures que nous avions prises à Orthez et à Pau. Chacun s'en est retourné chez soi, croyant que tout était fini. Demain, je ferai paraître un arrêté pour recommencer les levées, car les intentions des Espagnols me paraissent toujours suspectes.

M. d'Hauterive, envoyé en estafette à M. d'Abisbal par S. A., est arrivé hier à midi au quartier-général espagnol ; on devait m'expédier un exprès si la réponse était favorable. Il est 9 heures du soir, et je n'ai encore rien reçu de Bayonne.

Les Bayonnais ont montré de l'énergie ; leur contenance en a imposé au général espagnol ; il paraît qu'il voulait surprendre la ville, et voyant son coup manqué, il a concentré son armée du côté de Cambo et d'Ustaritz. Des détachements ont passé la Nive et parcouraient le canton d'Hasparren.

Des avis d'Oloron portent que Palafox est sur le point de déboucher par la vallée d'Aspe avec 8 ou 10 mille hommes.

On commence à remuer les gardes nationales dans les Landes. On y forme de grands magasins ; on croit que 8.000 hommes de garnison seront portés à Bayonne.

Voilà où nous en sommes, mon général ; j'ai écrit par estafette à S. A. le duc d'Angoulême pour l'inviter à venir dans ce pays négocier avec les Espagnols ou électriser les populations.

Faites tout ce que le bien du service du roi et le salut de la patrie peuvent vous inspirer. Le conseil de défense s'en rapporte entièrement à vous. Je vous tiendrai exactement au courant de tout ce qui se passera.

Le 4ᵉ régiment de chasseurs à cheval est arrivé hier, il n'est que de 240 hommes, mais c'est toujours quelque chose. Il part demain pour Bayonne, Oloron et la vallée d'Aspe.

Je suis etc...

Le Préfet
d'Argout.

Cette tentative des Espagnols fut ainsi heureusement arrêtée. Leurs chefs comprirent qu'elle était sans portée et firent repasser la frontière à leurs troupes. Le préfet en informa le général Harispe à Baïgorry, le 7 septembre, en le priant de suspendre toutes les mesures prescrites pour la défense du territoire et de lui adresser un rapport sur sa mission.

Trois jours après, il lui écrivait de nouveau en réponse à la lettre par laquelle le général le prévenait du renvoi dans leurs foyers de tous les militaires et gardes nationaux qui s'étaient levés pour résister à l'invasion.

Il ajoutait : « Il m'a été bien agréable, M. le général, dans le rapport que j'ai déjà eu l'honneur de faire aux ministres, de leur parler des nouveaux services que vous venez de rendre à votre pays et du zèle et du dévouement que vous avez mis à seconder les mesures qui avaient été adoptées dans l'intérêt du service de Sa Majesté » etc.

Ces compliments furent sans doute les derniers que reçut le général Harispe sous la Restauration. La Terreur blanche avait commencé et, à la fin de septembre, l'armée fut licenciée. Malgré les nouveaux services qu'il venait de rendre dans le sud-ouest, Harispe fut mis en non activité à dater du 1er août, et réduit à une solde de 7.500 francs.

Témoin attristé des haines qui se déchaînaient alors contre les hommes de l'Empire, des poursuites et des condamnations qui atteignirent plusieurs de ses frères d'armes et de ses chefs, il vécut paisible dans son pays natal, loin de toute coterie, se livrant à sa passion pour la chasse, jouissant de la haute considération que les Basques, ses chers compatriotes, lui témoignaient et à peu près préservé, par sa grande popularité, de la malveillance d'un gouvernement qui le considérait comme un ennemi en raison de ses services sous Napoléon. Il était cependant l'objet d'une surveillance inquiète dont les effets devaient se faire sentir à la première occasion.

Harispe était à Baïgorry, lorsque le 3 juillet 1817, une lettre du préfet vint lui montrer à quel point il était épié et comment ses moindres démarches pouvaient être dénaturées.

D'après ce que le préfet lui racontait, un voyageur venu de Saint-Jean-Pied-de-Port avait rapporté à un fonctionnaire qu'un individu se disant commerçant était arrivé dans cette ville quatre jours avant son départ pour Pau. L'étranger était descendu à l'hôtel de la Maison Rouge, et avait envoyé un avis au général qui était venu le trouver en compagnie d'un officier en non-activité. Tous les trois s'étaient ensuite rendus chez un nommé Borda pour y traiter d'affaires. L'étranger avait remis son passe-port à la gendarmerie; puis, apprenant qu'on en contestait la validité, il était parti brusquement. La gendarmerie, lancée à ses trousses, n'avait pu l'arrêter.

Le préfet témoignait du reste à Harispe autant de confiance que de bienveillance, en s'adressant directement à lui pour obtenir des renseignements qui le concernaient personnellement. « Il ne voulait, disait-il, les tenir que de lui-même ».

Les sentiments pénibles que le général ressentit à la lecture de cette lettre se devinent sans peine. Il les exprima nettement au préfet dans sa réponse qui ne laissa à ce haut fonctionnaire aucun doute sur sa véracité.

Baïgorry, le 6 juillet 1817

Monsieur le Préfet,

J'ai reçu la lettre que vous m'avez fait l'honneur de m'écrire le 3 de ce mois. Je vous avoue que sa lecture m'a étonné. J'étais loin de penser qu'on continuât à vouloir rendre suspectes les démarches les plus innocentes et même les plus indifférentes. J'aimais à croire qu'une conduite irréprochable était enfin appréciée et que je serais à l'abri de tout soupçon injurieux; mais il n'en est pas ainsi. Cependant, votre franchise et votre loyauté à mon égard me réconcilient presque avec les intrigants qui ont cherché à me noircir. Je vous avouerai aussi que cette conduite de votre part ne m'a pas étonné; elle confirme la belle réputation qui vous avait précédé dans ce département. Je vais répondre à votre bon procédé en vous donnant les renseignements et les explications convenables pour fixer votre opinion sur ceux qui ont rédigé le rapport qui fait le sujet de votre lettre.

Je n'ai pas été à Saint-Jean-Pied-de-Port depuis le 7 juin. J'y fus ce jour-là pour causer avec M. Pierquin, capitaine, ex-quartier maître de l'ex-116ᵉ de ligne, de deux affaires dans lesquelles je suis intéressé. La première est relative à une créance que j'avais sur ce régiment. Je lui fis une avance en Espagne, lorsqu'il était sous mes ordres. Cette créance m'a été reconnue par l'inspecteur-général chargé de l'examen de la comptabilité de ce régiment, lors de son licenciement. La seconde affaire est la suite d'un vol de 10.664 francs qui fut fait dans la nuit du 8 au 9 novembre à Miellan, département du Gers, et dont 4.677 francs m'appartenaient. M. Pierquin m'écrivit de Bayonne, le 20 mai, me demandant une procuration pour la première affaire et un conseil sur ce qu'il fallait faire au sujet de la seconde, qui fut portée devant le tribunal de Tarbes immédiatement après le vol. Je vous observe que cette somme de 10.664 francs était adressée à M. Pierquin. Par ma réponse à cette lettre, j'engageai M. Pierquin à venir à Saint-Jean-Pied-de-Port; il y descendit à l'auberge appelée hôtel de la Maison rouge. Je m'y rendis; je n'avais avec moi aucun officier. Nous n'allâmes pas chez M. Borda, qui est notaire; je fis venir à l'hôtel M. Sallaberry, notaire, qui retint (mots illisibles) pour faire liquider ma créance, et je donnai mon opinion à M. Pierquin sur le vol dont je vous ai parlé. Je me rappelle que M. Pierquin remit son passeport à M. Sallaberry, notaire, qui est aussi adjoint au maire; il ne l'avait donc pas donné à la gendarmerie. Je sortis peu après de l'hôtel, et je revins chez moi pour le soir. M. Pierquin ne sortit pas avec moi; il avait le projet de quitter Saint-Jean-Pied-de-Port le lendemain de grand matin, pour aller coucher le même soir à Bayonne où il devait prendre la diligence. Il est en ce moment à Paris, maison Brin, place Saint-Côme, n° 376.

Vous voyez, Monsieur le préfet, combien sont fondés les soupçons qu'on a cherché à élever et combien il était facile au voyageur de s'en convaincre, s'il s'était donné la peine de vérifier. Mais son rapport est si peu exact qu'en le faisant, il savait qu'il en imposait.

Vous pensez s'il m'en a coûté d'entrer dans toutes ces explications. Il fallait et votre procédé et toute mon estime envers vous personnellement, pour m'y déterminer.

Je saisis avec plaisir cette occasion pour vous assurer que, dans toutes les circonstances, vous me trouverez toujours dans le chemin de l'honneur, et que, fidèle à ma patrie et à mon souverain, j'agirai ainsi toutes les fois que l'occasion s'en présentera; mais je pense, comme vous, qu'il n'y aura pas de moments difficiles au milieu d'un aussi bon peuple que celui de ce département.

J'ai l'honneur d'être, avec une haute considération, Monsieur le Préfet, votre très humble et très dévoué serviteur.

Comte Harispe.

Cette affaire, sans importance et assez ridicule au fond, montrait au général que, s'il était l'objet d'une surveillance inquiète, il restait pourtant entouré d'une considération qui était pour lui une sauvegarde. Pourtant, son inaction lui pesait ; les années s'écoulaient, et il regrettait vivement de ne plus pouvoir rendre de services ni à l'armée, ni à son pays.

Au printemps de 1818, il crut entrevoir une occasion favorable pour obtenir sa réintégration dans les cadres. Il s'adressa au maréchal Suchet, qui était bien en cour et qui s'empressa de renouveler auprès du ministre de la guerre une demande précédemment faite en faveur de Harispe. Il s'agissait de conserver celui-ci sur le tableau des généraux en activité. Le duc d'Albuféra reçut l'assurance que son ancien divisionnaire serait inscrit dans le cadre de l'état-major général. Il l'annonça à Harispe, le 30 avril, comme une affaire faite. « La part honorable que vous avez prise dans nos campagnes d'Espagne, lui disait-il, me fait désirer vivement de voir encore au service du Roi et de la France un général aussi distingué par ses talents et son expérience. Je me réjouis de cette disposition et d'être le premier à vous l'apprendre », etc...

Malgré cette assurance, le général Harispe ne reçut aucune destination. Il fut simplement compris comme disponible dans le cadre d'organisation de l'état-major général. Mais il n'en fut pas moins laissé dans ses foyers. Ce changement dans sa situation porte la date du 30 décembre 1818. Des malveillants avaient fait courir le bruit, à Paris, qu'il avait été amputé et qu'il était hors d'état de continuer son service. Il écrivit au ministre pour affirmer le contraire. Mais sa démarche n'eut aucun résultat.

D'ailleurs, il ne sortait de sa retraite que dans des cas exceptionnels. Ce fut ainsi qu'il se rendit à Paris pour ses affaires à la fin de septembre, avec l'autorisation du ministre. L'année suivante, souffrant de ses blessures, il fut forcé d'aller à Barèges dès le mois de mai, et ne voulut partir qu'après avoir pris l'agrément de l'autorité supérieure.

En 1821, une occasion se présenta pour lui d'acheter une propriété à sa convenance. Le château de Lacarre, fort modeste alors, était à vendre avec les terres qui l'entouraient. C'était une grande maison carrée comme celles des propriétaires aisés du pays basque. Il s'en rendit acquéreur et se fixa définitivement dans ce village, où il était déjà connu et dont il devint le bienfaiteur.

Cette année 1821 fut marquée pour lui, comme pour tous les généraux de l'Empire, par une profonde tristesse, causée par la mort du grand homme qui les avait associés aux gloires de la France et à l'éclat incomparable de ses victoires. Napoléon avait succombé à Sainte-Hélène, le 5 mai, aux suites d'une affection douloureuse mal soignée par ses geôliers. L'auréole du martyre couronnait ainsi la célébrité immortelle qu'il avait acquise. Pour ses compagnons d'armes, c'était la fin de l'épopée triomphale dont ils avaient été les témoins et les acteurs. Désormais elle n'était plus pour eux qu'un beau souvenir. Ils entraient dans une vie nouvelle, où la patrie et leurs devoirs de soldat furent désormais leur unique idéal. Mais ils n'en demeuraient pas moins, aux yeux de leurs compatriotes, les généraux de Napoléon, et ce titre suffisait pour leur créer des droits à la sympathie et à l'admiration.

A ce point de vue, Harispe resta dans son château de Lacarre ce qu'il avait toujours été, le héros du pays basque.

Ce fut ainsi que s'écoulèrent pour lui les dernières années du règne de Louis XVIII et celles de son successeur Charles X. Ce dernier gouvernement se distingua à son égard en le mettant d'office à la retraite, le 16 février 1825. Dans la demeure qu'il s'était choisie, loin des grandeurs et du bruit, il n'en suivit pas moins d'un œil attentif les événements qui intéressaient notre cher pays. En 1826, il eut la douleur d'apprendre la mort prématurée du maréchal Suchet qu'une grave maladie emporta le 3 janvier. Les années suivantes, Harispe assista aux maladresses du gouvernement, aux protestations souvent véhémentes qu'elles provoquaient, aux colères qu'elles soulevaient. Il vit ainsi se préparer un mouvement révolutionnaire qui devait changer bientôt la forme de la monarchie, faire éclater à Paris les sanglantes journées de juillet 1830, et remplacer Charles X par le roi Louis-Philippe.

Un fait de guerre important, l'expédition d'Alger, avait dans l'intervalle, fait tressaillir le cœur des soldats de l'Empire et réveillé dans celui du général Harispe les regrets que lui causait son inaction.

Cette même année 1830 vint creuser un nouveau vide dans son existence. La comtesse Harispe mourut à Baïgorry, laissant le général sans postérité. Il eut été alors bien isolé s'il n'avait eu près de lui une partie de sa famille qu'il affectionnait particulièrement, celle de sa sœur, Mme Dutey, dont il considérait les enfants comme les siens.

CHAPITRE XVIII

MONARCHIE DE JUILLET

Rappel du général Harispe à l'activité. — Nomination de conseiller général et de député. — Guerre carliste en Espagne. — Division active des Pyrénées occidentales. — Instruction du ministre de l'Intérieur. — Blocus et surveillance de la frontière. — Harispe, Pair de France. — Création de la Légion étrangère d'Espagne. — Lettres de M. Thiers. — Correspondance avec Soult et Bugeaud. — Succès des constitutionnels en Espagne. — Révolution de 1848.

L'avènement du roi Louis-Philippe allait ouvrir au général Harispe un nouvel avenir. Dès le début du règne, on témoigna une faveur marquée aux généraux de l'Empire que la Restauration avait tenus à l'écart. La sympathie publique les entourait, et leur popularité, aussi bien que leur expérience, faisaient un devoir au nouveau gouvernement de les appeler aux affaires.

Harispe avait alors soixante-deux ans. Il était plein de vigueur; il écrivit au ministre, le 6 septembre 1830, pour lui demander à reprendre du service et lui transmit « l'expression de son entier dévouement à la cause sacrée de nos libertés ».

Ses amis l'appuyèrent et, le 15 décembre, il fut rappelé à l'activité. En même temps lui fut confié le commandement supérieur des Hautes et des Basses-Pyrénées. On devine avec quelle joie il accueillit sa nomination. Il la devait à son ancien général en chef, le maréchal Soult qui lui avait conservé son amitié et était devenu ministre de la guerre. Harispe lui adressa ses remerciements, le 19 décembre, et quatre jours après, malgré les souffrances que lui causaient ses blessures, il arriva à Bayonne et prit possession de ses fonctions. Elles ne comportaient d'autres affaires que celles du service courant. Au mois de mars suivant, on y ajouta un travail qui avait alors une réelle importance, celui de l'inspection générale des 7e et 63e de ligne, placés sous ses ordres à Bayonne.

On n'a plus l'idée aujourd'hui de ce qu'étaient ces inspections. Elles se résumaient pour un seul régiment par quinze jours d'exercices sur le terrain et par des rapports, des comptes rendus et des appréciations qui exigeaient trois semaines de travail. Ce moment décidait des chances d'avancement de tout le personnel. On s'y préparait longtemps d'avance avec un zèle extraordinaire; les pouvoirs de l'inspecteur-général, représentant officiel du ministre, étaient des plus étendus, et les honneurs qu'on lui rendait dépassaient ceux des chefs de corps d'armée actuels.

Harispe avait été récemment nommé membre du conseil général à Pau. Son inspection finie, il dût se rendre dans cette ville pour assister à la session. Cette courte absence, commencée le 9 mai, lui permit de rentrer à Bayonne le 23.

A cette époque, comme on le voit, on avait le tort d'autoriser les officiers en activité de service à faire partie des assemblées délibérantes. Ils pouvaient aussi devenir députés. En 1831, il y eut des élections à la chambre des représentants; et les compatriotes de Harispe lui témoignèrent leur intention de lui confier la défense de leurs intérêts. Il se rendit à leur désir et partit, le 1er juillet, pour aller voter à Mauléon, chef-lieu de son arrondissement. Dès son arrivée, les sympathies des Basques firent de lui le candidat préféré et, le 7 du même mois, jour du vote, il fut élu député par 115 voix sur 122 votants. Le ministre l'autorisa à aller à Paris pour l'exercice de son mandat. Il y arriva vers le 20 juillet.

A partir de ce moment, son temps fut partagé entre ses occupations de député et celles de son commandement. Celles-ci l'absorbaient du mois de mai à la fin d'octobre, tandis que les autres mois étaient consacrés à la session législative.

L'année 1833 devait avoir pour lui une importance particulière. Tout d'abord il eut la contrariété de voir la Chambre diminuer le budget de la guerre et notamment celui qui concernait le cadre des généraux. Il fallut en placer un certain nombre dans la position de disponibilité et, naturellement, les réductions d'effectif portèrent sur ceux qui approchaient de la fin de leur carrière. Harispe devait avoir 65 ans au mois de décembre suivant. Il fut en conséquence atteint par cette mesure. On lui enleva son commandement, et on l'inscrivit, à partir du 1er mai, parmi les disponibles. Deux jours après, il adressa au ministre une réclamation qui fut jugée très digne; mais elle ne fit pas rapporter le décret le concernant. Le gouvernement comprit cependant qu'on lui devait autre chose qu'une simple radiation des cadres. Sur la proposition de Soult, le Roi le nomma grand croix de la Légion d'honneur, à la date du 9 mai.

Si belle que fût la récompense, c'était aussi un signe précurseur de la retraite, et Harispe croyait avoir des droits à un maintien prolongé dans le cadre d'activité. Il le fit savoir au ministre en lui adressant, le 12 mai, l'expression de sa reconnaissance.

Il en était là, méditant sur les conséquences forcées qu'un âge avancé impose à toute carrière militaire, lorsque des événements de politique extérieure surgirent au moment opportun pour amener le ministre à faire appel à sa longue expérience.

La première insurrection carliste venait d'éclater de l'autre côté des Pyrénées, à la suite de circonstances qu'il convient de mentionner pour faire comprendre le nouveau rôle que le général Harispe allait être appelé à jouer.

Le roi Ferdinand VII d'Espagne n'ayant pas d'enfants, son frère cadet don Carlos aspirait à lui succéder. Depuis 1823, époque de notre dernière expédition et du rétablissement du pouvoir absolu, il s'était mis à la tête d'un parti qui voulait rehausser l'influence du clergé, remettre en vigueur l'Inquisition et annuler les libéraux. En 1827, ses adhérents, excités par l'ambition et se croyant assez forts, l'avaient proclamé Roi, sous le nom de Charles V. Le gouvernement parvint non sans peine à réduire les rebelles ; mais leur parti resta néanmoins prêt à recommencer ses menées.

A la mort de la reine, Ferdinand épousa la princesse Marie Christine de Naples, dont la grossesse diminua bientôt les chances de don Carlos. Une loi permit alors aux femmes de régner en Espagne. Marie Christine eut deux filles : Isabelle née en 1830, et Louise Fernande, en 1832. Le mouvement carliste reprit alors avec un surcroît d'activité et troubla tellement le royaume que le roi bannit son frère au printemps de 1833, et l'obligea à se réfugier en Portugal, d'où il devait se rendre en Italie.

Ferdinand étant mort le 21 septembre 1833, les Cortès reconnurent pour son héritière la princesse des Asturies, Isabelle et, suivant la volonté exprimée dans le testament du roi, Marie Christine fut investie de la régence.

L'agitation carliste éclata aussitôt. Les provinces

basques, attachées à leurs anciens privilèges et opposées par intérêt au système libéral qui allait s'établir en Espagne, furent poussées à la révolte. Elles se soulevèrent en octobre ; les insurgés s'emparèrent de Bilbao, le 6, et y proclamèrent Charles V.

Don Carlos, qui était resté en Portugal, prit lui-même le titre de Roi, lança des proclamations et rassembla autour de lui de nombreux partisans. Il organisa une armée et se prépara à rentrer dans sa patrie, en faisant appel à tous les mécontents. La situation était critique, et les évènements qui agitaient nos voisins au delà des Pyrénées, devinrent bientôt, pour le Gouvernement de Louis-Philippe, un grave sujet de préoccupations.

Les affaires d'Espagne méritaient en effet d'être suivies avec d'autant plus d'attention que le parti carliste s'appuyait à l'étranger sur celui des Bourbons, qui représentait aux yeux de bien des gens ce qu'on appelait la Légitimité. L'intérêt de la monarchie de juillet était donc de soutenir la régente Marie Christine.

Aussi, après la mort du roi Ferdinand, le cabinet des Tuileries se décida-t-il à organiser sur notre frontière du sud deux divisions actives, complètes de toutes armes, l'une à Perpignan, sous les ordres de Castellane, l'autre à Bayonne, sous ceux du général Harispe.

Quand ce dernier reçut sa lettre de service, datée du 7 octobre 1833, il était à Lacarre, occupé à ses travaux d'inspection. La lettre du ministre lui disait : « Terminez cependant l'inspection générale dont vous êtes chargé ».

Ses instructions portaient qu'il devait observer soigneusement les passages des Pyrénées, ne laisser pénétrer en France ni munitions, ni détachements armés, et engager les chefs de postes à ne pas se commettre avec les Espagnols. Les troupes françaises se borneraient à en imposer par leur contenance et éviteraient toute collision; aucun officier, sous-officier ou soldat ne devait passer la frontière.

Au moment où ces événements survinrent, le département des Basses-Pyrénées était sous le commandement du maréchal de camp Noguès. Harispe eut à Saint-Jean-Pied-de-Port, le 13 octobre, une entrevue avec le général Janin, commandant la 11e division militaire à Bordeaux. Tous deux s'entendirent pour l'action qu'ils auraient à exercer sur la frontière, et Harispe partit le lendemain pour Bayonne qui devenait le quartier général de la division des Pyrénées occidentales. Il y arriva dans la soirée.

Cette division avait la composition suivante. Commandant : le Lieutenant-général comte Harispe; aide de camp : le capitaine d'état-major de Boislecomte; chef d'État-major, le lieutenant-colonel Chambouléron.

1re Brigade	Maréchal de camp Noguès.	4e de ligne 48e de ligne	Saint-Jean-de-Luz et Bayonne.	Total : 10 bataillons
2e Brigade	Maréchal de camp Laidet.	18e léger 19e de ligne 57e de ligne	St-Jean-Pied-de-Port Pau, Orthez et Dax.	

Artillerie : deux batteries, 12 pièces.
Cavalerie : 11e et 14e chasseurs, 1.096 chevaux.
Train d'artillerie : 1 escadron.
Génie : 1 compagnie.
Train des équipages militaires : 1 compagnie.
Ouvriers d'administration : 1 détachement.
Effectif de la Division : 10.045 hommes, 429 officiers.

Elle ne fut constituée au complet que le 15 novembre. Au milieu du mois suivant, elle subit une transformation. Sur les observations du général Harispe, le ministre reconnut la nécessité de la renforcer et y adjoignit deux nouvelles brigades, commandées par les généraux Lejeune et Auvray. Quand le premier de ces généraux arriva à Pau, le général Laidet reçut une autre destination. Harispe confia alors le commandement des deux premières brigades au général Noguès.

En résumé, à la fin de 1833 et pendant les premiers mois de l'année suivante, la division des Pyrénées occidentales n'eut qu'une mission de surveillance. Par ses relations avec les Espagnols dévoués à la Régente, par sa connaissance de la frontière et du pays voisin, Harispe eut tous les renseignements désirables. Son rôle se borna à une correspondance active avec le maréchal Soult, ministre de la Guerre et président du Conseil, qui ne tarda pas à apprécier d'une façon toute particulière les informations qu'il recevait de Bayonne.

De son côté, la Régente, se voyant protégée sur sa frontière du nord par le gouvernement français, employa ses troupes à poursuivre don Carlos en Portugal. Elle obtint au mois d'avril 1834, l'autorisation de pénétrer dans ce royaume et dirigea contre le Prétendant le général Rodil avec une armée.

Harispe, bien renseigné et en relations avec ce général, prévint le maréchal Soult de ces événements. Au mois de mai, il annonça que don Carlos, menacé et serré de près, avait pris la fuite précipitamment, abandonnant sa caisse et ses bagages, et qu'il s'était embarqué pour l'Angleterre avec toute sa famille. Il arriva en effet à Plymouth, le 11, se rendit à Londres, fit constater sa présence, puis disparut tout à coup. Au mois de juillet, on apprit avec surprise qu'il avait quitté secrètement l'Angleterre, traversé Paris, Bayonne, les Pyrénées en trompant toutes les surveillances, et qu'il était au milieu de l'insurrection basque à Elisondo. Guidé par un Français fidèle à sa cause, il avait échappé à la police de Paris et du royaume, et était arrivé dans un pays qui lui était tout dévoué. Le chef de ses partisans, Zumalacarréguy avait aussitôt rassemblé ses forces pour le soutenir.

Le 19 juillet 1834, le ministre de la Guerre avait signalé ces faits à Harispe en lui prescrivant de redoubler de vigilance, de faire des reconnaissances et des mouvements de troupes, mais sans jamais dépasser la frontière.

La surveillance de la guerre carliste prit bientôt une nouvelle tournure.

A Paris, le ministère était inquiet de la tentative de don Carlos. Il décida que le général Harispe serait autorisé désormais à se concerter directement avec le ministre de l'Intérieur, alors M. Thiers, lequel en vint sur cette question à des mesures extraordinaires. Il désigna d'abord un agent spécial pour se rendre dans le Sud-Ouest et l'annonça à Harispe, le 29 juillet, en lui disant : « Si Rodil rejette don Carlos sur notre territoire, il faut nous saisir de sa personne. Si les événements traînaient en longueur et si don Carlos venait se cacher près de la frontière, il pourrait se présenter une circonstance heureuse qui nous permît de l'enlever... J'attends vos observations et vos avis... Ne pensez-vous pas que votre présence tout près de la frontière serait utile pour bien juger et promptement ordonner ?... Le Préfet et le Sous-Préfet ne sont pas dans le secret »...

Cette lettre ne parvint au général Harispe que le 1er août. Il répondit le même jour au ministre de l'Intérieur :

Quartier général de Saint-Jean-de-Luz. 1er août 1834.

Division des Pyrénées Occidentales,

Monsieur le Ministre,

J'ai reçu, ce matin, la lettre que vous m'avez fait l'honneur de m'écrire et qui m'a été expédiée par estafette. Je vous ai sur-le-champ répondu par le télégraphe.

J'ai cherché à me pénétrer des intentions du Gouvernement telles que vous me les avez exprimées. Je vois qu'il y a deux actions à mener de front, l'une qui dépend de l'agent que vous envoyez, et l'autre, toute militaire, qui consistera à s'assurer, par un coup de main, du personnage, quand il sera amené sur un point où cette opération sera possible. Dans cette double hypothèse, deux mesures importantes étaient nécessaires : la première, de prévenir le général Rodil pour qu'il se tînt prêt à marcher en avant, la seconde de rapprocher des troupes de la frontière pour les avoir sous la main. C'est ce que j'ai fait.

J'ai été obligé de me confier au colonel Oraoz, qui est envoyé ici près de moi par le général Rodil. Il est seul dans le secret et, au moyen d'un chiffre, il communiquera à son général tout ce qu'il sera nécessaire de lui faire savoir.

Voilà tout ce qui est fait jusqu'à ce moment. Pour le reste, j'attendrai l'arrivée de votre agent.

Quant aux recommandations que vous me faites, Monsieur le Ministre, soyez sûr que je serai digne de la bonne opinion que vous avez de moi et que vous voulez bien m'exprimer. J'ai trop à cœur la gloire de mon pays pour rien faire qui nuise à la réputation de son Gouvernement.

Je suis parfaitement convaincu que la prudence avant est un plus sûr moyen encore que l'audace pendant l'opération, et je saurai me subordonner à toutes les nécessités de ce principe en faisant une abnégation complète de moi-même dans cette occasion. Toutefois, il ne faut pas se dissimuler que tout dépendra des opérations du général Rodil ; et il est bien difficile d'avoir une opinion sur les résultats qu'elles présenteront.

Le lieutenant-général,
Comte Harispe.

Voulant en outre répondre au désir du ministre, Harispe se rendit au pont de Béhobie, limite extrême entre la France et l'Espagne, pour y être vu des gens du pays et prendre lui-même les informations nécessaires. Il apprit ainsi que don Carlos s'était éloigné jusqu'à San Esteban, qu'il était dans une situation embarrassée, toujours poursuivi par Rodil et forcé de ne jamais passer deux nuits dans le même endroit. Il en rendit compte à

Paris, où toutes ses dépêches étaient lues et commentées.

Il prévint en outre le ministre de l'Intérieur d'un envoi de 10.000 fusils fait aux carlistes et dirigé sur l'Espagne, par Bordeaux. Tous ces avis parurent précieux à M. Thiers, qui crut devoir d'écrire au général, le 6 août, pour le « remercier du zèle qu'il mettait à seconder toutes ses mesures ». Le ministre de l'Intérieur d'autre part, fit décider, par son collègue de la Marine que la croisière placée dans le golfe de Gascogne obéirait désormais à toutes les réquisitions du commandant de la division. Il dépêcha en poste un commissaire de police pour le mettre à la disposition du général à qui il écrivit : « J'ai l'espérance que si Rodil pousse bien les insurgés, il faudra qu'ils viennent de notre côté. Alors, s'il y a une occasion sûre et qu'un peu de chemin au delà de la frontière vous mène au but, marchez, Monsieur le général, vous y êtes autorisé sous ma responsabilité. Il est convenu avec le gouvernement que c'est moi qui porterai les conséquences de l'événement. Nous répondrons au corps diplomatique ou à MM. les carlistes ce qui conviendra. »

Finalement, il laissait à Harispe le soin de désigner, à Bayonne, trois agents connaissant la langue du pays pour les nommer commissaires de police et les charger de la surveillance des passages des Pyrénées.

La confiance témoignée par le gouvernement au commandant de la division des Pyrénées occidentales ne pouvait aller plus loin. Elle se manifesta encore dans les jours qui suivirent.

Le 6 août, le ministre de l'Intérieur lui écrivait :

« Notre projet est de bloquer, d'accord avec Rodil, le prétendant, sauf à le prendre comme on pourra et avec les mains de ceux qui seront le plus à portée de les étendre sur lui...

... Gardez cela pour vous, enseveli dans le plus profond secret. J'ai fait tout cela pour que vous n'ignoriez rien absolument... Demandez-moi par le télégraphe tout ce dont vous aurez besoin, et je vous satisferai autant qu'il sera en mon pouvoir »...

Ces démarches et ces projets ne transpirèrent pas tout de suite, mais les agissements des uns et des autres, le choix de certains agents, leur envoi sur des passages de la frontière, la présence du commandant de la division aux portes de l'Espagne, toutes ces mesures agitèrent les gens du pays. Harispe se vit obligé de rassurer le général Rodil sur le concours que notre armée était décidée à lui prêter et de rentrer lui-même à Bayonne, le 11 août, afin de « dérouter les esprits tendus vers tout ce qui se faisait sur cette frontière. »

En Espagne, les carlistes avaient été prévenus des dispositions prises; car leur attitude changea presque subitement. Zumalacarréguy, le général en chef carliste, prit l'offensive, ce qui troubla ses adversaires. A Paris, on resta persuadé que don Carlos avait été avisé du danger de s'appuyer à notre frontière et de l'intention que nous avions eue un moment de laisser passer en France une colonne des troupes de la Reine. Comme conséquence, le chef des carlistes quitta la vallée de Baztan et s'appuya à la mer. M. Thiers en conclut que ses premiers projets ne pourraient s'exécuter. « Je doute, écrivait-il à Harispe, le 17 août, que nous nous trouvions à portée d'agir offensivement. Vous entendez ce que je veux dire par ce mot. » Il en revint par conséquent à l'idée plus pratique de se borner à une surveillance attentive. Il fallut l'étendre sur le golfe de Gascogne et donner des instructions aux navires de la croisière. M. Thiers laissa à Harispe le soin de les formuler. « Comme je connais votre prudence, lui écrivait-il, je ne crains pas de me compromettre en prenant l'engagement de couvrir de ma responsabilité tout ce que vous aurez fait »...

Pendant ce temps, les comités carlistes de Paris et de Bayonne avaient trouvé le moyen de faire transmettre leurs dépêches en Espagne par la douane et la gendarmerie françaises. C'était un comble. Et, comme il était aisé de le prévoir, cet état de choses amena bientôt des divulgations. Le ministre de l'Intérieur en fut informé et prévint Harispe que tous deux « avaient été trahis par les bureaux du télégraphe ou du sous-préfet ou par les secrétaires de tout le monde; » ce qui du reste, n'avait plus grande importance, puisque don Carlos s'était éloigné.

La trahison s'était manifestée par une lettre du Sieur Darbi, agent carliste de Bayonne, au comte de Canellas, de l'entourage de don Carlos. Elle contenait ce passage :

...« Je sais positivement que le commissaire de police Joly a ordre d'enlever Sa Majesté et de la conduire à Blaye, si elle venait assez près de la frontière pour qu'en une marche rapide en Espagne, on pût faire ce coup de main et rentrer le même jour. C'est pour aider à ce coup d'état que les troupes ont été massées sur l'extrême frontière. C'est là que ce commissaire Joly se trouve depuis cinq jours avec une nuée d'agents de police, avec le lieutenant-général Harispe et le préfet du département »...

Les communications faites aux carlistes changèrent de nouveau nos dispositions ; et désormais, il fallut s'en tenir à un blocus rigoureux sur terre et sur mer. Le général Harispe fut le premier à se rendre compte de cette nécessité et l'exposa au ministre de l'Intérieur en lui proposant de constituer une double ligne de blocus, en Espagne et en France. Ce dernier trouva le projet excellent. Mais, en réalité, le blocus ne fut sérieusement mis en vigueur que de notre côté.

En Espagne, on adopta au même moment une mesure qui fit plus de bruit que d'effet. Le gouvernement s'entendit pour combattre les carlistes avec l'ancien chef de partisans Mina, devenu général en 1814. Mais la situation n'en fut guère modifiée ; pendant la fin de l'été et l'automne de 1834, Zumalacarreguy obtint sur ses adversaires des avantages qui eurent dans la Péninsule un certain retentissement.

Tout cela amena à Paris un moment de détente dans les préoccupations du gouvernement. Mais, au mois de novembre, comme la session législative allait s'ouvrir, M. Thiers éprouva de nouveau le besoin d'être bien informé et, dans ce but, il écrivit à Harispe.

Paris, le 20 novembre 1834.

... Voici donc, mon cher général, les questions que je vous adresse :

1º Quel est l'état vrai de l'insurrection? Les succès de Zumalacarreguy sont-ils aussi grands qu'on l'a dit? Franchira-t-il les limites de la Navarre? Poussera-t-il vers Madrid? Mina est-il en mesure de l'arrêter? (Bien entendu, je ne vous demande pas des certitudes, mais uniquement votre opinion, la plus éclairée de toutes sur cette question).

2º Maintenant, le blocus a-t-il la même utilité? N'est-il pas chimérique de priver les insurgés d'armes et de munitions, quand la victoire les en a pourvus?

3º Le blocus existe-t-il encore avec le même succès, soit par terre, soit par mer? Peut-il se continuer encore? etc...

A. Thiers.

Peu de jours après, le ministre de l'Intérieur, préoccupé des suites que pourrait avoir une interpellation sur les affaires d'Espagne, adressa à Harispe une lettre d'un caractère intime.

Paris, le 3 décembre 1834.

Mon cher Général,

... J'ai rarement le temps de correspondre avec vous et sans intermédiaire, mais je suis heureux quand je puis le faire. Votre tableau du camp retranché de Béhobie est un tableau que je voudrais mettre sous les yeux de tout le monde. Il montre ce que sont les Espagnols de tous les partis, sans cesse à se plaindre de la France qui met le comble à la patience envers tous. J'apprends à l'instant même par une lettre du sous-préfet, que vous les avez obligés à détruire eux-mêmes leurs retranchements. C'est une excellente chose et qui sera du meilleur effet.

Je vous conseille, mon cher Général, de continuer à maintenir le blocus avec la plus grande rigueur et de me tenir toujours au courant de ce qui se passe aux Pyrénées. Ce sera un continuel sujet d'attaque à la prochaine session. Ce pauvre gouvernement de Madrid qui se croit un gouvernement parce qu'il date ses dépêches de Madrid, pour se justifier de son impuissance, fera soutenir par nos oppresseurs (1) que c'est l'infidélité du gouvernement français qui est cause de la persistance des Carlistes. Il faut me tenir toujours en mesure de répondre à ces impertinences, soit par une action instante, soit par une grande exactitude à m'instruire des faits. Il sera bon surtout de me faire savoir les hauts faits des Anglais qui font pour eux-mêmes la contrebande qu'ils nous accusent de souffrir. Au surplus, je n'ai qu'à me louer de tout ce qui a été fait jusqu'ici et je vous en témoigne ma reconnaissance...

Adieu, mon cher Général, je vous renouvelle l'assurance de ma haute considération et de mon sincère attachement.

A. THIERS.

L'année 1834 se terminait, et les événements d'Espagne qui l'avaient signalée montraient surtout combien la guerre carliste menaçait de se prolonger. Le gouvernement français avait déployé le plus grand zèle

(1) Il s'agit sans doute des adversaires du cabinet.

pour seconder la Reine régente ; mais les efforts qu'elle-même faisait pour vaincre l'insurrection n'étaient pas assez puissants pour en triompher.

Harispe avait expliqué à M. Thiers, la cause de ces lenteurs, et celui-ci l'en avait remercié en lui écrivant : « Vos lettres pleines de raison et de clairvoyance m'ont fait comprendre qu'il faudra bien du temps et peut-être autre chose pour terminer cette guerre civile ». Puis, pénétré de cette vérité, il en concluait, comme le général, qu'il fallait se borner désormais à maintenir « une surveillance telle qu'on ne puisse la tromper ».

Ce fut en effet le rôle auquel on dut se résigner en 1835. Cela suffisait d'ailleurs pour imposer à Harispe et à ses troupes une activité incessante, ce qui n'empêchait pas le général de remplir en outre la tâche assez lourde de son inspection générale annuelle. Toutefois, en 1835, pour ne pas l'éloigner de la frontière, le ministre limita cette inspection aux régiments de sa division active. Puis, quand elle fut terminée, afin de le fixer définitivement dans cette contrée qui était la sienne et qu'il protégeait si bien, on ajouta à son commandement celui de la 20e division militaire à Bayonne. Enfin, au mois de décembre, le Roi qui avait toujours lu sa correspondance avec le plus vif intérêt et avait été frappé des services qu'il rendait à la Monarchie, le nomma Pair de France.

Cette faveur fut suivie de félicitations qui permirent aux amis du général Harispe de se rappeler à son souvenir. Ce fut, pour lui, un heureux commencement d'année.

Parmi les lettres qu'il reçut, celle du maréchal Moncey, alors gouverneur des Invalides, le toucha particulièrement.

Paris, 9 janvier 1836.

Mon cher Général,

Une indisposition assez grave m'a empêché de vous écrire plus tôt pour vous complimenter sincèrement sur la dignité que le Roi vient de vous conférer, en vous appelant à la Cour des Pairs, où tant de nos illustres compagnons de gloire s'honorent aussi de vous avoir pour collègue.

Vous le savez, mon vieil ami, personne plus que moi n'est prompt à se réjouir du bien que votre conduite toujours franche et loyale vous a mérité. Je compte assez sur votre attachement pour être persuadé que si la question de votre serment ou vos nouvelles fonctions vous appelaient à Paris, vous me feriez l'amitié de venir me voir dans l'asile des débris de nos fastes militaires, afin que là, de tout cœur, je puisse vous donner l'accolade fraternelle et une nouvelle assurance de mon inaltérable amitié.

Le Maréchal Duc de Conegliano,
Gouverneur des Invalides,
Moncey.

Harispe, vivement touché de cette lettre de son ancien chef, lui répondit sans tarder.

Quartier général à Bayonne, 15 janvier 1836.

Monsieur le Maréchal,

De toutes les félicitations qui m'ont été adressées sur mon élévation à la Pairie, aucune ne m'a été plus sensible et ne m'a plus profondément ému que celles de mon premier général en chef. Merci, Monsieur le Maréchal, merci de tout ce que vous voulez bien me dire de bon et de bienveillant ; votre suffrage est mon plus beau titre de gloire et, au moment de terminer ma carrière militaire, vous ne pouvez mieux me permettre de jeter en toute assurance un regard sur le temps passé qu'en me disant « *que ma conduite a toujours été franche et loyale* ».

Le souvenir des belles années que j'ai passées sous vos

ordres sera pour moi ineffaçable, et ce m'est encore un grand bonheur de raconter aux jeunes officiers qui m'entourent, ce qu'à toujours été le Maréchal Moncey, depuis 1792 jusqu'au moment où il a été placé au milieu des débris de notre vieille armée, dont il est le plus beau modèle, etc...

Le lieutenant-général Pair de France
Comte HARISPE.

Harispe, à cette époque, se croyait en effet près de la fin de sa carrière. Mais les affaires d'Espagne et sa connaissance de tout ce qui concernait ce pays, devaient, sans qu'il s'en doutât, la prolonger longtemps encore. En attendant, son attention était à chaque instant attirée de ce côté. Au commencement de 1836, les carlistes se plaignaient hautement de l'appui donné à la Reine par la France et attribuaient à ce fait la lenteur de leurs opérations. De son côté, le gouvernement de la Reine trouvait cet appui insuffisant et rêvait de notre part une intervention effective, sans oser toutefois la réclamer ouvertement. Il finit cependant par imaginer une combinaison qui devait en tenir lieu.

Le général espagnol de Alava, lié avec Harispe, fut nommé ambassadeur d'Espagne à Londres et à Paris, avec mission de s'entendre avec le gouvernement français pour organiser en Espagne une légion étrangère composée surtout de Français, engagés volontaires et soldats des bataillons d'infanterie légère d'Afrique.

M. Thiers, président du conseil, en fut avisé en même temps que Harispe. Ce dernier approuva, recommanda même cette combinaison. M. Thiers, dévoué à la cause de la Reine, partagea cette manière de voir. Mais la mise en pratique du projet était délicate. On finit cependant par constituer cette troupe ; on en confia le commandement au général Bernelle désigné comme ayant les qualités requises, et on la fit entrer dans la péninsule où sa conduite en face des carlistes fit honneur à la France. Mais ce n'était pas tout d'avoir ainsi répondu aux sollicitations de l'Espagne. Il fallait maintenir les effectifs de la Légion, l'entretenir, lui fournir le nécessaire et, éventuellement augmenter sa force. Pour cela, le ministre avait besoin des conseils d'un homme du métier. Il les demanda à Harispe au commencement d'avril 1836, en lui adressant les questions suivantes :

« Comment recruter la légion étrangère? Vous seul pouvez me donner à ce sujet les indications nécessaires ».
...« Faites un plan, et Alava nous donnera son nom et un peu d'argent. Où faut-il prendre des chevaux? Où faut-il prendre des hommes? Comment faut-il les disposer pour qu'ils rejoignent ensemble et un peu organisés, la légion qui combat?...

Harispe n'avait pas une confiance entière dans le chef qui avait été choisi pour commander la Légion. Néanmoins, il répondit au désir du ministre, formula un projet et l'envoya à M. Thiers qui s'entendit avec l'ambassadeur d'Espagne.

L'envoi de cette légion avait du reste amélioré la position des Christinos, partisans de la Reine, et affaibli celle de don Carlos. En persévérant, on pouvait espérer que le temps suffirait pour user les forces du Prétendant. Harispe avait été chargé, en mai, de transmettre cette observation au général espagnol Cordova, alors commandant de l'armée de la Reine, en lui recommandant la patience et la mesure.

Pendant ce temps, le président du Conseil poursuivant son idée, prescrivait de recruter des hommes de bonne volonté en Corse et en Afrique. Il faisait prendre trois cents chevaux dans nos régiments de cavalerie et les envoyait au général Harispe à Pau, d'où ils étaient expédiés à la Légion, montés par des Polonais.

L'attention éveillée par les affaires d'Espagne en fut un moment distraite, au mois de juillet 1836, par l'inauguration de l'Arc de Triomphe de l'Étoile. Ce monument national, décrété en 1806 à la suite de la victoire d'Austerlitz, n'avait été achevé qu'en 1832. Cette inauguration, fixée au 29 juillet, intéressait hautement Harispe dont le nom était gravé sur le côté ouest, parmi les plus glorieux généraux de Napoléon. Il ne put cependant s'y rendre, retenu sur la frontière des Pyrénées par la gravité des événements.

En effet, depuis que la Légion avait été organisée, la politique intérieure de l'Espagne s'était modifiée. Les circonstances n'étaient plus les mêmes. Le général Harispe, forcé de changer sa manière de voir, en prévint M. Thiers vers la fin de juillet avec tous les ménagements nécessaires.

Bayonne, 24 juillet 1836.

... Il est de mon devoir, Monsieur le ministre, de ne vous rien cacher de la vérité à ce sujet.

Lorsque j'insistai fortement sur le recrutement de la Légion étrangère, il y a trois mois, j'étais instruit par le général Cordova des intentions de la Reine, de la crise imminente qui se préparait, du rôle qu'y jouerait l'armée, et je croyais nécessaire, indispensable que la France y fût convenablement représentée..... Mais aujourd'hui, il est de mon devoir de dire, que ce que je croyais alors praticable et utile me semble en ce moment inopportun et de la plus difficile exécution; j'en vais expliquer les raisons. La crise que nous avions prévue a eu lieu; mais, mal amenée et mesquinement conduite, elle n'a eu aucun des résultats que nous pouvions en espérer; et le gouvernement espagnol est à la merci des élections actuelles. L'action politique a été nulle, l'action militaire plus nulle encore..... Nous avons beaucoup trop compté sur les hommes et les systèmes en Espagne.... Le moment actuel exige bien plus, de la part de la France, une observation expectante qu'une action quelconque, et si cette action doit avoir lieu, elle ne doit pas se dépenser en demi moyens, mais se préparer mûrement et s'exécuter avec énergie, ensemble et décision. Voilà pour la mesure en elle-même; mais elle est prise, et il y aurait plus d'inconvénients à la suspendre qu'à la continuer; elle sera donc exécutée strictement..... Seulement elle ne produira pas ce que vous semblez en attendre. Le soldat français aime le succès; l'armée de la Reine est dans une situation inférieure de défensive, humble devant l'ennemi. Voilà pour son moral dans lequel je ne fais pas entrer encore le doute politique qui la travaille. Quant au matériel, il est pis encore; point d'argent, point de services assurés, souvent même pas de pain. Toute la frontière est témoin de cette situation qui dure depuis deux mois; nos soldats la connaissent parfaitement..... La situation particulière de la Légion étrangère en Espagne est plus fâcheuse encore..... Près de cent déserteurs ont parcouru nos avant-postes, raconté et exagéré leur misère. Il a fallu même adopter des mesures de rigueur pour faire rentrer ces déserteurs et arrêter la désorganisation de la Légion; de plus, à Pau, on a travaillé le bataillon de la nouvelle Légion qui s'y forme..... Ce serait chose illusoire de se fier dans cette circonstance à l'esprit aventureux du soldat français qui aime, il est vrai, les aventures, mais celles au bout desquelles il y a gloire et profit; et, hors cela, il ne pense qu'au jour où il rentrera dans son village.....

...Maintenant, à tort ou à raison, tous les militaires sous les ordres du général Bernelle l'accusent de malversations, les Espagnols de contrebande et de bien d'autres choses; c'est déjà un fait malheureux que ce soupçon, plus malheureux encore quand on refuse les moyens d'y échapper...

Du reste, le général Bernelle, dont en outre la santé est fort délabrée, comprend tout cela et demande à se retirer. Il m'a envoyé un *ultimatum*, il y a huit jours, que j'ai transmis, sans commentaire, au ministre de la guerre...

...Cette lettre, Monsieur le ministre, est l'expression intime de ma pensée, provoquée par votre lettre et par le sentiment de mon devoir; je n'ai rien dit de semblable au ministre de la

Guerre à qui je me borne à rendre compte de mon obéissance à ses ordres; j'ai donc à vous prier de garder cette lettre pour vous...

     Signé : Comte Harispe.

Ces observations firent réfléchir M. Thiers qui résolut d'ôter le commandement de la Légion au général Bernelle et en donna l'ordre à Harispe. Il persista néanmoins dans son projet de grossir l'effectif de ce corps au moyen de contingents français et espagnols et décida le gouvernement à donner gratuitement à la Reine tout ce dont cette troupe improvisée aurait besoin : canons, fusils, munitions, chevaux, habits. « La France, écrivait-il à Harispe, fournira tout sans se faire payer ».

Quant au successeur du général Bernelle, le Président du Conseil le cherchait déjà et songeait au général Bugeaud qui venait de s'illustrer, en infligeant à Abd-el-Kader, au combat de la Sikkak, une défaite mémorable. Il en parla à Harispe, dans les termes suivants :

« Pour qu'il n'y ait pas de mécompte, préparez votre monde à un commandement supérieur. Ce chef supérieur serait peut-être le général Bugeaud qui va recevoir, pour sa belle victoire en Afrique, le grade de lieutenant-général.

Je ne sais pas un homme plus probe, plus brave, plus énergique, plus intelligent; il n'a qu'un inconvénient, c'est d'être un peu vif quand il est à la Chambre. Mais sur le champ de bataille, c'est un homme de premier mérite.

... Donnez moi votre avis sur tout cela, mais en gardant sur les noms propres un secret absolu...

       . Thiers.

Le général Harispe fut flatté de voir son ami le général Bugeaud, si favorablement jugé par le président du Conseil. Mais il n'insista pas sur sa nomination à la tête de cette Légion espagnole, recrutée d'éléments trop divers et mêlée à une guerre civile dont on ne pouvait prévoir ni la fin, ni les résultats. Il se contenta d'obéir aux ordres qu'il recevait, confia la Légion au colonel Lobeau, nommé général, et employa le plus utilement possible les sommes qu'on mettait à sa disposition, presque sans compter.

M. Thiers lui écrivit à cette occasion :

« Si les ordres du maréchal Maison (ministre de la Guerre) se ralentissaient, je vous supplie de m'en faire part. Je vous réponds de tout. Je suis le président *très réel* du cabinet, et jamais je ne vous compromettrai ; vous savez combien je vous porte amitié et respect ».

Cette position du commandant de la division de Bayonne, placé entre les volontés du ministre de la Guerre et celles du président du Conseil, était parfois bien délicate. Harispe réussit pourtant à s'en tirer grâce à son expérience, à sa correction parfaite et aussi à la grande habileté de M. Thiers. Malheureusement les fluctuations de la politique agitaient le pays ; et au moment où le président du Conseil affirmait si nettement son pouvoir, un vote de la Chambre le renversait, au mois d'août 1836. Il s'empressa de l'annoncer à Harispe, dans les termes qui méritent d'être rapportés :

Paris, 29 août 1836.

Mon cher général, je conserverai toute ma vie le souvenir des bons et excellents rapports que j'ai entretenus avec vous, le souvenir de votre raison parfaite, de votre prévoyance, de votre dévouement au pays. Un jour, vous saurez mes tourments, mes vains efforts pour faire prévaloir des opinions qui étaient aussi les vôtres. Quand je n'ai plus eu d'espérance, j'ai donné ma démission… Je vais prendre le repos dont j'ai grand besoin, et si jamais le temps et les événements nous rapprochent, je serai toujours heureux de rencontrer un si digne et si bon serviteur du Roi et du pays.

A. Thiers.

La retraite de M. Thiers coïncida avec un changement survenu en Espagne. Le général Cordova avait été remplacé, dans le commandement en chef, par le général Espartero ; à celui-ci l'on devait d'avoir refoulé en Galice son adversaire Gomez, et délivré Madrid menacé par les Carlistes. Nommé commandant en chef de l'armée du nord, vice-roi de la Navarre et capitaine général des Provinces basques, ce général avait assuré la prépondérance du parti de la régente.

Par suite, les préoccupations causées en France par les affaires d'Espagne furent diminuées. Harispe en profita pour donner ses soins aux questions intéressant sa division et aux travaux d'inspection générale dont il était chargé chaque année.

Il suivait aussi avec un vif intérêt les événements qui se déroulaient en Afrique où le général Bugeaud luttait avec succès, dans la province d'Oran, contre l'Emir Abd-el-Kader.

Au mois de juin 1837, Bugeaud conclut avec l'Emir le fameux traité de la Tafna qui consacrait la puissance de notre adversaire et limitait nos possessions sur la côte méditerranéenne à des zones assez étroites. Ce fut une œuvre très critiquée. Pour le général Harispe, un aussi médiocre résultat ne concordait pas avec l'entière confiance qu'il professait dans les talents de Bugeaud. A la fin de l'année cependant, il reçut de lui une longue lettre faisant connaître les raisons qui avaient obligé à conclure ce malheureux traité.

Le gouvernement voulait la paix à tout prix. Ce fait ressort des explications plutôt embarrassées de Bugeaud, lequel se rendait compte de la fâcheuse impression produite dans le public. « Je viens de remplir une mission, écrivait-il à Harispe, qui aux yeux du vulgaire, n'augmentera pas ma réputation ; et, pourtant, je vous assure, de ma vie, je n'ai autant travaillé, je n'ai jamais montré tant d'abnégation de moi-même et plus de patriotisme » (1).

Les occupations variées du général Harispe, ses fréquents déplacements et la responsabilité créée par les affaires d'Espagne lui causaient parfois de grandes fatigues. Sa santé s'en ressentit, et pendant l'été de 1837 il fut assez souffrant. La vieillesse l'avait atteint; ses blessures lui rappelaient qu'il ne pouvait plus abuser de sa robuste constitution. Il se remit cependant de cette nouvelle crise et l'annonça au maréchal Soult, alors retiré dans sa propriété de Soultberg, dans le Tarn. Le maréchal lui répondit, à la fin de novembre : « J'ai appris avec bonheur, comme, je l'espère, vous n'en doutez pas, que votre santé allait de mieux en mieux et que depuis quelques jours, vous aviez repris toutes vos habitudes ». Il l'invitait dès lors à venir le voir à Paris dans le courant de l'hiver et à passer par Vichy à son retour. Ces relations avec son ancien chef de l'armée des Pyrénées étaient précieuses pour Harispe qui voyait en lui le plus glorieux représentant de l'Empire et la plus haute personnalité de l'armée.

En 1838, son commandement de la 20e division militaire, ses travaux d'inspection générale, la session de la chambre des Pairs, et mieux encore la guerre civile qui troublait l'Espagne absorbèrent son temps. Les opérations entre Carlistes et Christinos poursuivies dans les Provinces basques espagnoles attiraient de plus en plus son attention et tenaient son activité en éveil.

Depuis quelque temps, il avait surtout à signaler les avantages remportés par l'armée de la Reine et l'ascendant marqué qu'elle prenait sur ses adversaires. Harispe n'eut plus dès lors qu'à constater les succès des constitutionnels, jusqu'au jour où la convention de Vergara,

(1) Voir Pièce annexe n° 8.

conclue au mois d'août 1839, entre Espartero et le chef carliste Maroto, obligea don Carlos à se réfugier en France et mit fin définitivement à la guerre civile qui désolait l'Espagne.

L'arrivée de don Carlos à la frontière fut un véritable événement. Le général Harispe se trouva tout à coup en présence d'une situation délicate et adressa à ce sujet au ministre de la guerre un compte rendu d'une réelle valeur historique :

Quartier général de Bayonne, le 15 septembre 1839.

Monsieur le Ministre,

Ainsi que je l'avais prévu, don Carlos a attendu jusqu'au dernier moment pour entrer sur notre territoire, et il n'y est arrivé que comme forcé par ceux qui l'entouraient et par la marche du général Espartero; voici comment la chose s'est passée.

Vous avez vu que, dans la réponse que j'avais faite au général Elio, j'avais cherché à lui persuader de décider don Carlos à se réfugier sur notre territoire, pour pouvoir régler ensuite l'affaire de ses troupes, et mon intention était d'y arriver par un arrangement avec le général Espartero, ce qui aurait eu lieu sans l'entêtement du prétendant. Le sous-préfet, arrivé à 7 heures du matin à Ainhoa, s'est mis sur-le-champ en relations avec les autorités carlistes : on a beaucoup discuté sur le sort qu'on réservait au prétendant, et le sous-préfet s'est borné à s'en tenir rigoureusement aux instructions qui lui étaient données par le gouvernement; il s'attacha à faire connaître à don Carlos sa véritable situation, et à lui faire sentir la nécessité d'en finir pour assurer le sort de ses troupes; à midi, don Carlos parut décidé et fit connaître son intention d'entrer en France; mais, une heure plus tard, il fut circonvenu par des affidés de Bayonne, et a fait dire qu'il n'entrerait que le lendemain. Cela semblait indiquer une intention de fuite; et aussitôt les ordres les plus sévères ont été donnés sur toute la frontière qui a été instantanément garnie de troupes, de douaniers, de gendarmes, etc. On a fait comprendre à don Carlos qu'il n'y avait pas à songer à s'échapper, et que, d'une autre part, le général Espartero s'avançait rapidement et qu'il avait quitté Elisondo pour passer le col de Maya. Le moment était pressant ; une multitude d'employés de toute sorte, d'*ojalateros*, de femmes, de domestiques etc., se pressaient à la frontière et autour du domicile du prétendant, demandant à se réfugier en France. Les premières troupes d'Espartero couronnaient les hauteurs ; c'est alors que don Carlos s'est décidé et est entré en France, où il a été reçu avec beaucoup d'égards et conduit immédiatement à Saint-Pée, dans la maison du juge de paix.

Aussitôt après l'entrée de don Carlos, cette foule de non combattants s'est précipitée en France, et on l'a internée sur-le-champ ; quant aux troupes, il n'y avait plus moyen de rien régler pour elles, puisque déjà les premiers coups de feu avaient eu lieu et que le général Espartero était à Urdach ; d'ailleurs, malgré beaucoup de fanfaronnades, il était évident qu'il n'y avait aucune envie de se battre dans la troupe ni dans ses chefs, et toute cette armée est entrée avec ordre sur notre territoire, pendant que nos clairons, avec des drapeaux blancs, demandaient la cessation du feu : elle a eu lieu en effet, mais déjà presque tous les Carlistes étaient en France. Le général Espartero est venu aussitôt, à 6 heures du soir, au pont qui forme la limite du territoire et s'est mis en relation avec le colonel du 37e qui commandait les troupes ; il paraissait enchanté de tout ce qui s'était passé et du rôle que nous y avions joué ; il a même prié le colonel du 37e de passer la revue des troupes qu'il avait avec lui et qui se montaient à 600 hommes au plus...

J'envoie mon aide-de-camp auprès du général Espartero pour régler ce qui est relatif aux réfugiés que nous pouvons garder sur notre territoire. Je leur ai fait fournir du pain et les ai fait loger provisoirement.

Quant à don Carlos, nous avons réglé son départ avec le sous-préfet de Bayonne : il partira demain pour Périgueux, avec toutes les précautions nécessaires.

Agréez, Monsieur le Maréchal, l'hommage de mon respectueux dévouement.

Le lieutenant général, pair de France,
Comte Harispe.

Ce rapport fut complété par la lettre ci-après.

20ᵉ division militaire.

Bayonne, le 17 septembre 1839.

Le lieutenant général Harispe à M. le Ministre de la guerre à Paris.

Monsieur le Ministre,

J'ai l'honneur de vous informer que don Carlos, la princesse de Beyra, le prince des Asturies et l'infant don Sébastien ont traversé Bayonne, hier à 7 heures trois quarts du soir, dans trois voitures, accompagnés d'un officier de gendarmerie et d'un commissaire de police, et ont été dirigés en poste sur Périgueux; avis de leur passage a été donné sur toute la route. La frontière est parfaitement tranquille et débarrassée de tous les partisans de don Carlos, actuellement réunis en dépôt à Bayonne et à Saint-Jean-de-Luz, où ils continuent à recevoir des secours en vivres, en attendant les ordres que je sollicite pour leur évacuation sur l'intérieur de la France, s'ils ne peuvent rentrer dans leur pays.

L'année 1839 devait avoir, pour le général Harispe, une importance exceptionnelle. Non seulement elle mit fin aux préoccupations sans cesse entretenues par la guerre carliste, mais elle régla aussi d'une façon définitive sa situation militaire. Depuis plusieurs mois, les Chambres s'occupaient d'un projet de loi destiné à fixer les cadres de l'état-major général.

En 1814, par suite des exigences des guerres de l'Empire et des nombreuses promotions de la Restauration, l'effectif des généraux dépassait les besoins de l'armée. On comptait 416 maréchaux de camp et 234 Lieutenants généraux. Depuis cette époque, les réclamations du Parlement avaient successivement fait restreindre ces chiffres dont tout le monde reconnaissait l'exagération. Mais cela ne suffisait pas. Il fallait arrêter définitivement le nombre des généraux et le proportionner à celui des troupes. Le projet présenté à cet égard en 1838, fut repris et voté l'année suivante. Il admettait 80 Lieutenants généraux et 160 maréchaux de camp. Il réglait en même temps la limite d'âge, telle qu'elle a été maintenue depuis, à 65 ans pour les premiers et à 62 pour les seconds.

Néanmoins, en raison des commandements qu'ils avaient exercés, quelques généraux avaient le droit d'être maintenus définitivement dans le cadre d'activité. Le général Harispe était un de ceux-là. Il avait commandé en chef deux divisions devant l'ennemi à l'armée d'Aragon et, récemment encore, sa double fonction de commandant de la 20ᵉ division militaire et de la division active des Pyrénées occidentales lui créait de nouveaux titres à cette faveur. Les maréchaux et les ministres qui étaient restés ses amis, défendirent ses droits avec d'autant plus d'autorité que sa réputation comme général de l'Empire, ses blessures, ses campagnes, ses beaux services l'avaient fait estimer de l'armée entière. Il était devenu un héros populaire et parmi ses frères d'armes, plusieurs le considéraient comme digne du maréchalat. Les discussions à son sujet se prolongèrent. Il avait alors 71 ans, et malgré la vigueur qu'il avait conservée, plus d'un parlementaire se refusait à prolonger pour lui la période d'activité. Cependant ses amis finirent par l'emporter. Le Roi lui-même était de leur avis et, le 27 décembre, un décret souverain le maintint définivement dans la 1ʳᵉ section du cadre de l'état-major général.

Cette décision, en le tranquillisant sur l'avenir, faisait aussi de lui le commandant à peu près inamovible de la division de Bayonne. Tout le monde en effet, désirait le voir conserver son poste d'avant-garde sur la frontière. M. Thiers récemment rentré au ministère comme Président du Conseil, était le premier à le déclarer hautement, et écrivait au général le 1er avril 1840.

« Tenez-moi, je vous prie, au courant de toutes les affaires de la frontière, et mettez le cabinet en mesure de prévenir tout renouvellement d'hostilités. Du reste, nous comptons sur votre vigilance et sur votre connaissance des hommes et du pays ».

Le général Harispe eut à cette époque une joie intime à laquelle il fut très sensible. Depuis qu'il était resté veuf, sans héritiers directs, il s'était pris d'une affection paternelle pour les enfants de sa sœur, et particulièrement pour l'aîné, Adrien, entré dans la magistrature. Espérant lui être utile, il avait voulu, au moment de la naissance d'un fils de celui-ci, nommé Albert, ajouter au nom de Dutey, déjà distingué à la cour d'appel de Pau, celui de Harispe si glorieux pour nos armes. Une ordonnance royale du 6 octobre 1842 consacra ce désir du général.

Pendant ce temps, les affaires de la péninsule recommençaient à inquiéter notre gouvernement. Le parti carliste était bien réduit à l'impuissance, mais l'Espagne n'en était pas moins en proie à une agitation profonde. Des émeutes, des démonstrations hostiles troublaient la régence de Marie-Christine.

Aussi en 1840, se voyant dépouillée en grande partie du pouvoir souverain, préféra-t-elle abdiquer et se rendre en France pour y jouir enfin d'un repos qu'elle n'avait jamais connu dans sa patrie d'adoption.

D'autre part, la même année, notre pays fut troublé par une tentative de restauration impériale faite à Boulogne par le prince Louis-Napoléon. L'énergie d'un capitaine du 42ᵉ d'infanterie, pénétré du sentiment de son devoir, l'avait fait avorter dès le début; le prince avait été arrêté et traduit devant la Chambre des Pairs, transformée en haute Cour de justice. En sa qualité de membre de cette Chambre, le général Harispe fut convoqué par le ministre de la guerre qui était alors le général Cubière, pour assister, le 15 septembre, à la lecture du rapport sur l'attentat de Boulogne. Il devait, comme ses collègues, « se prononcer immédiatement sur la compétence et, s'il y avait lieu, sur la mise en accusation. »

Harispe fut sans doute, comme ses frères d'armes assez ennuyé d'être appelé à juger cette affaire. Néanmoins, il se rendit à Paris, vit ses collègues et apprit les détails de cette échauffourée. La chambre des Pairs ayant accepté la compétence et voté la mise en accusation, le jugement ne traîna pas. La Chambre le prononça le 6 octobre et condamna le prince Louis-Napoléon à la détention perpétuelle. Le château de Ham lui fut affecté.

L'affaire de Boulogne une fois jugée, fut vite oubliée, au moins dans le monde militaire dont tous les yeux étaient alors tournés vers l'Algérie. Le général Bugeaud y était revenu comme Gouverneur général et s'y distinguait par ses succès qui assuraient de plus en plus à la France la possession de cette belle colonie.

En 1843, la création de postes importants sur les limites du Tell, la soumission d'un grand nombre de tribus, et l'affaiblissement de la puissance d'Abd-el-Kader avaient donné à notre occupation le caractère d'une conquête à peu près définitive.

Ce fut vers ce temps que l'un des anciens chefs du général Harispe, le comte Drouet d'Erlon, fut élevé à la dignité de maréchal de France. Il reçut de son ancien divisionnaire à l'armée des Pyrénées les félicitations les plus sincères et s'empressa de le remercier vers la fin d'avril.

En même temps Harispe, ayant eu l'occasion d'écrire au général Bugeaud à propos de sa dernière campagne, lui exprima la satisfaction qu'il aurait eue, si le gouvernement, en reconnaissance des grandes choses accomplies par lui en Afrique, l'avait également promu au maréchalat.

La réponse de Bugeaud, datée de Ténès, le 1er mai, mérite d'être citée :

Mon général, mon ancien chef,

... Vous qui, mieux que les autres, pouviez prétendre à la haute dignité qu'on vient de décerner, vous regrettez qu'on n'y ait pas élevé celui qui n'était que capitaine de grenadiers alors que vous étiez déjà lieutenant général ; celui qui, comme chef de bataillon, a servi quatre ans dans votre division et a reçu de vous les leçons et les exemples qui l'ont fait ce qu'il est ; voilà qui est rare et digne de toute la vénération des hommes, etc...

Mille amitiés et respects.

BUGEAUD.

Cette lettre qui donne une si haute idée de l'abnégation du général Harispe, précédait, de quelques jours seulement, un événement de guerre qui devait avoir un retentissement universel : la prise de la Smala d'Abd-el-Kader par le duc d'Aumale. La gloire de ce succès fut attribuée tout entière au Prince qui commandait la colonne victorieuse. Harispe sut cependant que la préparation de ce beau succès appartenait au Gouverneur général ; il lui envoya ses plus sincères compliments.

A la même époque, un de ses anciens compagnons d'armes de la campagne des Pyrénées en 1814, le général de division de cavalerie Pierre Soult, frère du maréchal, mourut à Tarbes. Harispe s'empressa d'exprimer au maréchal le chagrin que lui causait ce malheur Il en reçut, le 14 mai, une lettre qui était un nouveau témoignage de l'amitié que le duc de Dalmatie lui conservait.

Au mois d'août de la même année, Bugeaud fut nommé maréchal de France. Harispe, heureux de voir ses vœux exaucés, s'empressa de lui adresser ses félicitations.

Une nouvelle réponse de Bugeaud peint d'une façon plus saisissante encore que la précédente les sentiments intimes qu'il professait pour son ancien général :

Alger, le 18 août 1843.

Gouvernement général de l'Algérie. Cabinet.

Mon ancien et vénérable chef,

Vos félicitations m'ont touché jusqu'aux larmes ! Il n'y avait pas de place dans mon cœur pour le juste orgueil d'être loué par un homme comme vous. Il était plein d'admiration pour ce caractère antique par lequel vous voyez sans envie s'élever celui à qui vous donnâtes presque les premières leçons de la guerre et qui n'était que chef de bataillon quand déjà vous étiez lieutenant-général renommé. Aussi se mêlait-il un sentiment pénible au bonheur que me causaient vos touchantes paroles. Mais, de grâce, mon général, ne me parlez plus de respectueux dévouement; cela me fait mal. J'aime mille fois mieux les expressions de votre estime et de votre attachement. C'est moi qui vous dois du respect et pour votre caractère de toujours et pour celui que vous me montrez depuis que des circonstances, qui vous ont manqué, m'ont donné un grade que vous avez mérité avant moi.

Adieu. Je vous aime et je vous vénère comme j'aimais et vénérais mon père.

BUGEAUD.

Vers la même époque, un événement d'une grande portée se produisit en Espagne : Espartero perdit la Régence, et un nouveau régime politique fut inauguré.

Le général Harispe avait déjà prévenu son gouvernement des maladresses commises par le régent Espartero, de la désaffection toujours grandissante qui en était la suite, et de l'influence croissante que son rival, le général Narvaez, partisan de la reine Marie-Christine, prenait chaque jour dans les affaires de l'État.

Il en résulta bientôt en Espagne un changement de gouvernement dont le général Harispe rendit compte au ministre de la Guerre :

Bayonne, le 23 juin 1843.

20ᵉ division militaire
Cabinet du lieutenant général.

Monsieur le Maréchal,

Le régent s'est enfin décidé à partir; c'est lorsqu'il a reçu la nouvelle du pronunciamento de Barcelone et de Tarragone et de la retraite de Zurbano sur Lérida, qu'il a pris ce parti...

La garnison de Madrid ne se compose plus que de quelques dépôts et de la garde nationale; la Reine reste donc à la merci de cette troupe...

La consternation règne à Madrid parmi les amis du système actuel qui, par suite de l'éloignement du Régent et des troupes, vont se trouver à la merci des événements...

Le lieutenant général, pair de France,
Comte HARISPE.

A Monsieur le Ministre de la guerre.

Bayonne, le 8 juillet 1843.

20ᵉ division militaire.
Cabinet du lieutenant général.

Monsieur le Maréchal,

Le régent a appris, le 29, l'arrivée de Narvaez à Valence, et l'on disait déjà, à Albacete, que ce général était à deux journées de marche, au col d'Almanza...

... Il est donc probable que, quelle que soit la marche du régent, il arrivera trop tard pour s'opposer au succès de

Narvaez; mais l'action de ce général a une importance politique et militaire immense, non seulement pour les destinées du régent, mais pour celles de l'Espagne. Tout le monde sait en effet que, depuis la formation de l'armée de réserve sous Madrid, et les événements de Séville en 1838, Narvaez s'est posé comme rival d'Espartero.

... C'est aussi ce qui a déterminé la politique du général Narvaez qui, tout aussi ambitieux qu'Espartero et n'ayant pas plus de principes que lui, s'est dévoué entièrement à la cause de la reine Christine et du parti modéré, parce qu'Espartero s'est jeté dans le camp opposé...

... Il est donc à croire que les destinées actuelles de l'Espagne dépendent des opérations militaires dont Valence est le pivot, et dont les généraux Narvaez et Espartero sont les directeurs.

Le lieutenant général, pair de France.
Comte HARISPE.

Un mois après, le 7 août, Harispe annonça au ministre le départ définitif du régent Espartero et l'avènement d'un régime entièrement favorable à la reine Marie-Christine.

La fin de l'année 1843 apporta au général Harispe une haute distinction qui fut pour lui une surprise. Le roi de Suède, Bernadotte, voulant prouver l'intérêt qu'il portait à son pays natal, lui envoya les insignes de Commandeur Grand-Croix de l'ordre de l'Epée. Le commandant de la division militaire de Bayonne lui adressa tous ses remerciments.

L'année suivante, Bugeaud obtint en Afrique, un succès qui eut partout un retentissement considérable. A la tête d'un petit corps de 9.000 hommes, il battit et dispersa à Isly l'armée du sultan du Maroc, évaluée à plus de 50.000 combattants.

Naturellement, Harispe exprima à son ancien commandant du 116e de ligne, toute la joie qu'il ressentait de cette victoire et du nouveau titre de duc d'Isly qui en récompensa le maréchal.

Bugeaud lui répondit aussitôt, en faisant connaître au général Harispe les conséquences de cette bataille et son opinion, toujours si éclairée et d'un sens si pratique, sur l'avenir de la colonie.

Gouvernement général de l'Algérie.
Cabinet.

Alger, le 14 septembre 1844.

Mon cher général, mon ancien chef,

Vous avez voulu prolonger chez moi l'ivresse de la victoire en m'adressant vos félicitations. Quoi de plus enivrant en effet que les éloges d'un maître tel que vous? Quoi de plus touchant en effet que les marques d'estime et d'affection de l'homme sous lequel on a servi et presque débuté? J'envoie votre lettre à ma femme pour qu'elle la mette dans les archives de la famille à côté de celle dont vous me fîtes honneur, lorsque je fus nommé maréchal. Mes enfants et mes petits-enfants la liront et y puiseront des sentiments nobles et généreux.

Je le répète, la bataille d'Isly a consacré la conquête définitive de l'Algérie. Nos Arabes soumis, mais non encore résignés, tournaient leurs regards vers le grand empereur du Maroc, le descendant de Mahomet, le chef de la religion dans tout le nord de l'Afrique; ils le regardaient comme le futur libérateur. Le prestige est détruit.

L'épreuve que vient de subir l'Algérie est bien décisive; rien n'y a bougé, malgré la belle occasion offerte. J'avais dégarni tout l'intérieur de la province d'Oran et affaibli la division d'Alger. Malgré cela, mes convois ont continué de m'arriver d'Oran, à 50 lieues, sans escorte, par les Arabes et avec la plus grande ponctualité. Il faut que notre domination ait jeté de bien profondes racines.....

.. Adieu, mon cher et bon général, que Dieu prolonge vos jours, en les couvrant de bonheur, comme ils sont entourés d'estime et d'honneur.

Maréchal Bugeaud.

Le général Harispe, très touché des sentiments qui animaient le maréchal Bugeaud à son égard, ne crut pas devoir laisser passer cette réponse, sans lui exprimer à son tour ce qu'il avait ressenti en la lisant et ce qu'il pensait au juste des vœux que son ancien subordonné voulait bien lui exprimer.

> Mon cher Maréchal,
>
> J'ai reçu votre lettre si bonne, si affectueuse. Je suis pénétré des sentiments que vous me conservez et de vos vœux pour moi; vœux qui ne se réaliseront pas sans doute, mais qui me disent la place que j'occupe dans votre cœur et dans votre estime. C'est déjà un bien glorieux dédommagement pour une vie militaire d'être prisée aussi haut par un juge tel que vous...
>
> Agréez, mon cher Maréchal, avec l'hommage de mon respect, celui de mes sentiments les plus sincèrement, les plus profondément dévoués...
>
> Lieutenant général Comte Harispe.

A la fin de 1844 les affaires d'Espagne attirèrent de nouveau l'attention du général Harispe. Au mois d'octobre, Narvaëz était devenu le maître des destinées de son pays et avait fait rappeler la reine-mère Marie Christine, aussitôt rentrée avec ses enfants.

Il en était résulté un calme relatif qui succéda, en Espagne, aux agitations passées et fit surgir une question d'un intérêt spécial pour la France. Il s'agissait du mariage de la jeune reine Isabelle et de sa sœur dona Maria Luisa Fernanda.

Quatre prétendants se disputaient déjà la main de la jeune reine : son cousin, don François d'Assise, revenu depuis peu dans sa patrie : le comte de Montemolin, fils de don Carlos, soutenu par la Russie; le comte de Trapani, fils du roi des Deux-Siciles et le prince de Saxe-Cobourg, patronné par l'Angleterre.

La France favorisait le prince François d'Assise qui était aussi le candidat préféré du gouvernement espagnol.

Si les questions espagnoles préoccupaient toujours le cabinet français, celles d'Afrique passionnaient le public, et chacun suivait avec attention les divers incidents qui marquaient notre conquête. Pour Harispe, l'attrait des nouvelles d'Algérie était plus vif encore, en raison de son amitié pour le gouverneur général.

Ce ne fut donc pas sans une certaine inquiétude qu'il apprit, pendant l'automne de 1845, tandis que Bugeaud était en France, les soulèvements survenus de divers côtés : celui des tribus du Chélif provoqué par l'agitateur Bou Maza, celui des montagnards du Trara suscité par Abd-el-Kader, le désastre de Djemma-Ghazaouat, la reddition d'une troupe de 200 hommes entre les mains d'Abd-el-Kader, à Aïn Temouchen, et une sorte d'insurrection générale des Arabes de la province d'Oran. Bugeaud, parti précipitamment, avait mis plus de deux mois à calmer cette agitation et à punir les révoltés. Quand ce fut fini, il éprouva le besoin d'expliquer sa situation à son ancien général et lui écrivit en pleine expédition.

Bivouac sur l'Oued Riou, chez les Kéraïch, le 1ᵉʳ janvier 1846.

Mon général, mon ancien et bien aimé chef,

Oui, mon cher général, je suis heureux toutes les fois que je puis faire quelque chose qui doit vous être agréable.

Voulez-vous savoir une de mes pensées de tous les jours ? C'est le vœu de vous voir élever à la dignité que vous auriez dû obtenir avant moi ; cela sera, je l'espère.

Je suis persuadé que vous me suivez dans la laborieuse tâche qui m'est de nouveau imposée, ou que je me suis imposée par dévouement pour le pays et l'armée d'Afrique, et non, je vous l'assure, dans aucune vue d'intérêt personnel.

Eh! qu'avais-je à gagner dans ce guêpier dont je m'étais si heureusement tiré par la bataille d'Isly? Des injures, des calomnies, des faux jugements, et voilà tout. On ne peut plus rien faire pour moi. Mais je n'ai pu résister aux vœux de mes camarades et à la crainte de voir Abd-el-Kader démolir ce que nous avions si péniblement édifié. Je suis parti sans hésiter, et j'ai repris une besogne plus compliquée, plus ardue que la première fois. En effet, de 1840 à 1843, nous ne possédions rien ou presque rien; nous n'avions que l'offensive à faire et nous agissions quand et bon nous semblait; nous choisissions la saison et les lieux des attaques; nous n'avions rien à garder, à protéger que les petites banlieues de nos villes de la côte. Nous faisions reposer nos troupes quand nous le voulions, et nous ne les remettions en campagne que bien pourvues de ce qui leur était nécessaire.

Aujourd'hui les choses sont bien changées : nous avons l'embarras des richesses; il nous faut défendre de longues lignes, de vastes espaces contre l'envahissement d'un ennemi actif, intelligent et rapide, et qui exerce sur les populations arabes le prestige que lui ont donné son génie, la grandeur de la cause qu'il défendait, le fanatisme religieux et l'exercice du pouvoir pendant dix ans. C'est plus, beaucoup plus qu'un prétendant ordinaire; c'est une espèce de prophète; c'est l'espérance de tous les musulmans fervents. Son influence n'est pas seulement plus puissante que sa cavalerie, elle est infiniment plus rapide. Dès qu'on entend le bruit de son approche, les esprits fermentent et la révolte ne tarde pas à éclater.

Il avait préparé de longue main la restauration qu'il vient de tenter; des milliers de lettres et d'émissaires avaient été envoyés dans tout le pays. On annonçait aux Arabes que, selon les prédictions du prophète, l'heure était venue de se délivrer du joug chrétien; on leur disait de se préparer à la guerre sainte, que le sultan allait bientôt paraître. Il parut en effet à la fin de septembre, et il obtint des succès sans exemples dans les fastes de la guerre d'Afrique. Les événements de Djemma-Ghazaoual, Aïn Temouchen, et le combat du défilé de Teïfour, chez les Flittas, exaltèrent au plus haut degré tous les Arabes. L'insurrection éclata sur toute la province d'Oran et gagnait rapidement celle d'Alger lorsque j'arrivai. Je ne restai que trois jours dans la capitale, tout juste le temps nécessaire pour organiser une petite colonne de 3.200 baïonnettes et 400 sabres. Je courus d'abord frapper sur le plus gros foyer de l'insurrection, qui se trouvait dans le pays fertile et peuplé du Riou et de la Mina; je donnai rendez-vous au général Bourjolly et au colonel Saint-Arnaud, et les insurgés étaient écrasés, ruinés et découragés quand Abd-el-Kader arriva.

Il y a néanmoins soutenu la lutte pendant six semaines. Il serait trop long de vous raconter les marches et les péripéties de tous les instants et les difficultés inextricables pour les vivres et autres moyens de guerre. Je me borne à vous dire que jamais nos troupes n'avaient eu autant à marcher et à souffrir et que jamais l'imagination du chef n'avait été mise à de plus rudes épreuves. Enfin, à force de persévérance, nous sommes parvenus à rejeter l'émir dans le désert; mais il n'est pas bien loin. J'apprends en ce moment qu'il rallie les tribus sahariennes près de Goudjilah; il médite évidemment quelques nouvelles entreprises, et Dieu sait où il va tomber avec les 4.000 ou 5.000 chevaux qu'il peut réunir. Vous apprendrez cela dans une dizaine de jours.

Pendant que je soutenais cette lutte inextricable, mes autres colonnes agissaient contre l'insurrection depuis la frontière de l'ouest jusque dans l'est de Tittery. Elles ont obtenu les plus grands succès. Bien peu de tribus ont échappé à la ruine; elles ont perdu au moins 4.000 de leurs combattants; on leur a fait beaucoup de prisonniers; on leur a pris une grande quantité de troupeaux et elles en ont perdu peut-être autant par les courses continuelles qu'elles ont dû faire sous des pluies froides et sous la neige.

Aujourd'hui Abd-el-Kader trouvera peu d'assistance auprès d'elles dans tout le Tell... Et si cependant nous l'y laissions pénétrer et résider pendant quelques jours, elles se rallieraient encore à lui. L'empêcher de pénétrer est une chose impossible. Alors même que nos colonnes seraient triplées, on n'y parviendrait pas; tout ce que l'on peut faire, c'est de le harceler, l'empêcher de s'asseoir nulle part, de rien organiser et même de vivre.

C'est ce que nous nous préparons à faire s'il revient, mais nous sommes un peu fatigués ; notre cavalerie surtout est à bout de moyens, et il est de toute nécessité que j'en fasse reposer la plus grande partie.

Agréez, mon cher général, l'assurance de mon éternel attachement.

Maréchal duc d'Isly.

Si les événements mentionnés dans cette intéressante lettre sollicitaient fortement l'attention de Harispe, ils ne la détournaient pourtant pas des incidents survenus au delà des Pyrénées.

A la fin de juillet 1846, il signala l'arrivée à Madrid de l'infant don François d'Assise et les bruits qui couraient sur sa candidature. Son mariage avec la jeune reine Isabelle était décidé, en même temps que celui de sa sœur, sa princesse Fernande, avec le duc de Montpensier, cinquième fils du roi de France.

Le 8 du même mois, Harispe fit connaître à Paris que le gouvernement royal venait de l'annoncer publiquement, et que cette double union était accueillie favorablement par le peuple espagnol.

Peu de temps après, les ducs d'Aumale et de Montpensier passèrent à Bayonne pour se rendre en Espagne. Le commandant de la division alla les saluer, et les accompagna jusqu'à la frontière. Le 7 octobre, il annonça leur arrivée à Madrid, la veille à trois heures de l'après-midi, au milieu d'un enthousiasme général ; et le 11, il fit connaître que les deux mariages avaient été célébrés le 10, dans la soirée.

Au début de 1847, Harispe adressa ses souhaits habituels au maréchal Bugeaud. Celui-ci se trouvait alors dans une situation qui devait amener une crise dans son existence. Il voulut la faire connaître au général et lui écrivit une des lettres les plus curieuses de sa volumineuse correspondance.

Gouvernement général de l'Algérie.
Cabinet.

Alger, le 18 février 1847.

Mon cher général,

Puisque l'occasion m'en est offerte, je veux mettre de côté un instant la masse désolante de mes occupations pour vous entretenir de l'état général des choses en Algérie et vous faire connaître ma situation et mes dispositions personnelles.

Les Arabes épuisés par la guerre, ruinés, mourant de faim par suite de nos razzias et de deux mauvaises récoltes, ne songent pour le moment à reprendre les armes sur aucun point.

Abd-el-Kader l'a bien senti; aussi n'a-t-il rien tenté de sérieux depuis que nous l'avons rejeté pour la seconde fois dans le Maroc.

Aujourd'hui donc notre autorité est reconnue, nos ordres sont obéis partout où nous avons porté nos armes, c'est-à-dire sur toute la surface du pays moins la grande chaîne montagneuse du Djurjura. Et ici même le retentissement et la constance de nos succès ont exercé une telle influence que les populations et leurs chefs commencent à venir vers nous d'eux-mêmes. Malgré leur esprit de fierté et d'indépendance, les montagnards ont compris que nous allions pouvoir nous occuper d'eux et qu'ils n'étaient pas plus que leurs frères déjà vaincus, capables de nous résister. Sur divers points se sont manifestées à la fois des dispositions de soumission et de paix. Des chefs sont allés à Constantine, à Sétif, à Djidjelli, à Bougie, promettre l'obéissance de leurs tribus et demander d'exercer le pouvoir au nom de la France. Dans les environs de Bougie principalement, les résultats de ces propositions sont déjà considérables. Les chefs que nous y avons investis étendent leur autorité reconnue d'un côté jusqu'au cercle de soumission de Sétif, de l'autre jusqu'à celui de Dellys et d'Alger. Pour en faire une expérience concluante, j'ai ordonné qu'un convoi fut expédié de Sétif à Bougie : j'attends tous les jours la nouvelle de son heureuse arrivée.

Sans doute il ne faut pas se faire illusion et compter qu'une soumission ainsi obtenue puisse être bien réelle et bien solide, mais elle suffit pour garantir que la conquête de ces vastes et âpres montagnes serait aujourd'hui infiniment plus facile qu'il y a deux ou trois ans. Le ministre d'alors la voulait, et moi je ne la voulais pas. Maintenant que le moment est venu, que l'entreprise nous est commandée par toutes les considérations politiques et militaires, le gouvernement hésite, et me fait des objections que je faisais au maréchal Soult, mais qui ne sont plus de saison. Je le convaincrai de l'opportunité de notre action, et si aucune complication ne surgit dans l'ouest, je me chargerai pendant les mois de mai et de juin d'avancer beaucoup, sinon de terminer cette importante affaire. Le succès ne me laisse pas le moindre doute.

Après cela, mon cher général, ma tâche militaire sera accomplie dans toute son étendue. Quand je suis venu en Afrique, nous étions bloqués dans nos villes de la côte, démoralisés, tandis qu'Abd-el-Kader dominait tout le pays et conduisait à la guerre sainte les populations pleines d'enthousiasme. Je laisserai l'Algérie soumise de la frontière de Tunis à celle du Maroc, de la mer à la limite sud du petit désert, les Arabes et les Kabyles convaincus de notre supériorité et résignés à l'obéissance, Abd-el-Kader chassé de notre territoire et en butte aux tentatives du souverain auquel il a valu déjà une éclatante défaite et dont il ose braver l'autorité.

Des trois questions fondamentales de notre entreprise, deux auront été résolues par moi : la guerre et le gouvernement des Arabes ; restera la troisième, c'est-à-dire la colonisation, l'établissement du peuple européen au milieu du peuple vaincu. Cette troisième question est plus longue, mais elle n'est pas plus difficile à résoudre que les deux autres. Seulement ici, je ne suis pas libre d'agir ; j'ai affaire aux intérêts personnels et aux préjugés les plus étendus et les plus enracinés dans l'esprit des nombreux théoriciens qui traitent la question et qui exercent tant d'influence sur les chambres législatives.

Le gouvernement m'a promis de demander un crédit de trois millions pour des essais de mon système de colonisation militaire. Je ne suis revenu en Afrique qu'à cette condition. Vous avez vu que le discours de la couronne a annoncé la demande de crédit. Je prendrai mon parti d'après les résultats de la discussion. Si le crédit est voté, au moins en partie, si le principe de colonisation en avant au moyen de l'armée est admis, je resterai pour en faire l'application, pour poser la base d'un système duquel dépend, dans mon esprit, le sort de notre conquête. Mais si les idées contraires l'emportent, je suis très décidé à me retirer. Je ne peux pas me faire l'exécuteur d'un système que je crois faux, d'une application impossible et dangereuse. Je ne peux pas, après avoir fait les grandes choses, m'user aux frottements avec la bureaucratie, me réduire au métier de l'écureuil qui s'épuise à tourner dans sa cage pour rester toujours à la même place. L'attente est pleine de périls. Les Arabes sont domptés, abattus pour le moment; mais ils sont loin d'avoir perdu l'espoir de la délivrance, et ils seront d'autant plus disposés à recommencer la lutte qu'ils ne nous verront rien entreprendre de grand, ni réaliser aucun progrès véritable... Depuis quatre ans, je n'ai rien négligé pour faire comprendre et adopter mes idées. Si je n'ai pas réussi, ce ne sera pas une raison pour désespérer; mais ce ne sera plus comme gouverneur-général que je continuerai à les défendre; ce sera comme simple député. Sous peu, je saurai à quoi m'en tenir.

Le gouvernement m'ayant exprimé le désir de me voir assister à la discussion, je partirai probablement pour Paris dans la première quinzaine de mars, laissant ici ma famille jusqu'à ce que je prenne une résolution définitive.

Adieu, mon cher général, adieu. La fin de votre lettre m'a encore fait venir les larmes aux yeux. De votre part, le mot respect me fait mal. C'est moi qui vous en dois encore aujourd'hui comme à l'époque où je servais sous vos ordres. De grâce, ne me parlez plus que de votre amitié dont je suis plus que jamais touché et reconnaissant, et croyez à mon vieil et respectueux attachement.

Maréchal duc d'Isly.

Le général Harispe, frappé de la résolution du maréchal et d'une sorte de parti pris qui semblait le prélude d'une prochaine démission, crut devoir les combattre en lui disant tout ce qu'il espérait d'une décision contraire.

Quartier général de Bayonne, le 3 mars 1847.

Mon cher maréchal,

Je vous remercie de votre bonne lettre, qui m'a paru courte tant elle était pleine d'intérêt. Vous parlez admirablement des grandes choses que vous faites, et je ne comprendrais pas qu'après avoir justifié la confiance générale et celle du gouvernement dans ce que vous avez fait, cette confiance vous fît faute pour ce qui reste à faire. Votre voyage en France lèvera certainement les obstacles et, si les complications politiques au milieu desquelles nous sommes placés ne rendent pas votre présence indispensable ailleurs, vous retournerez en Afrique attacher irrévocablement votre nom à la conquête définitive de l'Algérie, et mettre en œuvre la consolidation de notre conquête par la colonisation, ce qui, pour la France, sera la plus grande gloire obtenue depuis bien des années.

Je voudrais, mon cher maréchal, pouvoir me promettre de vous retrouver cet hiver à Paris; j'aurais tant de bonheur à vous serrer dans mes bras; mais les affaires de nos voisins les Espagnols prennent une triste tournure. Je resterai probablement ici pour être plus à portée de les suivre...

Recevez, mon cher maréchal, l'expression de toute mon affection et de tout mon dévouement; mais laissez-moi, malgré vos instances, joindre à ces sentiments qui coulent à plein bord de mon cœur, un autre sentiment que je dois à votre haute dignité et aux glorieuses actions de guerre par lesquelles vous les avez conquises. Le respect, croyez-le bien, mon cher maréchal, ne fera aucun tort dans mon cœur à l'affection toute paternelle que je vous porte depuis plus de 40 ans. C'est avec ces sentiments que je vous prie, Monsieur le maréchal, de conserver votre amitié à votre bien dévoué

Comte Harispe, lieutenant général commandant la 20ᵉ division militaire.

En lisant la réponse du général Harispe, le maréchal

Bugeaud voulut lui expliquer avec de plus grands détails pourquoi il rejetait les projets de colonisation civile qu'on lui proposait et dont le général de Lamoricière, député comme lui, s'était fait l'ardent défenseur. Harispe le comprit, admit ses arguments et se rangea à son avis ; ce qui amena Bugeaud à lui écrire de nouveau, lorsqu'il eut mis à exécution son projet de démission de gouverneur général.

La Durentie (près Excideuil), le 29 novembre 1847.

Je suis heureux que vous ayez reconnu que je ne pouvais rester en Algérie, puisque mon système de colonisation était repoussé par les Chambres et faiblement compris par le gouvernement. Comme les idées contraires me paraissaient complètement absurdes, je ne voulais pas perdre à leur application mon temps et la petite réputation que je m'étais faite dans de plus grandes choses. Il était d'ailleurs sage de se retirer après avoir résolu les questions de guerre, de domination et d'administration des Arabes. On m'avait su fort peu de gré de cette œuvre. Pendant l'exécution, on me critiquait, personne ne me défendait...

Mes idées sur les divers modes de colonisation opposés au mien sont pleinement justifiées par les faits. J'ai reçu plusieurs lettres de la province d'Oran, qui me donnent à cet égard les renseignements les plus positifs, les plus sûrs. Toutes les entreprises de colonisation faites par des sociétés de capitalistes ont échoué et sont à peu près abandonnées.

Personne ne se présente pour entreprendre les six communes décrétées par ordonnance royale, et mises en adjudication, conformément au système de M. de Lamoricière qui a tant séduit le gouvernement et les Chambres, parce que l'on croyait faire la colonisation par ce moyen sans bourse délier.

Les villages prussiens (1) complètement faits par l'armée ont une population de plus en plus détestable. Elle est

(1) Villages peuplés avec des émigrants allemands.

vicieuse, paresseuse, malsaine, incapable de vivre de son travail. Il faudra que l'administration vienne à son secours pendant plusieurs années encore et, il ne restera guère que le tiers des familles ; le reste se dispersera et végétera misérablement. Voilà la population que l'on préfère à nos braves, à nos vigoureux soldats, ayant trouvé une femme dans leur village. Et remarquez que, pour établir cette canaille affreuse, on a dépensé beaucoup plus que je ne demandais pour les troupiers qui en ont fait la conquête. Pour eux, c'était trop cher.

En résumé, rien ne réussit que la petite colonisation dans la banlieue de nos villes. L'industriel qui a gagné de l'argent dans la cité, veut avoir sa petite maison de campagne, surtout depuis qu'il y a de la sécurité. Cela seul a un peu grandi.

Il m'eut été bien agréable d'aller vous visiter dans vos montagnes et de les comparer avec celles de la Kabylie que je venais de quitter. Avec quel bonheur j'aurais mêlé le récit de la guerre de cette contrée avec nos souvenirs de celle d'Espagne ; avec quel intérêt j'aurais recueilli vos jugements sur l'une et sur l'autre. Je suis bien sûr que vous avez compris les difficultés de la guerre d'Afrique, dont les ignorants se moquaient, quoique plusieurs généraux qui avaient pris part à nos grandes guerres y eussent échoué.

Ne viendrez-vous pas à Paris cet hiver? Il me semble qu'il y a bien longtemps que vous n'avez paru à la Chambre des pairs. Je crois que vous ne vous êtes pas montré assez souvent ; vous vous êtes laissé oublier pas certains hommes, et j'ai eu la douleur de voir faire deux maréchaux sans vous y voir. Je n'avais pas cependant négligé de faire parvenir au Roi et aux princes mon opinion sur vos titres. Hélas, il ne peut tarder à se présenter de nouvelles occasions de couronner votre belle carrière par la plus élevée des dignités militaires. C'est l'un de mes vœux les plus ardents. Je souffre que vous ne soyez pas arrivé avant moi au point où les circonstances m'ont conduit.

Adieu, mon général, mon professeur de guerre ; nous nous reverrons bientôt, je l'espère. En attendant croyez que vous n'avez pas un ami plus dévoué que moi.

Maréchal duc d'Isly.

Au moment où le maréchal Bugeaud écrivait cette lettre au général Harispe, des troubles profonds commençaient à agiter le gouvernement du roi Louis-Philippe et à compromettre son existence. Les forces de l'opposition devenaient chaque jour plus puissantes. Au mois de février 1848, elles firent éclater une révolution qui avait pour prétexte l'extension de nos libertés et, en particulier, le droit de réunion proclamé dans des banquets réformistes. Bugeaud qui était à Paris, offrit au Roi de se charger de réprimer la révolte. Mais Louis-Philippe s'y décida trop tard; la révolution triompha et la République fut proclamée. Le roi dut s'enfuir; un gouvernement provisoire prit sa place.

CHAPITRE XXI

DERNIÈRES ANNÉES DU MARÉCHAL

La deuxième république. — Harispe commandant la 11ᵉ divison militaire. — Election du prince Napoléon. — Mort de Bugeaud. — Harispe demande sa mise en disponibilité. — Avènement du Prince Président. — Lettre de Pélissier. — Coup d'Etat de 1852. — Harispe, maréchal de France. — Félicitations. — Harispe sénateur. — Il reçoit la Médaille militaire. — Lettres de l'Empereur et de Saint-Arnaud. — Guerre d'Orient. — Mort de Manech. — Mort du maréchal.

Les événements de 1848 eurent leur répercussion dans les départements, sans porter d'ailleurs aucune atteinte à la position du général Harispe. Seul, le numéro de la division fut changé; elle devint la 11ᵉ. Harispe continua son service, renseignant le ministre de la guerre, à l'occasion, sur les événements d'Espagne et se conformant aux ordres qu'il recevait. Les chances qu'il avait eues un moment sous le roi Louis-Philippe de devenir maréchal de France, étaient indéfiniment ajournées.

Son ami, le maréchal Bugeaud, ne bénéficia pas de la même tranquillité. On savait que s'il l'avait pu, il aurait réprimé l'insurrection de 1848 à coups de canon, et le parti au pouvoir le considérait comme un ennemi, quoiqu'il fût toujours prêt à servir fidèlement son pays. Les journalistes qu'il avait souvent maltraités, s'en prirent à lui avec violence et ne lui laissèrent aucun repos pendant l'année 1848. Harispe fut le premier à en souffrir et témoigna plusieurs fois ses sympathies au maréchal pour le dédommager des attaques dont il était l'objet. Bugeaud lui écrivit à ce sujet :

Excideuil, le 7 octobre 1848.

Mon excellent général et ami,

Votre lettre a porté plus de baume sur les blessures de mon âme que vingt autres du même genre. J'ai bien reconnu là votre cœur aimant et généreux. Vous me voyez malheureux, accablé par les attaques d'une presse hostile qui mesurait sa violence sur le degré de dévouement que j'ai montré au gouvernement. Vous êtes venu au secours de mon esprit prêt à se laisser abattre par tant d'injustice, etc.

Adieu, mon cher et excellent chef et camarade d'armes. Vous m'avez presque fait faire les premiers pas dans la carrière. Vous m'aidez à les soutenir dans cette circonstance fâcheuse. Vous êtes donc doublement mon patron et mon ami.

BUGEAUD.

Peu de temps après, le maréchal qui ne renonçait nullement à lutter contre ses ennemis, fut élu député dans la Charente-Inférieure. Il répondit aux félicitations de Harispe par une très sympathique lettre :

Paris, 23 décembre 1848.

Mon cher général,

Je ne puis trop vous remercier de la bonne et bienveillante lettre que vous m'avez écrite à l'occasion de mon élection dans la Charente-Inférieure.

Je suis honoré et touché de ce témoignage d'affection et d'estime que je réunis à tous ceux que j'ai déjà reçus de vous dans le cours de ma carrière et qui en sont les meilleurs souvenirs...

Adieu, mon cher général; conservez-moi votre vieille et bonne amitié. Vous savez combien elle m'est chère et avec quelle sincérité je vous la rends. Recevez-en la nouvelle assurance et permettez-moi de vous retourner celle du respect que vous voulez bien envoyer à l'un de vos anciens lieutenants qui persiste à voir toujours en vous son général.

Maréchal duc d'Isly.

La révolution de 1848 plaçait le général Harispe dans une situation nouvelle, inattendue, qui rejetait dans le passé le plus lointain le temps heureux où il guerroyait sous l'œil du grand Empereur. Néanmoins, comme il était classé parmi les inamovibles, et entouré dans son beau pays natal du respect de tous, sa pensée, détachée des ambitions humaines, lui permettait d'envisager les événements avec un calme et une philosophie que rien désormais ne pouvait troubler. Il avait près de quatre-vingts ans; il était vénéré dans l'armée comme dans toute la France, et vert encore malgré ses campagnes, il se sentait toujours en état de rendre des services sur cette frontière qu'il avait si souvent défendue et dont il restait le gardien vigilant.

C'est ainsi qu'il vit se dérouler de loin les événements qui troublèrent la France en 1848, la nomination d'un gouvernement provisoire en février, la réunion d'une assemblée constituante, la proclamation de la République au mois de mai, la sanglante insurrection du mois de juin, l'élection du prince Louis Bonaparte comme député, et sa désignation au mois de décembre comme Président de la République.

Dès ce moment, les parlementaires les plus avisés songèrent au rétablissement de l'Empire. Pour le général Harispe qui ne se mêlait pas de politique, cette élévation de l'héritier de Napoléon à la première magistrature du pays apportait pourtant une espérance de prospérité pour sa patrie et de relèvement pour l'armée.

L'année 1849 s'écoula pour lui dans la tranquillité de

son beau commandement, dont les loisirs lui permettaient de jouir souvent, en son château de Lacarre, du charme de la vie des champs.

Cette quiétude fut pourtant troublée au mois de juin par une mauvaise nouvelle. Le maréchal Bugeaud, atteint du choléra à Paris, succomba à cette cruelle épidémie, donnant jusqu'à son dernier soupir l'exemple du courage et de la grandeur d'âme. Ce fut une perte pour la France entière. Harispe la ressentit vivement et partagea le deuil que l'armée porta dans le fond de son cœur.

A la fin de 1849, il tomba assez gravement malade, et son état inquiéta ses amis.

Le maréchal Soult, retiré dans le Tarn, avait fait prendre de ses nouvelles; et apprit, avec une vive satisfaction, au mois de janvier 1850, que son vieil ami était entré en convalescence. Au même moment, Harispe lui annonçait lui-même son prochain rétablissement en exprimant l'espoir de se rendre bientôt à son quartier général à Bayonne. Mais il ne lui confiait pourtant pas quels étaient ses projets. L'épreuve qu'il venait de subir et les fatigues qui en étaient résultées lui avaient rappelé son âge et avaient éveillé en lui l'idée d'un repos définitif qu'il savait avoir bien gagné. Aussi, rentré à Bayonne, fit-il valoir auprès du ministre des raisons de santé et demanda-t-il sa mise en disponibilité. Sa démarche ayant été accueillie par décret du 26 février 1850, il fut classé parmi les généraux disponibles.

Il crut devoir en prévenir le maréchal Soult qui l'approuva entièrement. « Vous en avez assez fait, lui écrivait-il au mois de mars, et vos services sont assez glorieux pour que vous ayez demandé à jouir de quelque repos. A l'âge où vous et moi nous sommes parvenus, la vie des champs nous sera plus profitable que la continuité des affaires. » Il l'invitait ensuite à venir, dans la belle saison, à Soultberg, où la maréchale et lui se feraient une joie de le recevoir.

Mais Harispe n'aimait plus guère à voyager, ni à quitter son pays basque où il se sentait heureux, reportant son esprit sur les souvenirs du passé, chassant encore de temps à autre, vivant en paix loin des partis qui agitaient la France. Il n'avait jamais été courtisan, et se trouvait mieux dans l'atmosphère de Lacarre que dans celle de Paris. Il savait qu'en vivant ainsi, il se faisait oublier; mais cette perspective était loin de lui déplaire. L'année 1850 s'écoula pour lui dans la tranquillité d'une existence conforme à ses goûts. Il suivait néanmoins les incidents politiques qui surgissaient dans la capitale et qui témoignaient de l'influence chaque jour plus grande du Prince Président.

Le 10 mars 1851, le chef de l'Etat conféra la dignité de maréchal de France au général Exelmans, grand Chancelier de la Légion d'honneur. C'était un avancement mérité. Les services du nouveau maréchal étaient éclatants. En outre, son culte pour l'Empereur et la dynastie impériale touchait au fanatisme. Son dévouement, après l'avoir plus d'une fois compromis, l'avait fait désigner pour la Grande Chancellerie. Il était naturel que le Prince Président pensât d'abord à cette haute personnalité militaire pour l'élever au maréchalat. Harispe, lié avec Exelmans d'une vive amitié, en fut très heureux.

Dans l'armée cependant, tout le monde ne pensa pas ainsi; et bon nombre d'officiers et de généraux trouvèrent que le général Harispe eût été digne de cette même récompense. Plusieurs lui écrivirent pour lui exprimer leurs sentiments. Parmi ces lettres, il en est une qui le frappa. Elle était d'un général de division qu'il n'avait jamais vu, mais dont on commençait à parler dans l'armée d'Afrique, du futur vainqueur de Malakoff. Celui-ci faisait alors à Alger, l'intérim du Gouvernement général.

Armée d'Afrique
Province d'Oran.
　Cabinet.

Alger, le 21 mars 1851.

Mon général,

J'étais le chef d'État-major du général Bugeaud lorsqu'il fut élevé à la dignité de maréchal de France, et je fus le premier auquel il communiqua la noble lettre par laquelle vous le félicitiez de cette promotion.

Cette lettre était un grand sujet d'orgueil pour le maréchal, toujours si fier d'avoir servi et d'avoir appris la guerre sous vos ordres. En parlant de ce titre d'honneur, il exprimait toujours le regret que le bâton n'eût pas été remis entre vos mains comme aux mains du plus digne.

Ainsi nous pensions tous, mon général ; mais plus que personne, je partageais les idées du duc d'Isly.

Ce que j'ai ressenti alors, l'oubli où l'on vous laisse me le fait éprouver plus vivement encore aujourd'hui. Ne trouvez pas mauvais que je vous écrive sous l'impression que me cause le décret du 10 mars que je lis dans le *Moniteur*.

C'est un hommage que je crois rendre au plus ancien et au plus glorieux soldat de notre armée, à celui qui par le souvenir des campagnes et des victoires de Valence et d'Aragon, eut ravivé l'éclat de la première de nos dignités militaires.

Veuillez agréer, mon général, et croire à tous mes sentiments de bien respectueux dévouement.

Général Pélissier.

Cet hommage fut sensible à Harispe qui le classa parmi ses souvenirs. Il l'aida à passer le reste de l'année 1851 qui lui réservait d'autres surprises. La première lui causa une grande peine : c'était la mort de son ancien chef et ami, le maréchal Soult qui s'éteignit à 82 ans, le 26 novembre, au château de Soultberg. Avec lui disparaissait la dernière grande figure des maréchaux de Napoléon.

La deuxième, au contraire, lui fit ressentir une bien vive joie.

Dix jours après le coup d'état, le ministre de la Guerre lui écrivit ce qui suit :

Paris, le 12 décembre 1851

Ministère de la Guerre.
Cabinet du ministre.

Monsieur le maréchal,

Une dépêche télégraphique traduit mal, dans son laconisme forcé, les sentiments que j'avais à vous exprimer en vous annonçant que le Président vous a fait maréchal de France.

Cet acte, Monsieur le maréchal, est un nouvel hommage rendu à de puissants et nobles souvenirs; c'est de plus un hommage d'estime et presque de réparation envers une longue existence consacrée au service du pays et entourée du respect des populations. L'armée et la France y applaudiront.

Permettez-moi d'exprimer ici combien je suis heureux et personnellement fier d'avoir pu y contribuer.

Veuillez agréer, Monsieur le maréchal, l'assurance de ma haute considération.

Le Ministre de la guerre,
A. de St ARNAUD.

Monsieur le maréchal Harispe.

La lettre du ministre de la Guerre fut complétée, le même jour, par celle que le Prince Président lui fit porter par son officier d'ordonnance, le commandant d'état-major Toulongeon.

Mon cher maréchal,

Je vous envoie par le commandant Toulongeon, mon officier d'ordonnance, le bâton de Maréchal. J'aurais bien voulu pouvoir vous le remettre moi-même, mais puisque je suis privé de ce plaisir, je ne veux pas tarder plus longtemps à vous faire parvenir les insignes de la haute dignité à laquelle vous ont appelé autant le vœu public que mon propre choix.

J'ai été en effet, Maréchal, très heureux de pouvoir honorer ainsi une vie aussi bien remplie que la vôtre par d'éclatants services et par un dévouement constant au pays.

Recevez donc, mon cher maréchal, l'assurance de mes sentiments de haute estime et d'amitié.

Louis Napoléon.

Le général de division du génie Vaillant fut nommé maréchal en même temps que le général Harispe. Ce dernier qui le connaissait et qui appréciait sa haute valeur, crut devoir le féliciter. Il en reçut une lettre qu'on ne saurait passer sous silence.

Paris, le 13 décembre 1851.

Monsieur le Maréchal,

Je suis tout confus de venir vous adresser un compliment que je reçois pour mon propre compte, à vous qui étiez déjà général de division et dont la grande réputation militaire faisait l'orgueil de l'armée, alors que j'étais à peine officier; aujourd'hui nous voilà compris tous les deux dans une même promotion.

Croyez bien, monsieur le Maréchal, que ce rapprochement, dont je serais fier s'il était plus mérité, me cause un extrême embarras... Heureusement votre nom fera peut-être passer le mien, et c'est une obligation de plus que je vous aurai.

Veuillez agréer, monsieur le Maréchal, mes sentiments de très haute et respectueuse considération.

Maréchal Vaillant.

A la nouvelle de cette haute récompense, ce fut dans le pays basque et dans les Pyrénées, une joie universelle. Dans l'armée, l'approbation fut générale; et rien ne saurait en donner une meilleure idée que les deux lettres de félicitation ci-après :

Monsieur le Maréchal.

J'ai appris avec une vive satisfaction votre élévation à la dignité de Maréchal de France. Permettez à un homme qui n'a jamais oublié vos premières bontés pour lui en Espagne, il y a quelques années, à l'époque où il était simple lieutenant, de vous adresser des félicitations bien sincères et de vous dire combien il est heureux de vous voir donner un bâton qui consacre dignement votre belle carrière...

Le général en chef de l'armée de Lyon.
CASTELLANE.

Quartier général de Lyon, le 16 décembre 1851.

Gouvernement général de l'Algérie.
Cabinet.
Alger, le 19 décembre 1851.

Monsieur le Maréchal.

En vous conférant la dignité suprême de l'armée que je regrettais si vivement, en mars 1851, de ne pas voir couronner votre existence militaire si longue et si bien remplie, le Président de la République n'augmente pas, je le sais, l'éclat de votre carrière et n'ajoute qu'un beau titre à la gloire d'un nom qui a déjà sa place dans l'histoire et sur les marbres de l'Arc-de-Triomphe; mais il n'en fait pas moins un acte de réparation et de justice dont tous les gens de cœur lui sauront gré. »

Combien le duc d'Isly eût été satisfait de voir enfin le bâton de Maréchal entre les mains de son général vénéré, dont il aimait à se proclamer l'admirateur et l'élève et qui avait d'une manière si noble, si distinguée applaudi à son élévation.

Agréez, je vous prie, monsieur le Maréchal, toutes mes félicitations et avec les miennes celles de tous les soldats d'Afrique, qui aimaient à lire l'histoire de nos guerres d'Espagne et à étudier ces nobles luttes qui honoreront à jamais l'époque de la République et de l'Empire.

Veuillez agréer, Monsieur le Maréchal, l'expression de mon respectueux dévouement.

Général PÉLISSIER.

A Monsieur le Maréchal Comte Harispe.

Deux jours après l'envoi de la lettre du général Pélissier, un premier plébiscite amenait la proclamation du prince Louis Napoléon comme Président pour dix ans. Un de ses premiers actes fut de nommer le maréchal Harispe, sénateur, le 14 janvier 1852.

A cette occasion, par ordre du ministre de l'Intérieur, il dut s'entendre avec le peintre Ricard qui était chargé d'exécuter son portrait en pied, destiné à être placé dans la grande salle des maréchaux au Palais des Tuileries.

Au mois d'avril, le président du Sénat lui fit connaître les armoiries qu'il avait désormais le droit de porter comme marque distinctive de sa dignité. Elles comportaient, au centre, l'écusson qui avait été attribué au baron et au comte de l'Empire entouré d'un manteau d'azur fourré d'hermine, surmonté d'un cercle d'or, fermé d'une toque d'azur retroussée d'hermine. Le manteau était bordé d'une broderie en or, chêne et palmier, conforme au modèle adopté pour le Sénat.

Harispe, qui était très simple, ne vit dans cette description qu'un détail d'uniforme qu'il devait adopter à l'occasion. Mais celle-ci ne se présenta pas, et il négligea de faire reproduire ces armoiries.

Deux mois après, le Prince Président créa l'ordre de la médaille militaire pour les hommes de troupe et les généraux ayant commandé en chef. Il la conféra au maréchal par la lettre ci-après :

Palais de l'Elysée, le 16 juin 1852.

Mon cher Maréchal,

Je vous envoie la Médaille militaire que se sont empressés de porter vos honorables collègues et je verrais avec plaisir qu'elle figurât parmi les décorations dont votre noble poitrine est couverte.

Agréez, mon cher Maréchal, l'expression de mes sentiments de haute estime.

Louis NAPOLÉON.

A la fin de cette année, Harispe complimenta à son tour le général de Castellane sur sa nomination de maréchal de France. En le remerciant, le nouveau grand dignitaire lui rappela qu'il avait servi sous ses ordres à Vitoria, en 1808, avec le modeste grade de lieutenant de cavalerie et que depuis cette époque, il n'avait jamais oublié ses bontés ; que « l'amitié du maréchal Harispe lui était précieuse et qu'il en serait toujours fier. » De la part de Castellane, cette phrase avait une valeur particulière, car il ne prodiguait pas de pareilles marques d'estime.

Peu de jours auparavant, Pélissier venait de remporter, dans le sud de l'Algérie, un succès qui eut en France un grand retentissement. Il s'était emparé de la place de Laghouat, avec une vigueur et une précision de manœuvre qui avait frappé tout le monde. Quand il fut rentré à Oran, il y trouva les félicitations du maréchal Harispe, dont il fut très flatté. Il s'empressa de lui répondre :

Monsieur le Maréchal,

Après la satisfaction d'avoir accompli son devoir de soldat, il n'en est pas de plus douce, de plus réelle, que de se voir féliciter par un capitaine de votre trempe, par un guerrier dont le nom seul est une série d'héroïques leçons.

Le souvenir du maréchal Bugeaud a toujours été ma plus noble inspiration ; votre approbation, Monsieur le Maréchal, est la récompense qui aille le mieux à mon cœur de soldat.

Veuillez agréer, Monsieur le Maréchal, la nouvelle expression de tous mes sentiments dévoués et me permettre de vous embrasser respectueusement.

Général PÉLISSIER.

La lettre du général Pélissier fut suivie d'une autre d'un caractère tout différent. L'Empereur lui annonça, le 25 janvier 1853, que « la célébration de son mariage civil aurait lieu, le 29, à huit heures du soir au Palais des Tuileries et qu'il l'avait désigné pour en signer l'acte ».

L'honneur fait ainsi au maréchal Harispe était un nouveau témoignage de la considération dont il était l'objet, non seulement dans l'armée, mais dans toute la France. Le voyage qu'il fit alors à Paris, en lui laissant de précieux souvenirs, lui permit de recueillir les preuves les plus touchantes de la vénération qui entourait sa vieillesse.

A son retour à Lacarre, il apprit que M. Thiers, retiré alors dans le calme d'une retraite studieuse, s'était cassé un bras dans une chute malheureuse. Il lui écrivit aussitôt pour avoir de ses nouvelles. Il en reçut, peu de jours après, une réponse qui vint s'ajouter aux papiers qu'il aimait à conserver :

Paris, le 17 mars 1853.

Mon cher Maréchal,

Je savais que, dans tous les temps et dans toutes les positions, je pouvais compter sur votre amitié, et vous venez de m'en donner une preuve à laquelle j'ai été très sensible. Je me porte assez bien malgré mon bras cassé, et l'accident a eu des suites aussi peu fâcheuses que possible.....

Agréez, je vous prie, mon cher Maréchal, mes nouvelles assurances d'attachement et de haute estime.

A. THIERS.

P. S. Je suis en ce moment fort occupé de la bataille de Toulouse. Comme personne ne la connaît mieux que vous, ce serait un grand service à rendre à moi et à l'histoire que de m'envoyer vos souvenirs. Je vous en serais bien reconnaissant.

Le maréchal s'empressa de communiquer à l'illustre historien le récit qu'il désirait et qu'il utilisa aussitôt.

Dans la vie retirée qu'il menait à Lacarre, Harispe

n'avait plus guère comme occupation que la surveillance de ses terres et une correspondance encore très active. A la fin de 1853, Saint-Arnaud, déjà maréchal depuis un an, fut nommé Grand-Croix de la Légion d'honneur. Il répondit aux félicitations du maréchal Harispe par une de ces lettres qui furent plus tard si remarquées.

Ministère de la Guerre.
Cabinet du Ministre.

Paris, le 6 janvier 1854.

Mon cher Maréchal,

Vos félicitations cordiales et flatteuses ont su augmenter encore le prix de la distinction si honorable que l'Empereur a bien voulu m'accorder. Laissez-moi vous remercier du fond de l'âme. Envers la France, envers mes collègues, c'est un engagement pris par moi de me montrer digne de la faveur que je reçois.

J'aurai bien des choses à faire pour arriver au degré de gloire que vous avez conquise sur de grands et héroïques champs de bataille; mais en suivant vos exemples et vos leçons, j'espère arriver à prouver à tous vos compagnons d'armes, que je ne suis pas indigne de me placer près de vous à leur tête.

Veuillez agréer, mon cher Maréchal, avec mes remerciements, les vœux que je forme pour que vous nous serviez longtemps de modèle, et l'assurance de mes sentiments aussi dévoués qu'affectueux.

Maréchal A. de Saint-Arnaud.

L'année 1854 devait apporter au maréchal des joies de famille d'un caractère intime, en même temps qu'au dehors l'attrait d'événements de guerre du plus vif intérêt.

M. Dulcy Harispe, alors conseiller à la cour d'appel de Pau, avait pour son oncle un véritable culte. Ne voulant pas le laisser prolonger sa vieillesse dans l'isolement, il donna sa démission afin de se retirer près de lui à Lacarre, avec sa femme et ses enfants. Le maréchal se vit dès lors entouré de la famille qu'il affectionnait le plus, dont la tendresse et les soins embellirent ses vieux jours.

D'un autre côté, pour la première fois depuis la chute de l'Empire, la guerre éclata entre deux grandes nations. L'Angleterre, notre ennemie acharnée au commencement du siècle, devint notre alliée, tandis que la Russie, restée en paix depuis 1814, prit de nouveau les armes contre nous.

Malgré son âge avancé, Harispe suivit avec une attention soutenue les péripéties des événements d'Orient, le départ du corps expéditionnaire au mois de mars, le débarquement à Gallipoli le mois suivant, l'arrivée du maréchal de Saint-Arnaud en Turquie, l'invasion du choléra, le séjour à Varna, l'embarquement pour la Crimée au commencement de septembre, et la glorieuse bataille de l'Alma, le 20 du même mois, brillamment gagnée sur les Russes par les alliés, mais surtout par l'armée française.

Son vieux cœur de soldat tressaillit de patriotisme et d'émotion, dans sa paisible retraite du pays basque, en apprenant cette nouvelle. L'Alma était notre première grande victoire depuis Waterloo ; c'était une revanche de la retraite de 1812 : elle relevait notre prestige et consacrait, aux yeux de l'Europe étonnée, notre prise de possession de la Crimée.

Puis, vint la marche des armées sur Sébastopol, l'ouverture des travaux du siège, la victoire d'Inkermann le 7 novembre, les débuts d'un hiver rigoureux et enfin au mois de janvier 1855, la réorganisation de l'armée d'Orient, dans laquelle le maréchal vit avec satisfaction entrer le général Pélissier comme commandant du 1er corps d'armée.

L'intérêt très vif qu'il prenait à ces événements ne pouvait néanmoins l'empêcher de sentir le poids des ans s'appesantir sur lui. Depuis le 7 décembre 1854, il était entré dans sa 86e année et, malgré sa robuste constitution, il voyait maintenant ses forces diminuer.

Son fidèle serviteur et vieux compagnon d'armes, Manech Laxague, s'était retiré depuis quelques années à Baïgorry avec sa femme et ses filles. Lui aussi, perdant peu à peu l'énergie qui l'avait toujours soutenu, commençait à songer à la fin de son existence. Au mois de mai, cet excellent homme si dévoué au maréchal, eut une crise qui prit en peu de jours un caractère alarmant. Harispe, qui lui était sincèrement attaché, se trouva lui-même très souffrant, à ce moment et ne put, comme il l'aurait voulu, aller l'assister à ses derniers moments. Ce modèle des serviteurs succomba vers le milieu du mois.

Sa mort affligea profondément le maréchal déjà très affaibli par un fort refroidissement. Cet accident détermina une inflammation des reins dont ni les soins ni les efforts des médecins ne purent triompher. L'inquiétude gagna son entourage. Bientôt une crise d'urémie se déclara, mettant ses jours en danger. Elle ne put être conjurée, et le maréchal se rendit compte que sa fin approchait. Aussi courageux en face de la mort qu'il l'avait été durant toute sa vie, il vit venir l'heure suprême avec la fermeté du soldat et la confiance du chrétien. Après avoir supporté les plus vives souffrances, il s'éteignit, le 26 mai, à 2 heures du matin, ayant toute sa connaissance, entouré de sa sœur, et de la famille de son neveu, M. Dutey-Harispe.

Avec lui disparaissait une des dernières gloires du premier Empire et l'une des plus belles illustrations de l'armée.

Sa mort fut, dans le pays basque, l'occasion d'un

deuil général. Ses obsèques eurent lieu à Lacarre sans aucun cérémonial militaire, suivant le vœu qu'il avait exprimé, mais au milieu d'une foule compacte et recueillie, accourue de bien loin pour assister aux funérailles de ce noble et vaillant compatriote.

Depuis lors, il repose dans le cimetière de Lacarre, sous une tombe de marbre blanc qui porte simplement ces mots :

Au Maréchal Harispe.

Les sympathies qu'il avait inspirées tenaient à des qualités personnelles que chacun se remémorait en songeant à la grande perte que le pays venait de faire.

« Le maréchal avait toujours été brave parmi les plus braves. Il avait versé son sang sur les plus beaux champs de bataille. Il possédait à un degré remarquable le don de dominer et de s'attacher les hommes. Pendant que sa noble et imposante figure commandait le respect et maintenait les distances, il attirait à lui par sa bonté, et son aménité. Adoré de ses soldats dont il s'occupait avec amour, il les électrisait par son courage et leur inspirait une foi aveugle par le bonheur qui faisait rarement défaut à son audace.

« Tandis que ses compagnons d'armes, ses lieutenants arrivaient à des positions qu'il avait méritées avant eux, cet homme antique ne cherchait qu'à faire ressortir le mérite des autres et trouvait qu'on avait toujours assez fait pour lui.

« Les honneurs dont sa vieillesse fut tardivement comblée n'altérèrent en rien sa simplicité touchante et son extrême affabilité. Aussi ne cessa-t-il de recevoir de ses compatriotes les plus constants témoignages de sympathie. Leur vénération et leur affection furent la récompense de sa vie et la joie de sa vieillesse. » (1)

Son désintéressement égalait sa simplicité. Il en était fier et aimait à répéter ces mots qui en donnaient

---

(1) B. de Lagrèze. Biographie de Michaud.

la mesure : « Je suis entré pauvre en Espagne et pauvre j'en suis sorti. » Sa modestie naturelle le portait toujours à attendre les récompenses qui lui étaient dues et jamais à les solliciter.

La France perdait en lui un grand homme de guerre, et l'armée, un héros !

PIÈCES JUSTIFICATIVES

Pièces Justificatives.

Pièce n° 1.

Madrid, 3 mai 1808.

Le général Grouchy au grand duc de Berg.

Monseigneur, j'ai l'honneur de rendre compte à Votre Altesse Impériale qu'une insurrection générale a éclaté hier à Madrid, vers les 10 heures du matin. Le prétexte en a été le départ de l'infant Don Francisco. Le peuple s'est d'abord porté au palais et a rempli ensuite toutes les places, notamment la place Mayor, et celles de la Porte du Soleil et de la Cibada. Des coups de fusil, des coups de poignard accompagnaient les menaces, et, en un instant, nombre de Français ont été immolés par ce peuple barbare.

Aux premiers indices de ces mouvements, j'ai fait prendre les armes aux troupes stationnées au Retiro, monter à cheval les dragons et envoyer chercher les cuirassiers. J'ai organisé deux colonnes d'attaque, avec du canon en tête de chacune d'elles; et, débouchant par les rues d'Alcala et San Geronimo, du Prado où j'avais réuni mes moyens et où j'ai laissé des corps de réserve, j'ai fait attaquer simultanément la place Mayor et la Porte du Soleil, où arrivait aussi, par la rue Mayor, la garde impériale. Diverses charges de cavalerie et quelques coups de canon à mitraille ont promptement dissipé les insurgés, dont une grande quantité a été tuée ou sabrée; mais l'évacuation des rues et notre occupation des points principaux de la ville n'arrêtaient pas la vive fusillade et la grêle de pierres et de tuiles qui, des fenêtres et des toits de nombre de maisons, nous assaillaient et blessaient beaucoup de monde. Vainement, j'ai fait sommer, par des officiers français et espagnols, les habitants de cesser leur feu; ceux qui portaient ces paroles de paix ayant été reçus à coups de fusil et ayant inutilement fait annoncer que je ferais passer au fil de l'épée tout ce qu'on trouverait dans les maisons d'où l'on tirait encore, j'ai été forcé d'en venir à cette cruelle extrémité, que l'effusion du sang français rendait nécessaire.

Une telle mesure a arrêté le mal sur tous les points; le calme a été rétabli et la fusillade a cessé. Diverses colonnes qui arrivaient successivement du camp ont alors parcouru, sans obstacle, la ville, ainsi que les autorités espagnoles, les ministres et le Conseil de Castille, publiant une proclamation pour que tout eût à rentrer dans l'ordre.

Tout étant paisible dans les divers quartiers, les troupes ont pris poste aux trois places et à l'arsenal, et le désarmement des Espagnols, qui commençaient à circuler, s'est opéré de suite.

Environ 200 révoltés, pris les armes à la main, ont été fusillés. Quatre à cinq cents ont péri dans l'action, ou ont été passés au fil de l'épée dans les maisons d'où l'on faisait feu.

J'ai infiniment à me louer, Monseigneur, des troupes sous mes ordres; dans une position qui, un moment, a été difficile, elles ont montré autant de calme que d'énergie dans l'action.

Le général Godinot commandait la colonne qui a marché par la Carrera San Geronimo, et le général Aubrée celle qui a débouché par la rue d'Alcala. Ces deux officiers généraux se sont parfaitement conduits, ainsi que mon état-major, auquel la transmission des ordres imposait une tâche extrêmement périlleuse et difficile à remplir.

Les troupes espagnoles de la garnison se sont généralement bien montrées, autant toutefois qu'on peut appeler ainsi une attitude calme, dans les points où elles étaient; car elles n'ont, à ma connaissance, pris aucune mesure coercitive contre le peuple; quelques soldats même ont fait feu sur nos troupes, ou poursuivi des hommes isolés.

Au commencement de l'émeute, les prisons, gardées par les Espagnols, ont été forcées; et on a laissé échapper tous les forçats. Quatre pièces d'artillerie ont aussi été enlevées à l'Arsenal; deux capitaines d'artillerie et quelques canonniers espagnols s'étaient réunis à la population pour servir ces pièces qui, malgré leur feu à mitraille, ont sur-le-champ été enlevées à la baïonnette par nos troupes.

La réserve de dragons et de cuirassiers, sous les ordres des généraux Privé et Rigaud, que j'avais laissée sur le Prado, informée par les patrouilles qu'elle avait ordre de pousser sur les routes aboutissant à la ville, que nombre de paysans en armes s'y trouvaient réunis, à dessein de nous prendre par derrière quand nous serions engagés dans les rues, a chargé ces rassemblements et les a dissipés après avoir sabré un grand nombre de fanatiques qui en faisaient partie.

Les révoltés s'étaient aussi portés à l'hôpital, à dessein de massacrer les deux mille malades français qui s'y trouvaient; mais le détachement que j'avais envoyé sur ce point, au premier symptôme de l'insurrection, a repoussé ces scélérats, après en avoir tué une quinzaine.

Je ne puis encore faire connaître à Votre Altesse Impériale le nombre des morts et des blessés; j'aurai l'honneur de le lui transmettre dans la journée.

Signé : Le général de cavalerie,
Gouverneur de Madrid.
Em. GROUCHY.

Pièce n° 2.

Procès-verbal du Conseil de guerre tenu par le Maréchal Moncey à San Clemente le 16 juillet 1808.

Nous, officiers généraux, employés dans le corps d'armée commandé par S. E. Monseigneur le Maréchal Moncey, réunis chez Son Excellence en conseil de guerre pour prendre connaissance de deux lettres en date du 14 juillet de S. E. le duc de Rovigo, commandant en chef les armées françaises en Espagne, qui annonce à M. le Maréchal que « l'expédition contre Valence étant ajournée, il s'agit maintenant de mettre la division sous ses ordres en état de rester à San Clemente avec la diminution qu'elle va éprouver par le renvoi à Madrid de tous les hommes hors d'état de tenir la campagne, afin, dit S. E., de préserver toute cette partie des débordements de l'insurrection et empêcher surtout qu'elle n'arrive aux portes de la capitale; la division de M. le Maréchal, ajoute S. E. le général en chef, n'ayant rien à redouter dans la position de San Clemente, puisqu'elle a derrière elle le général Frère, et, sur son flanc droit, le général Dupont ».

Considérant que la position de San Clemente, en rase campagne, ouverte de toutes parts, ne peut recevoir aucun appui de la division Frère qui, étant à Tarancon, en est éloignée de plus de 20 lieues de France, sans aucune communication, ni du corps aux ordres du général Dupont qui, se trouvant (sic) à Andujar, et distant de San Clemente d'environ cinquante lieues de France; qu'en conséquence cette position n'offre aucun moyen de défense et peut être tournée de tous côtés; qu'ainsi la division aux ordres de M. le Maréchal ne peut s'y battre avec avantage contre les rebelles qui, se trouvant rassemblés en force à Albacette et sur d'autres points, peuvent d'un instant à l'autre, l'attaquer en nombre infiniment supérieur et la déborder de toutes parts, et même se porter sur Madrid sans qu'elle en eût connaissance; que d'ailleurs les troupes, considérablement fatiguées par les longues marches et les combats qu'elles ont soutenus, ne sauraient trouver à San Clemente ni abri contre les chaleurs, ni repos, ni eau salubre, ni aucun secours...

D'après ces diverses considérations, nous pensons unanimement que, pour mettre la division aux ordres de M. le Maréchal en état d'agir avec efficacité lorsqu'elles en recevra l'ordre et pour remplir même le but que se propose en ce moment S. E. le général en chef de couvrir Madrid, il est indispensable de prendre une position plus en arrière et qui puisse se lier avec celle de la division Frère à Tarancon.

Fait au quartier général à San Clemente, le 16 juillet 1808.

Signé : le général de division MUSNIER ; le général de brigade BARON ; COUIN, colonel ; BUGET, général de brigade ; P. WATIER, général de brigade ; BRUN, général de brigade, et le maréchal MONCEY.

PIÈCE n° 3.

Situation du 3ᵉ corps de l'Armée d'Espagne au delà de l'Ebre, le 15 novembre 1808.

Maréchal MONCEY, commandant.
Général HAUSPE, chef de l'État-Major général.

1ʳᵉ division Général Maurice Mathieu à Carcar.	1ʳᵉ brigade Général Bugel.	44ᵉ de ligne à Tafalla, Lérin. 44ᵉ de ligne à Andosilla, Azagra.	} 7.043 offic. et hommes.
	2ᵉ brigade Général Habert.	2ᵉ régiment de la Vistule, Péralta. 3ᵉ. — Carcar. 70ᵉ de ligne, 3ᵉ bataillon, Péralta.	
2ᵉ division Général-Musnier à Miranda de Arga.	1ʳᵉ brigade Général Brun.	114ᵉ de ligne, Falcès, Lérin. 115ᵉ de ligne, Miranda de Arga.	} 5.701 offic. et hommes.
	2ᵉ brigade Général Razout.	1ᵉʳ régiment de la Vistule, Miranda de Arga.	
3ᵉ division Général Morlot à Lodosa.	1ʳᵉ brigade Général Augereau	116ᵉ de ligne, Lodosa.	} 3.489 offic. et hommes.
	2ᵉ brigade Général Aubrée.	117ᵉ de ligne, Lodosa.	
4ᵉ division Général Grandjean à Lérin.	1ʳᵉ brigade Général Laval.	2ᵉ légion de réserve, Eydocin, Sesma.	} 3.384 offic. et hommes.
	2ᵉ brigade Gén. Rostolland.	5ᵉ d'infanterie légère, 4ᵉ bataillon, Eydocin.	

Division de cavalerie
Général Walhier.
{ 1ʳᵉ prov. de hussards, Péralta, 1.605 hommes, 1.657 chevaux.
{ 2ᵉ prov. de hussards, Lodosa, Miranda de Arga.

Artillerie, train, gendarmerie, État-Major général, 738 hommes, 28 officiers.

Total du 3ᵉ corps : 22.160 officiers et hommes. — 19.617 offic. et hommes

Pièce nº 4

Rapport sur les combats de Monzon et d'Alcanitz, 15 et 23 mai 1809.

Saragosse, le 4 juin 1809.

A son Excellence le Ministre de la guerre.

Monseigneur, Les mouvements continuels du 3ᵉ corps depuis une quinzaine de jours m'ont empêché de rendre compte à Votre Excellence de leurs résultats.

Le 15 mai, la brigade de M. le général Habert, placée vers Barbastro, eut ordre de faire une expédition vers sa droite, sur Monzon.

Pour cela, le général se porta sur les bords de la Cinca et fit passer sur la rive gauche quatre compagnies de voltigeurs du 14ᵉ régiment d'infanterie, deux du 2ᵉ de la Vistule et deux compagnies de grenadiers du 121ᵉ, pour attaquer Monzon à revers, tandis qu'avec la masse de sa brigade, il devait attaquer de front, en passant lui-même la Cinca à Monzon.

Au moment où ces dispositions s'exécutaient, la Cinca, qui est un torrent, crût réellement et si subitement que bientôt il fut impossible de s'entendre ni de communiquer d'une rive à l'autre. En vain, on voulut tirer parti de quelques barques échouées sur le rivage; le torrent entraînait tout. Les paysans préféraient se laisser fusiller plutôt que de tenter le passage pour aller porter les ordres du général.

Le capitaine commandant les huit compagnies qui se trouvaient sur la rive gauche de la Cinca descend et remonte le torrent pour chercher un passage; partout il en éprouve l'impossibilité. Bientôt il est assailli par des forces supérieures; les paysans, qui voient l'isolement de sa troupe, sonnent le tocsin, s'attroupent et fondent sur lui. Il se fait jour à travers cette masse d'ennemis toujours grossissant et gagne les montagnes. On a entendu son feu pendant toute la journée du 17, mais on n'a pu avoir de nouvelles certaines sur le sort de cette troupe, parce que les événements subséquents ont forcé le général Habert à passer à la rive droite de l'Ebre. Si l'on doit en croire les rapports des paysans, quelques compagnies, épuisées de fatigue et manquant de cartouches, se seraient rendues aux troupes de ligne espagnoles accourues de Lérida, et quelques autres se seraient échappées par les Pyrénées. Cet événement malheureux prive le 3ᵉ corps de plus de 700 hommes d'élite.

Dans le même temps, une forte armée d'insurgés forçait le général Laval à quitter la position d'Alcañitz; en vain le général en chef s'est porté avec toutes ses forces réunies, le 23, sur ce point, l'ennemi a résisté. Cette armée espagnole est commandée par le général Blake.

Le général en chef a cru nécessaire de replier et de concentrer toutes ses troupes vers Saragosse, où il espère faire repentir l'ennemi de sa témérité, s'il ose, comme il paraît se le proposer, venir nous attaquer.

Un régiment défend la rive gauche de l'Ebre et est en position sur le Galliego.

Le corps d'armée a perdu environ 300 hommes tués et blessés au combat du 23 : la perte de l'ennemi a été très considérable.

J'ai l'honneur d'être, Monseigneur, de Votre Excellence le très respectueux serviteur.

Le général de brigade, chef de l'État-major général du 3ᵉ corps de l'armée d'Espagne.

HARISPE.

Pièce nº 5.

Rapport sur les combats de Castalla et d'Ibi, le 21 juillet 1812.

Armée Impériale d'Aragon.

Alcoy, le 23 juillet 1812.

Le général de division Harispe, commandant la 2ᵉ division de l'armée, à Son Excellence Monsieur le Maréchal duc d'Albuféra, général en chef.

Monseigneur,

Depuis longtemps, mes dépêches signalaient à Votre Excellence un rassemblement considérable de troupes espagnoles en avant des positions de ma division. Le 20 juillet, à 2 heures après-midi, je reçus avis de mes émissaires que les dispositions de l'ennemi devenaient plus menaçantes et je prévins Messieurs les généraux Delort à Castalla et Mesclop à Ibi de se tenir prêts pour le lendemain à réunir chacun leur brigade, et de manœuvrer dans l'ordre dont nous étions convenus pour attirer l'ennemi sur le champ de bataille que j'avais choisi et que j'ai eu l'honneur d'indiquer dans le temps à Votre Excellence.

Comme on me l'avait annoncé, l'ennemi s'avançait sur moi, et à 4 heures du matin du 21, tous mes postes étaient attaqués.

Le général anglais Rosch était parti de Kijona à la tête des régiments espagnols Chinchilla, Canaria, Burgos et Alicante, forts de plus de 4.000 hommes, et marchait sur Ibi en deux colonnes dont une par le chemin direct et l'autre par las Carasquetas. Le général en chef O'Donnell avait réuni d'Elche, d'Aspé, etc., trois brigades d'infanterie et 1.200 chevaux qu'il commandait en personne et qu'il destinait à l'attaque de Biar, de Castalla et d'Onill. Ces brigades étaient composées ainsi qu'il suit :

La première aux ordres du comte de Montijo et formée des régiments des gardes Walonnes de Cuenca et de Badajos; la 2e, des régiments de la couronne et de Guadis, et la 3e, par le colonel Mijares, des bataillons d'Alcazar, de Lorca et de Baylen, environ 7.600 hommes.

Je recevais de plus des avis inquiétants, soit du cantonnement de ma droite, soit des bords de la mer où une flotille était signalée et menaçait d'un débarquement; je jugeai que le mouvement par la mer ne pouvait être qu'une diversion insignifiante, parce que je savais que 800 hommes seulement de la garnison d'Alicante avaient été embarqués et que d'ailleurs le général Gudin était en mesure avec son brave 117e. Ainsi, monsieur le Maréchal, quoique je susse devoir être attaqué par des forces quadruples des miennes, quoique déjà de forts partis ennemis se fussent montrés en arrière de ma droite au delà d'Oteniente, près de Concentagna, je résolus de recevoir la bataille sur le point que j'avais choisi, parce que je comptais sur la valeur de vos troupes et que, dans ma position et celle de l'ennemi, une retraite quelconque avant ou après une affaire sans succès me devenait également difficile.

Une fois assuré de la direction de l'ennemi, je me portai sur le champ de bataille entre Ibi et Castalla où les brigades Delort et Mesclop en étaient aux mains.

La colonne d'O'Donnell attaqua Castalla avec vivacité et avec ordre. Suivant mes instructions le général Delort évacua la ville, fit sa retraite lentement et en échelons avec la portion du 7e régiment de ligne qui s'y trouvait et prit position sur le point convenu. L'escadron du 13e de cuirassiers qui était à Onill avec deux compagnies du 7e d'infanterie, vint se joindre à lui dans cette position, et l'artillerie très avantageusement placée faisait un feu soutenu et meurtrier qui contenait l'ennemi. Cependant le 24e régiment de dragons, qui venait de son cantonnement de Biar avec 3 compagnies du 7e d'infanterie, était en mouvement entre Castalla et Onill, par la direction qui lui avait été tracée d'avance, pour venir faire sa jonction avec l'autre partie de la brigade Delort, et longeait ainsi la gauche de l'ennemi qui, inquiet de ce mouvement, dirigea sur les dragons le feu de deux pièces d'artillerie.

Le général Delort voyant la colonne venant de Biar à sa hauteur, prit l'offensive, fit battre la charge sur tous les points et avancer son artillerie au grand trot. Le colonel Dubessy, du 24e de dragons, profita habilement de ce mouvement, fit enlever par une charge brillante deux pièces d'artillerie qui mitraillaient son régiment; les canonniers furent sabrés sur les pièces; et de la brigade d'infanterie qui manœuvrait pour appuyer ces pièces, aucun Espagnol n'a échappé; tout a été passé au fil de l'épée ou pris. Ce fait d'armes éclatant ne m'étonne pas de la part du 24e de dragons; il est digne de sa réputation. Son colonel a montré, dans cette circonstance, qu'il mérite par son sang-froid comme par son courage, de commander à des braves. Les cuirassiers commandés par le chef d'escadron Laffargue, ont rivalisé de bravoure avec les dragons; ils sont rentrés dans Castalla, malgré une vive fusillade, et ont jonché les rues de morts et de mourants. Le 7ᵉ de ligne commandé par le major Durand, la compagnie légère d'artillerie du capitaine Hurlaux, ont servi avec l'honneur et la bravoure qui les caractérisent, et ont eu une part distinguée dans cette affaire. Enfin l'ennemi, tourné par sa droite, a été mis dans une déroute complète et poursuivi fort loin par la cavalerie; la cavalerie ennemie a fui lâchement sans combattre.

Au 1ᵉʳ coup de fusil tiré de Castalla, le colonel Mesclop, après avoir jeté une compagnie sur le fortin d'Ibi, se mit en marche avec 7 compagnies du 44ᵉ régiment et un escadron de cuirassiers pour se porter au secours du général Delort; mais à peine est-il en mouvement qu'il est lui-même attaqué par 4.000 hommes venus de Kijona, sous les ordres du général Rosch. Quelques coups de canon bien dirigés du fort d'Ibi, l'impétuosité de la compagnie de voltigeurs du 44ᵉ commandés par le brave capitaine Pététin, un mouvement par la droite fait par l'escadron du 13ᵉ de cuirassiers commandé par le capitaine Lamarque, intimidèrent l'ennemi et le décidèrent à repasser le Barranco; malheureusement les cuirassiers furent arrêtés par des difficultés de terrain insurmontables et ne purent joindre l'ennemi comme ils le désiraient. Dans cet état de choses, le colonel Mesclop se contenta de laisser devant Ibi le commandant Laurial avec trois compagnies et un peloton de cuirassiers pour contenir l'ennemi et faciliter la rentrée des deux compagnies qu'il avait à Bañeras et il continua sa marche sur le point de réunion. Il arriva assez tôt pour contribuer, avec la compagnie de voltigeurs du capitaine Vidal, aux succès du général Delort. Il revient sur ses pas, attaque l'ennemi dans Ibi, fait prisonnier ce qui avait osé l'y attendre et rejette encore une fois les troupes du général Rosch au delà du Barranco. Les cuirassiers, emportés par leur bouillant courage, franchissent le ravin; mais, après avoir sabré tout ce qui était à leur portée, le terrain et une infanterie nombreuse retranchée sur des rochers, arrêtent leurs mouvements et les empêchent de profiter de leurs premiers succès; pour déloger l'ennemi de cette position, le colonel Mesclop fait tourner sa gauche par le chef de bataillon Lack, tandis qu'il l'attaque de front. De part et d'autre le feu est meurtrier; mais la position est enlevée. Pourtant l'ennemi était si supérieur en nombre, le terrain était si difficile et nous était si défavorable que l'ennemi allait se reformer de nouveau et aurait sans doute plusieurs fois forcé le colonel Mesclop à recommencer un combat si inégal, lorsque les 4 compagnies d'élite du 116ᵉ, que j'avais amenées d'Alcoy et que commandaient le colonel Rouelle et le chef de bataillon Durandont, parurent sur la crête des montagnes sur la gauche du colonel Mesclop. Elles ont abordé l'ennemi sur les flancs et les derrières à la baïonnette, ayant à leur tête les deux officiers supérieurs cités, et l'ont culbuté de montagne en montagne, lui ont tué beaucoup de monde et mis dans une déroute complète. J'avais aussi amené avec moi d'Alcoy ma réserve d'artillerie et l'escadron du 13e de cuirassiers commandé par M. Scalanpy, qui n'ont pas eu occasion de donner; mais les mouvements sur les flancs du général Rosch ont hâté sa déroute. M. Scalanpy a fait preuve de zèle et d'ardeur.

C'est ainsi, monsieur le Maréchal, que s'est terminée cette journée si heureuse pour l'armée d'Aragon, et qui prouve que le nombre n'est pas toujours suffisant pour combattre des troupes braves et aguerries. Je n'ai pas cru devoir poursuivre davantage l'ennemi; vos instructions et les circonstances me le défendaient; nous restons réunis; tout le monde a fait son devoir.

Le général Delort et le colonel Mesclop ont montré qu'ils savent tirer parti des hommes et des choses pour surmonter les difficultés de leur position. Le colonel Mesclop a eu un cheval tué sous lui (citation).

L'ennemi avait pour exécuter ses projets sur nous, 12.000 hommes d'infanterie et 1.200 chevaux. Je n'ai eu à lui opposer dans le premier moment :

Savoir : à Castalla :

Du 7e régiment	1.200 hommes	
Du 24e dragons	400 —	400 chevaux
Du 13e de cuirassiers. . .	96 —	96 —
Total	1.696 hommes	496 chevaux

Venus d'Alcoy :

4 compagnies d'élite du 116e	480 hommes	
1 escadron de cuirassiers. .	75 —	75 chevaux
Total	2.251 hommes	571 chevaux

A Ibi :

Du 44e 10 compagnies, dont 2 détachées à Bañeras, ne sont arrivées que tard, et une au fort.	1.180 hommes	93 chevaux
Un escadron de cuirassiers. .	93 —	93 —
Total	3.524 hommes	664 chevaux

La perte réelle de l'ennemi a été de 2.800 hommes prisonniers en notre pouvoir et de 600 morts sur les divers champs de bataille; ce qui, sans compter les égarés ou dispersés qui déserteront, fait un nombre égal à celui de nos forces. Nous avons 42 tués dont 3 officiers, et 179 blessés, dont 6 officiers, et beaucoup légèrement.

Deux drapeaux, deux pièces de canon de 8 et 3 caissons ont été enlevés dans les rangs ennemis, un troisième drapeau a été jeté dans les montagnes par les fuyards; j'en fais faire la recherche...

Mon aide-de-camp, le capitaine David, aura l'honneur de présenter à V. E. les drapeaux du régiment de Lorca et celui des Gardes Wallonnes.

Je joins ici les lettres qui feront connaître à Votre Excellence, quels étaient les avis que je recevais de toutes parts avant l'affaire et quel était l'état du pays. Il y a eu ici pendant l'action un peu d'agitation. Les malveillants et la canaille haussaient la voix; nos succès ont déconcerté leurs espérances. A Onteniente, le peuple avait déjà repris les armes. J'ordonne des mesures très sévères pour le désarmement et j'userai de rigueur contre les malveillants.

J'ai l'honneur, etc.

Le général de division commandant, etc.

Baron Harispe

Pièce n° 6.

Ordre du Maréchal Suchet sur les combats autour de Tarragone.

Armée Impériale d'Aragon.

Quartier général de l'armée, le 23 juin 1813.

Ordre de l'armée.

Soldats,

L'armée anglo-espagnole que vous avez depuis plus d'un an battue ou contenue devant Alicante, a désespéré de vous vaincre de front; elle a cherché à manœuvrer et à vous envelopper. A l'aide de la mer et de leur flotte, les Anglais sont venus en 60 heures débarquer sous Tarragone. La garnison du col Balaguer, après s'être honorée pendant cinq jours par une belle défense, a cédé, avant la brèche faite, à de vaines menaces, au moment où un renfort arrivait à marches forcées pour la délivrer : une enquête prononcera sur celui qui commandait et le résultat en sera publié dans l'armée. Le brave gouverneur de Tarragone, le général Bertoletti, plein de confiance dans les soldats qu'il commande et dans les chefs qui veillent sur lui, a repoussé pendant dix jours et dix nuits tous les efforts dirigés contre la place démantelée par ordre de l'Empereur et réduite à une enceinte sans fossé. Monsieur le maréchal, avec la première division aux ordres du général Musnier, la brigade Pannetier et la réserve de cavalerie aux ordres du général d'Aigremont, s'est avancée par Perello, Valdellos et Monroig, malgré les chemins impraticables et le manque d'eau ; il a menacé de couper à l'ennemi ses points d'embarquements de Salou et Hospitalet, pendant que le général comte Maurice Mathieu, parti par ses ordres de

Barcelone avec une colonne, marchait par Villafranca sur Tarragone. Ces mouvements combinés ont fait rembarquer précipitamment l'armée expéditionnaire après avoir levé le siège, encloué 27 pièces de canon et brûlé les affuts, coupé les jarrets aux chevaux, fait sauter le fort de Balaguer qu'elle désespérait de conserver et perdu de cinq à six cents hommes dans ces différentes tentatives...

Dans le même temps, le comte Harispe, à la tête des 2e et 3e divisions, et la cavalerie, aux ordres du général Delort, ont tenu tête sur le Xucar aux armées d'Elio et du duc del Parque réunies. Le 11 juin, le général Mesclop, commandant l'arrière garde, a culbuté dans Rogla, avec un escadron du 4e de hussards, la cavalerie ennemie, lui a tué une soixantaine d'hommes, pris 30 chevaux et fait 25 prisonniers, parmi lesquels le colonel irlandais O'Ronan, beau-frère et chef d'état major d'Elio. Le 13, l'armée ennemie en deux colonnes s'est présentée sur les routes d'Albérique et d'Alcira ; le général Harispe s'est avancé au-delà de la tête du pont et a offert le combat ; mais l'ennemi s'est borné à une vive canonnade, à laquelle notre artillerie a vivement riposté. 80 voltigeurs dans une maison crénelée ont résisté à 3.000 hommes et à plusieurs batteries.

De son côté, le général Habert sorti d'Alcira à la tête des 14e et 16e régiments et d'un escadron de hussards, a attaqué le duc del Parque dans Carcagente, a renversé la colonne, cavalerie sur infanterie et en a taillé en pièces une bonne partie ; 500 morts ou blessés sont restés sur le champ de bataille, 640 prisonniers dont 30 officiers, un drapeau et 2.000 fusils sont en notre pouvoir : notre perte a été presque nulle. Ce brillant fait d'armes, si glorieux pour la 3e division, a rappelé à notre ennemi ce qu'il paraissait avoir oublié, la valeur de l'armée d'Aragon, qui ne compte jamais ceux qu'elle doit combattre. En nous attaquant sur une ligne de plus de 80 lieues, de Tarragone au Xucar, il a été repoussé partout, et a éprouvé une perte totale de quinze à seize cents hommes. Depuis lors, dans la marche de la flotte, de Balaguer à Alicante, 9 batiments ont échoué sur les sables de l'embouchure de l'Ebre, une frégate de 44 canons a également échoué devant le Grao de Murviedo, en voulant saisir un corsaire ; le général Rouelle, gouverneur de Sagonte, a fait repousser ses canots à coups de fusils et elle n'est parvenue à se sauver qu'en jetant à la mer tous les canons, munitions et bagages et en se faisant remorquer.

Braves soldats, avec le courage, le dévouement et la discipline qui vous animent, j'espère que vous surmonterez encore de plus grandes fatigues et de plus grands dangers ; et nous sortirons enfin avec honneur de cette lutte dont le résultat doit nous assurer une paix glorieuse et un large repos.

Signé : Maréchal Duc D'Albufera.

Pièce n° 7.

Rapport du général Harispe sur la prise du col d'Ordal.

Armée Impériale d'Aragon.
2e division.

Villafranca, le 15 septembre 1813.

A son Excellence Monsieur le Maréchal duc d'Albufera, commandant en chef l'armée d'Aragon.

Monsieur le Maréchal.

Conformément aux instructions que j'avais reçues de Votre Excellence, les troupes de la division, réunies à Molins-del-Rey, se mirent en marche, le 12 courant, à 8 heures du soir, se dirigeant par la grande route vers le col d'Ordal dans l'ordre suivant :

La brigade du général Mesclop, formée des 7e et 44e de ligne, ayant à sa tête ses 4 compagnies de voltigeurs, 25 chevaux du 4e régiment de hussards, une compagnie de sapeurs ayant des caissons d'outils en cas de coupures sur la route et des pièces d'artillerie légère.

Cette brigade était suivie du 4e régiment de hussards et de 4 bouches à feu encadrées dans les trois batteries du 116e régiment.

Cette colonne marchait dans le plus grand ordre; vers les 11 heures du soir et à une lieue environ du col, l'avant-garde rencontra les premiers postes de l'ennemi qu'elle culbuta et poursuivit vivement. Arrivée au delà du grand pont et à la vue et au pied du col, elle eut à essuyer le feu d'une nuée de tirailleurs sous lequel le général Mesclop forma sa brigade. Un hourra de ses voltigeurs et quelques coups de canon bien dirigés lui firent raison de tout ce que l'ennemi avait jeté en avant de sa position principale, nous mirent à même de pousser nos éclaireurs très près de cette position et d'en juger les forces. Ensuite le général Mesclop ordonna à M. le colonel Bougault, du 7e de ligne, de se porter en avant avec son premier bataillon, d'appuyer les voltigeurs et de marcher sur l'ennemi. Ce bataillon obtint d'abord quelques succès; mais ayant rencontré bientôt les renforts nombreux que recevait l'ennemi, il aurait été probablement ramené si le général Mesclop n'eut marché à son secours avec le reste du 7e, le 44e et une compagnie de sapeurs. Cette compagnie de sapeurs fut entraînée dans ce mouvement plutôt par sa bravoure et par son désir de montrer une fois de plus ce qu'elle vaut à l'avant-garde que par l'esprit des instructions qu'elle avait reçues.

C'est alors que commença l'attaque de l'ensemble de la position formidable du col d'Ordal, position défendue par les meilleures troupes de l'ennemi et en nombre triple de celui de la brigade du général Mesclop. Malgré les belles dispositions de ce général, malgré les élans audacieux qu'il donnait à ses troupes, il s'était vu plusieurs fois obligé de céder aux réserves de l'ennemi des points enlevés au prix du sang de ses braves. Ce qui me décida à lui envoyer le commandant Bugeaud du 116ᵉ avec son bataillon, que j'appuyais moi-même avec le reste de ce régiment. Le général Mesclop profita habilement de ce renfort, ainsi que des talents guerriers du commandant Bugeaud, et le col d'Ordal, jonché des morts et des blessés de l'ennemi, fut enlevé. Ce fait d'armes appartient au général Mesclop; son rapport ci-joint donnera à Votre Excellence les détails de ses dispositions particulières et la liste des braves qu'il a distingués et qu'il désire vous faire connaître.

Dès que le passage pour la cavalerie a été praticable, M. le général Delort s'est lancé sur la grand'route à la tête du 4ᵉ régiment de hussards qui a chargé avec impétuosité, sabré tous les traînards et ramené, avec un bon nombre de prisonniers, les 4 pièces d'artillerie qui avaient servi à la défense du col, et que l'ennemi emmenait dans sa retraite.

Après avoir rallié mes troupes, je me hâtai, selon vos instructions, d'appuyer le mouvement de la cavalerie. Au petit jour je me trouvai sur l'armée du général Bentinck, formée derrière une coupure de la grand'route, la gauche à Saint-Cugat. Je me formai moi-même vis-à-vis de cette armée, le général Mesclop à gauche de la grand'route, le 116ᵉ à droite, appuyant sa droite jusque dans les maisons de Saint-Cugat. C'est dans cette position que Votre Excellence voulut bien mettre à ma disposition sa cavalerie pour les opérations ultérieures de la journée.

Chacun de ces rapports (des généraux Delort et Mayer) contient le détail de nos pertes. Je ne puis estimer celles de l'ennemi, n'ayant vu le champ de bataille que de nuit.

MM. les généraux Delort et Mesclop, en faisant l'éloge des braves qui ont combattu sur les divers champs de bataille du 13, m'auraient laissé l'obligation de faire le leur, si ce qu'ils ont fait ne parlait pas assez en faveur de leur conduite. Votre Excellence saura apprécier ce qu'elle vaut et appeler sur ces estimables officiers les récompenses et les encouragements qu'ils ont mérités.

J'ai l'honneur d'être, monsieur le Maréchal,

De Votre Excellence
le respectueux serviteur
Le général Comte Harispe.

Pièce n° 8.

Lettre du général Bugeaud sur le traité de la Tafna.

Port-Vendres, le 14 décembre 1837.

Mon cher et vénérable général,

Il n'est pas de jour, mon cher général, que je n'aie pensé à vous et aux moments heureux et glorieux que j'ai passés sous vos ordres. Si je sais quelque chose en guerre, c'est avec vous que je l'ai appris en très grande partie. Comment ne vous serais-je pas attaché toute ma vie ?

Au reste, l'ambition, je vous assure, ne m'empêche pas de dormir. Il y a longtemps que je me dis : « Il y a de la folie à l'homme de vouloir être plus qu'heureux ». Or je suis plus qu'heureux, ou pour mieux dire, j'étais très heureux avant de rentrer dans la carrière publique.

Je viens de remplir une mission, mon cher général, qui aux yeux du vulgaire n'augmentera pas ma réputation et pourtant, je vous assure, de ma vie je n'ai autant travaillé, de ma vie je n'ai montré tant d'abnégation de moi-même et plus de patriotisme. Vous allez en juger.

Le gouvernement m'avait envoyé pour obtenir la paix par un traité ou par la guerre.

Comme on sait, le moyen de traiter, c'est d'être bien préparé pour la guerre. Je m'y préparai donc et je puis dire avec toute ma division, que jamais on ne fut mieux disposé au moral et au physique que ne l'était mon petit corps d'armée. La plus grande ardeur et la plus grande confiance régnaient. Nous étions aussi légers que possible et pourtant nous portions des vivres pour quarante jours. Une seule chose allait mal ; elle était capitale ; c'était mon équipage de 600 mulets qui étaient trop jeunes, car la moyenne était de trois ans. Par surcroît de malheur, les bâts étaient détestables ; aussi en six jours de marche, je fus obligé d'abandonner 198 mulets et les autres étaient horriblement blessés. J'y avais suppléé en partie par des chameaux et, malgré mon malheur, je pouvais tenir la campagne un mois. Je ne pouvais douter un seul instant de la victoire et toute ma crainte était de ne pas trouver l'ennemi. Je redoutais de m'user dans le vide et de mettre sans aucun succès, 2.000 hommes aux hôpitaux ; ce qui n'eut pas manqué d'arriver, si j'avais fait les deux campagnes de trente jours chaque que je projetais, uniquement dans le but de brûler les moissons et de rentrer après à Oran.

Je ne pouvais garder le pays conquis ou parcouru ; je n'étais pas constitué de manière à m'établir à Tlemcen ou à Mascara. Or, il faudrait s'établir en force pour soumettre les Arabes. J'allais donc donner quelques coups d'épée dans l'eau, j'aurais fait quelques bulletins glorieux que j'aurais datés de Mascara et de Miliana ; mais enfin je serais revenu sur la mer avec une division abîmée par la dysenterie, avec mes équipages ruinés, et c'eut été à recommencer l'année prochaine, si je n'avais pas fait après la campagne, la paix qu'on voulait. Il était à craindre en effet que la paix ne se fît pas aussi aisément après que les Arabes auraient eu fait le sacrifice de leur récolte, et j'ai la conviction que la crainte de la perdre les a seule déterminés à me faire les concessions qu'ils m'ont faites et qui sont énormes pour des musulmans.

Céder du terrain, payer une contribution forte à des chrétiens, laisser sous leurs lois des populations musulmanes ! Mais pour céder cela, il fallait avoir le pistolet sur la gorge. Ils l'avaient en effet, car j'étais en campagne bien décidé à les brûler partout où je les trouverais.

Lorsque Abd-el-Kader me fit dire qu'il accédait aux conditions que j'avais faites quelques jours avant et qui étaient à très peu de chose près conformes aux instructions du gouvernement, fallait-il accepter ou continuer la campagne ? Là il y eut combat entre l'intérêt de notre gloire et celui du pays. Pour nous, il valait mieux faire la campagne ; pour le pays, il valait mieux traiter avant, car après bien des pertes en hommes, en argent et matériel, on ne pouvait rien espérer de mieux cette année. Le pays l'emporta. Je traitai, mais je me tins prêt à continuer la campagne si le gouvernement ne m'approuvait pas. J'évacuai le camp de la Tafna, que je devais évacuer en tout état de choses, et je garnis Tlemcen de vivres. Je m'empressai de réparer mes mulets et mes bâts, je ramassai des ânes et des chameaux et, le 20 juin, j'étais mieux préparé que lorsque je fis la paix. La ratification arriva et je ne pensai plus qu'à l'exécution du traité.

Vous avez dû penser, d'après les réticences du ministre à la tribune, que cette ratification n'était pas sans restrictions et qu'on m'avait envoyé le traité pour lui faire subir des modifications. Il n'en est rien. Seulement, le Président du conseil me demandait si nous conservions l'île de Rachgoun, ce qui ne lui paraissait pas bien clair. Mais il ajoutait que la *non conservation ne devait pas être un cas de rupture*. Cela prouve combien on tenait à maintenir le traité. Au reste nous conservions l'île et je venais de l'armer et approvisionner.

En résumé, j'ai fait la paix parce que je ne pouvais que continuer, avec plus de vivacité, il est vrai, la guerre sotte que l'on faisait depuis sept ans sans résultats ; que si l'on veut la faire de manière à dominer tout le pays, si l'on veut y employer les moyens suffisants, je suis tout prêt à recommencer. Je demanderai avec ardeur de me dédommager de la gloire que j'ai laissé échapper.

Mais si l'on veut de la gloire, il faut savoir la payer, pour qu'on puisse prononcer sans ridicule ces phrases pompeuses : « La conquête est désormais un fait accompli ». Maintenant (dernière session), nous devons conserver l'Algérie, car la révolution de juillet ne saurait abandonner sans honte une conquête de la restauration. Il faut, dis-je, 90 ou 100.000 hommes judicieusement employés.

Que pouvait-on faire avec 20 à 30.000 hommes, donnant 15 à 18.000 combattants, souvent peu judicieusement employés? On tentait maladroitement l'impossible, on ne pouvait pas réussir.

Aujourd'hui, nous sommes dans la période de paix (je puis dire que c'est mon ouvrage), il faut, tout en se tenant prêt pour la guerre, essayer de peupler et de coloniser au plus vite les zones réservées. Cela demandera de l'activité et des dépenses; mais il le faut, ou la paix ne sera pas plus fructueuse que la guerre. Elle sera un peu moins coûteuse et voilà tout; mais la France aura sans profit et sans gloire 30 à 40.000 hommes de ses meilleures troupes engagées indéfiniment en Afrique, et elle dépensera annuellement 25 à 30 millions pour en recevoir un ou deux en réalité. Il faut savoir à quoi s'en tenir, et si la colonisation n'est pas possible par la paix, il faut s'en aller ou conquérir tout le pays. Cela est plus facile que de coloniser, pourvu qu'on emploie les moyens nécessaires. Je pourrais prouver mathématiquement que le résultat est assuré ainsi; selon moi, nous pouvons le plus et je doute que nous puissions le moins, c'est-à-dire coloniser avec des Européens le territoire définitivement conquis.

Ce plus sera-t-il avantageux à la France? c'est une autre question qu'il serait trop long d'examiner ici. Je me borne à vous dire : je ne le crois pas. Mais puisque nous sommes condamnés par l'opinion bien ou mal éclairée à rester en Afrique, il vaut mieux tenter promptement quelque chose de grand, ayant quelques chances de bons résultats à venir que de végéter misérablement sur la côte, dépenser beaucoup d'argent et beaucoup d'hommes, sans aucun espoir de compensations.

On eût trouvé ma paix beaucoup meilleure si j'avais pris plus de terrain, et remarquez que le général Vallée dit n'avoir pas de quoi occuper Blida et Coléah.

Cependant il y a, dit-on, en Afrique, un effectif sur le papier de 53.000 hommes. Que serait-ce donc si j'avais poussé la zone d'Alger jusqu'au Chélif, comme l'ont demandé certaines personnes?

En voilà bien assez, mon cher général, mais vous pardonnerez la prolixité d'un malheureux qui a voulu abréger la quarantaine en causant avec l'homme qu'il aime et estime le plus.

BUGEAUD.

ÉTATS DES SERVICES

ÉTAT DES SERVICES
Du Maréchal de France Comte Harispe.

Harispe (Jean-Isidore), fils de Jean-Isidore et de Marie Harismendy, né le 7 décembre 1768 à Saint-Étienne de Baïgorry (Basses-Pyrénées), marié le 23 janvier 1795 à demoiselle Jeanne-Marie-Marguerite de Caupenne d'Echaux.

Grades et emplois.

Capitaine commandant une compagnie franche des Basses-Pyrénées	8 mars 1793
Chef de bataillon commandant du 2ᵉ bataillon des chasseurs basques, le	14 nivôse an 2 (3 janvier 1794)
Chef de brigade, le	15 prairial an 2 (3 juin 1794)
Réformé, le	4 prairial an 9 (23 mai 1801).
Employé près le général Moncey, à l'armée d'Italie.	1ᵉʳ thermidor an 9 (19 juillet 1801)
Commandant la 16ᵉ demi-brigade légère, le . . .	28 floréal an 10 (17 mai 1802).
Général de brigade, employé à la Grande Armée, le	29 janvier 1807
Chef d'état-major du corps d'observation des côtes de l'Océan, le	16 décembre 1807
Chef d'état-major du 3ᵉ corps de l'armée d'Espagne, le	1ᵉʳ octobre 1808
Commandant une division d'infanterie du 3ᵉ corps devenu armée d'Aragon, le	5 septembre 1810
Général de division, le	12 octobre 1810
Commandant la 8ᵉ division d'infanterie à l'armée d'Espagne, le	25 décembre 1813
Commandant la levée en masse des Hautes-Pyrénées, des Basses-Pyrénées et des Landes, le. .	8 juillet 1814
Commandant la 11ᵉ division militaire, le	15 octobre 1814

Disponible, le	18 avril 1815
Commandant la 26e division d'infanterie au corps d'observation des Pyrénées, le	11 mai 1815
Compris, comme disponible dans le cadre d'organisation de l'Etat-major général, le	30 décembre 1818
Retraité, le	16 février 1825
Commandant supérieur des Hautes et Basses-Pyrénées, le	15 décembre 1830
Compris dans le cadre d'activité de l'État-major général, le	7 février 1831
Inspecteur général d'infanterie, pour 1831, dans la 8e division militaire, le	13 mars 1831
Disponible, le	1er mai 1833
Inspecteur général, pour 1833, du 16e arrondissement d'infanterie, le	25 mai 1833
Commandant la division des Pyrénées occidentales, le	8 octobre 1833
Inspecteur général d'infanterie, pour 1834, le	juin 1834
Inspecteur général pour 1835, des troupes sous son commandement, le	6 juin 1835
Commandant la 20e division militaire, le	1er novembre 1835
Pair de France, le	15 décembre 1835
Inspecteur général, pour 1836, des troupes sous son commandement, le	6 juin 1836
Chargé des mêmes fonctions, en 1837, 1838, 1839, 1840.	
Maintenu définitivement dans la 1re section du cadre de l'État-major général, le	27 décembre 1839
Commandant la 11e division militaire à Bayonne, le	4 mai 1848
Disponible, le	26 février 1850
Maréchal de France, le	11 décembre 1851
Sénateur, le	14 janvier 1852
Décédé à Lacarre (Basses-Pyrénées), le	26 mai 1855

Campagnes.

	an 1 — (1793)
A l'armée des Pyrénées occidentales	an 2 — (1794)
— —	an 3 — (1795)
Dans la 11e division militaire	an 4 — (1796)
— —	an 5 — (1797)
— —	an 6 — (1798)
A l'armée de réserve	an 7 — (1799)
— —	an 8 — (1800)
A l'armée d'Italie	an 9 — (1801)
Dans la 13e division militaire	an 11 — (1803)
A l'armée de Brest	an 12 — (1804)

ÉTATS DES SERVICES

A la Grande Armée	an 13 — (1805)
	an 14 — (1806)
	(1807)
Aux armées d'Espagne et d'Aragon	1808, 1809, 1810, 1811, 1812, 1813
—	1814
En France	1815
Au corps d'observation des Pyrénées	
Total	22 campagnes

Blessures.

A reçu un coup de feu à la jambe gauche à la prise du camp d'Ispéguy (Armée des Pyrénées occidentales), le .... 15 octobre 1793

A reçu un coup de feu qui lui a traversé la jambe droite, à la bataille d'Iéna, le .... 14 octobre 1806

A eu le pied droit traversé d'un coup de feu, à la bataille de Maria, le .... 15 juin 1809

Blessé grièvement au pied, à la bataille de Toulouse, le .... 10 avril 1814

Actions d'éclat et citations.

On lui doit la conservation de la vallée de Baïgorry qu'il défendit courageusement en 1793, avec ses compatriotes, pour empêcher les Espagnols d'y pénétrer.

Le 15 prairial an 2 (1794), il chassa des Aldudes l'ennemi qui y était retranché et en force.

Cité pour sa belle conduite à la prise des redoutes de Berdaritz, le 20 mai 1793.

Cité pour sa belle conduite à la reprise des Aldudes, le 7 août 1793.

Cité pour sa bravoure à la reprise de Berdaritz, le 3 juin 1794, et nommé chef de brigade sur le champ de bataille.

Cité pour sa conduite à l'attaque du camp des Émigrés, le 10 juillet 1794.

Cité dans le 5e bulletin de la Grande-Armée sur la bataille d'Iéna, le 14 octobre 1806.

Cité pour sa conduite à la bataille de Tudela, le 23 novembre 1808.

Cité pour sa bravoure à la bataille de Maria, le 15 juin 1809.

Cité par le maréchal Suchet pour sa conduite au siège de Tarragone, 28 juin 1811.

Cité pour sa conduite au combat d'Yécla, le 11 avril 1813.

Cité pour sa conduite à la bataille d'Orthez, le 27 février 1814.

Batailles et combats.

Combat du col de Berdaritz	20 mai 1793
Combat des rochers d'Arrola	3 et 4 juin 1793
1er combat du col d'Ispéguy	6 juin 1793
2e — —	1er et 2 juillet 1793
Reprise des Aldudes	7 août 1793
Attaque du col d'Ispéguy	15 décembre 1793
Combat du col d'Arriéta	20 janvier 1794
Reprise de Berdaritz	3 juin 1794
Attaque du camp des Emigrés	10 juillet 1794
Combats d'Arizcun	25 juillet 1794
Combat d'Ostiz	25 novembre 1794
Combats d'Irurzun et d'Aïzcorbe	28 juin 1795
Combat de Wangen	13 novembre 1805
Bataille d'Iéna	14 octobre 1806
Combat de Guttstadt	9 juin 1807
Combat d'Heilsberg	10 juin 1807
Bataille de Friedland	14 juin 1807
Combat du pont de Pajaso (Espagne)	21 juin 1808
Combat de Las Cabreras	24 juin 1808
Attaque de Valence	27 et 28 juin 1808
Combat du col d'Almanza	3 juillet 1808
Combat de Lérin	26 octobre 1808
Bataille de Tudela	23 novembre 1808
Siège de Saragosse	Décembre 1808 à 21 février 1809
Combat d'Alcañiz	23 mai 1809
Bataille de Maria	15 juin 1809
Combat d'Alventosa	2 mars 1810
Combat de Margalef	23 avril 1810
Siège et prise de Lérida	14 mai 1810
Prise de Méquinenza	8 juin 1810
Siège et prise de Tarragone	28 juin 1811
Bataille de Sagonte	25 octobre 1811
Bataille sous Valence	26 décembre 1811
Combats de Castalla et d'Ibi	21 juin 1812
— d'Yécla	11 avril 1813
— de Villena et de Biar	12 avril 1813
— de Rogla	11 juin 1813
— du col d'Ordal	12 septembre 1813
— de Macaye	10 janvier 1814
— de Baïgorry	12 janvier 1814
— de Bidarray	22 janvier 1814
— de Garris	15 février 1814
— de Sauveterre	24 février 1814

ÉTATS DES SERVICES 469

Bataille d'Orthez	27 février 1814
Combat d'Aire-sur-l'Adour	2 mars 1814
Bataille de Toulouse	10 avril 1814

Titres et décorations.

Membre de la Légion d'honneur	15 décembre 1803
Officier de la Légion d'honneur	3 juin 1804
Commandant de la Légion d'honneur	20 janvier 1808
Grand officier de la Légion d'honneur	30 juin 1811
Grand-Croix de l'ordre de la Réunion	3 avril 1813
Grand-Croix de la Légion d'honneur	9 mai 1833
Chevalier de Saint-Louis	27 juin 1814
Décoré de la Médaille Militaire	16 juin 1851
Baron de l'Empire	5 octobre 1808
Comte de l'Empire	3 janvier 1813
Chevalier de la couronne de fer d'Autriche	31 juillet 1819
Grand-Croix de l'ordre de Charles III d'Espagne	27 décembre 1835
Grand-Croix de l'ordre militaire de Saint-Ferdinand d'Espagne	1er octobre 1839
Commandeur Grand-Croix de l'ordre de l'Epée de Suède	novembre 1843

Le nom du maréchal Harispe est inscrit au côté ouest de l'Arc de Triomphe de l'Etoile.

Ses beaux services se résument ainsi :

Années de service	52
(Sans compter ses 4 ans de Maréchal).	
Campagnes	22
Citations	12
Blessures	4
Combats	36
Batailles	8
Sièges mémorables	4

TABLE DES MATIÈRES

Avant-propos V
Préface 1
Chapitre I. — **Origine du Maréchal Harispe** IX
Sa famille. — Son enfance. — Son éducation. — Les événements de 1792.
Chapitre II. — **Campagne des Pyrénées occidentales** . . . .
Hostilités des Espagnols. — Déclaration de guerre. — Soulèvement des Basques. — Création des chasseurs basques — Harispe capitaine. — Sa nomination d'adjudant-général, chef de bataillon. — Il est fait chef de brigade sur le champ de bataille. — Sa citation.
Chapitre III. — **Conquête des provinces basques espagnoles** . . . 33
Invasion de l'Espagne. — Occupation de la vallée de Baztan. — Rôle de Harispe. — Passage de la Bidassoa. — Prise de Fontarabie, de Passages, de Renteria, de Saint-Sébastien. — Fautes commises dans le Guipuzcoa. — Moncey, général en chef. — Attaque d'Euguy par Harispe. — La colonne infernale. — Combat d'Osliz. — L'hiver de 1794. — Épidémie. — Mariage de Harispe. — Reprise des opérations. — Occupation de Bilbao et de la Biscaye. — Combats livrés par Harispe à Irurzun et à Aïzcorbe. — Traité de Bâle. — Fin de la guerre.
Chapitre IV. — **Rentrée de Harispe en France** 53
Situation de la demi-brigade de chasseurs basques. — Son maintien dans les Pyrénées. — Occasion perdue d'aller à l'armée d'Italie. — Désertions. — Réduction à un bataillon. — Certificat de Moncey. — Démarches de Harispe pour son brevet de chef de brigade. — Espérances éveillées par le retour de Bonaparte. — Envoi des chasseurs basques à Dijon. — Destination du 1er bataillon. — Départ de Harispe avec le 2e bataillon.
Chapitre V. — **Campagne des Grisons** 69
Création de la 2e armée de réserve. — Arrivée de Harispe à Dijon. — Armée des Grisons. — Harispe part pour Berne et l'Italie. — Envoi de troupes dans l'Engadine. — Passage du Simplon, en

décembre. — Réduction du 2ᵉ bataillon. — Misère des chasseurs basques. — Envoi aux avant-postes. — Marche sur Glurns et Botzen, en Tyrol. — Attaque de Botzen. — Armistice. — Fin des hostilités. — Envoi à Lyon. — Passage du Mont-Cenis. — Incorporation des chasseurs basques dans l'infanterie légère. — Revues finales. — Douleur de Harispe. — Sa mise en réforme.

CHAPITRE VI. — **État-major de l'armée d'Italie. — Mission à Rome.**   83
Situation du général Moncey, commandant en chef de l'armée d'Italie. — Ses démarches en faveur de Harispe. — Nomination à l'état-major de l'armée d'Italie. — Fonctions spéciales de Harispe. — Sa mission auprès du Pape. — Il est pris par des brigands. — Son retour près de Moncey. — Intrigues qui entourent le général en chef. — Disgrâce imméritée de Moncey. — Mission de Harispe à Florence. — Service rendu à Moncey. — Rentrée en France. — Nomination de chef de la 16ᵉ demi-brigade légère.

CHAPITRE VII. — **Commandement de la 16ᵉ légère.**   95
Esprit de corps de la 16ᵉ légère. — Ses campagnes. — Réception de Harispe. — Son envoi à Angoulême, à la Rochelle, à Pontivy, à Lorient, à Belle-Isle. — Hostilités des Anglais sur les côtes. — Le 16ᵉ léger. — Incorporation de la 29ᵉ demi-brigade. — Camp de Brest. — L'armée des côtes sous Augereau. — Dévouement du 16ᵉ pour son colonel. — Avénement de l'Empire. — Distribution des aigles d'or et d'argent. — Projet de débarquement en Irlande. — Couronnement de l'Empereur. — Harispe, chevalier de la Légion d'honneur. — Formation de la grande armée. — Départ du 16ᵉ léger pour le sud de l'Allemagne.

CHAPITRE VIII. — **Campagne de 1805**   117
Marche du 16ᵉ léger de Brest à Fribourg en Brisgau. — Arrivée sur le lac de Constance. — Mission du 7ᵉ corps d'armée. — Situation des forces ennemies. — Relations avec le corps d'armée de Ney. — Positions de Jellachich et de Rohan. — Marche sur Wangen et Bregenz. — Mouvements contre Jellachich. — Capitulation de l'ennemi. — Harispe à la poursuite de Rohan. — Retour à Bregenz. — Envoi à Ulm. — Résultats obtenus par le 7ᵉ corps.

CHAPITRE IX. — **Campagne de Prusse. — Iéna.**   129
Cantonnements du 16ᵉ léger. — Misères de la troupe. — Dispositions hostiles de la Prusse et de la Russie. — Concentration de la grande armée. — Composition du 7ᵉ corps. — Marche du 16ᵉ léger sur Cobourg et Saalfeld, puis sur Iéna. — Rôle de Harispe et de son régiment sur le champ de bataille. — Blessures du colonel et de ses frères. — Son transport à Weimar et à Erfurt. — Le 5ᵉ bulletin annonce sa mort. — Affection de son régiment. — Lettres de ses officiers. — L'Empereur s'inquiète du colonel Harispe. — Sa convalescence. — Rôle du 16ᵉ léger à la fin de la campagne.

CHAPITRE X. — **Campagne de Pologne. — Eylau. — Friedland.**   153
Harispe, général de brigade. — Son aide-de-camp. — Commandement d'une brigade dans le corps d'armée de Lannes. — Combats de Guttstadt et d'Heilsberg. — Bataille de Friedland. — Rôle de la brigade Harispe. — Citation de la division Verdier. — Paix de

TABLE DES MATIÈRES

Tilsit. — Dissolution du corps de réserve. — Harispe sous le commandement de Soult.

Chapitre XI. — **Corps d'observation des côtes de l'Océan.** 167
Corps d'observation de la Gironde et des côtes de l'Océan. — Harispe chef d'état-major de Moncey. — Composition du corps d'armée des côtes de l'Océan. — Entrée en Espagne. — Souffrances et misère des troupes. — Arrivée à Madrid. — Difficultés de la situation. — Emeute du 2 mai. — Insurrection générale de l'Espagne. — Expédition de Valence. — Combats de Pajuso et de Las Cabreras. — Rôle du général Harispe. — Attaque de Valence. — Insuccès. — Combat du col d'Almanza. — Retraite sur San Clemente. — Mission à Madrid. — Approbation de l'Empereur. — Capitulation de Baylen. — Concentrations. — Retraite sur l'Ebre.

Chapitre XII. — **Troisième Corps de l'armée d'Espagne.** 211
Positions du corps d'armée de Moncey sur l'Ebre. — Ordres du roi Joseph au sujet de Tudela. — Reconstitution de l'armée. — 3ᵉ corps de l'armée d'Espagne. — Sa composition. — Groupements d'insurgés. — Combat de Lérin. — Armée de Castaños. — Bataille de Tudela. — Citation de Harispe. — Poursuite de l'ennemi. — Siège de Saragosse par le 3ᵉ corps. — Junot remplace Moncey. — Résumé du siège. — Capitulation. — Etat de la ville. — Lettre de Harispe à Moncey.

Chapitre XIII. — **Campagne d'Aragon.** 237
Situation du 3ᵉ corps après la prise de Saragosse. — Combat d'Alcañiz. — Commandement de Suchet — Bataille de Maria. — Blessure de Harispe. — Combat de Belchite. — Poursuite de Mina. — Marche sur Valence. — Retour en Aragon. — Siège de Lérida. — Combat de Margalef. — Prise de Lérida et de Méquinenza.

Chapitre XIV. — **Opérations en Catalogne.** 259
Blocus de Tortose. — Rôle du général Harispe. — Commandement de la 1ʳᵉ division. — Sa situation. — Difficultés du blocus. — Harispe divisionnaire. — Combats autour de Tortose. — Investissement. — Travaux du siège. — Prise de la place. — Lettre du général Harispe à Moncey. — Armée d'Aragon. — Marche sur Tarragone. — Combat de l'Olivo. — Travaux du siège. — Assaut et prise de Tarragone. — Suchet, maréchal. — Citation du général Harispe. — Prise du Mont-Serrat. — Soumission de la Catalogne.

Chapitre XV. — **Conquête de Valence.** 277
Préparation de l'expédition. — Reprise de Figuères. — Bataille de Sagonte. — Rôle du général Harispe. — Reddition du fort de Sagonte. — Marche sur Valence. — Bataille sous les murs de la place. — Investissement. — Prise de la ville. — Harispe sur le Xucar. — Affaiblissement de l'armée d'Aragon. — Combats de Castalla et d'Ibi. — Arrivée du roi Joseph à Valence. — Son départ. — Isolement de l'armée d'Aragon. — Combat d'Yécla. — Citation de la division Harispe. — Bataille de Vitoria — Évacuation du royaume de Valence. — Combat du col d'Ordal. — Affaiblissement de l'armée. — Pétition des Basques en faveur de Harispe. — Sa désignation pour l'armée des Pyrénées. — Son départ.

Chapitre XVI. — **Campagne des Pyrénées 1814**. 321
Arrivée du général Harispe à Bayonne. — Situation de l'armée des Pyrénées. — La 8ᵉ division. — Projets du maréchal Soult. — Commandement des gardes nationales. — Combats de Macaye, de Baïgorry et de Bidarray. — Ordres du général Clausel. — Retraite sur Saint-Palais. — Lettres de l'armée de Catalogne. — Combat de Garris. — Bataille d'Orthez. — Rôle de Harispe. — Retraite sur Sault-de-Navailles. — Citation. — Combat d'Aire. — Retraite sur Toulouse. — Bataille de Toulouse. — Blessure de Harispe. — Retraite sur Castelnaudary. — Fin de l'Empire.

Chapitre XVII. — **La Restauration** 359
Situation du général Harispe à la chute de l'Empire. — Son adhésion au gouvernement. — Sa guérison. — Retour de l'Empereur. — Corps d'observation des Pyrénées. — Tentative des Espagnols. — Proclamation du général. — Son rapport au préfet. — Sa mise en non-activité. — Surveillance dont il est l'objet. — Démarche du maréchal Suchet. — Inaction du général. — Achat du château de Lacarre. — Mort de Napoléon. — Dernières années de la Restauration.

Chapitre XVIII. — **Monarchie de juillet**. 379
Rappel du général Harispe à l'activité. — Nomination de conseiller général et de député. — Guerre carliste en Espagne. — Division active des Pyrénées occidentales. — Instructions du Ministre de l'Intérieur. — Blocus et surveillance de la frontière. — Harispe, Pair de France. — Création de la Légion étrangère d'Espagne. — Lettres de M. Thiers. — Correspondance avec Soult et Bugeaud. — Succès des constitutionnels en Espagne. — Révolution de 1848.

Chapitre XIX. — **Dernières années du Maréchal** 427
La deuxième République. — Harispe commandant la 11ᵉ division militaire. — Élection du prince Napoléon. — Mort de Bugeaud. — Harispe demande sa mise en disponibilité. — Avénement du Prince Président. — Lettre de Pélissier. — Coup d'état de 1852. — Harispe, maréchal de France. — Félicitations. — Harispe, sénateur. — Il reçoit la Médaille militaire. — Lettres de l'Empereur et de Saint-Arnaud. — Guerre d'Orient. — Mort de Manech. — Mort du maréchal.

Pièces justificatives.

Pièce n° 1. Rapport du général de Grouchy au prince Murat, sur l'émeute du 2 mai 1808, à Madrid. 447
Pièce n° 2. Procès-verbal du conseil de guerre tenu par le maréchal Moncey, à San Clemente, le 16 juillet 1808. 449
Pièce n° 3. Situation du 3ᵉ corps de l'armée d'Espagne, au-delà de l'Ebre, le 15 novembre 1808. 450
Pièce n° 4. Rapport du général Harispe sur les combats de Monzon et d'Alcañiz, 15 et 23 mai 1809. 451
Pièce n° 5. Rapport du général Harispe sur les combats de Castalla et d'Ibi, le 21 juillet 1812. 452
Pièce n° 6. Ordre du maréchal Suchet, sur les combats autour de Tarragone, le 23 juin 1813 456

Pièce n° 7. Rapport du général Harispe sur la prise du col d'Ordal, le 12 septembre 1813. 458
Pièce n° 8. Lettre du général Bugeaud sur le traité de la Tafna . . . 460

Gravure.

Le maréchal de France comte Harispe (d'après une peinture de Rixens)

Carte.

Carte des opérations militaires dans l'Espagne orientale de 1808 à 1813.

Coulommiers. — Imp. DESSAINT et Cie, 41, rue de Melun.

CARTE DES OPÉRATIONS MILITAIRES DANS L'ESPAGNE ORIENTALE DE 1808 À 1813

A LA MÊME LIBRAIRIE

Ouvrages du général Derrécagaix.

La guerre moderne. — 1re partie : **Stratégie**. Paris, 1890, 2e édition, 1 volume in-8 avec atlas de 39 planches. 10 fr. »
2e partie : **Tactique**. Paris, 1890, 2e édition, 1 volume in-8 avec atlas de 25 planches. . . . . 10 fr. »

Le Maréchal Berthier, prince de Wagram et de Neuchâtel. — 1re partie, 1753-1804. 1904. In-8 avec portrait et fac-similé
7 fr. 50
2e partie, 1804-1815. 1905. In-8 avec portrait et gravure.
7 fr. 50
(Couronné par l'Académie des Sciences Morales et Politiques. Prix Audiffred 1906).
(Ouvrage honoré d'une souscription du Ministère de la Guerre).

Les derniers jours du Maréchal Berthier. 1905. In-8. 0 fr. 50

Yusuf *(Récits d'Afrique)*. 1907. In-8 avec portrait . . . 5 fr. »

Les états-majors de Napoléon. — **Le lieutenant général comte Belliard**, chef d'état-major de Murat. 1909. 1 fort vol. In-8 avec 8 cartes et 1 portrait. . . . . 12 fr. »
(Ouvrage honoré d'une souscription du Ministère de la Guerre).

Nos campagnes au Tyrol (1797-1799-1805-1809). 1910. 1 vol. in-8 avec 1 carte hors texte. . . . . 10 fr. »
(Ouvrage honoré d'une souscription du Ministère de la Guerre).

Le Maréchal Pélissier, *duc de Malakoff*, 1911. Vol. in-8 avec 3 planches et 2 cartes hors texte. . . . . 10 fr. »
(Ouvrage honoré d'une souscription du Ministère de la Guerre).

Le général de division **Comte de Martimprey**, 2e édit. 1913. Vol. in-8 avec 7 planches hors texte et 6 cartes. . . . 10 fr. »

Le déclassement de la place de Bayonne. 1900. In-8.
0 fr. 40

La guerre et l'armée. 1901. Broch. in-8. . . . . . 1 fr. »